北京市社科基金基础研究重点项目"跨界民族与周边关系研究"成果（15KDA007）

本书由中央民族大学2016年度"建设世界一流大学（学科）和特色发展引导专项资金"之民族学学科经费资助

U0619367

中国边疆学
理论创新与发展报告
（2016）

赵环宇　朱美姝　吴楚克◎主编

ZHONGGUOBIANJIANGXUE
LILUNCHUANGXIN
YU FAZHANBAOGAO
(2016)

经济管理出版社
ECONOMY & MANAGEMENT PUBLISHING HOUSE

图书在版编目（CIP）数据

中国边疆学理论创新与发展报告.2016/赵环宇，朱美姝，吴楚克主编.—北京：经济管理出版社，2017.8

ISBN 978 - 7 - 5096 - 5168 - 1

Ⅰ.①中…　Ⅱ.①赵…②朱…③吴…　Ⅲ.①疆界—研究报告—中国—2016　Ⅳ.①K928.1

中国版本图书馆 CIP 数据核字(2017)第 135623 号

组稿编辑：张巧梅
责任编辑：张巧梅
责任印制：黄章平
责任校对：赵天宇

出版发行：经济管理出版社
　　　　　（北京市海淀区北蜂窝 8 号中雅大厦 A 座 11 层　100038）
网　　　址：www. E - mp. com. cn
电　　　话：（010）51915602
印　　　刷：北京晨旭印刷厂
经　　　销：新华书店
开　　　本：787mm×1092mm/16
印　　　张：15.25
字　　　数：353 千字
版　　　次：2017 年 8 月第 1 版　　2017 年 8 月第 1 次印刷
书　　　号：ISBN 978 - 7 - 5096 - 5168 - 1
定　　　价：88.00 元

坚持新形势下的社会主义民族观对建设中国边疆学的指导作用

    党的十八大以来，习主席围绕坚持和发展中国特色社会主义、实现中华民族伟大复兴的中国梦，就改革发展稳定、内政外交国防、治党治国治军，发表了一系列重要讲话。这些重要讲话，是新一届中央领导集体执政理念、治国方略和信念意志的集中体现，是凝聚思想共识、推进改革发展的基本遵循，是在新的历史起点上推进强国强军伟大事业、夺取新的伟大斗争胜利的科学指南，是马克思主义中国化的最新成果。习近平总书记在关于新疆和西藏问题的会议上总结以往的经验时指出，要在各族群众中牢固树立正确的祖国观、民族观，弘扬社会主义核心价值体系和社会主义核心价值观，增强各族群众对伟大祖国的认同、对中华民族的认同、对中华文化的认同、对中国特色社会主义道路的认同。其中，关于"正确的民族观"的提法，是对当前我国民族理论和政策面临新挑战的一个突破、一个创新。

    第一，为什么要提民族观？"什么是民族"的问题，不仅是一个理论问题，更重要的是一个实践问题。民族从来就是一个变动的实体，正如所有社会存在一样，运动和变化是民族的根本特征，中华各民族在长时间的历史进程中，相互借鉴、促进、融合和发展，共同构筑了伟大的中华民族。新中国成立后，经过60多年的实践，特别是改革开放以后，我国的民族问题逐步表现出新的形式与内容，根本原因是我们把发展道路确定为社会主义初级阶段，把建设有中国特色社会主义作为出发点来认识民族和民族问题，这就需要对什么是民族进行理论和实践上的反思。

    习总书记正是在这样的历史时刻，提出关于树立正确的民族观的提法，为准确理解中国的民族和民族问题指明了方向。我们知道，实事求是和与时俱进是马克思主义的精髓，这也是中国共产党能够不断在艰难曲折中前进的根本原因。在什么是民族这样的问题上，同样需要我们依据科学发展观，提出符合实际的理论观点，而提出这个理论观点的入口就是"民族观"。因为，民族观代表了从什么角度思考"民族"、从什么性质定义"民族"、从什么方向发展"民族"的根本原则，是形成和鉴定民族概念和理论体系的立场，是民族理论创新和发展的指导。因此，把中国民族理论在新形势下的"突破点"放在"民族观"上，是对传统思维方式的超越，也就是说，在回答什么是民族和民族问题前，以什么样的民族观为出发点，就成为理论发展的前提。而以往，我们一直把首先回答"什么是民族"的问题作为前提，实践证明，在不同的民族观下，会产生多种答案。我们并不缺少关于"什么是民族"的理论，我们缺少在科学发展观指导下的与时俱进的有中国特色的民族理论，而创新这个理论就需要先提出有中国特色的民族观。

第二，民族观是一个什么范畴？在很多情况下，我们的理论研究缺乏对概念和范畴的区别。这是造成理论空泛和"表态式"行文的主要原因，因为，概念主要是对一个事物的语言描述，是对一个事物形式和内容认识的文字表达，概念是抽象思维的工具，属于认识活动的具体表现。范畴则是抽象活动的"组织网络"，是指导概念运动的思维逻辑，是限定概念意义的指标，范畴是人类实践认识活动的总结并把这种认识规范化。从范畴意义上讲，"民族观"就是对民族实践认识活动的理性总结，是在实事求是基础上对中国民族问题认识的规律化，是一个具有普遍意义的共产主义先进世界观下对中国民族问题认识的理论规范。首先，就是要从理论上彻底回答马克思主义民族理论和中国特色社会主义的关系，丢掉形式主义和教条主义，轻装上阵，牢牢把握有中国特色的社会主义政治方向，在此之下，才是创新发展中国特色的民族理论。其次，就是要从实践上总结新中国成立以来我们党在民族理论上的经验教训，坚持民族理论和政策中被实践证明是行之有效的部分。这样才能在正确的民族观范畴内，创新发展有中国特色的民族理论和政策。

第三，民族观的作用是什么？过去，马克思主义基本理论观点是所有理论和政策的基石，事实证明，马克思主义的基本理论和观点必须与中国实际相结合，才能真正成为建设有中国特色社会主义的理论武器。因此，如何在新形势下改进和提高中国民族理论建设，改进和提高中国民族工作，就需要从民族观的高度阐述民族的概念和作用，用习主席的话表述，就是"国家好、民族好、大家才会好。"概括起来包括：其一，找出中国民族历史发展规律，提出中国特色的社会主义民族观，为实现中国梦服务，中华民族的历史区别与任何其他民族的历史，这是每个民族发展规律的表现，也是有中国特色社会主义道路的客观基础。其二，在中华各民族中宣传和普及中国民族观，为中华文明和中华历史的辉煌筑造科学的历史基础，以及中华民族"你中有我，我中有你"的历史进程。这反映了民族无论大小，共同维护中国国家统一和领土完整，从来都是所有居住在这块土地上的各种族群的共同责任。中国几千年的历史证明，当下，中华民族正处在飞速发展的关键时刻，当今世界也处在国家和民族关系最为复杂和密切的时代，我们需要研究发展适合当今世界和中国形势的新型民族观，在这种新型民族观范畴内，不断创新地提出中国民族理论和政策的新内容。

第四，如何正确理解和运用新型民族观？其实，民族观是人的世界观的一部分，但是，我们过去提到的世界观，很少包括民族观，而正确理解和运用民族观的首要任务，就是脚踏实地，少安毋躁。从民族工作的实践当中发现问题，从民族理论的生成史当中找到理论创新点，而不是做面子工作、形象工程，或者抢占什么理论先机。从这个意义上说，改变我们的学习和工作作风是正确理解、准确把握以习总书记为核心的党的领导集体的思想观点，科学阐述和创新民族理论和政策的前提，而坚持实事求是就是前提的前提。因此，新型民族观就是建设有中国特色社会主义历史过程中抽象出来的民族世界观和方法论，是中华民族形成和发展的精神凝聚和升华，是各民族共同坚持和拥护的民族大义。有没有这样的民族观，有没有对这样的民族观的自觉认同，就是摆在民族理论研究和教育工作者面前的首要任务。中国当前的民族理论和政策如何正确反映中国的民族和民族问题，如何客观地反映中国民族状况的事实，就必须认识领会和准确扩展习总书记关于民族观的创新提法，也是新形势下做好民族工作必须牢牢把握的正确政治方向。

从当代中国社会发展和建设有中国特色的社会主义前景来看，从根本上构筑科学的民族观，建设依法治国的公民社会，统一民族利益和国家利益，让民族身份主要成为文化符号，我们在民族和民族问题上就有了真正的进步。这种新型民族关系，新就新在其社会主义性质，新就新在其平等、团结、互助、和谐的本质特征。平等是基石，团结是主线，互助是保障，和谐是本质。

习主席关于民族观的讲话坚持马克思主义的基本原理，抓住了推动社会发展进步的根本问题，揭示了蕴含其中的内在规律，产生了强大的吸引力和指引力。习主席用"国家好、民族好、大家才会好"，表达了民族观的根本和核心。习主席指出，"我国今天的国家治理体系，是在我国历史传承、文化传承、经济社会发展的基础上长期发展、渐进改进、内生性演化的结果，我国国家治理体系需要改进和完善，但怎么改，怎么完善，我们要有主张、有定力。"这深刻阐明了推进国家治理体系和治理能力现代化的历史依据和文化渊源，当然，也是建设中国边疆学理论体系的根本指导思想。

吴楚克

2017 年 6 月 16 日

目　　录

学科与理论：从边疆研究到边疆学

历史与疆域：从中原王朝到现代国家

安全与发展：从丝绸之路到"一带一路"

学科与理论：从边疆研究到边疆学

中国边疆理论和实践建设的当务之急

马大正

国家清史办

中国边疆学理论创新与发展论坛已举办了三届，笔者先后向首届和第二届论坛提交了两篇论文，其题为：《中国边疆学构筑的几个问题》和《新世纪以来中国学者对中国边疆学构筑的探索》①。本文系根据笔者在 2016 年 12 月 17 日至 18 日举行的 "第三届中国边疆学理论创新与发展论坛" 大会的发言整理、补充而成。

一、关于中国边疆学的学术思考

近些年笔者认真拜读了各位专家有关中国边疆学构筑的真知灼见，结合《当代中国边疆研究（1949～2014）》一书的撰写，进一步梳理了近 20 年来自己有关中国边疆学构筑的种种断想，综合成八点学术思考，供所有参与、关注中国边疆学构筑的专家和读者参考。

（一）中国边疆学的学科定位

中国边疆学既是一门探究中国疆域形成和发展规律、中国边疆治理理论和实践的综合性专门学科，又是一门考察中国边疆历史发展轨迹，探求当代中国边疆可持续发展与长治久安现实和未来极具中国特色的战略性专门学科。中国边疆学是社会科学的一个分支，应定位于社会科学学科分类的一级学科。

（二）中国边疆学的学科特点

中国边疆学的学科特点可概括为如下三个方面：

其一是综合性。中国边疆学是一门综合性学科，中国边疆社会既是统一多民族中国的有机组成部分，又是一个有机整体，研究中国边疆，涉及边疆形成和发展的历史及规律，也涉及边疆地区政治、经济、民族、宗教、文化等诸多方面。这些具体研究领域各有相应

---

① 刊发于吴楚克主编：《中国当代边疆理论创新与发展研究》，学苑出版社，2013 年，第 3－20 页；吴楚克、赵泽琳主编：《中国边疆学理论创新与发展报告（2015）》，经济管理出版社，2016 年，第 1－16 页。

学科，也有相应学科没有涵盖的研究范围，但结合历史与现实，从中国边疆整体出发进行综合研究。同时这种综合性的特点，还体现在中国边疆学研究视角、研究方法的综合性上。

其二是现实性。中国边疆学研究的范围虽然包括边疆的历史与现实，但它主要面对的是中国边疆地区的今天和未来，这是中国边疆学研究的最终目的。当前，中国边疆地区正处于急剧的社会变迁与转型时期，实现边疆地区现代化是时代的主流，因此，中国边疆学以中国边疆地区现代化为中心，以改革、发展与稳定为基础，以维护国家利益为最高原则，是由其现实性的特点所决定的。

其三是实践性。中国边疆学注重研究文化积累，开展相关"绝学"研究外，研究更应面向现实。实践性是中国边疆学研究一贯和典型的特征，实践性着重于研究的应用性，强调它的指导和改造社会实践的可能性。探索边疆历史上的难点问题、现实中的热点问题，正是中国边疆学实践性特点的体现。需要指出，为现实服务，不能混同研究与宣传的界别，应以科学和理性的精神来观察现实、分析现实、指导现实的走向。作为学科研究，既要适应社会，又要引导社会，否则，学科将丧失生机与活力。

（三）中国边疆学学科的分类设置

笔者曾在《关于构筑中国边疆学的断想》一文中提出"根据中国边疆学的学科特点，中国边疆学的内涵可包括两大领域，暂以'中国边疆学·基础研究领域'和'中国边疆学·应用研究领域'来命名"。并在此后文章多次重申了这一认识。但经过多年科研实践的思考，笔者的上述认识并非符合学科发展的最佳选择。

中国边疆学学科的二级学科设置试做如下思考：

依据中国边疆学研究对象以及中国边疆的历史与现实的特点和复杂内涵，中国边疆历史学和中国边疆政治学应该是中国边疆学学科下的两门最重要的分支学科门类。

中国边疆历史学的研究重点包括统一多民族中国疆域形成、发展、奠定的历史进程和规律性特点，以及与此密切相关的治边观、历代治边政策等；在作为二级学科中国边疆历史学下可考虑设置若干三级学科，如中国边疆考古学、中国边疆文献学、中国边疆研究史学等。

中国边疆政治学，将围绕从古至今的边疆治理展开研究，其内容包括边疆的政治制度、边疆的社会管控、边疆的民族与宗教、边疆的稳定与发展、边疆的安全与防御、边境管理、边疆的地缘政治等。在作为二级学科中国边疆政治学下可考虑设置若干三级学科，如中国边疆安全学、中国边疆法制学、中国边疆军事学、中国边疆管理学等。

与中国边疆历史学和中国边疆政治学并列，还可考虑设置：中国边疆经济学（生态环境保护、旅游资源开发可纳入其中）、中国边疆人口学、中国边疆文化学（宗教研究应纳入其中）、中国边疆教育学、中国边疆地理学、中国边疆人类学、中国边疆民族问题研究等。

需要说明的有，一是上述各门类研究均应古今贯通；二是边疆理论研究为先导；三是基础研究与应用研究相结合。

依我上述所思考，试制成中国边疆学学科的分类设置图（见图1）：

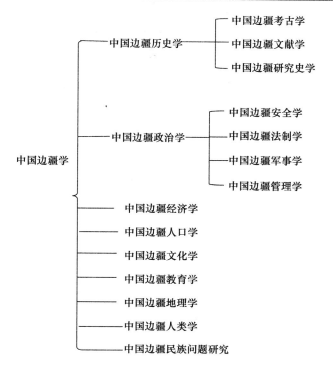

图1　中国边疆学学科的分类设置

中国边疆学学科分类设置既涉及学科内涵的认识，也离不开学科管理层面的诸多方面，学术因素与非学术因素均有所涉及，十分复杂，上述构思肯定是不完整的，也可能有谬误，只是作为一种思路、一个靶子，供思考和讨论。相信随着中国边疆学学科体系构筑的推进，学科设置的认识将日趋完善。

（四）中国边疆学的基本功能

中国边疆学的基本功能可概括为文化积累功能和咨政育民功能两大方面，具体说，有以下四点：

其一是描述功能。描述是指客观地搜集、记录和整理边疆社会事实及其过程，着重解决的是"是什么"的问题。这是任何一门学科研究的基础和出发点。

其二是解释功能。中国边疆是一个不断变化的复杂有机体，现实社会的各种现象和众多问题相互矛盾、相互依存、相互交错，中国边疆学的解释功能就是要在说明"是什么"的基础上，解决"为什么"的问题，探寻中国边疆形成和发展的规律。

其三是预测功能。中国边疆学研究的最终目的是促进边疆地区的巩固，促进边疆地区社会的正常运行和发展，因此在厘清因果关系、明了事实的基础上，还必须对边疆社会的现象与问题及其发展趋势做出科学预测，制定战略规划，提出可操作性的对策，使学科发展与社会实践更加紧密地结合起来。也就是说，在解决了"是什么"、"为什么"后，应进而探求"怎么办"的问题。前瞻性、预测性与对策性研究是中国边疆学实用价值的集中反映，也是学科服务于实践的直接体现。

其四是教育功能。中国边疆学作为综合研究中国边疆历史与现状的学科，在对边疆社会的认识与分析中，本身即影响着广大民众的世界观、价值观、国家观、民族观、历史观等方面，事实上发挥着直接教育和间接教育的功能。

（五）中国边疆学的学科依托与学科交叉

中国边疆学是一门研究中国边疆历史与现状的专门学科，从研究时段看，中国边疆研究离不开古代、近代、现代历史演进历程，当代中国边疆何尝又不是历史？因此，历史学的理论和历史学的研究方法是中国边疆学赖以生存的基础。但由于中国边疆这一特定研究对象的多维性、复杂性，中国边疆研究体系中包括了基础研究与应用研究的二元性结构，仅仅历史学科的理论和方法已不能完全适应新形势下边疆问题研究的全部。因此，中国边疆学研究需要吸纳多学科的理论和方法，诸学科间互通、交融和集约成为必要，中国边疆跨学科研究的大量实践，为中国边疆学的构筑提供了有益经验。如在中国边疆治理理论和实践研究中，历史学的理论与研究固然必不可少，但若主要采用政治学、管理学的理论和方法，辅以历史学、民族学、社会学等学科的理论和方法，实践已证明，此举将大大推动研究的深化。

（六）中国边疆治理理论与实践研究是中国边疆学研究的重中之重

中国边疆是统一多民族中国的重要组成部分。中国的稳定离不开中国边疆的稳定，中国的发展离不开中国边疆的发展。西部大开发战略的实施其重点地区也在中国的边疆地区，将中国边疆当作统一多民族国家的有机组成部分，作为一个完整的研究客体，我们才能更好地认识中国的边疆、研究中国的边疆，才能更好地认识中国边疆面临的一系列历史上的难点问题和现实中的热点问题，并做出科学的回答。而所有这一切只有在中国边疆学学科建立后才可望得到更合理的开展。

试以中国边疆治理研究为例略作说明。中国是一个有着悠久历史的文明古国，自秦汉以来，历朝历代都十分重视边疆的经营与治理，维护着国家的统一与边疆的发展。中国边疆治理的基本任务是如何守住一条线（边界线），管好一片地（边疆地区）。边疆治理的成败得失是综合国力强弱的标志之一。中国历代政府在边疆治理方面积累了丰富的经验，而中华人民共和国在治理边疆上有继承，更多的是创新。边疆治理的内容十分丰富，主要者至少有：边疆行政体制、中央和地方的管理机构、边境管理、边防（国防）、周边外交、民族政策、宗教事务管理、经济开发、文化政策、治边思想等。为了面对21世纪新形势的需要，研究应努力尝试通过维护统一多民族国家整体利益，来总结历史上治边的经验和考察当代中国边疆稳定和发展面临的机遇与挑战，制定相关的边疆稳定与发展战略，这样宏伟的任务显然不是依靠一门或几门学科的理论和方法就能完成的，唯有从中国边疆学的学科高度才可望达到目的。

（七）中国边疆学的研究方法

中国边疆学特定的研究对象决定了研究方法中的三个有机结合，即从研究对象而言，中国边疆是历史与现实的结合；从研究类型的分类而言，是基础研究与应用研究的结合；从研究方法而言，是多种学科研究方法的整合。

（八）中国边疆学是一门具有强大生命力的新兴交叉学科

中国边疆学具有强大生命力的原动力，可以用如下三个方面来观察与认识：

一是从中国边疆学研究的对象来看。中国边疆学是统一多民族中国的不可分割的组成，中国边疆又是当代中国人继承先辈留存两大历史遗产——统一多民族中国和多元一体中华民族的连接平台，中国边疆战略地位决定了对它研究赋予了特殊的重要性、紧迫性。

二是中国边疆学研究的基础研究部分，包含了丰富的以史为鉴的功能，在这里历史不是不食人间烟火的阳春白雪，而是与火热的现实生活紧密相连。

三是中国边疆学研究的应用研究部分，具有强烈的为现实服务的功能，为维护国家统一、边疆稳定、民族团结、社会和谐，为决策部门提供科学决策的政策咨询。

上述三个方面是中国边疆学这门学科具有强大生命力的原动力，而强大生命力的客观存在又将为中国边疆学的构筑和可持续发展提供精神和物质的基础。

二、澄清几个概念

在思考构筑中国边疆学时，离不开如下几个名词，即边界、边境、边疆、中国边疆、中国边疆学。

边界，是指国与国之间的交界，世界上任何一个国家都存有国与国交界的边界。

边境，是指与边界线内侧一定范围的地区，一定范围没有统一规定，一般定在 30 ~ 50 公里，也就是边界线内侧 30 ~ 50 公里范围的地区是指这个国家的边境地区，世界上任何一个国家都存有上述的边境地区。

边疆，可从两个视角来说，从国家的中心区域视角看，边疆即是远离中心区域的边远地区，从边界线视角看，其地域范围要大于边境地区，从这一意义上说，世界上一些国土面积小的国家就难以划出与中心地区相对而言的边疆地区了，即使一些国土面积辽阔的国家诸如美国、加拿大、巴西等国，若依界定边疆地区两个条件，即有边界线，且具有自身历史、文化特点衡量，也难界定哪些可划为边疆地区，唯有俄罗斯是一个可以称为有俄罗斯边疆地区的大国。

中国边疆。我们将有边界线，且又具有自身历史、文化、民族诸方面特点的省区界定为中国的陆疆省区，或称为中国的的边疆地区，而将有边界线，且又具有自身历史、文化、民族诸方面特点的边境县、市总和称为中国的小边疆地区。再加上海疆，这就是中国边疆的空间全部。

中国边疆学。中国边疆学就是研究中国边疆从历史到现代所有问题的综合性学科，中国边疆极具中国特色，研究极具中国特色中国边疆的中国边疆学，当然也是极具中国特色的。

三、学人的责任

中国边疆学构筑，中国边疆研究者是实施行为的主体，责任重大。从学术角度笔者以为如下三方面学人应努力实践。

首先是写一本书。应创造条件、积累资料、组织力量、广泛调研、集思广益，启动《中国边疆学通论》（暂用名）的研究与撰写。该项目具有理论的创新性、研究的开拓性、学科建设的基础性，呼吁有专职于边疆研究的机构关注与组织，有更多的同仁关心参与，通过努力向社会奉献一册能体现具有中国特色中国边疆的时代特色的学术专著。本书应包括中国边疆学的学科定位，学科的内涵与外延、研究方法、研究功能和价值等问题。

其次是编两套丛书。中国边疆学构筑从提出到思考的不断深化，是一个渐进、持续的进程。在这个颇显漫长的进程中，笔者深感如下几个节点是不容忽视的：

一是对中国边疆研究千年积累、百年探索的继承，以及 30 年创新的实践，是中国边疆学构筑的准备；

二是对中国疆域理论的不断探究，是中国边疆学构筑的学科基础；

三是对中国古今边疆治理理论与实践的多层面研究，是中国边疆学构筑的有效切入口；

四是当代鲜活的现实生活的迫切要求，是推动中国边疆学构筑的原动力。

基于上述认识，笔者认为策划两套丛书将为中国边疆学构筑提供两个坚实的学术平台。

一套可定名为"中国边疆治理的理论与实践丛书"，另一套可定名为"中国边疆研究史的理论与实践丛书"。前者将从中国边疆治理的思想、理论、政策，以及实践出发制定选题；后者将从中国边疆研究史的视野，对中国边疆研究的千年积累、百年探究、30 年实践进行回溯与总结。

两套丛书共同的特点可归结为：

一是学术性、原创性应是丛书追求的目标；

二是古今贯通、以今为主；

三是宏观研究与微观研究相结合。

希望通过努力，在可预期的将来能付诸实践。

最后是要走出象牙塔，面向大众，走向社会。学人要着力在推动边疆教育上多做工作。推动边疆教育，这里的教育是指广义的教育，即包括学校教育和社会教育。

关于学校教育，笔者认为应借鉴 20 世纪三四十年代边政学建设的有益经验，在高等院校和有条件的研究机构设立边疆系或开设边疆学专门课程，培养受过专门训练的中国边疆学的硕士和博士，以满足边疆研究深化、中国边疆学构筑的需要。

在社会教育方面，应加大宣传边疆和普及边疆知识的力度，让国人更多地关心边疆、认识边疆、了解边疆、热爱边疆，让学术走向大众，让大众了解学术，必须说明，这里的大众不光是指千百万普通百姓，还应包括涉边事务的管理者和决策者。

这方面边疆研究者是大有可为的。

历史、现实和未来总是相互联系在一起的：历史是现实的昨天，未来则是现实的明天。中国边疆学研究的对象中国边疆，其本身即具有历史与现实紧密结合的特点，因此，中国边疆学研究必须依托历史、面对现实和着眼于未来，这既是中国边疆现实向我们提出的要求，也是中国边疆学学科建设的需要。中国边疆研究者要完成上述任务，更应继承和坚持求真求善的优良学风。1993 年笔者曾在一篇拙文中写道："中国古代传统史学研究，有着求真求善的传统。从汉代杰出史学家司马迁起，求真求善即成为每一位有成就的史学家追求的目标。司马迁的求真，即要使其史书成为'其文直、其事核、不虚美、不隐恶'的'实录'（《汉史·司马迁传》）；而求善则是希望通过修史而成一家之言，即通过再现历史的精神来展现自己的精神。与此紧密相关的就是经世致用的传统。求真求善才能得到的经世的理论体系，致用则是使理论研究达到实用的目的。"上述这段话在当时主要是指边疆史地研究，笔者想对中国边疆学构筑也应该是适用的。

中国边疆学构筑，需要学人扎实的研究，持之以恒的决心，锲而不舍的信心，一步一个脚印，即古语所云：九成之台，起于累土；千里之行，始于足下。已经有了一个好的开头，理想之结局必将成为现实！

中国边疆研究学术共同体巡检述略

孙　勇　孙昭亮

四川大学社会发展与西部开发研究院，四川大学中国藏学研究所

　　学术共同体是近代由西方学者提出的一个概念，旨在探讨科学研究者们为何成为学术群体，以及如何建构出跨学院的学术群体，最终推动某学科的建设。知识成体系产生的实践证明，这既是一个客观存在的文化现象，也是一个由主观愿望形成学科构建的缘由。中国在三次边疆研究高潮之中，都形成了学术研究群体的现象，尤其是在近些年中国学界在边疆研究之中逐渐产生了若干学术共同体。从其学术成果和所倡导的学科依托上，可以看出各家学术共同体具有其内部相同或相近的学术视角与研究方法。同时，重视学术共同体的建设，对于边疆研究乃至边疆学的建构具有重要的现实意义。

　　当西方国家科学研究进展到一定程度的时候，科学哲学家们对现代世界知识体系的形成，做了元科学理论发生过程的探究，指出了科学共同体（Scientific Community）的作用。有学者特地指出："无形学院在科学文献中有它的对应物，这就是科学论文作者互相引证网络中有紧密联系的结节的集簇。虽然这些集簇很少有明显的区分并且常常以复杂的方式交叠，然而它们是非常真实的集合，这些集合关系通常反映着他们的成员之间的社会互动。"[①] 由此引申的学术共同体（Academic Community）也符合这种镜像似的学术描述形态，亦即阐明学术的行动可以通过某个共同体放大到社会领域并成为公共知识。其中，借助于研究者们的"社会互动"而形成学派（门派）是理所当然的。而更进一步地研究者认为，这些学术研究的共同体无论由什么原因产生，都在研究科学的发展模式上成为了一门学科的逻辑起点。从这个意义上讲，一种研究范式与这个学术共同体的出现有着逻辑上的等价关系，也由此出现传承关系。[②] 换言之，正因为学术共同体的产生，导致了某个学科研究通过研究者们的共同努力使其产生范式且逐渐成型，并产生了对学科建构的影响力以及代际的学术思想传递。

　　其实，科学共同体或学术共同体现象在中国也是存在的。林坚教授曾经对此发表过意见，并对"学术共同体"的内涵和形态进行探究。[③] 仅就中国边疆研究而言，百十来年所出

---

　　① ［英］约翰·齐曼：《元科学导论》，刘珺珺译，湖南人民出版社，1988年，第111页。
　　② 1962年，美国科学哲学家托马斯·库恩（Thomas Samuel Kuhn）在《科学革命的结构》中对这一概念做了专门论述，指出："科学共同体是由一些学有专长的实际工作者所组成的。他们由所受教育和训练中的共同因素结合在一起，他们自认为也被人认为专门探索一些共同的目标，也包括培养自己的接班人。"
　　③ 林坚：《学术共同体与学术规范》，全国高校学术规范与学风建设论坛，2009年1月。

现的三次研究高潮，① 都有"学术共同体"在其中起着推波助澜的作用，对中国边疆现象研究和边疆理论研究产生了深远的影响。笔者对中国三次边疆研究高潮中所出现的学术共同体现象做一巡检。限于眼界及篇幅，挂一漏万的述略难以展说周全，不妥之处望方家指正。

一、近代中国边疆研究出现的学术共同体雏形

近代中国丧权辱国的历史大逆转，是中国边疆问题研究的起点，中国边疆问题研究在边疆的诸多问题的实际演变中展开。鸦片战争前后，一批爱国学者和官员致力于边疆史地研究，形成中国近代第一次研究边疆问题的高潮。清代官学都有地理研究的偏好，早在康熙年间，陈元龙奉敕编纂《历代赋汇》专辟"地理类"，收录了自汉迄明的"地理"赋369篇。② 延至晚清，地理研究者不少人加入到边疆研究之中，可粗分为世界（中国）史地和中国西北边疆史地两派，其代表人物是近代最初关注和研究海疆陆疆问题的林则徐、龚自珍、魏源等人，他们的边疆研究在当时眼界开阔，宏论通达于国内外。此三人可视为这个方面研究的核心人物。林则徐的代表作有《四洲志》、《华事夷言》、《滑达尔各国律例》③ 等，林则徐根据他对西方国家的了解和中国状况，主张学习西方先进技术，发展民族工商业，整备军事以抵御外侵。林则徐向国内介绍西方国家的情况，包括地理、历史和政治（含国际法）状况；龚自珍有《上国史馆总裁提调总纂书》、《西域置行省议》等书刊出，透露了其经学中的边疆结构与边疆战略的视野，在"万马齐喑"④ 的年代，提出了西北边疆与东南海疆在国家空间中的互动观点，不啻为 19 世纪上半叶至中叶中国地缘政治最为深刻的洞见者。龚自珍的"中国边疆观中的西北包括北塞和西塞，即东三省、蒙古地区、新疆和西藏，东南则为沿海疆域，深知西北边疆与东南海疆的互动结构"。⑤ 因而龚自珍对边疆的研究，被有的学者认为是"天地东南西北"舆地学。⑥ 这个影响悠远，直至今天。魏源的代表作为《圣武记》、《海国图志》等，其中《海国图志》50 卷，后经修订、增补，到 1852 年（咸丰二年）成为百卷本，囊括了世界地理、历史、政制、经济、宗教、历法、文化、物产等，对强国御侮、匡正时弊、振兴国脉之路进行积极的探索，并提出"以夷攻夷"、"以夷款夷"和"师夷之长技以制夷"的观点。

与魏源的《海国图志》一同为中国较早介绍世界地理情况的还有《瀛寰志略》，此书是在 19 世纪中叶由徐继畬所编纂。同期前后还有萧令裕的《记英吉利》、叶钟进的《英吉利国夷情记略》、梁廷楠的《海国四说》等。那个时代还有张穆的《蒙古游牧记》、

———————————

① 厉声：《改革开放 30 年来中国边疆史地研究学科的繁荣与发展——兼述中国边疆史地研究的第三次研究高潮》，《中国边疆史地研究》2008 年第 4 期。

② 李军：《清代边疆舆地赋的征实性——以〈西藏等三边赋〉为例》，《辽东学院学报》（社会科学版），2013 年第 1 期。

③ 陆玉芹：《林则徐与〈滑尔达各国律例〉》，《盐城师范大学学报》（人文社会科学版），2006 年第 3 期。

④ 语出龚自珍的古诗作品《己亥杂诗》，原诗为"九州生气恃风雷，万马齐喑究可哀。我劝天公重抖擞，不拘一格降人才"。

⑤⑥ 王鹏辉：《龚自珍和魏源的舆地学研究》，《历史研究》，2014 年第 3 期。

《俄罗斯补辑》、《魏延昌地形志》等书。何秋涛的《北徼汇编》6卷，后复详订图说，汇集内蒙古、新疆、东北及早期中俄关系史料，记述自汉、晋至道光时期的史况，增为80卷，清咸丰帝阅后赐名《朔方备乘》，学术价值很高。当时的曹廷杰、邹代钧等人也以研究边疆地理见长。曹廷杰著有《东北边防辑要》、《西伯利亚东偏纪要》和《东三省舆地图说》，为中国东北史地研究做出了很大贡献。邹代钧被称为中国清末地图学家，中国近代地图学的倡导者和奠基人之一，他为国家处理边疆问题设谋，后人多有称道。① 晚清时期，仅在舆地学（新地学）方面，就集结了包括各个民族成员的有名学者近80人，另外见诸文字记录的外国传教士也有23人。② 有的官员与文人介入相关研究很深很广，例如黄遵宪身为外交官员搜集200多种资料，耗时多年撰写了《日本国志》详论该国变革经过及其得失，借以提出作者的主张，是为政界人士做研究的事例。黄韬游历东西洋，在国家现代史与文化传播上颇有见地，也密切关注中外关系与边疆问题，政议中屡见边疆评论。③

严复是中国近代思想史与学术史上划时代的人物，大量的译作对国人的思想启蒙影响巨大，也是较早接触与传播马汉海权论者，并形成自己的海权思想供最高决策者参考。④ 另一个著名思想家康有为，在"戊戌变法"时期认识到了海军的重要性，提出了一系列海防建设的措施。⑤ 梁启超同康有为等人力主维新变法，梁启超在哲学、文学、史学、经学、法学、伦理学、宗教学等领域均有建树，以史学研究成绩最显著。当时受其影响的人遍及全国，学界附和者甚多，乃至孙中山等政要也从其主张中择善而用之。梁启超首提"中华民族"概念，在边疆研究中把边疆、民族与近代国家的构建联系在一起研究。其在近代国家建构思考下研究中国的边疆问题，清楚地认识到不能使少数民族地区自外于中国。梁启超依据地理科学知识，洞察东南诸省与西北腹地的国家疆域空间结构，提出挽救中国危亡的民族国家建国方略。⑥ 梁氏学说对边疆研究的高度在那个时代就达于国家建构的理论之中，这是中国学界很多从事边疆以及民族研究的学者一直达不到的境界，或者说梁启超提出了国内很多研究者和决策者一直未能思考到位的重要命题，对今人在此方面的深度研究也有着很大的启迪。⑦

由上以观，在近代中国边疆研究之中，确实产生或出现过"学术共同体"现象，如林则徐、魏源、龚自珍、曹廷杰、邹代钧等，包括梁启超、康有为、严复、黄遵宪、黄韬，他们以不同于那个时代庸碌学者的治学范式，将眼光置于国家命运的视域，全然不同于当时那些官宦利益共同体和学腐命运共同体的短视。当时的边疆学术研究把不同职业的

① 周艳红：《邹代钧与中国地理学的发展》，《华南农业大学学报》（社会科学版），2002年第1期。
② 罗见今、王淼：《晚清舆地学者与新地学的兴起》，《哈尔滨工业大学学报》（社会科学版），2008年第2期。该文专门列表统计了晚清舆地学的学者，在表前有文字说明，"晚清舆地学者"，指在晚清至少生活、工作10年左右且有成果的学者。文中所收集到的外国人均有名字和生卒年份。
③ 马艺：《论王韬新闻言论的思想内容及特征》，《天津大学学报》（社会科学版），2003年第1期。
④ 王荣国：《严复海权思想初探》，《厦门大学学报》（哲学社会科学版），2004年第3期。
⑤ 陈旭楠：《康有为海防建设思想研究——以戊戌政变前为中心》，《苏州教育学院学报》，2014年第1期。
⑥ 梁启超强调无论何种国体，必须考虑"今者建设伊始，当刻刻以蒙、回、藏、疆为念，务使不自屏于中国之外，而不然者，则对内成功奏凯之时，即对外一败涂地之时也"。参见梁启超：《新中国建设》，《饮冰室合集》文集之二七第34页。
⑦ 王鹏辉：《边疆、民族与梁启超"新中国"的建构》，《人文杂志》，2014年第11期。

研究者联系在一起，突出地显示出了这些研究者所具有的共同信念、共同价值，乃至于遵守共同的学术规范，明显地区别于那个时代的一般社会学术群体。清末民初中国的边疆问题，由沿海影响到内陆，又由内陆影响到陆地边疆，整个国家陷入巨大危机之中。在这种情况下，中国的仁人志士或者说清醒的官员及文人都认识到这是国家衰败落后所致，由此从改变国家政治、经济、军事等方面入手，以拯救整个民族。但可惜的是囿于自身被困都不能从实质上改变国家的命运，边疆问题也无法得以完全解决，而且危机越来越深重。本文所述略的那个时代各个阶段有识之士拯救国家的主张，应属于广义的边疆研究。前些年有学者应用统计方法选其交集，遴选出影响较大的清代著名地理学家 12 人，即顾炎武、顾祖禹、图理琛、齐召南、戴震、李兆洛、徐松、魏源、何秋涛、杨守敬、曹廷杰、邹代钧。① 即使是在今天，有 12 名学者的群体与著述，也足以支撑起一个主流学派的学术大厦。需要指出的是，在中国近代第一次边疆研究高潮中所产生的"学术共同体"还是初级状态的，在共同性和学术范式的交集上不太紧密，也缺乏专门的刊物登载同类文章，有"君子同而不党"之风，可谓之学术共同体雏形。但这些人的学术观点很快成为公共知识，影响到了本国的各个阶层尤其是知识分子阶层，进而也影响到邻国的学界、军界、政界，例如魏源的《海国图志》对日本的影响远大于中国。② 对这些人的学说影响作进一步考察，可以很明显地看出思想的代际传递现象，即至 20 世纪到 21 世纪的中国边疆研究者都受到了他们的影响。有的学者认为，中国今天的边疆研究之源皆可溯于他们的著述，③沿用史地、舆地考证以及追踪外国成果等方式的后续研究者，至今遍布于中国学界。

二、在救亡图存背景下的中国边疆研究学术共同体

20 世纪三四十年代，中国边疆危机达到了空前严峻的程度。在"救亡图存"的历史背景下，中国学界再次兴起了边疆问题研究热潮，在民国年间，出现了许多面向全国的边疆机构和刊物。④ 有研究者不大完全的统计云，民国时期全国涉及边疆研究的刊物多达几十种，⑤ 从事边疆研究的人员更是数不胜数，产生的学者如满天星斗。其间，中国各大党派成员介入到边疆研究之中的也不在少数。可见时局巨变的因素和国家兴衰的命题，是当时中国学界、政界乃至军界进行边疆研究的动力。

民国时期，学界对"边疆"的含义加深了领会和理解。20 世纪三四十年代中国出现的边疆研究热，受"西学"的影响很大。1920 年以后，人类学、民族学、宗教学、社会学、地理学、植物学、地质学、气象学等"西学"在中国发展起来，为现代意义的边疆

---

① 罗见今、王淼：《晚清舆地学者与新地学的兴起》，《哈尔滨工业大学学报》（社会科学版），2008 年第 2 期。

② 李存朴：《魏源的〈海国图志〉与日本的〈海图国志〉时代》，《安徽史学》，2002 年第 2 期。

③ 四川大学社会发展与西部开发研究院 2016 年春季边疆学术研讨会前，王鹏辉等人特地指明了这一点。

④ 据林恩显的著述介绍，当时国民政府在内地办有：中国边政学会（设有边政公论社）、中国边疆学会、中国边疆问题研究会、边事研究社、中国边疆文化促进会、中国边疆学术讨论研究会、中国边疆建设协会等，这些机构受政府补助。——林恩显：《边政通论》（台北，1989 年），第 17 - 18 页、252 页。

⑤ 房建昌：《简述民国年间有关中国边疆的机构与刊物》，《中国边疆史地研究》，1997 年第 2 期。

研究提供了学理和方法层面的支撑。受"西学"的影响，学界重视运用新知识研究边疆地区的政治、经济、自然、文化、民族、宗教以及社会结构等。同时，学界接受了西方"民族国家"的理论，主张构建多民族的统一的"民族国家"。但中国学界受当时外国学者（尤其是在华传教士学者）的影响，① 确定以少数民族地区为边疆的观点以至于滥觞，即把少数民族居住地等同于边疆，无论是处于腹心地区还是边缘地带，都谓之以"边"。但大陆濒临的海疆不算边疆，鲜有学者将边疆研究的视域置于海疆。从国家发展形态看，其时学界基本确定了建立包括少数民族在内的民族国家是中国国家的发展前景，却还理不清各个民族居住地与边疆地区的关系。② 从这种情况看，当时学界在对中国的民族和国家的认识上还存在局限性。

20 世纪三四十年代中国边疆研究，已不是单纯对边疆问题的研究，而是与民族、国家的前途命运结合在一起的探讨。尽管那个年代学界对边疆的认识大多是从民族、宗教、文化角度进行的，但也有学者对此提出了质疑，并从政治意义上提出了"边疆"的定义，以对侧重于社会文化角度的研究予以纠偏，对于边疆研究有着现实意义。吴文藻、柯象峰、徐益棠、李安宅、胡耐安、顾颉刚、陈寅恪等人都发文主张边疆研究的目的是经世致用。③ 例如，陈寅恪指出："……西北史地以较为朴学之故，似不及今文经学流被之深广。惟默察当今大势，吾国将来必循汉唐之轨辙，倾其全力经营西北，则可以无疑。"④ 吴文藻认为"建设一个民族国家，是我们现阶段的理想，而如何促成民族国家的组织，此种伟大事业，一部分就有赖于边政学的贡献"。⑤ 概略地看，这个时期的中国边疆研究大体上也有学术共同体或产生了学术共同体现象。

李安宅身居华西高校并致力于边疆研究，以其社会学的功底奠基，广泛涉猎和钻研人类学/民族学、文化学、宗教学、语言学等学科，尤以人类学的研究见长。由于他的声望和组织带动，"冯汉骥、蒋旨昂、任乃强、谢国安、刘立千、于式玉、玉文华等都投入了对康藏地区的实地田野考察。"⑥ 人类学是他们作研究的底蕴，并杂之以其他学科知识和方法。这种由学术研究把不同专业的研究人员联系在一起，具有共同信念、共同价值，遵

① 例如澳大利亚人叶长青（J. H. Edgar）是中国内地会的外籍传教士，他在 20 世纪初来到华西地区活动，曾多次前往康定、理塘、巴塘等地考察，将这些地方视作中国的边疆。1922 年 3 月，一群来自英、美、加国的基督教传教士，在中国成都华西协合大学成立了华西边疆研究学会（West China Border Research Society），史称"华西边疆学派"，对后来的国内学者影响很大，1930 年初学会开始吸纳中国学者加入，开启学会本土化进程。40 年代中国学者成为学会学术研究及组织机构中的主力，展示了学会本土化发展趋势。著名学者李安宅、任乃强、谢国安、刘立千、于式玉、玉文华等人是"华西边疆学派"后期的代表人物。——参见周蜀蓉：《基督教与华西边疆研究中的本土化进程——以华西边疆研究学会为例》，《四川大学学报》，2012 年第 3 期。

② 受朝贡体系传统观点的影响，当时的学者比较通行地将一些地方称之为"苗疆"、"回疆"、"藏边"、"川边"、"滇边"，其视域被"主体民族文化之外的地区皆为边疆"的理论所限，难以与现代边疆理论接轨。时至今日，仍然有学者受此影响，在论文中使用这些词汇和观念。

③ 例如，柯象峰认为："我国边疆之研究，已较英法俄日等国人士落后数十年，故吾人对于我国本身之边疆状况，其认识程度且不逮远甚"，故希望"急起直追"，并须在"时间上以及人力物力上着想，通力合作"。——柯象峰：《中国边疆研究计划于方法之商榷》，《边政公论》，1941 年第 1 期。

④ 陈寅恪：《朱延丰突厥通考序》，《读书通讯》，1943 年第 58 期。

⑤ 吴文藻：《边政学发凡》，《边政公论》，1942 年第 1 期。转引自汪洪亮：《中国边疆研究的近代转型：20 世纪 30~40 年代边政学的兴起》，《四川师范大学学报》（社会科学版），2010 年第 5 期。

⑥ 汪洪亮：《建设科学理论与寻求"活的人生"——李安宅的人生轨迹与学术历程》，《民族学刊》，2010 年第 1 期。

守共同规范的形式，形成了"华西边疆学派"学术共同体，该学派有学术刊物《华西边疆研究学会杂志》，经常召开学术会议，是那个时代西学影响下边疆研究本土化的典型事例。[①] 这个学术共同体的后期重要成员任乃强、谢国安、刘立千等人在新中国解放西藏的过程中，撰写进军参考图文，出谋划策，业绩卓著。[②]

顾颉刚多方游历讲学，治学贯通各科，作为历史学家其所做的边疆史地研究颇负盛名。顾颉刚与谭其骧发起成立的禹贡学会，聚集了钱穆、冯家升、唐兰、王庸、徐炳昶等知名学者并大量会员，"当时学会的主要工作任务有：撰写中国地理沿革史；绘制科学的中国历史地图集；编纂内容精详的历史地名词典；详备地整理历代地理志；辑录各种有关经济、移民等历史活动地理特性的资料，进行专题研究等。"[③] 禹贡学会是那个年代在历史地理领域中贡献巨大的学术团体，其成员们也呈现出"共同信念、共同价值，遵守共同规范"的形式，创办的学术刊物《禹贡》在学术界影响深远。学界人将这个学术共同体称为"禹贡学派"，并认为是这个学派的出现，是"中国传统舆地之学向现代历史地理学转变的重要标志之一"。[④] 在近代，还有一个以张其昀为核心的历史地理学的"史地学派"，在理论创建与学术研究方面也有建树。其学会、刊物和大学的系科强调"史地合一"、"自然与人文并重"等。中国近现代的史地研究因他们当中的谭其骧、史念海、侯仁之等人，在中华人民共和国成立后共同努力，建立起现代学科意义上的中国历史地理学。

方国瑜专意扎根故乡做边疆研究，是民国时期西南边疆研究的翘楚人物，西南边疆史地研究的奠基人。[⑤] 其早年从事音韵学、文字学、汉语学、语言学研究，因痛感清朝外交丧权辱国，愤而在报刊发表文章疾呼救国。后以滇缅南段未定界务中国委员随员身份，参加过界务交涉。从此转向西南史地研究，与向达、凌纯声、楚图南等人发起主办了《西南边疆》杂志，对西南地区的历史与现状进行研究。在方国瑜的引导下，同道者对中国西南历史文献的研究与整理、西南历史地理研究以及民族史研究乃至涉外等方面的研究，异军突起，贡献巨多。[⑥] 由此也可见西南边疆研究当时有着一个"相同或相近的价值取向、文化生活、内在精神和具有特殊专业技能的人，为了共同的价值理念或兴趣目标，并且遵循一定的行为规范而构成的群体"。[⑦]

吴文藻、杨成志远距神交堪为佳话，他们所倡导的边政学研究，打破了自清代后期以来出现的边疆研究的"传统学术"格局，即仅局限于边疆史地（舆地）的研究范围，转向研究边疆地区的实际状况，包括政治、经济、文化、民族、宗教、历史、社会、军事等很多方面。边政学综合了人类学和政治学为主体的多学科理论和方法。吴文藻对边政学作了界定："边政学就是研究边疆政治的专门学问。"[⑧] 无独有偶，杨成志发表的《边政研究

① 周蜀蓉：《传教士与华西边疆研究——以华西边疆研究学会为例》，《宗教学研究》，2011 年第 1 期。
② 祝启源：《和平解放西藏是西藏历史发展的必然归宿》，《民族研究》，1991 年第 3 期。
③ 陈其泰：《新历史考证学的学术路向及其宝贵启示》，《天津社会科学》，2014 年第 5 期。
④ 李久昌：《中国历史地理学由传统向近代转化的若干特点》，《陕西师范大学学报》（哲学社会科学版），2005 年第 4 期。
⑤ 百科学术——知网空间：方国瑜，http://wiki.cnki.com.cn/HotWord/1620754.htm。
⑥ 林超民、秦树才：《方国瑜与中国西南对外关系史研究》，《中国边疆史地研究》，2008 年第 4 期。
⑦ 360 百科，"学术共同体"，http://baike.so.com/doc/5243068-5476105.html。
⑧ 吴文藻：《边政学发凡》，《边政公论》，1942 年第 1 期，转引自汪洪亮：《中国边疆研究的近代转型：20 世纪 30～40 年代边政学的兴起》，《四川师范大学学报》（社会科学版），2010 年第 5 期。

导论——十个应先认识的基本名词与意义》一文，对边政研究的内容及方法作了精到阐述。边政学理论提出后，受到国人和南京政府的普遍重视，关于边政工作人员的培训应注意的相关原理与事项，也成为当时研究边疆问题学者们关注的内容之一。梁钊韬认为在边政训练中，应将民族学与政治学结合起来并作为边政人员的指示疆界，边政人员的业务演习是一种"应用民族学"的田野实习。① 此外，还有一些学者研究了边疆社会建设、边疆文化建设区站制度等内容，如吴泽霖、卫惠林等，他们拟定了边疆文化建设区站制度大纲与文化建设区站工作纲领。② 边政学的研究主体和载体后来也越发宽泛，包括职业化的学者群体、大学的学科和专业、专门研究机构、新式学会、图书馆、学术期刊、报纸等。例如，顾颉刚等学者和禹贡学会成员，以及《禹贡》学刊也与边政学的研究产生过交集。而民国政府对边政学的重视程度很高，在一些学校开设边政学，且培养了一批批的学生。③ 如果没有边政学的学术共同体，这是不可想象的。民国时期的边政学研究成为边疆研究的一个主流学派，所涉者皆为忧国忧民人士，无论是学者还是政府官员④都以边疆政务的建立为要，是以共同的目的为核心而形成的"学派"，其成员具有大致相同的目标、信念、观点和方法。这个学术共同体所开创的边疆政治研究的学风以及范式，影响至今。

不可忽略的是，当时中共领导下的地区也有边疆问题研究，有过系统的边疆民族问题调查，以利于开展陕、甘、宁、青、绥包括新疆、内蒙古各地的民族工作。开展边疆民族调研工作的倡议和推动者有李维汉、牙含章等。"1941 年延安建立民族学院，培养民族干部并进行边疆民族研究。先后出版《回回民族问题提纲》、《回回民族问题》、《蒙古民族问题提纲》等。进入新疆的中共干部掌握了《新疆日报》、《反帝战线》等刊物，调查报道边疆时事，宣传抗日救国。"⑤ 从宽泛的意义上讲，这也是"学术共同体"，所遵守的研究范式是中共当时的民族理论和政策。李维汉在延安时期对边疆民族的研究以及之后进一步的思考，奠定了中共民族区域自治理论和实践的思想基础，其意义巨大和深远，对中华人民共和国成立前后的民族区域自治实践产生了决定性的影响。⑥

三、第三次边疆研究高潮中的中国学术共同体大观

随着始于 20 世纪 80 年代改革开放的不断推进，中国大陆学界⑦的边疆研究重新起步并不断扩大和深入，源流衍生，蔚为壮观。边疆史地研究、边疆民族研究、边疆社会研

① 梁钊韬：《边政业务演习的理论与实践》，《边政公论》，1945 年第三卷第 12 期。
② 卫惠林：《边疆文化建设区站制度拟议》，《边政公论》，1943 年第二卷第 1、2 期合期。
③ 段金生：《民国政府的边政内容与边政特点——以南京国民政府为中心》，《思想战线》，2011 年第 1 期。
④ 民国时期的两任蒙藏委员会委员长黄慕松、吴忠信皆对边政学有研究，并支持在高校开办边政学。——参阅段金生：《30 年来南京国民政府边政研究综述》，《中国边疆史地研究》，2010 年第 3 期；汪洪亮：《过渡时代的边疆学术：民国时期边政学研究引论》，《四川师范大学学报》（社会科学版），2012 年第 2 期。
⑤ 韦清风：《近代中国边疆研究的第二次高潮与国防战略》，《中国边疆史地研究》，1996 年第 3 期。
⑥ 陈凤林：《李维汉民族思想与解决民族问题的中国特色道路》，《中共银川市委党校学报》，2013 年第 1 期。
⑦ 本文中的"中国大陆学界"限定词，意在不包括新中国成立之后的台湾学界也不涉及香港特区学界，在国家统一的意义上台湾和香港都是中国的一部分，大陆与台湾的政治地理关系不在本文命题阐述之内。特此注明。

究、边疆文化研究、边疆战略研究、边疆安全研究、边疆经济研究、边疆发展研究、边疆地缘政治研究、边疆政策及制度供给研究乃至中外边疆学术对比研究等方面的学术著述迭出，刊物数量和发表的相关论文也与日俱增。众多学者加之政界、军界研究人员的探讨，将中国大陆的边疆研究不断地推向新阶段和新高度。

进入 21 世纪之后，边疆研究在中国大陆学界逐渐产生出建构边疆学学科的趋势。无论是内地或边疆的院校和研究机构，均有学者倡议构建边疆学。事实上，无论是否将"中国"冠名以论边疆学或提出何种范式才能称为"边疆学"，似乎无关紧要，边疆学作为一个对边疆现象研究的总称，已经被中国大陆学界所普遍采用。① 笔者认为，边疆词汇和语境的产生以及逐步丰富起来的边疆研究，是到了出现国家实体的时段才形成的理性和由理性衍生出来的概念、理念以及学说。在目前，中国大陆学界的"中国边疆学"如何建构的讨论还在进行之中，以至于"边疆学"成为一种将所有考察报告、史地研究、边疆学说分析、边疆社会文化调查、地理边疆治理、周边国家关系、边疆学建构探讨等论文和著述包罗起来的"隐学"。其中，近些年边疆研究学术共同体现象早已凸显，对于如何构建"中国边疆学"或"一般边疆学"的探讨，其实都是与这些学术共同体的主张关联在一起的。我们试析述略如下。

一是以边疆史地研究为载体构建"中国边疆学"的主张。边疆史地研究是在中国影响很广的一种学术方法，亦是一种广泛覆盖于大陆各个学校和研究机构的学术流派。如前已述，其可溯源到中国第一次和第二次边疆研究高潮，因源头远、领域广，且大师辈出，边疆史地研究的展翼之下云集了各个相关学科，又经大师们的多年孵化，似有可以进行交叉研究或跨学科研究的广阔空间，几位主流学者又较早倡议构筑"中国边疆学"，② 并提出要进行跨学科研究，③ 在建构边疆学的学术呼声之中几占优势地位。近十多年的代表人物有马大正、厉声、方铁、邢广程等人，他们的主张影响相当广泛，而从南到北各省市的学者浸淫于史地研究的为数众多，马大正、厉声、方铁等学者的研究范式已经为研究者们熟悉并多有运用，国内多种学刊尤其是《边疆史地研究》所发相关论文甚多，近年来尤其强调"中国边疆学"的构筑支撑在于史地研究，④ 可以说"边疆史地研究"的学术共同体事实上是存在的。中国社科院边疆研究所陆续出版的《中国边疆学》（邢广程主编）在国内颇有影响，虽仍然是边疆研究的资料汇集，与边疆学学科形式的专著不同，可视为中国边疆研究的学术状态之总称。由于边疆史的研究源远流长，依托与历史和地理等学科的研究成果易于受到承认，马大正、方铁等学者的主张，拥趸者很多。但到目前，这个学术共同体的核心成员尚未出版一部冠名为边疆学的学科性质的专著。需要提及的是，边疆考古研究虽属于史地研究范围且成果丰硕，但这方面的专家学者一直对构筑边疆学不置可

① 孙勇：《边疆学导论》绪论初稿，课题组内部传阅件。
② 马大正：《边疆研究者的历史责任：构筑中国边疆学》，《云南师范大学学报》（哲学社会科学版），2008 年第 5 期。
③ 方铁：《试论中国边疆学的研究方法》，《云南师范大学学报》（哲学社会科学版），2008 年第 5 期。
④ 马大正：《关于中国边疆学构筑的几个问题》，《东北史地》，2011 年第 6 期。又见第 2 期《新华观察》关于中国边疆学构筑的几个问题，2013 年。

否，也未见倡议建构边疆考古学的，原因尚待探查。①

二是以民族学/人类学研究为载体的建构"中国边疆学"的实践。如前所述，在中国边疆研究的第二次高潮之中，由于西学渐进包括受来华外国学者的影响，很多中国学者接受了西方传入中国的文科知识体系，将能够阐释考察之中发现问题的学科活学活用，尤以民族学/人类学、文化学、社会学等亲缘学科为工具，取得了丰硕成果，"路径依赖"② 已经产生；更由于新中国成立之后，中国大陆学界的民族研究的实践和民族学讲授的影响，合于执政党的民族理论和政策口径，多数知名学者的民族学功底甚厚，由此轻车熟路地推出一系列成果。早期的《民族学研究》、《民族学通论》的作者林耀华，是民国时期和新中国的知名学者，该类书多以边疆为视界，其影响广泛；后周伟洲、徐黎丽、张植荣等学者同为这一领域的建树者，周伟洲的《中国中世西北民族关系研究》、《西北民族史研究》奠定了将民族学为边疆学载体的主张。徐黎丽的《中国西北少数民族通史（当代卷）》，是将民族问题视为边疆问题的诠释之作。张植荣的《中国边疆与民族问题》其主题将民族问题置于边疆研究的大头，同时又关注海疆问题。③ 周伟洲也主张"中国边疆学"要作跨学科研究，④ 但其底蕴仍然为民族学的。中国西北省区学者受早期舆地派研究的影响，将民族研究置于边疆研究之首位，这也是思维逻辑之使然。事实上，这也是一个具有学术共同体现象的群体，只是由于旗手不多而比较松散，在一定的范围内（例如陕西师范大学）存在着学术共同体的集簇。不可否认的是，国内大部分高校在讲授民族学时，几乎没有不与边疆问题相联系的，众多学者也将民族问题视作边疆问题的关键。由于这个原因，以民族学建构边疆学的建议在大陆学界有较多的附和者，这种情形在近些年国内的各种边疆论坛中十分常见，有着学术共同体的现象。⑤

三是边政学或边疆政治为载体构建学科体系的实际成果。如前所述，在中国第二次边疆研究高潮之中，边政学是边疆政治学的代称，边政学的首倡者为当时的著名学者，所议所说正合当时的国家之急需，响应者众多，有的学校开设边政学课程后为其后留下了学术火种。到第三次边疆研究高潮时，自然有学者或多或少地受到启发，将其基本方法和范式贯入"中国边疆学"之中。近年来，从政治学角度研究边疆现象（边疆问题）的论文逐渐增多，由于这个角度有亲缘学科的公共管理学、政治经济学、地缘政治学（政治地理学）以及政策学乃至国防学、边防学等做支撑，目前，在学界这个方面的探讨似较为成熟，《中国边政学新论》（罗崇敏）是2006年出版的专著，其内容对边政学的框架多有替换，但仍然推崇边政学的理念；而2012年出版的《中国边疆学概论》（郑汕）可视为新时期边疆政治学即新边政学的集大成者，名曰"中国边疆学概论"，实为边政学新解，从

---

① 中国的考古研究其实是有学术共同体的，有较多的专门研究机构，也有专门的学术刊物，定期召开学术会议，近年来的考古成果对于阐释中国国家认同、中华民族认同做出了不可忽视的贡献。

② 路径依赖（Path Dependence），又译为路径依赖性，它的特定含义是指人类社会中的技术演进或制度变迁均有类似于物理学中的惯性，即一旦进入某一路径（无论是"好"还是"坏"）就可能对这种路径产生依赖。第一个使"路径依赖"理论声名远播的是道格拉斯·诺思（Douglass North），由于用"路径依赖"理论成功地阐释了经济制度的演进，道格拉斯·诺思于1993年获得诺贝尔经济学奖。

③ 张植荣是近年来国内著书时把内陆边疆民族问题与海疆同时叙述的学者之一。

④ 周伟洲：《世纪之交中国边疆史地研究的回顾与展望》，《中国边疆史地研究》，2001年第1期。

⑤ 笔者近年来所参加国内边疆学论坛，多见专家学者探讨边疆民族的诸多问题，将民族问题视作边疆问题的关键，有的学者认为边疆问题的实质就是民族问题。

主线与框架都可以看出边政学的学术基因；而 2005 年和 2015 年出版的两部《中国边疆政治学》，① 更显示出以边政学即边疆政治学为载体的建议有着合理性与可行性的佐证。毋庸讳言，这个方面的学术共同体事实上也是存在的，只不过较为松散，其代表人物有吴楚克、周平、郑汕等。② 他们的影响面在边疆研究之中比较广泛，且以专著形式对这一研究的范式进行了诠释，将建构边疆学的实践付诸现实行动。公允地说，这都还不是边疆学或"中国边疆学"层面的展示，只能视为边疆学分支子学科的研究成果，因为疏通了学科建构的管道，步入其中的研究者也不少。③

四是以边疆经济为视野的边疆学学科建构的实践与探讨。其实，在第一、二次的中国边疆研究高潮之中，对经济各个方面的研究络绎不绝，不过皆从属于当时研究者的偏好未能独立出来。在第三次边疆研究高潮中，边疆经济研究领域群贤毕至，倡议构建边疆经济学的学者陆续发文，以推进这个方面的研究。④ 1986 年徐晓光发表了边疆经济学初探，分量比较重。与此同时，王慎之撰文提出建立边疆经济学，认为边疆经济学是限定含义的区域经济学，也是研究边疆区域生产方式运动规律的科学。1994 年牛德林发表了《边疆经济学的基本理论与实践意义》，是一篇比较重头的论文；此前，其编撰出版的《中国边疆经济发展概略》内容丰富，但仍是一部经济史学或类似于志书的著作，主要以介绍和综述为主，距相对完整的学科著作还有较大的差距。郑长德的《中国少数民族地区的经济发展：实证分析与对策研究》一书，对边疆经济学的研究有自己独到的看法。中国西部省区有些学校在为学生讲授经济学时，也编写过不少的边疆经济研究的教材，并广泛地将国内外涉及边疆经济运行、边疆经济发展的具体问题，以及边疆经济史的若干档案，还有边疆地区政府的经济政策等都纳入其中，教材题目一般也冠上"边疆经济学"字样。2009 年，梁双陆出版了国内的第一部边疆经济学专著《边疆经济学：国际区域经济一体化与中国边疆经济发展》，也有可能是中国大陆学界第一次将边疆经济学作为一门学科著书立说。四川大学于 2016 年开设边疆学，公布了（边疆政治学、边疆经济学、边疆社会学、边疆史地）631 个边疆安全与发展考研大纲。该校学者杨明洪是建构边疆经济学的实践者和推动者，有数篇论文已经成型，近期可见诸刊物。目前的"边疆经济学"可以说是一门在新创的学科探讨，从已有的基础看还很薄弱，尚未有现成的成熟著作尤其是教科书的参考。公允地说，边疆经济学也还不是边疆学或"中国边疆学"层面的展示，只能视为边疆学分支子学科的研究成果。因而，这个角度所出现的学术共同体更为松散，有学术共同体的现象而尚未产生真正意义上的学术共同体。

五是以边疆战略研究为蕴含的边疆研究的学术实践和展示。从战略的角度开展边疆研究，是第三次边疆研究高潮中在中国大陆学界、政界和军界研究人员的一个新视域。可分为一般性的边疆发展战略和安全战略两大方面理论，以及对策性的基本理论和实践研究等。从互联网检索所见，从事边疆战略的研究人员可谓众多，皆与"问题导向、国家急需、前瞻重大"的主客观需求有关，纵观近几十年来边疆战略的研究成果，多数研究者

---

① 吴楚克教授在 2005 年出版了《中国边疆政治学》，时隔 10 年，周平教授在 2015 年出版了《中国边疆政治学》。

② 需要指出的是，这三人分布于北京和云南，郑汕是中国大陆军界人士。

③ 例如周平教授的《中国边疆政治学》一书各章节的撰写者数人，分布于不同的研究机构。

④ 孙勇：《亟待建立的边疆经济学》，《中国图书评论》，2015 年第 12 期。

横跨学界、政界乃至军界，个中底蕴可想而知。有学者认为，"战略边疆指的是一国影响力所能实际控制的战略空间。"[①] 此与地理边疆的一般性定语极为相近。从这个角度衍生的边疆战略研究，多与政治学、国际关系政治学、地缘政治学（政治地理学）有着亲缘的学术基因，同时又包含了经济、社会、民族、宗教、地理、历史、文化、安全、军事、外交、法学以及地缘政治学的交叉与综合，切入边疆研究有着许多相关学科作支撑，最重要的是，此类研究都具有战略的眼界以及战略学的依据。[②] 在边疆战略或地缘政治战略研究上，近些年的领军或产生重大影响的人物有：张文木、王仲春、乔良、徐光裕、时殷弘、王缉思、温铁军、何新、张瑞、石家铸、于逢春、肖自强、王鼎杰、张世平、李国强、刘从德、丁力、杨恕、朱听昌、李星、胡波、余潇枫等，从他们研究的领域来看，几乎覆盖了以上所述的各个方面。多年来，有关边疆发展战略、边疆军事战略、边疆安全战略乃至于边疆人财物政策等方面的战略研究著述层出不穷，尤其是近年来对中国领导人"一带一路"战略构想的诠释、解读、深度研究等方面的探讨，更是百花齐放、绚丽多彩。因"一带一路"战略构想范围宏远，影响巨大，所涉边疆战略的研究也在不断深入。张文木在边疆战略研究上可谓首屈一指，其涉及的方面包括国家战略中的边疆地缘战略、战略地理分析、战略哲学思考、边疆军事布局、边疆历史的延伸等；王仲春作为军界学者翘楚，对战略全局的内涵以及边疆战略的实践有着很深的研究，对边疆战略研究极有启迪；乔良、徐光裕等军界研究者将边疆含义进行了拓展，视野不局限于地理边疆、文化边疆等传统"边疆"理念上，并将金融、网络、外太空等形式的"边疆"做了揭示；张瑞、石家铸、张世平、李国强、胡波等对海疆的研究，成为近些年边疆战略研究的亮点；时殷弘、朱听昌、丁力、王缉思、刘从德等在地缘政治和战略的角度上对中国周边形势做了深度分析；肖自强、王鼎杰等从全球化以及国家边疆划分的视野做了边疆战略的解读；于逢春、杨恕等作为高校专职学者，在边疆战略的研究上影响较大（不能忽略的是学者于沛、孙宏年等人从国外边疆理论研究中提炼的边疆战略观点，提供了边疆研究的参照）；李星的边防学研究可谓独树一帜；余潇枫等人的边疆安全学研究别开生面；温铁军、何新等人是横跨诸多学科的研究者，也对战略问题提出了己见……包括笔者也认为大边疆战略是研究国家战略问题的一个出发点。[③] 限于篇幅，本文只能蜻蜓点水似的做一介绍。从这个方面我们看到了一个新的学术共同体现象，即在战略视域中边疆研究的人数大幅增加，集簇现象也较多，即使是同一个领域也存在以学校或行业为圈子的学术共同体，以及可以划分出类型的研究群体，其各家的学术研究家国情怀甚浓，有着共同的目标追求，也具有以战略学为底蕴的研究范式，视域和问题域都指向边疆研究或与边疆有关的战略研究。

六是新型综合研究在边疆学建构上的探索。近些年来，中国大陆学界所有的边疆研究流派，越是往前走越是能够感受到学科建构的问题。从近年来的一些边疆学论坛的内容看，关于如何建构边疆学（无论是"中国边疆学"还是一般边疆学）的命题，都有学者发表意见或建议。对此问题最为敏感的学者集中在中央民族大学、四川大学、云南大学及

① 陈迎春：《战略边疆与中国和平发展》，《太平洋学报》，2011 年第 5 期。
② "战略"一词在中国已经泛滥到各个领域和层级，以至于每个县乡或企业都在制订战略，然而真正的战略研究人员对战略的概念、内涵和延伸的实践，都有严格的把握。
③ 孙勇主编的《国家战略下的大边疆战略研究》一书已于 2016 年 6 月完稿，列入四川大学出版社出书计划。

延至西藏社科院，有的学者对已有的"定论"提出了质疑。杨明洪、王春焕、袁剑、朱金春以及孙勇，首先对"中国边疆学"提出质疑的是有无国别边疆学？其次是缺乏边疆学的一般性研究能否将边疆研究引向深入？再次是对边疆学学科体系的依托提出异议，认为史地研究、民族研究都很难成为边疆学的载体。① 这些认识其实源于四川大学 2014 年出版的《华西边疆评论》第一辑的有关论文，其中，笔者在对自己 2008 年中标的国家社科基金重大课题②之中已经产生的观点作进一步的研究，同时也正在将一些同行引向对这个问题进行深度思考。同时，张世明、袁剑等对边疆研究的一些著述，暗含了我们所提出的一些问题。③ 从已有的研究来看，"边疆"由陆地边疆延伸到多维的"边疆"，已从平面的陆地边疆概念发展到立体的陆海空疆和外太空边疆，今天和未来则进一步从地理的边界边疆发展到各种具有边疆现象的领域，产生了学界广泛关注的"利益边疆"、"文化边疆"、"信息边疆"以及"战略边疆"等概念，这些"边疆"值得综合地进行研究。有关的认识和研究我们将在今后陆续推出，在此不作赘述。我们认为：学术共同体之所以能够产生，最重要的是几个研究者发现问题的专业基质，以及在发现问题之后将问题引向深入研究的能力。在某个学术共同体之中，仅有共同兴趣还不够，还要有在共同的目标追求之中能够为同行提供学科逻辑化的形式，以此作为一种内部的约定，为共同体在研究中提供学术逻辑的起点。从这个意义上讲，新型综合研究的学术共同体已经产生。尽管目前人数还很少，但有理由期待着它的成长和壮大。

余论

摩里斯·N. 李克特（Maurice N. Richter, Jr.）指出，学术共同体活动中存在两种交换系统：第一种是内部的交换系统，即共同体成员的内部交流；第二种是共同体与外界之间的交换系统，只有学术共同体成员同时遵循这两类交流系统的规则，共同体内运行规范与其外在社会规范才能较好地统一。④ 从中国三次边疆研究的高潮看，学术共同体都具有李克特指出的这种系统，实际中要产生学术权威与导师，也会产生不同学派以及学派中的门派，这必然要形成研究的集簇状态，也要依托于一个期刊为阵地发表成果——由此，学术共同体成员的行动才能对社会产生一定影响。与此同时，每个学术共同体所在的历史阶段、国度与社会乃至于所处的地域或研究单位（学校、机构），所有的政治、经济、社会、文化等因素都会对学术研究人员产生各种影响，有的影响有时会对某个学术共同体的兴衰产生决定性的作用。为此，边疆研究和边疆研究学术共同体皆是因时应运而生的。我

---

① 孙勇、王春焕、朱金春：《边疆学学科构建的困境及其指向》，《云南师范大学学报》（哲学社会科学版），2016 年第 2 期。
② 孙勇：《维护西藏地区社会稳定对策研究》，西藏人民出版社，2015 年。
③ 张世明：《中国边疆研究文库——空间、法律与学术话语：西方边疆理论经典文献》，黑龙江教育出版社，2014 年。
④ ［美］小摩里斯·N. 李克特：《科学是一种文化过程》，顾昕、张小天译，三联书店，1989 年，第 142 - 144 页。

们认为，当中国执政党提出"哲学社会科学要推进学科体系、学术观点、科研方法创新，着力推出代表国家水准、具有世界影响、经得起实践和历史检验的优秀成果"等期望之后，① 经过国家级的协同创新工程、② "双一流"学校建设总体方案③等，边疆学的建构问题愈显重要，如果没有一两个乃至若干个学术共同体的作为，将是一个不可能靠几个专家学者独自努力就能够完成的任务。

托马斯·库恩（Thomas Samuel Kuhn）在《科学革命的结构》中提出了学术共同体的"范式"（Paradigm）的理念，对科技学界和人文科学界都有着很大的影响，其"范式"的提出和影响使得研究人员开始注意构建成体系的理论，以解决单个论点。虽然有道理但在论战中比较脆弱的问题，同时希望建立各种类型的"科学共同体"，遵守相约的"范式"或一同创新转换旧的"范式"。④ 在各个研究领域许多学者对范式的运用大加引申，以至于从自然科学到人文科学都在使用"范式"概念，大到每一个科学发展阶段内在结构的模式研讨，小到每一个学科的基本规则的制定，都被纳入到范式的范畴。⑤ 中国大陆学界今天谈范式，有着多达20余种的解释，在此不一一述评。我们赞同"范式的一个基本特征是整体性。离开整体性，范式便无法理解，也不能存在"的观点，⑥ 为此，我们的倾向性意见是：任何科学的研究都始于"问题意识"和"解决问题意识"，人类正是在发现问题、解决问题的过程中实现知识的增长，也将知识性的问题在深度研究之后成长为学识的。能够坚持这一原则的边疆研究，通过哲学思维的指导，确立系统分析的方法，并将明晰的逻辑主线做出规定，不超越问题研究的边界，同时又能开放性地阐释边疆现象，又要遵循学术一般性的规范，遵守文本写作的基本方式，即是我们主张的边疆学研究范式。

结语

在国内，无论现有的哪一种边疆研究学术共同体，在更大的视域中看，都可称为中国大陆学界边疆研究学术共同体。通观学术共同体的功能，主要有：能形成持续的研究能力，对科研成果进行同行评议，为研究者提供更多的学术交流的机会，推进和实现学科的创新等。学术共同体的社会作用是通过做出重大贡献的代表人物，以及研究工作的实际社会效果体现出来的。这对于中国的哲学社会科学的系统创新，产生一流的学科等具有十分重要的现实意义。如何培植边疆研究学术共同体，以促进建构边疆学，已成为中国大陆学界乃至决策层各方面都应关注和重视的一个命题。

---

① 新华网，中国共产党第十七届中央委员会第六次全体会议公报，http：//news. xinhuanet. com/politics/2011 – 10/18/c_ 111105580. htm。

② 协同创新工程即高等学校创新能力提升计划，也称"2011 计划"，是继"985 工程"、"211 工程"之后，中华人民共和国国务院在高等教育系统启动的第三项国家工程。

③ 中华人民共和国国务院：推进世界一流大学和一流学科建设总体方案。国发〔2015〕64 号，http：//www. gov. cn/zhengce/content/2015 – 11/05/content_ 10269. htm。

④ 郭丽莎、谈新敏：《作为范式的库恩的"范式理论"》，《安徽文学》（下半月），2011 年第 2 期。

⑤ 郑杭生、李霞：《关于库恩的范式一种科学哲学和社会学交叉的视角》，《广东社会科学》，2004 年第 2 期。

⑥ 黄家裕、陈巍：《论范式不可通约性的根源》，《河南师范大学学报》（哲学社会科学版），2011 年第 3 期。

论国家边疆危机的本质所在

徐黎丽

兰州大学西北少数民族研究中心

人类在地球的生存和发展离不开地球的生态环境及其资源，国家的建立就是为了保护人类不同群体尽可能公正地享受这些资源。如今地球上充满人类建立的国家，且国与国之间以边疆为界的冲突普遍存在，那么边疆危机的本质就是越来越多的地球人口与越来越少的地球资源之间的矛盾。如何化解这一危机？本文试图从生态环境及其资源对人类生存的影响出发，探讨如何化解本质为人口与资源冲突的边疆危机。

人类是地球上最有智慧的动物。其智慧主要体现在人类创造的文化。文化是人类适应地球不同生态环境并利用生态资源过程中创造的知识、科技、经验、教训及其中蕴含的价值、理想和信念①。当人类以文化为力量使人类逐渐成为地球的主宰后，却发现自己创造的文化与人类不同时期面对的困难及背后隐藏的问题面前总是存在着一定的差距。目前这一差距就体现在人类文化中的科技水平还不足以发现除地球之外的其他星球可以供人满为患的地球人类生存。那么在人类没有发现适合人类居住的其他星球之前，迫切需要解决的问题就是有限的地球资源和不断增长的人口生存和发展问题。由于国家是人类经过实践证明适合人类不同群体的管理及组织形式，因此地球人口与资源的矛盾主要以国家与国家之间的冲突形式表现出来。边疆作为国与国的边缘地带，即包括陆疆、海疆和天疆的硬边疆，也包含因缺少某些现代人类所需跨国资源及利益的软边疆②，自然就成为国家冲突的焦点。因此，国家边疆危机本质而言就是越来越多的人口与越来越少的资源之间的矛盾。综观有关边疆研究的成果中，除了从理论、边疆具体问题解读边疆危机外③，很少从人口与资源的关系中研究边疆危机，本文拟补此不足。但由于本文作者学术功力尚浅，不妥之处，敬请大家指正。

---

① 徐黎丽：《论文化何以戍边》，《西北民族研究》，2015 年第 2 期。

② 徐黎丽：《国家利益的波动与软边疆的界定》，《云南师范大学学报》，2011 年第 5 期；《高校社会科学文摘》，2011 年第 6 期。

③ "杂"是汗牛充栋的国内外边疆研究成果的最大特点。之所以这样，根本原因就是边疆作为人类国家的实体或文化边界地带是国家内政外交反映的窗口。"杂"的好处是可以让读者或研究者看到边疆各种现象和问题，但坏处就是不易在"杂"中找出边疆危机的本质问题，致使一些研究者和边疆实际工作者走进头痛医头、脚痛医脚的应急研究死胡同里，耽误了对本质问题的研究和解决，贻误了解决边疆本质问题的最佳时机，从而使边疆危机日益复杂性和扩大化，为国家危机埋下了伏笔。

一、地球生态环境及其资源对人类起源、生存发展的影响

人类创造文化是一个漫长的历史过程。文化在人类发展不同阶段也呈现出不同的力量。越是原始的文化，对生态规律掌握越浅，表现在人类与生态环境及其资源的关系上，就是人类以顺应自然为前提，有限制地使用资源；越是现代的文化，对生态规律掌握越深，表现在人类与生态环境及其资源的关系上，就是人类更有能力控制生态环境中的一些因素，也能更多更好地使用资源。但总体而言，无论人类创造的文化多么有力量，但遵守生态环境规律仍然是人类文化发展的前提与基础。因为人类每一次违反生态环境规律的行为，都为生态灾难所教训。关于此点，我们可以从人类起源发展繁衍的历史中可以看出。

（一）从人类起源区域看地球陆地生态资源对人类成长的影响

由于古人类学已经在人类起源区域方面取得了突破性成果，因此我们要谈论生态环境及资源对人类起源的影响，就必须借鉴古人类学的研究成果。从古人类学家的研究成果来看，"人类起源与进化的研究进行了100多年，对于这个问题需要从以下两方面来认识：一是人类是由什么动物进化而来的——基本上有了结论，即人类是由古猿进化来的；二是人类的祖先究竟出现在哪个地方，现在多倾向于来自非洲。另外，关于解剖学上现代人的起源，主要有出自非洲说和多地区进化说两种假说。目前还没有一个明确的结论。"[①] 从对上古人类学的研究成果来看，有关古人类及其祖先古猿的活动区域为我们确定人类最先的生态环境奠定了基础。接下来的问题就是古猿及古人类为什么能够在这样的生态环境中进化与发展？

首先，我们讨论一下古猿的生态环境。20世纪90年代，有研究"宣称可能是人类最早祖先的古猿在亚洲有土耳其的安卡拉古猿，我国云南的禄丰古猿，在欧洲有希腊的奥兰诺古猿，在非洲有肯尼亚的肯尼亚古猿等。它们都是在地质时期的中新世（距今2300～500万年前）中后期繁衍的大型古猿，可是在其后很长一段时间内，没有或很少有它们的化石发现。而且这些古猿化石主要是少量破碎的头骨和牙齿，肢骨的材料更少，不能肯定它们已经直立行走，已经进入了人的范畴"。[②] 从以上发现古猿的地球区域来看，肯尼亚在热带，云南在北亚热带，希腊、土耳其则在北温带，即从赤道向北的热带和温带区域都是人类祖先古猿可以生存的区域。我们从今天中国北温带区域发现的黄河古象、三趾马、犀牛等大型动物化石[③]来看，当时北温带的气候应该与今天的亚热带气候一样炎热，否则这些大型动物不可能生存于此。比人更为高大的古猿自然也就生活在比较炎热、生态资源茂盛的亚热带区域。然而从已知的气候逐渐变冷资料得知，"当第四纪冰期降临时，栖息于热带、亚热带丛林的古猿赖以生存的树木锐减后，古猿才有走下树木谋生的必要，从而

---

① 吴新智：《浅谈人类的起源与进化》，《大自然》，2004年第1期。
② 吴汝康：《对人类进化全过程的思考》，《人类学学报》，1995年第4期。
③ 如中国甘肃省合水县板桥乡出土的古象化石、甘肃临夏回族自治州和政县发现的三趾马、犀牛等化石。

迫使古猿直立行走，用树枝、石块作武器和制作工具，向更广大的地方寻找食物，在劳动过程中由猿变成人。"① 即古猿之所以渐变为人，是猿适应冰期日益寒冷气候及其所在区域资源变化的结果。因为无论从其体积或形态来看，从猿变成的人与其他至今仍在亚热带或温带生存的动物在体重、体积等方面与其他动物相似，因而都是适应气候变冷后的温带或亚热带物种。虽然我们现在生活的时代处于气候逐渐又变暖的时代，且我们也不确定地球气候从暖变冷和从冷变暖的周期有多长，但从人类祖先古猿变成人、人又一直发展繁衍到现在的历史来看，地球气候的变化相对缓慢，这就为古猿顺利地变成人提供了有利的亚热带及温带生态环境及其资源。

其次，我们再讨论一下古人类的生态环境。无论是人类非洲起源说或是多地区进化说，都没有离开地球上的亚热带和温带区域。如非洲起源说的论证来自 20 世纪 80 年代美国遗传学家瑞贝卡·卡恩（Rebecca Cann）和艾伦威尔逊将分子生物学技术运用于人类遗传多态性研究结论："可以设定所有这些线粒体 DNA，共同起源于一个 20 万年前生活在非洲的女人。"② 1990 年的研究表明："直到上新世初期，距今 400 万年前时，在东非才有了确实能直立行走的南方古猿类型（统称前人）化石出现。"③ 即所有现代人类的祖先来自东非的肯尼亚。这一亚热带区域则与古猿生活的区域一致。而一点起源多点进化的论据来自"以彼德昂德希尔和彼德欧芬纳为首的 20 余位科学家在（自然遗传学）杂志发表共同研究成果，这项大型研究成果根据对男性 Y—染色体多态性研究，其结论不仅仍清晰地显示当今分布于世界各大陆的现代人均起源于非洲，而且对于人类起源及其迁徙时间得出另一个更为重要的结论：距今 6 万年前，现代人全部生活在非洲。也就是说，现代人类祖先是从 5 万年前才开始由非洲向外迁徙，并逐渐散布于世界各个角落的。Y—染色体研究的重要价值还在于，科学家们根据世界各地 Y—染色体谱系的分布图，大体勾勒出了现代人类从非洲向世界各大陆迁徙的路线与时间，根据其研究，现代人进入东亚的时间在距今 35000 年至 30000 年前后"。④ 我国体质人类学家吴新智在此基础上得出的结论则是："人类定义的改变将南方古猿纳入人类的范围，延长了人类历史的记录。20 世纪 70 年代延长到 300 多万年，90 年代延长到 400 多万年。人造石器的历史已经延长至 250 万年。人类最可能诞生于非洲，在 200 万年前走出非洲。直立人近年最重要的发现还有非洲的纳里奥科托姆 160 万年前的骨架和西班牙 78 万年前的人骨。人类到达澳洲在 6 万年前。早期人类进化模式呈树丛状；晚期的模式较可能呈河网状。最近在中国人类进化研究的基础上提出了新的假说：'连续进化附带杂交'。这个假说支持现代人起源的'多地区进化说'，并受到旧石器考古研究的支持，而与'现代人出自非洲说'相矛盾。"⑤ 1984 年美、中、澳三国学者联合提出了现代人起源的"多地区进化说"⑥，重申四条进化线，分别是非洲、澳

① 曹诗图、黄昌富：《"地理环境决定论"新析》，《经济地理》，1989 年第 3 期。
② ［美］斯宾塞·韦尔斯：《人类史前》，杜红译，东方出版社，2006 年，第 50 页。
③ 吴汝康：《对人类进化全过程的思考》，《人类学学报》，1995 年第 4 期。
④ ［美］斯宾塞·韦尔斯：《人类史前》，杜红译，东方出版社，2006 年，第 151 页。
⑤ 吴新智：《古人类学研究进展》，《世界科技研究与进展》，2000 年第 5 期。
⑥ Wolpoff M. H., Wu X. and Thorne A. Modern Homo Sapiens origins: A General Theory of Hominid Evolution Involving the Fossil Evidence from East Asia. In: Smith FH and Spencer Feds: The Origins of Modern Humans A Survey of the Fossil Evidence. Alan R. Liss, Inc., New York, 1984: pp. 411 –483.

洲、印度尼西亚和中国。从以上四个区域来看，人类最先生活的区域则仍然没有离开从亚热带到温带的地球区域，当然包括南北亚热带和南北温带区域。只是南亚热带和南温带的陆地面积少，人类后来发展的区域多在北亚热带和北温带。

从以上古猿和古人类有限的史前记载资料来看，亚热带和温带区域之所以成为古猿和古人类最早起源和生活的地方，主要原因包括：第一，亚热带及温带区域的气候和资源适合人类这样的生物生存。众所周知，地球上的热带、温带、寒带区域因自然环境不同而适应不同物种的生存，热带地区适应大型动物和植物生长，如以大象为代表的大型动物、各种阔叶植物，寒带地区适应相对细小且有御寒能力的动植物生存，如以北极熊为代表的寒带动物和各类针叶林木；温带则介于两者之间，一年四季分明的气候和海拔错落有致的多元地形有助于多元且适中的物种繁衍生息，各种动植物之间形成具有因果关系的食物链，充足的河流提供了人类不可或缺的水源。因而温带是动植物种类最多且能够保持平衡发展的区域。在温带与热带之间的亚热带区域则属于过渡地带，其生态环境与资源比温带更多，气候虽然比温带要热，但仍然是多数物种可以生存的区域。介于温带与寒带之间的寒温带与亚热带相比，无论气候或物产，都不如亚热带那样丰富。因此亚热带和温带就成为地球物种集中的区域。人类也不例外。第二，在亚热带和温带广泛建立的人类农业社会文明也证明了这些区域的生态环境及其资源适合人类居住。我们可以以人类古代四大文明古国为例来说明此点。如古代埃及就是这样一个依靠灌溉而形成的农业国家，其文明主要分布于沿尼罗河两岸"狭长而充满生机的河谷地带"①，而这条地带因为尼罗河的泛滥使"沙漠变为沃土"②，虽然其疆界因河水泛滥而变动，但却形成了以灌溉农业为主的国家。其他文明古国莫不如此。如古代中国也是依靠黄河发展农业而来的；古巴比伦国则依赖幼发拉底河和底格里斯河之间的冲积平原发展农业而建立的；古印度则依靠西北部的印度河支撑的农业而建立的。因此在温带或亚热带起源的农业国家无非都是这样一个过程。随着农业的发展，剩余产品变成商品，人类农业社会依次经过奴隶社会、封建社会、资本主义社会。对此，马克思有非常精辟的论述："资本的母国，不是草木繁茂的热带，而是温带地方。不是土壤的绝对肥力，而是它的差异性和它的自然产品的多样性，形成社会分工的自然基础，并且通过人所处的自然环境的变化，促使他们自己的需要、能力劳动资料和劳动方式趋于多样化。"③ 由此可见人类在适合自己生存的温带和亚热带发展出的高度文明的农业社会，是这一区域适合人类生存与发展的最有力证据。第三，直到现在绝大多数人类仍然居住在温带或亚热带的事实表明，温带或亚热带区域就是适合包括人类在内的介于大型热带与小型寒带特种之间的物种的生存。尽管人类最终将文明扩散到寒带地区，但那也只是人类文化发展到能够在寒带生存为止。根据已知的历史资料，由于火的发明和使用，人类就具备了在寒带生存的条件，这就是为什么在地球的寒带曾经兴起过无数以游牧为经济的国家的理由。特别是在亚欧大陆的北寒带区域。这里的生态环境在拉铁摩尔的笔下是这样的："羊和骆驼在潮湿的牧场上长不好，石灰质的土壤对马有利，而含盐的土地

① H. and H. – A. Frankfort, John A. Wilson, Thorkild Jacobsen, The Intellectual Adventure of Ancient Man, Chicago and London, 1977, p. 37.

② 威尔·杜兰：《世界文明史》（卷1），东方出版社，1999年，第149页。

③ 《马克思 恩格斯全集》，第23卷，第561页，转引自曹诗图、黄昌富：《"地理环境决定论"新析》，《经济地理》，1989年第3期。

适合骆驼。山羊和绵羊吃草时比其他牲畜咬得深，因此它们可以在牛马吃过的地方放牧，但是羊刚吃过的地方牛马却不能再吃。这许多技术上的细则就影响到对养羊、骆驼、牛、牦牛和捕猎野兽的偏重程度，这种程度又影响到各民族的军事技能的高下，特别是在弓箭的战争制度之下。"① 在这样的寒带生态环境中造就的部落社会中，"有两种方式在互为消长，部落从来是不稳定的。牧场的使用与移动的需求可以使部落分裂为若干个群，但也可以将各个部落互相联合在一位有力的可汗的领导之下。"② 这就是为什么匈奴、鲜卑、突厥、蒙古等亚洲北寒带的游牧民族能够建立国家的理由。欧洲北寒带区域的维京人也走过同样的游牧国家之路③。即寒带的生态环境和资源适合食草及食小型动物的动物生长，人类便以草原及其上面生长的各种互相食物链条的动物发展出自给自足的游牧经济，北寒带的游牧国家就这样在政权更迭且不断改进的管理体制中走向今天。但居住在寒带的人类因为阳光不足、气候寒冷、物产不足的缘故至今仍然是人类不得已而居住的区域。正如著名哲学家普列汉诺夫常所说："自然界本身，即围绕人的地理环境，是促进生产力发展的第一推动力。"因此"社会生产力的发展在很大程度上取决于地理环境的特点。"④ 可以说，尽管人类的足迹不断从亚热带和温带走向热带和寒带，但那是人类创造的文化使得人类越来越多的人口能够使他们在这些次一级的区域能够生存而已。从人类文明至今多存在于亚热带和温带的事实又可以反证这一区域就是适合人类居住的区域。因此人类起源及生存于地球亚热带及温带与这些区域的资源能够满足人类生存的相关需要。

（二）人类国家从陆地地表向地下、海洋、太空推进也源于过多的人口对生态资源的需要

随着文化力量越来越强大，人类逐渐从地球陆地上的亚热带、温带向热带和寒带进军，最终人类遍布整个地球陆地表面。与此同时人类依靠文化的力量将陆地表面的资源逐渐变为再生资源，供越来越多的人口消费，但仍然不能满足越来越多的人口需要。于是人类在文化不断发展的基础上，尽可能挖掘地下、海洋、太空中的资源，规避所利用的资源对人类产生的不利后果，或将对人有害的资源转换为可以为人类所用的资源。

人类利用地下资源与人类的开采技术不断进步是分不开的。而地下资源的开采则孕育了人类除农业和牧业以外的第三种产业——工业。但这种产业存在一种人类至今不能克服的后果——工业污染。如因开采、冶炼石油形成的石油工业，不仅会污染人类越来越紧缺的水资源，而且使用石油产品本身就会对地球地表环境形成污染；煤炭工业，开采煤炭对地表绿色植物的破坏及使用煤炭取暖成为地球许多大城市冬季污染的主要原因；各种金属开采及冶炼工业都是以牺牲水资源或污染水资源为代价而兴起的产业，如铜矿、铁矿、各种稀有金属。除此之外，由于这些资源本身具有不可再生性，因而存在着耗尽的可能性。但人类却没有因为使用这些资源污染环境或担心这些资源被用完而停止使用。为什么？因

① ［美］拉铁摩尔：《中国的亚洲内陆边疆》，唐晓峰译，江苏人民出版社，2005年，第48页。
② ［美］拉铁摩尔：《中国的亚洲内陆边疆》，唐晓峰译，江苏人民出版社，2005年，第51页。
③ 宋晓梅：《维京人原始宗教信仰初探》，《青海师范大学学报》，2014年第5期；牛浩：《试析中世纪维京人海外扩张衰落的原因》，《黑龙江史志》，2014年第1期。
④ 《普列汉诺夫哲学著作》，第2卷，第165页、第277页、第250页，转引自曹诗图、黄昌富：《"地理环境决定论"新析》，《经济地理》，1989年第3期，第167页。

为人类要保持自己作为种群在地球上的繁衍与发展。

向海洋进军也是越来越多的人口需要生存的表现。虽然地球陆地是人类生存的理想场所，但地球上陆地面积仅占 1/3，而且地球上的陆地并不是完整的一块，而是由海洋分隔成为七个大洲。海洋占地球面积的 2/3，且因与陆地相互交错被人类命名为四大洋。海洋连接人类易于生存的陆地是人类向海洋进发的理由之一，这就是为什么哥伦布发现新大陆的划时代意义所在。借助于海洋地球上人口最密集的欧洲人口得以移动到美洲、澳洲，极大地缓解了老大陆的富余人口问题。除此之外，也为人类向北极和南极洲挺进奠定了技术和观念基础；海洋中丰富的渔业资源是人类向海洋进发的理由之二。因为自古以来在陆海交界处的人类群体就在长期的海洋实践中积累了以渔业为生的生存方式。这种生存方式在人类航海技术日益进步的前提下一直可以延伸到今天所谓的"专属经济区"和"大陆架"① 区域；比陆地更为辽阔的海洋中富含的工业资源则是人类向海洋挺进的理由之三，现在无论在太平洋、大西洋、印度洋上，都可以看见技术先进的国家将他们的石油钻井平台竖立在这些海洋上，且英国石油钻井平台的漏油事件给墨西哥湾造成的污染后果至今没有消除②。但只要人类需要越来越多的资源支撑他们越来越多的奢侈需要没有改变之前，海洋注定就会成为人类除陆地外不得不进发的地球区域。

现在虽然多数人类的国家仍然看不到太空的巨大作用，但美国等发达国家已经看到人类越来越离不开太空。首先，环地球表面的空气是人类和其他需要空气的物种不得不需要的资源。这种资源在人类长期历史发展过程中因无处不在而被人忽视，直到最近随着全球气候变暖、雾霾不断袭击海拔较低、人口密度较大的平原城市时，人类才发现空气和水一样对人类至关重要。如新加坡《联合早报》网站 1 月 15 日报道："最近一段时间，中国中东部地区出现持续雾霾天气。中共中央政治局常委、国务院副总理李克强今天（15 日）上午在出席会议时谈及空气污染治理问题。"③ 这不仅说明中国政府有关雾霾的坦率报道，更说明雾霾的严重程度已经受到中国中央人民政府的高度重视。其次，随着航天技术的发达，太空将是人类离不开的陆地和海洋连接起来的空间场域，也是人类最便捷、最快速的运输资源通道。如在对付地震、泥石流、海啸等强大自然灾害面前，跨国空间运输及其救援就发挥着无法取代的作用。最后，太空是人类解决自身人口问题的最后出路。虽然人类现在的文化而不足以在太空中发现和地球一样的星球，但理论上如此多的宇宙星球中总不会只有一个星球适合人类居住。如科学家们最近宣布宇宙最适合人类居住的七大星球是：①Gliese 581 恒星系中发现神秘行星信号；②格利泽 667 三体系统中的 Gliese 667Cc 行星（Gliese 667Cc）；③位于恒星周围可居住带上的开普勒 22b 行星；④位于绘架座的 HD 40307g 行星；⑤HD 85512b 行星距离地球大约 35 光年；⑥可能适合人类居住的格利泽 163c（Gliese 163c）系外行星；⑦位于可居住带上的格利泽 581d（Gliese 581d）星球或拥有厚厚的大气④。但这七大星球是否适合人居，还需要实践的检验。因此人类仍然坚持不

---

① 李文渭：《专属经济区、大陆架与领海、国土不同》，《海洋科学》，2000 年第 8 期。

② 《美国墨西哥湾原油泄漏事件》，http：//baike. haosou. com/doc/3777184 - 3967687. html，2015/11/14。

③ 《新华国际：中国媒体雾霾报道坦率透明》，http：//news. xinhuanet. com/world/2013 - 01/16/c _ 124237774. htm，2015/11/14。

④ 光明网，《宇宙适合人类居住七大星球，或有外星人》，http：//www. zj. xinhuanet. com/newscenter/science/ 2013 - 06/09/c_ 116107194_ 7. htm，2015/11/14。

懈地在太空探索，希望有可能发现人类可以移居的另一个地球。

由此可见，人类从陆地表面向地下、海洋、太空探索，不是人类作为物种喜爱探险或迁徙，而是人类为了维持种群的繁衍生息和生存发展。

二、边疆危机的本质是人满为患的地球人类国家因资源而产生的冲突

虽然人类建立国家的初衷是为了保护国内民众的生存与发展，且不同时代的国家因生态与人文环境不同而采取了不同的国家政权形式和体制，但随着地球人类与地球资源矛盾的不断升级，国家越来越不能发挥这种作用。我们可以从国家功能和国家边疆危机类型两点出发，论述边疆危机的本质。

（一）从国家起源看国家边疆危机的本质

从表面上来看，人类越来越多的人口与越来越少的生态资源之间的冲突无法与人类建立的国家边疆风马牛不相及。但当我们梳理了人类生存的地球陆地、海洋和太空的生态环境和资源与人类生存息息相关后，就可以看到，人类与自然界其他生物种类一样，需要依靠集体的力量开采、分配、使用资源。从而保证人类的繁衍与发展。这就是为什么人类从起源开始就谋求某种组织用来协调人类行为，以便在资源充足或缺乏时能够依靠集体的力量保存资源或公正地分配资源，使人类能够延续地繁衍发展下去。经过不同历史阶段的尝试或实践，人类根据不同的生态环境及其资源建立了不同形式的国家。一般来说，越是古代的国家，对生态环境的依赖程度越强，这就是我们经常所说的"大河孕育大文明、小河孕育小文明"。因为水是人类生命最重要的资源，河流经过的区域自然就成为人类首选的生存区域，其次河流区域丰富的动植物资源也为人类在河流区域生存奠定了物质基础。最终人类社会在小河汇入大河、小文明融入大文明的过程中经历了从小国到大国的发展过程。我们以中国为例来说明。众所周知，中国古代文明起源于黄河中上游。而黄河之所以能够成为黄河，则是中上游众多河流汇聚的结果，如湟水、洮水、夏河、渭水、洛水等，这些汇入黄河的河流又有更小的河流作为源头。如泾水和洛水是对今天甘陕交界处的子午岭右侧和左侧所有小溪汇成的两条大河的总称，泾水从甘肃西部的青藏高原边缘地带的渭源县东南方向流经时与西南方向流经的泾水汇合后，继续向东流动，最终在陕西境内融入黄河，成为黄河最大的河流。泾水、洛水流域则是古代众多戎国起源生存的地方，如义渠戎国就起源于泾水上游的南川河和南川河相交的地方，后来因人口增多而迁入四水汇合的庙咀坪，四水最终也汇入渭水。渭水流域则与秦国的发展历史密切相关。秦灭西北诸戎，又在战国七雄的争霸事业中独占优势，最终完成中国的统一大业，与秦汇聚黄河中上游所有的人力与物力有密切的关系[①]。西方国家也如此，古希腊众多城邦国家就产生于众多河流流入的地中海北岸气候宜人物产丰富的区域。再看看世界上其他古代文明国家也莫非如

---

① 甘肃省政协合水县委员会：《合水文史资料》一、二、三、四集。

此。如埃及，它是利用尼罗河下游的水土资源而形成的国家，印度也是沿印度河流域形成的古代文明；南美洲的玛雅文明也是众多河流孕育的结果。因此从国家的起源上看，资源则是人类国家兴起的必备条件。

（二）从国家功能看国家边疆危机本质

从国家功能上来说，"国家的福祉是决定一个国家对其他国家态度的最高法则"。[1] 因此国家就是土地、人民、主权与政府四大要素组成的人类群体[2]。国家的功能就是在一定的领土、领海及领空范围内的人民选举出来的政府对内保护国内人民及其生命财产、对外保护国家主权和领土的政治、经济、文化及社会体系。我们从西方国家的名称意义中就可以看到这些功能。如"在古希腊，伴随奴隶制的产生，出现了城市团体'poliso'，即出现了奴隶制国家，曰城邦国家。古罗马奴隶制的国家也叫城邦国家。一用'civitas'表示，和希腊'polis'相当；一用'respublica'表示，'国家'一词由法文'etat'，德文'staat'，英文'state'而来"。[3] 众所周知，语言文字反映了人类不同群体的思维方式和思想观念。这些用文字表示的国家本身就反映了他们对国家的理解和期许。如"poliso"反映国家政权的控制功能；"civitas"和"respublica"反映了民众对政权形式的民主期许；"state"则反映了国家的以土地为核心的利益。从理想层面来说，国家一旦失去这种功能，就没有存在的必要了。但在现实生活中，一旦国家政权被有产者控制并成为剥削无产者的工具时，国家内部就会出现对立，这种对立是否导致国家政权更替主要取决于政权领导者对民众的控制程度，控制程度轻，国家政权存在时间就长；控制程度重，国家政权存在时间就短。正如学者所分析的那样："国家这个概念是政治的最好反映，这是因为，一方面国家概念内部就存在着对立，另一方面国家之间只要涉及政治，它就包含着对立的因素。"[4] 边疆作为国家生态及文化边缘区域，在国家政权公平执政时期，它就成为体现国家政权稳定安全的窗口，但当国家政权变成有权有产者控制无权无产者的工具时，边疆往往就成为无权无产者逃避或流放的区域，与此同时，传统国家的边疆区域本身就是两种或两种以上生态文化区域的交界地带，当然也就成为国家与国家边疆区域不同民族或民众交流的场域，也就可能成为国家之间矛盾与国内矛盾叠加积累的区域。对于遍布地球的整个人类来说，虽然人类不同群体建立国家的目的就是为了在力量所及范围内创造公正公平的人类生活。但随着国家范围内人口不断增加和可用资源的不断减少，那些人口较多且文化水平发展较快的国家就必须走出国门去争取更多的资源，这就是人类人口与生态资源之间的冲突表现为中国边疆冲突形式的原因所在。这些矛盾从本质上来说，仍然摆脱不了生态资源的成分。因为每个国家内部有权有产者与无权无产者的矛盾关键仍在于资源的分配和使用不公。国家与国家之间的纠纷仍然摆脱不了国家之间对生态资源的争夺。

---

① 高山崖：《"国家理性"论与"国际社会"的现实——主权国家概念的理论再探讨之三》，王军译，黄仁伟校，《现代外国哲学社会科学文摘》，1994年第3期，第17页。
② 吴越：《"国家"概念内涵的层次区分》，《江汉论坛》，2001年第12期，第73页。
③ 刘帆：《国家概念发展简述》，《长江大学学报》（社会科学版），1985年第1期。
④ 岩崎正洋：《多元政治与主权国家——主权国家概念的理论再探讨之二》，王英译，黄仁伟校，《现代外国哲学社会科学文摘》，1994年第8期，第15页。

（三）从国家边疆危机的多种表现形式来看国家边疆危机的本质

由于国家边疆危机是人为边疆危机，因此边疆危机表现形式虽然多样，但总体可以归纳为六类：第一类，各国边疆地区的群体性事件。我们以中亚为例来说明。"中亚国家政治局势基本保持稳定，但也出现了一系列比较复杂的问题，如突发的群体性事件和恐怖事件依旧困扰着各国政府。中亚国家坚持世俗化的政治制度，而下层则出现了伊斯兰教迅速复兴的状况，极端势力对中亚国家来说是现行政权的最大敌人。"[1] 这说明以群体性事件的后果已经给国家边疆安全造成了威胁。第二类，边界纠纷。中东陆地边界冲突是其中的代表。因为中东国家的领土和边界划分很少根据自然地理环境来确定，而是在西方国家殖民时代按经纬线、几何线或曲尺在地图上画线来划分的。如"埃及和苏丹的边界，一部分是沿着北纬22度线划定，叙利亚与约旦、伊拉克之间，沙特与伊拉克、约旦、阿曼、也门、阿联酋等周边国家之间的边界都呈几何形状。结果使位于亚、欧、非三大洲接合部的中东地区从'二战'后到20世纪90年代初由领土、边界问题引起的近30起，其中以中东核心地区（地中海东岸的亚洲部分）矛盾最为激烈。如旷日持久的阿以冲突、以色列侵占叙利亚戈兰高地的问题、伊拉克和伊朗的边界在20世纪80年代演变成一场持续8年的战争、伊拉克以与科威特的边界争端引发的海湾战争等"[2]。由此可见边界冲突是国家边疆的显性问题。第三类，边疆重大自然灾害。传统国家的边疆一般均处在两个或以上生态区域边界地区，这些区域往往是自然灾害频发的区域，如中亚各国。"据不完全统计，近百年来中亚地区共发生过较大的地震3000多次。例如，原哈萨克斯坦首都阿拉木图，位于天山北麓的山前地区，处于9级地震带。而且，于1887年、1910年、1950年发生过强烈地震，城市建筑物遭受严重破坏。" "乌兹别克斯坦首都塔什干，也位于天山西部余脉的山前地区，处于7~8级地震带，并于1866年、1868年、1886年、1924年、1946年、1966年和1980年多次发生强烈地震。尤其是1966年的大地震使整个城市被毁，目前的塔什干是震后重建的。土库曼斯坦的首都阿什哈巴德也处于9级地震带，且在1929年和1948年发生过两次大地震。吉尔吉斯斯坦首都比什凯克和塔吉克斯坦首都杜尚别，也都处于山前地区和8~9级地震带，而且发生过多次强烈地震，城市遭到很大的破坏。"[3] 中亚作为欧亚大陆的连接地带，也就成为自然灾害多发区域。而自然灾害本身就是各国民众的生存和发展的最大自然困境。第四类，跨国民族生存发展问题。如库尔德人"主要分布在土耳其东南部、伊拉克北部、伊朗西北部和叙利亚东北部这一战略地位十分重要、呈新月形的区域内。西方学者称这一地区为库尔德斯坦，即库尔德人之地。库尔德斯坦从来没有正式作为一个国家的名称使用过。库尔德人约占该地区总人口的3/4。据统计，全世界共有库尔德人2000万，其中土耳其人约有800万，伊朗人约有400万，伊拉克人约有300万，叙利亚人约有100万"[4]。但在整个20世纪，"在库尔德武装力量和政府军发生冲突的地区，村庄被夷平，农田遭毁灭，人、畜大量伤亡和失散。在伊拉克，60

---

① 孙壮志：《当前中亚五国政治形势及未来走向》，《新疆师范大学学报》，2011年第3期。
② 王广大：《中东领土和边界争端探源》，《阿拉伯世界》，2004年第6期。
③ 蒲开夫、王雅静：《中亚地区的生态环境问题及其出路》，《新疆大学学报》，2008年第1期。
④ 唐裕生：《库尔德人问题的发展历程与前景》，《世界民族》，1998年第1期。

年代政府军与库尔德武装力量之间的战争造成 6 万人伤亡、30 万人无家可归；1974 ~ 1975 年的战争则使 5 万人伤亡、60 万人流离失所"①。因此以库尔德人为首的跨国民族始终面临的首要问题就是如何在跨国区域中使用有争议的生态资源而生存。这一问题不解决，周边国家的边疆危机始终存在。第五类，周边国家关系问题。我们以中印关系来说明。中印边界全长约 2000 千米，分东、西、中三段。西段是中国新疆和西藏同印度扭达克接壤部分，有争议地区 5 万多平方千米；中段是中国西藏阿里地区同印度喜马偕尔邦和北方邦接壤部分，有争议地区约 2000 平方千米；东段是不丹以东一段边界，有争议地区约 9 万平方千米②。从 1961 年起，印度军事人员在中印边界新疆段设立了 25 处据点。1962 年 10 月 20 日，印度军队向中国发动大规模的武装进攻，中国军队被迫进行自卫反击，爆发了边界争端。中印边境自卫反击战以后，中国政府于 1962 年 11 月主动将边防部队后撤，使两国军队脱离接触，在中印边界全线实现停火，才使中印边界局势得以缓和。③直到现在，中印边界问题仍在谈判当中。2014 年 9 月习近平主席在上合组织峰会结束后对印度进行国事访问，对中印边界纠纷的解决起到了积极的作用。可以说国家关系的好坏直接关系到国家边界区域生态资源和开发、分配和使用。第六类，恐怖与极端组织活动。恐怖和极端组织活动是各国现在面临的最严重的边疆问题。如"车臣恐怖势力的猖獗活动、国内魔鬼崇拜邪教的泛滥、高科技恐怖主义的危害都给俄罗斯的社会安全带来了极大的挑战。针对国际恐怖主义威胁度的增加，俄政府尤其是普京执政后的俄政府相继出台了一系列新举措，包括从民族凝聚力、打击力度、军事科研、新闻媒介、外交渠道等方面着手出击，以对抗国际恐怖势力"④。最近恐怖组织炸毁俄罗斯航班、在巴黎实施爆炸、杀害中国人质等行为，给全球安全与发展带来了巨大的负面影响。从表面上来看，恐怖与极端组织及其活动与生态资源无关，但如果从源头来看，发达国家与欠发达国家对生态资源的争夺与恐怖极端活动相关联。因此从以上六大边疆问题来看，无论是边疆群体性事件、边界纠纷、边疆重大自然灾害，还是跨国民族生存与发展问题、国家关系问题、恐怖及极端组织活动，其核心与国家利益或边疆不同群体的利益有关，而利益总是与资源开发、分配使用公正与否相连。总体而言，如果有足够的生态资源足够地球上所有人口使用的话，那么以上种种边疆危机就可以化解了。

三、如何化解本质是资源危机的边疆危机

虽然国家边疆危机的本质是越来越多的生活在国家范围内的人口与越消耗越少的地球资源之间的矛盾，但地球生态环境及其资源相对而言一直处于比较稳定的状态，只是我们人类人口越来越多，需要消耗越来越多的生态资源，因此这一矛盾的主动方是人类，被动方是地球生态环境及其资源。因此人类必须反思自己的行为，从而使人类不因生态资源彻

---

① 杨兴礼：《简论中东库尔德民族问题》，《世界民族》，1997 年第 2 期。

②③ 康民军：《试析中印边界问题的历史与现状》，《南亚研究》（季刊），2006 年第 1 期。

④ 谢炜：《试析普京政府怎样对付俄罗斯的恐怖主义活动》，《俄罗斯研究》，2002 年第 2 期。

底耗尽而不能在地球上生存与发展。

（一）遵循人与自然和谐相处的生态规律

人类不能因为自己创造的文化能够充分利用生态环境赋予的资源就觉得自己能够战胜生态环境。生态环境及其资源是人类的衣食父母，因此人类必须在崇敬生态环境的前提下，遵循生态规律，才有可能利用其资源。关于此点，古今中外的学者仁人有论证。如澳大利亚的泰勒（1880～1963年）就认为"世界上天赋优厚的地区，可能给人类生活提供了许多不同的可能性；但在大约9/10的地球陆地上自然发出了清晰的警告：这里太干、太冷、太湿或是太崎岖不平，任何定居者如果不顾这些自然的限制，就一定会遭受灾难"[1]。因此遵循生态规律是人类生存的前提。有关这一点，无论是西方价值观学者或是马克思主义学者均赞同此说。如马克思主义哲学家普列汉诺夫就曾指出："地理环境对于社会人的影响，是一种可变的量。被地理环境的特性所决定的生产力的发展，增加了人类控制自然的权力，因而使人类对于周围地理环境发生了一种新的关系。"[2] 因此"社会人和地理环境之间的相互关系，是超乎寻常的变化多端。人的生产力在它的发展中每前进一步，这个关系就变化一次。因此，地理环境对社会的影响在不同的生产力发展阶段中产生不同的结果"[3]。我国学者在此基础上进一步认为："地理环境决定作用并非只表现在人类社会的过去，也包括现在和将来。首先，任何国家任何地区生产的发展总是以本国的自然地理环境所具有的劳动对象为基础的。政治和意识形态的进步可能更具世界化。但无论怎样，世界也不会是单色调的。每个国家的文化总有着并不断产生自己的地域特色和民族特点。"[4] 即每个国家文化的地域和民族特色就是适应不同生态环境的结果。只有这样人类才能利用生态环境中孕育的生态资源。正如德国哲学家黑格尔所说："世界上三种不同的地理环境，即拥有广阔草原的高原地区、大河流域的平原地区和与海洋毗邻的沿海地区的不同地理环境造成生存在那里的民族经济生活特点的不同，进而造成民族的性格、精神与文化的不同，以及造成它们在历史发展中所起作用的不同。"[5] 因此遵循生态规律是人与自然和谐相处的前提，也是利用自然资料的基础。

（二）克服人类文化创造中的缺陷

在所有地球物种当中，"人是有着极大的可塑性的一种动物。在哺乳动物中，除去与人共居的狗和猫，不幸的还有老鼠以外，没有一种能像人那样地能适应各种极不相同的环境的。大部分人现在生活在平原上，有着适中的温度和湿度，小部分人生活在高山或炎热和潮湿的地区，大约有2500万人生活在海拔3000米以上、空气稀薄的山区。世界上每一个角度几乎都有人的踪迹。为什么其他哺乳动物只能生活在有限的地区，而人却能广泛地

① 王守春：《地理环境在经济和社会发展中的作用的再认识》，《地理研究》，1995年第1期，第96页。
②③ 《普列汉诺夫哲学著作》，三联书店，1961年。曹诗图：《关于"地理环境决定论"批判的哲学反思》，《世界地理研究》，2001年第4期，第102页。
④ 宋正海：《试论地理环境对经济、政治、意识形态的作用，地学与智慧》（余谋昌、王子贤主编），地质出版社，1990年，第169－178页。
⑤ 黑格尔：《历史哲学》，三联书店，1966年，转引自王守春：《地理环境在经济和社会发展中的作用的再认识》，《地理研究》，1995年第1期，第95页。

分布于全世界呢？通常的解释是因为人有了文化，能创造发明。人类能用火取暖，可以居住在寒冷的山洞里；人类能有衣着，可以居住在寒冷地带。然而，也必须看到，还有人类的生物适应，如人体的形状和大小、色素、生长类型等的改变"①。所以文化不仅是人类适应地球不同生态环境和结果，也是人类积累利用生态资源的经验、技术和智慧的结果。文化也就成为人类与其他特种的区别所在。但我们创造的文化本身并不是完美无缺的，而是必须随着时代变化而发展，只有这样才能解决随时代不同而出现的人类的多种问题。即我们要随时克服文化中的缺陷。首先，就是在思想上认识到不能低估生态环境对人类的影响。随着人类积累的文化及其成果越来越多，克服生态环境的困难和利用生态资源的手段和技术越来越多元和高明，人类的分工越来越细，人类与生态环境的距离越来越远，人类就越来越低估生态环境对我们自身的影响。这就是人类文化中的主观意识层面对生态环境认识不足。其次，人类文化具有局限性。尽管我们人类发明创造的文化可以让我们可以利用到地表、海洋和太空中的一些资源，但仍有很多与地球同在的物质在没有被人认识到是人可以利用的资源以前，仍然处于"无用"状态，就像石油、煤炭、天然气等曾没有被人类认为是可以利用的资源以前一样。但随着现代人类对能源需求的增加，这些资源才被人认识到有用而被利用。因此文化的创造力受人类思想认识的局限和生态资源的影响，总是具有局限性。最后，文化也具有副作用。比如我们现在凭借文化的力量利用地表、地上的可持续资源的同时，也进一步凭借科技开采利用地下不可再生资源，但利用这些不可再生资源虽然解决了人类日益奢侈的生活需要外，却也产生了大气、水的污染问题，这就是人类创造文化为人类生存发展的同时也产生了对人生存和发展有害的后果。基于以上三点，我们就必须不断反思文化中的缺陷，从而克服文化中的不足，使人类在地球上能够可持续生存发展下去。

（三）公正、公平分配和节俭使用生态资源

地球之所以适合人类生存，主要因为地球上不同生态环境中包含的生态资源都可以直接为人类使用或通过人类文化的力量适应性使用。这里所说的生态资源就是"指在自然界中经过一系列化学、物理、生物过程而形成的具有一定的时空格局、对人类生活和生存直接或间接产生影响的所有自然因素的总和"②。这些生态资源有地表资源、地上资源及地下资源。从我们人类有限的实践经验来看，我们对地表资源最熟悉、利用率最高。它依据不同的气候带形成温带土地及地表资源、寒带土地及地表资源和热带土地及地表资源。所有以上地表资源随季节变化而带来人类生存所需的食、衣及住所。人类在季节变化中观察地表资源的变化并掌握它们的变化规律，从而在温带创造了农业文明，在寒带创造了游牧文明，在热带创造了森林文明，从而将自然资源通过培育逐渐变成了可再生资源。所有的地上资源包括空气、风能及太阳能，是人类自始至终必不可少的资源，但其并不附着于地表，而是存在于天空中。人类利用文化力量可以利用的地上资源只有风能和太阳能，空气则是人类生存最基本的条件。以上的地表资源和地上资源虽然在不同季节和纬度或海拔分布有别，但人类还是能够通过文化的力量使用。但地下资源则不同，它包括现在人类在

① 吴汝康：《古人类学与今人类学》，《国际社会科学》，1989 年 5 月 25 日。
② 王庆礼、邓红兵、钱俊生：《略论自然资源的价值》，《中国人口·资源与环境》，2001 年第 2 期，第 25 页。

食、衣、住所之外的所有更加奢侈的需要所需要的资源，主要集中在地球上的交通方面，如火车、汽车、航空等交通工具、交通线路的建设和运行。这些资源一般都是通过挖掘地下的矿物经过加工后成为人类可以使用的各类交通工具或设施，但在使用的过程中经常以污染生态环境为代价，且不可再生。更为重要的是，由于这些资源只是集中于地球地下某些区域，如石油主要分布在中东、铁矿分布在澳大利亚等。因此目前出产石油或其他不可再生资源的国家和地区就成为纷争和矛盾的焦点区域。由于地球是整个人类和其他适合地球生存的物种的家园，生态资源是地球赋予全人类及其他物种的资源，人类自己建立的国家或其他组织却不能均衡地让整个人类的所有成员享用这些资源，在绝大多数国家里，这些生态资源的开采、分配和使用权力主要掌握在拥有政权的领导者或有产者手中，这是极其不公平的人类社会现实。因此整个地球人类不同国家、不同区域组织和联合国需要共同努力，公正公平开采、分配生态资源和民众节俭使用生态资源是我们人类最后的选择，也是我们解决国家边疆危机最后的解决之道。

总之，边疆是适应不同生态环境交界地带的人类实体和文化边界。温带和亚热带作为最适合人类居住的地方最早成为人类活动涉足的地方，随着人类人口越来越多，人类文化对自然的控制逐渐进入热带和寒带，也进入地下或天空寻找更多的资源。最终当更多的人口没有地方可去之时，人与人为争夺资源的斗争就表现为边疆危机。因此现代国家边疆危机源于国家范围内生态资源的不足。正视这一点，然后解决它，也许我们人类能够在地球上生存的时间更长一些。

反"边疆建构论":主张"边疆实在论"的若干证据

杨明洪

四川大学社会发展与西部开发研究院

边疆学的构建需要对其基本问题进行清晰界定。近年来对此的研究取得了较大进展,但当前构建"边疆学"出现的两种内在很大程度上阻碍"边疆学"构建且处于事实上的停滞状态:在没有一般"边疆学"条件下出现了构建"边疆政治学",同时,将"边疆学"框定在中国范围内,不少学者执意要构建"中国边疆学"。按照学科构建的一般规律,需要从一般意义上的"边疆学"构建入手,而构建一般意义上的"边疆学",将"民族—国家"作为其研究的逻辑起点,并在这一起点上将"边界"作为其研究的核心问题。同时,从"边疆现象"中揭示"边疆规律",这是"边疆学"的基本任务,以此为基础,实现"边疆学"为中国国家利益服务的价值追求。

一、引言

自 20 世纪 90 年代以来,随着中国国内边疆研究的进展与积累,许多学者不断呼吁构建"中国边疆学"的学科体系。近年来,又有不少学者提出构建一般意义上的"边疆学"。但相关学者对其进展给出了负面评价,例如孙勇等认为,"近年来学科建设的进展却不大,很难说中国边疆学的这一学科已经构建完成,学科体系已经基本成型"[①] 笔者认为,要成为一个成熟的学科,需要建立一个核心问题以及与此联系的核心概念,正如张世明所指出的那样,"每当谈及边疆学的建立,在笔者脑海里立即浮现的图景,就是这一学科要争取独立'建国'伟业。这不单单是口号,更是行动的落实,不单是学科主权的苍白宣示,而是要对知识领域进行有效占领。其中必然涉及其疆域四至的确定,涉及其与其他学科的边界划分等一系列问题"。顺着这一思路,笔者认为,如果没有对这些涉及"边疆学"基本问题深入研讨,无论是构建"中国边疆学"还是一般意义上的"边疆学"都会遇到难以想象的困难。现有文献尚未见到对这一问题的研究,笔者不揣简陋,对这些

---

① 孙勇、王春焕、朱金春:《边疆学学科建设的困境及其指向》,《云南师范大学学报》(哲学社会科学版)2016 年第 2 期。

问题发表初步的看法。不妥之处，请大家批评指正。

二、特殊与一般："边疆学" 构建中的内在冲突

针对"边疆学"构建，张世明认为"一般而言，学科的内核地带是比较稳固的，但学科的外围边疆地带则往往比较模糊，并且多系未开发的空白或者低度开发的区域"。① 伴随着人们对"边疆学"这一"未开发的空白或者低度开发的区域"开发，当前构建"边疆学"出现了两种奇怪的现象：一是将"边疆学"框定在中国范围内，不少学者执意要构建"中国边疆学"；二是在没有"边疆学"总论的条件下，出现了构建"中国边疆政治学"，并有相关著作问世。通过仔细研读这些著作，需要从特殊与一般的逻辑关系中思考"边疆学"构建中的内在冲突问题。下面做具体分析：

（一）一般意义的"边疆学"与"中国边疆学"

倡议构筑"中国边疆学"可以说是不绝如缕。例如邢玉林先生较早发文提出构筑"中国边疆学"②，马大正教授也较早提出构筑"中国边疆学"③，方铁教授力主创建"中国边疆学"④，周伟洲教授近期所著的《关于建构中国边疆学的几点思考》⑤ 急切倡议构建"中国边疆学"，郑汕编的《中国边疆学概论》⑥ 是回应构建"中国边疆学"的尝试。这些著作都是了不起的学术成果，在推动所谓"中国边疆学"的发展上有着里程碑式的作用。

长期以来，人们总是将"边疆学"框定在中国范围内，甚至到最近，有学者仍然坚持"真正拥有边疆并需要创建一套理论体系来满足实践需要只是国家的一部分"，并认为"在目前情况下，'边疆学'如果成立的话，要限定它的范畴是'某国边疆学'才具备应有的研究对象"。⑦ "中国边疆学"天然与一般意义上的"边疆学"纠结在一起，给建立"中国边疆学"带来不少麻烦，出现了被学者认为的"跨学科悖论"⑧ 或者"学科'殖民'现象"⑨。从完成"中国边疆学"学科构建来看，事实上，已经成为一项"难

---

① 张世明：《序言》，见张世明、王继东：《空间、法律与学术话语：西方边疆理论经典文献》，哈尔滨：黑龙江教育出版社，2014 年，第 13、14 页。

② 邢玉林：《中国边疆学及其研究的若干问题》，《中国边疆史地》，1992 年第 1 期。

③ 马大正：《关于中国边疆学构筑的几个问题》，《东北史地》，2011 年第 6 期。

④ 方铁：《试论中国边疆学的研究方法》，《云南师范大学学报》（哲学社会科学版），2008 年第 5 期。

⑤ 周伟洲：《关于建构中国边疆学的几点思考》，《中国边疆史地》，2014 年第 1 期。

⑥ 郑汕：《中国边疆学概论》，昆明：云南人民出版社，2012 年。

⑦ 吴楚克：《前言》，吴楚克、赵泽琳主编《中国边疆学理论创新与发展报告（2015）》，北京：经济管理出版社，2016 年版，第 2 页。

⑧ 孙勇、王春焕、朱金春：《边疆学学科建设的困境及其指向》，《云南师范大学学报》（哲学社会科学版），2016 年第 2 期。

⑨ 朱金春：《"学科殖民"与中国边疆学的构建》，《云南社会科学》，2016 年第 3 期。

尾工程"。①

笔者认为，将学科框定在中国范围内，难以成为一个独立的学科。因为科学是不分国界的，将"边疆学"框定在中国，则最多是中国的"边疆问题"研究。就"边疆学"来讲，一个国家有其自己的边疆形成历史和边疆运动的规律，在解决现实的边疆问题时，有自己具体的国家利益、价值目标、原则和手段。而作为学科的边疆学是超乎某一个具体的国家，是人类知识的探求，是对"边疆现象"做出理论阐述的科学。一个国家要想获得最大的国家利益，只有先掌握作为一般性"边疆学"基本知识和具体的边疆运动规律才能够实现。

当然，将一般意义上的"边疆学"直接简化为"中国边疆学"有其深刻的历史和现实原因：一是将一般的学科与中国的具体问题混为一谈有先例。在中国的学科建设，通常是当我们说"经济学"，可能其中讲的是中国经济问题。例如，《政治经济学》（资本主义部分）是马克思主义政治经济学，没有国度的界限，而《政治经济学》（社会主义部分）过去讲的是苏联经济问题，现在讲的是中国经济问题。"政治学"也不例外。这是中国学科构建中的普遍问题。二是在世界范围内，"边疆学"本身没有建立起来。毫无疑问，中国现代科学是在西方的影响下进行，或者说现代中国各个学科基本上是从西方引进的，是"西学东渐"的结果。在"西学"中，到目前为止没有"边疆学"学科，尽管有不少西方的边疆理论。1976 年在美国成立的"边疆研究协会"（Assosiation for Borderlands Studies）② 而当前成为全世界最大的有关边疆问题研究的学术组织仍然使用的是"Borderlands Studies"，即一个问题集研究，到目前为止，仍然使用这一术语，这说明边疆学并没有形成一个独立的学科体系。

在这种情况下，中国完全有条件创设"边疆学"并超过西方，但问题是，创设新的学科需要相应的知识准备和其他学科的支持。对中国学界不利的是，首先，西方创立的"民族国家"给现代边疆问题解决提供了基础性架构，或者说，边疆概念的形成及其演化是西方占了上风，中国也只是学习西方的，例如，使用"中华民族"去构建中国的"民族国家"，而中国边疆问题及其解决思维也基本上源自这一概念。其次，中国在其他学科方面整体上落后于西方，无论就理论体系还是研究方法，中国基本上处于学习和应用阶段。这两点决定了中国暂时无法在构建"边疆学"学科体系上有大的作为，当然，不能妄自菲薄，但能够做的事情是将目前的概念、理论体系进行集成化开发。

当前，在中国倡导构建边疆学的学者，从一开始就将中国的边疆问题扯进来，而中国的边疆问题又与中国统一的多民族国家形成过程，以及相应的中国疆域的形成演化等问题密切联系在一起，当这些功底十分深厚的学者将这些说清楚，或者力图说清楚的时候，构建中国边疆学或者边疆学的任务就旁落了。

---

① 2015 年 11 月，在中央民族大学中国边疆研究中心举办的学术研讨会上，我们晚餐的时候与一位研究中国边疆史的前辈，我们就马大正教授所阐述的仅有中国和俄罗斯两个国家有边疆问题的话题开展争论，争论的焦点是边疆学的研究方法以及边疆学的研究对象，笔者不揣简陋提出了为什么 20 世纪 80～90 年代已经提出了"构筑中国边疆学"的任务至今仍然没有完成，没有人能够回答这样的问题。

② 网站地址为：http://absborderlands.org/.126，周平：《民族国家与国族建设》，《政治学研究》，2010 年第 3 期。

（二）"边疆学"与"中国边疆政治学"

如前所述，在没有"边疆学"总论的条件下，出现了构建"中国边疆政治学"。2015年，时隔2005年吴楚克教授出版《中国边疆政治学》① 刚好10年，周平教授带领的团队出版了他们的新著《中国边疆政治学》②。这些鸿富巨著的出版是边疆学研究前辈对"构筑中国边疆学"期盼的绝好回应。③ 应该讲，这两位教授怀揣"家国情怀"，秉持"学术使命"，探究"边疆治理"，谋划"国家战略"，着眼于中国边疆政治的整体把握，对中国边疆政治现象和政治问题进行全面论述，构建中国边疆政治学的理论框架和知识体系。周平教授写道：

"构建完整的边疆政治学知识体系的条件也已经具备。一方面，长期的边疆政治研究已经形成了关于边疆政治的较为丰富的知识，为边疆政治学的构建奠定了坚实的基础。另一方面，相关学科如政治学、边疆史地研究、民族政治学等的快速发展，能够为边疆政治学的建构提供必要的支撑"。④

应当指出的是，周平教授要构建的是"中国边疆政治学"，他写道：

"今日中国，之所以要构建边疆政治学，一方面是由于现实的需要十分迫切，另一方面则是已经有了构建边疆政治知识体系的条件"，⑤ "全面地了解和把握各种边疆政治现象和政治问题的必要性和迫切性，以前从来未达到这样的程度。而目前之所以对边疆政治的知识体系形成如此紧迫的需要，是由于边疆在国家治理和国家发展中的意义前所未有的突出"。⑥

上文已经讨论了"边疆学"的国度问题，这种仅就"边疆学"及其下属学科的关系而言，没有边疆学对研究经济问题、政治问题以及其他具体问题的宏观指导，所谓的"经济边疆学"、"边疆政治学"、"边疆社会学"等下属学科无法萌发，甚至边疆学下属学科中一个广泛认可的概念都没有办法形成。一般而言，一个独立的学科需要具备以下三个特征：一是有独特的、不可替代的研究对象；二是较为独特的研究方法；三是有自己的理论体系。

因此，没有建立起独立的"边疆学"之前，"边疆经济学"、"边疆政治学"、"边疆社会学"、"边疆史地"等下属学科的建立是不可能的，因为后者没有接受来自前者的指导，最多是分别在经济学、政治学、社会学、历史学等学科范围内研究边疆问题。事实上，有的专家已经指出，没有一般意义上的"边疆学"，难以避免学科殖民问题。或者说，"边疆政治学"是"学科殖民"的产物。⑦

---

① 吴楚克：《中国边疆政治学》，中央民族大学出版社，2005年。
② 周平：《中国边疆政治学》，中国编译出版社，2015年。
③ 邢玉林：《中国边疆学及其研究的若干问题》，《中国边疆史地研究》，1992年第1期；周伟洲：《世纪之交中国边疆史地研究的回顾与展望》，《中国边疆史地研究》，2001年第1期；马大正：《关于中国边疆学构筑的几个问题》，《东北史地》，2011年第6期。
④ 周平：《中国边疆政治学》，中国编译出版社，2015年，第20页。
⑤⑥ 周平：《中国边疆政治学》，中国编译出版社，2015年，第19页。
⑦ 朱金春：《"学科殖民"与中国边疆学的构建》，《云南社会科学》，2016年第3期。

三、"民族国家"："边疆学"研究的逻辑起点

"边疆"一词在中文文献中出现非常早①，其意总是将其与国家概念联系在一起，但国家的形态有一个演化的过程，所以，构建"边疆学"需要在一个预设前提下进行。因此，这里的问题是我们需要以哪一个国家形态作为基准来分析边疆。这实际上涉及"边疆学"研究的逻辑起点问题。

经济学研究的逻辑起点是"理性经济人"假设，在这一假设前提下，致力于研究资源配置问题。那么，拟构建的"边疆学"其研究的逻辑起点是什么？

周平教授认为，"客观而论，今天的边疆概念是在西方'民族—国家'这一基本框架下界定的"。② 既然是在"民族国家"这一基本框架下界定，那么"民族国家"就成为边疆学分析的逻辑起点。因为这样的分析起点有确定性特征，给分析框架建立能够标准化的坐标体系，尽管不少概念的形成有其历史渊源和历史嬗变。

表1　国家形态与边疆形态、边界形态的关系

	时代	国家形态	边疆形态	边界形态
向后回溯	古代	基督教普世世界国家	—	—
向后回溯	前现代	王朝国家	文化边疆	边陲（无边界）
逻辑起点	现代	民族国家	领土边疆	有物理形态的边界
向前延伸	后现代	"超民族国家"	混合边疆形态	无物理形态的边界

笔者认为，边疆学研究的逻辑起点应当是民族国家，或者将民族国家作为一个既定的前提，研究在成型的民族国家中的"边疆现象"及其边疆规律。

首先，以"民族国家"作为预设前提可以实现的"学科化"。张世明教授指出"边疆学在众多学科之间的边界交汇起点这种'学科化'（Ologizing）也表现出一种'边疆性'……这种学科的'边疆性'使边疆学吞吐融合各种学术养料，具有与相关学科核心领域不同的特色"。③ 作为一种科学，逻辑起点一定是现实生活中能够找到的而不是存在于"故纸堆"里，同时，逻辑起点一定能够代表"多数"而不是"少数"，此外，一定是固定的而不是"捉摸不定"的。以民族国家作为研究的逻辑起点完全符合这些要求。较之于其他形态的国家类型，民族国家包含国家的主权性、民族性、公民性，并由这三个

---

① 例如，《左传·昭公十四年》："好於边疆，息民五年，而后用师，礼也。"

② 当然，周平教授认为中国"要超越西方的'民族—国家'思维方式，打破西方国家狭隘的边疆思维和边疆理论"则是另外一个非常有意义的话题。

③ 张世明、王继东：《空间、法律与学术话语：西方边疆理论经典文献》，黑龙江教育出版社，2014年，第173页。

方面决定了民族国家塑造了成型的国家疆域和边疆。总之，按照周平教授的分析，民族国家把一个国家疆域视为国家主权管辖的地理范围，这个地理范围就是我们通常所说的 "领土"，从此，"边界" 就是用来清晰界定国家 "领土" 的范围界限，同时，对于 "领土" 范围内的不同区域（包括核心区域、边缘区域）、不同人群（包括不同文化习俗、文化传统的人群）一视同仁，此外，在民族国家形态下，国家对主权和领土的拥有和控制是没有差异的，所有公民是没有差异的。① 边疆学研究的逻辑起点也从这里开始是再方便不过的了。

其次，民族国家作为理解起点，可以使得边疆学研究的时空统一性得以强化，具备研究的参照系。孙勇教授反复强调学科构建的时空统一性问题。② 马克思以商品作为研究逻辑起点，构建起了对资本研究的统一时空观。笔者认为，尊重马克思的这一思维逻辑，以民族国家作为研究的逻辑起点可以协调好边疆学研究的复杂时空。

一是将民族国家作为逻辑起点，边疆学就可以从时间的维度把握。沿着民族国家的线索去理解国家形态以及相应的边疆形态，可以总结在表 1 中。民族国家是伴随着资本主义生产方式的出现而产生的，这是世界的转折点；在这个时代，现代性是社会的基本特征，国家形态也出现现代性，并呈现上述三个特征，即主权性、民族性、公民性。目前世界上绝大多国家处于这个阶段，当然，有的国家正在这个路上，而部分欧洲国家已经进入后现代，呈现一种 "超民族国家" 形态的特征；部分国家还在努力实现国家的现代化，呈现前现代的某些特征。与此相应的边疆形态也呈现出不同的特征。按照周平教授的观点，20 世纪 50~60 年代，民族国家作为国家形态达到了它的最高点，从 20 世纪 90 年代开始，超越民族国家的新国家形态正在取代民族国家。因此有了民族国家这一坐标，边疆学就可以从时间的维度把握。

二是将民族国家作为逻辑起点，边疆学就可以从空间的维度把握。正是在这个意义上，周平教授已意识到 "自从欧洲所建立民族国家并将该国家形态扩张到世界以后，欧洲的国家形态演变过程不仅受到普遍的关注，而且逐渐具有了分析世界范围内各国形态过程的基本参照的意义"。③

现代社会科学的一个特点是揭示某一时点横切面的存在状况，给予理论上的解释，形成各种理论流派。当我们以现代为横切面，对边疆进行研究，就可以关注各种边疆现象，并针对这些边疆现象给出理论解释，形成边疆理论，而不同的理论解释形成不同的流派。在这个视角下，某一个具体的民族国家对其边疆的治理以及不同民族国家之间对边疆的界定与争夺，将为一般意义上的 "边疆学" 提供充足的养分，以及演绎不同理论的场所。

同时，在某一个具体的国度里，该国边疆及其演化以及针对特定的 "边疆问题" 而实施的战略和策略，也为一般意义上的 "边疆学" 和特定国家的边疆战略策略研究提供 "用武之地"。值得说明的是，我们说某一时点或者横切面，不等于这一时点或者横切面

---

① 周平：《中国边疆政治学》，中国编译出版社，2015 年，第 58 页。
② 孙勇、王春焕、朱金春：《边疆学学科建设的困境及其指向》，《云南师范大学学报》（哲学社会科学版），2016 年第 2 期。
③ 这是周平教授在《中国边疆政治学》一书第 38 页给出的一个注释。周平：《中国边疆政治学》，中国编译出版社，2015 年，第 38 页。

是用分秒来衡量，而是说一个时代。周平教授认为，中国用"持续了差不多半个世纪"建构起自己的"民族国家"①，应当说我们构建一般意义上的"边疆学"也应将其作为一个横切面去处理。

当然，这并没有限制"边疆学"不去研究中国这半个世纪的"民族国家"构建过程；对之的研究本身已是很好的"边疆学"命题，但不是全部。与此相应，对之前的研究也是"边疆学"的研究内容，但不能去替代从横切面研究"边疆现象"，因为这一研究本身就是"中国边疆史地"的研究范畴。

四、"边界"："边疆学"的核心概念

前文论证得出，拟构建中的"边疆学"将"民族—国家"作为其研究的逻辑起点，那么，在这一起点上，拟构建的"边疆学"应当将"边界"作为其研究的核心。

目前没有对"边疆"的统一定义，仁者见仁，智者见智。按照周平给出的"边疆"定义，"边疆就是国家疆域的边缘性部分，或者说，边疆是国家的边缘性疆域"。这一定义与著名的边疆学专家弗里德里希·拉策尔的定义相似——"边疆是国家、经济及民族领域的边缘性区域"。② 笔者基本赞同这一定义。当然，这一"边疆"概念是针对"地理边疆"而做出的定义，对于非"地理边疆"是不太适合的。

当研究的视角是"从内向外"，边疆就处在国家疆土（域）的边缘方向，也就在国家向外的前缘，英文的词汇应当是"Frontier"。国家在成长或者向外扩张的过程，边疆就是前沿阵地，这与英文的"Frongtier"词义完全一致。事实上，特纳也就是在这个意义上使用的"Frontier"这个词汇，因为独立后的美国是"西进运动"中完成"民族国家"的建构的；在这种情况下，向西的任何地方相对于东部来讲都是前进道路上的"前哨"，经济上的"落后"，文化上的"野蛮"。

当前中国已经边疆治理也是从这视角看待边疆的。将"边疆"定义为处于国家疆域的边缘性区域，是将其从国家的"核心"或者"中心"或者"内地"出来，单独施政；在这种情况下，"国家的中心"是参照系。"国家的中心"通常是地理想象中的首都，敌国占领首都就意味着国家的灭亡。另外，研究中国的边疆史通常也是这种视角，唯一例外的是欧文·拉铁摩尔是边疆视角研究中国历史，海外的新清史也是这样的视角。从"国家的中心"（首都）看待它的疆域末梢部分，就是边疆，给人们的感觉是，边疆地处距离首都相对遥远的方位，文化上异于内地，政治上处于敏感区域，经济上通常相对落后于核心区域。

反过来，观察边疆的视角是"从外向内"，边疆是指作为以"边界"为参照，并在地理空间上指向"国家的中心"（首都）的连续地理空间。因为以"国家的中心"为

① 周平：《民族国家与国族建设》，《政治学研究》，2010 年第 3 期。
② 弗里德里希·拉策尔：《作为边缘机体的边疆》，见张世明、王继东：《空间、法律与学术话语：西方边疆理论经典文献》，黑龙江教育出版社，2014 年，第 132 页。

视角，天然存在许多缺陷：一是边疆处于国家的次要地位；二是无法大尺度地观察边疆现象。

因此，刻画或者描述 "边疆" 时，不是以 "国家的中心" 为参照系，而是倒过来以 "边界线" 作为参照系。这成为科学研究的逻辑起点，因为，如前所述，一般意义上的 "边疆学" 需要建立固定的而不是 "捉摸不定" 的参照系，因为 "边界线" 在民族国家中是固定的、明确的。

事实上，"边疆" 一词是复合概念，我们赞同周平的解释："边疆" 之 "疆"，既有界的含义，也有疆域的含义。① 因此，人们可以体会语义上的差异：科学研究上使用 "边疆" 时，实际上是从边界线作为参照系，由边界线向内侧延伸的部分，英语应该是 "Borderlands"。当前世界上影响最大的非学术组织 "边疆学协会"（Association Borderlands Studies）② 仍然使用的 "Borderlands Studies"，而当我们特意指 "边境地区" 时，仍然是以边界线为参照系，英语词汇为 Border Regions，郭荣星的专著就是使用这个词汇。

理解这一问题的另外一个关键是 "边界" 的功能。按照郭荣星的研究，边界主要有三大功能：一是司法界线功能，即边界精确地划定了该国家范围内所遵从的司法标准以及该国法律体系的影响范围；二是控制界线功能，即只要跨越到某边界以内也就进入到了某个国家的控制范围内；三是财政界线功能，即边界往往也规定了一个国家的财政运行范围。毫无疑问，这是在 "民族国家" 这个基本框架下做出的概括。有 "边界"，国家之间的界限就清晰了，边疆研究就有了可靠的支点。

由此可以得出，"边界" 就成为边疆的核心概念。事实上，涉及边疆的其他很多现象，均是因 "边界" 而生；涉及边疆的很多问题，都系 "边界" 而发。人们经常讨论的边疆结构与功能、边疆状态、边疆形态、边疆运动等问题，以及在此基础上的边疆问题、边疆战略、边疆政策等问题，毫无例外地基于 "边界" 而出现。从当前中国所谓的 "边疆问题" 来看，举凡边疆发展、边疆安全、边疆稳定三大问题③，表面上看是 "面" 上的问题，实质上是这些 "面" 上的问题解决得不好，就会影响 "边界" 这个 "线" 上的问题，因为从政治的角度，这三大问题会影响或者最终觉得 "边界线" 是否稳固。也是从这个意义上可以部分理解吴楚克教授、周平教授、孙勇教授等所论 "边疆本身也是政治现象" 这句话的含义。

因此，"边界" 是边疆学的最核心的概念，而不是 "边疆" 这个概念。从边疆治理和边疆战略来讲，是一个国家在认识边疆规律的基础上，从国家自身利益最大化追求出发，针对国家边疆的全局性谋划；这里的国家利益最大化，要么巩固现有 "边界"，要么拓展新的 "边界"，并实现与国家的政治、经济、文化的一体化。毫无疑问，边疆政策与落实国家边疆战略的支撑需要推动国家 "边界" 移动或者转换 "边界" 的形态去实现。不同国家之间的 "边疆利益" 的调节与调整是不同国家之间的互动甚至是博弈的结果，也是国际法发挥作用的结果。

---

① 周平：《中国边疆政治学》，中国编译出版社，2015 年，第 2 页。
② 杨明洪：《边疆学会介绍》，见孙勇主编：《华西边疆评论》第二辑，四川大学出版社，2016 年，封面。
③ 第三次中央西藏工作座谈会指出 "西藏的发展，涉及国家的发展；西藏的稳定，涉及国家的稳定；西藏的安全，涉及国家的安全" 清晰地表达了中国边疆民族地区的三大主题。这里，我们将其延伸到一般意义。

有人将"边疆"作为"边疆学"的核心概念，但这种思考可能陷入逻辑错误，因为可以引申出这样的判断句——"边疆学是关于边疆的科学"，陷入了同义反复。经济学的核心概念是"资源配置"，但不能叫作"资源配置学"，因为经济学之所以要关注这一问题，是因为人的欲望无限性与资源的有限性之间的矛盾需要通过优化资源配置来实现。因此，人们简单地对经济学下定义为"经济学是关于资源配置的科学"。"边疆学"之所以将"边界"作为自己的核心概念，是因为世界空间的有限性与民族国家利益的无限性之间的矛盾需要通过"边界"去调整。

应当说，从这里导出拟构建的"边疆学"关注的核心问题；毫无疑问，它是"边界问题"。在地理边疆的语境下，"边界线"的变动涉及国家主权利益的损益，任何一个主权国家都不能无视其存在。当下学者高谈的"高空边疆"或者"地下边疆"，实际上仍然属于地理边疆的范畴，有学者将其归属于无形边疆或者非地理边疆，是一种误解，因为无论再高的"高空边疆"仍然在人类科学技术测量的范围内，还是距离地面再深的"地下边疆"也仍然不能脱离科技手段的测量，更何况这种深度最多达到地心，这样也超不过6000~7000千米。这两类新的边疆形态仍然表达的是"边界"的概念。

时下包括学者和战略家所高论的"战略边疆"、"利益边疆"、"文化边疆"、"信息边疆"等这类无形边疆则主要表达一种"边界"的概念，已经远离了传统意义上的"边疆"含义。边疆的二重属性也是从边界的二重属性来的。边界具有自然属性、社会属性，同样地，边疆也需要自然属性与社会属性。当边疆的地理属性减弱而社会属性增强的时候，边疆的形态向着无形边疆演化。① 这一理论指向为理解无形边疆的实质打开了一扇大门。

五、余论："边疆现象"与"边疆学"的价值追求

（一）"边疆学"的价值追求

显然，科学的价值追求与科学家的价值追求是两回事。毫无疑问，作为科学的"边疆学"应当有价值追求。当前中国学者研究中国边疆问题中追求一种"家国情怀"，是一种正确的科学家价值取向，但要使"边疆学"成为一个独立的学科，其价值取向就相对复杂得多。因为笔者认为，像其他的学科一样，经过"学科化"的"边疆学"应当追求两个层次的价值取向：其一是阐释出人类社会中"边疆"的基本规律，形成对边疆的一般性认识，并构建具有一般意义的有关"边疆学"的知识体系和理论体系，推动人类知识的发展；其二是在此基础上，通过对边疆规律的把握以及对边疆的现状进行研究，为中国国家利益服务。这种价值取向与老前辈马大正教授所强调的"基础研究"和"应用研究"的精神是一致的。

与我们见到的现实不一致的是，当前中国学者不少仅有为中国国家利益的服务的价值

---

① 杨明洪：《边疆经济学》，未刊印的手稿，四川大学社会发展与西部开发研究院，2015年，第35页。

追求。可以理解的是,近代以来,在西方殖民主义侵略下,中国失去了很多领土,边疆问题成为国人心里的死结,同时,中国自古就是一个统一的多民族国家,追求民族团结成为中国学者的情怀。是此之故,主动维护国家的领土和主权的完整,以及维护国家和民族的整体和长远利益,成为中国学者构筑"边疆学"的初始动因。

但是,要使"边疆学"成为一个独立的学科,光有这一价值取向还远远不够,因为世界上所有国家都会面临同样的问题,生产供人类共享的知识体系也应当成为"边疆学"的一项重大任务。

(二)从"边疆现象"中揭示"边疆规律"

如果仅有中国学者的"家国情怀",那么所见仅是中国的边疆问题,但不仅中国、俄罗斯有边疆问题,世界上其他国家也有边疆问题。我们认为,超过具体的国家,所有的边疆问题从更多视角来看,就是"边疆现象"。

值得注意的是,"边疆现象"与"边疆问题"这两个概念不是一回事。发生在边疆的某一事件,从价值中立的角度来看,就是"边疆现象";而对于某一个具体的国家来讲,就是"边疆问题"。打个比喻,发生地震,但并没有对人类带来任何影响,此时的地震就是现象;当给人类产生影响,就形成了灾难。但是,当我们说"边疆问题"的时候,一定要意识到它的不同含义。如果将"边疆问题"与当前国家社会科学基金项目类型的"国际问题"、"民族问题"相对应,便成为问题类型。

如果从国际关系的视角来看,"边疆问题"成为困扰人类或者国际关系的问题之一。发生在边疆的某一事件,从价值中立的角度来看,就是"边疆现象";而对于某一个具体的国家来讲,就是"边疆问题"。例如,近期发生的克里米亚公投,无论对于俄罗斯还是对于乌克兰来讲,都可以被视为"边疆问题"。对于处于中立的第三国来讲,因为它对于克里米亚的归属没有自己的立场,就是"边疆现象"。学术意义上的克里米亚归属变迁实际上可以被视为"边疆现象"。

我们已经注意到,周平教授在《中国边疆政治学》一书反复提到"边疆政治现象",从语义的角度,与边疆概念相对应,一定存在"边疆现象"。2015年7月,吴楚克教授也反复提到"边疆现象",并指出,只要有边疆现象的存在,就一定有边疆学的出现。

从某一时点或者横切面来讲,"边疆现象"先于人们的认识。遵循意识对物质存在的反映这种认识论,应该先观察边疆现象,并对边疆现象及其背后隐藏的规律揭示出来,就成为边疆学的首要任务。进一步讲,揭示"边疆现象"中的一般化规律也应当成为边疆学的主要任务。战略学家对战略的重视,也无法避开对"边疆规律"的把握。因此,我们对边疆的认识体系化之后,可以形成"边疆存在论"。在这个认识起点上,是先观察"边疆现象",然后才有所谓的"边疆战略"、"边疆治理"。但并不等于说,我们无法去观察"边疆是从哪里来、到哪里去"、"边疆运动"以及现存的形态和状态等一系列复杂的历史和现实问题。

因此,从"边疆现象"中揭示"边疆规律"是"边疆学"的基本任务,只有这样才能够实现"边疆学",以及为中国国家利益的服务的价值追求。

六、结语

综合全文，似乎可以得出以下结论：

如果不从一般意义上构建"边疆学"而直接构筑"中国边疆学"以及下属的学科如"中国边疆政治学"，可能是一条歧途。诚然，"中国边疆学"天然与一般意义上的"边疆学"纠结在一起，给建立"中国边疆学"带来了不少麻烦，出现了被学者认为的"跨学科悖论"或者"学科殖民"现象。完成"中国边疆学"学科构建事实上已成为一项"烂尾工程"。因此需要构建一般意义上的"边疆学"。

"边疆学"的价值取向应当分为两个层次，其一是阐释出人类社会发展的基本规律，形成一个对边疆的一般性认识，推动人类知识的发展；其二是在此基础上为应用已经形成的边疆学知识体系为国家利益的服务。从"边疆现象"中揭示"边疆规律"是"边疆学"的基本任务，只有这样才能够实现"边疆学"为构建一个边疆学一般性知识体系的价值追求。

为达到构建一个边疆学一般性知识体系的目的，建设"边疆学"需要找到自己的核心概念和研究的逻辑起点。由于一般意义上的"边疆学"需要建立固定的而不是"捉摸不定"的参照系，描述"边疆"需要以"边界线"作为参照系，由此"边界"成为"边疆学"的核心概念。边疆学研究的逻辑起点应当是民族国家，或者将民族国家作为一个既定的前提，研究在成型的民族国家中的"边疆现象"及其边疆规律。"边疆学"研究的角度应当以民族国家的边界为边疆的理想类型，主要是在对边界的类型、形态、状态进行分类的基础上对围绕边疆出现的冲突、交流等进行分析，特别是要形成边疆争端的问题规律与解决方式的一般性的理论解释。

参考文献

［1］吴楚克：《中国边疆政治学》，中央民族大学出版社，2005 年。

［2］周平：《中国边疆政治学》，中国编译出版社，2015 年。

［3］周平：《中华民族：中华现代国家的基石》，《政治学研究》，2015 年第 2 期。

［4］杨明洪：《边疆经济学》，未刊印手稿，四川大学社会发展与西部开发研究院，2015 年。

［5］马大正：《关于中国边疆学构筑的几个问题》，《东北史地》，2011 年第 6 期。

［6］方铁：《试论中国边疆学的研究方法》，《云南师范大学学报》（哲学社会科学版），2008 年第 5 期。

［7］邢玉林：《中国边疆学及其研究的若干问题》，《中国边疆史地研究》，1992 年第 1 期。

［8］周伟洲：《关于建构中国边疆学的几点思考》，《中国边疆史地》，2014 年第 1 期。

［9］邢广程：《关于中国边疆学研究的几个问题》，《中国边疆史地》，2013 年第

4 期。

　　［10］郑汕：《中国边疆学概论》，云南人民出版社，2012 年。

　　［11］孙勇、王春焕、朱金春：《边疆学学科建设的困境及其指向》，《云南师范大学学报》（哲学社会科学版），2016 年第 2 期。

　　［12］朱金春：《"学科殖民"与中国边疆学的构建》，《云南社会科学》，2016 年第 3 期。

　　［13］吴楚克、赵泽琳主编：《中国边疆学理论创新与发展报告（2015）》，北京：经济管理出版社，2016 年。

试论中国边疆政治学与边政学、民族学的关系

吴楚克

中央民族大学民族学与社会学院

中国边疆政治学是当前国内政治学科发展的一个亮点，由于这个学科的交叉复合性和历史重叠因素，使人们对其认识存在相当的模糊，这就不能充分发挥中国边疆政治学在建设和谐边疆和周边关系中的应有作用。本书针对国内相关学界试图利用"边政学"、"边疆学"涵盖中国边疆研究的状况，提出自己的看法。认为利用传统"边政学"是不合时宜的。文章分别研究了中国边疆政治学与传统中国边政学、民族学、人类学的关系，从而为深入探讨中国边疆政治学的主要研究方法和特点开阔视野。

2007年开始，中央民族大学民族学与社会学院开设中国边疆政治学课程，并在民族学专业下招收中国边疆政治学专业方向的博士研究生和硕士研究生。无疑，这是中国高等教育界发生的一个新变化，当然也是中国边疆政治学面临发展机遇的一个标志。经过几年的历程，现在，我们能够主办一个以"中国边疆学理论建设和发展"为主题的全国性会议，说明中国边疆政治学的专业方向是确定的、可靠的，它为中国边疆学理论的建设和发展提供了学科基础。随着中国边疆政治学在国内高校教学与研究领域影响的扩大，有关中国边疆政治学与传统中国边政学的关系开始引起研究者们的注意，而吴文藻先生在1942年《边政公论》发表的《边政学发凡》一文中认为："兹以人类学观点为主，而以政治学观点为副，来作边政学初步的探讨。"[1] 标志着传统边政学是在民族学、人类学范畴内开展自己的教学和研究，这一传统至今仍然在一定程度上被延续着。这种状况要求我们对中国边疆政治学与边政学、民族学的关系，以及相关学科的关系特点进行分析，以利于学科发展。

一

如果我们以为"边政学"就是中国边疆政治学的简称，那就错了。事实上，"中国边疆政治学"作为一个学科的名称是从2000年开始的，在此之前，人们把边疆政治，看作是与边疆经济、边疆文化一样的概念。也有人认为边疆政治是广义的边政学，探讨能否重

---

[1] 林恩显：《中国边疆研究理论与方法》，台湾国立编译馆，1992年，第214页。

振传统边政学，能否重新发挥传统学科的优秀之处而又摒弃其固有弊端。即使是这样的讨论，在 1980~2000 年的中国学界也是囿于一个狭小的范围，因为，关心这个问题的学者不但少而且研究专业也过于狭窄，他们当时无法把中国的边疆问题从历史学、地理学中提升出来，而宁愿固守"史地"的圈子，虽然已经意识到需要创立一个新的学科来完成当代中国边疆研究的使命，但是在选择"边政学"还是"边疆学"的问题上，耗费了他们大量精力和时间，依然没有达成实践和理论上的统一，根本原因恐怕还在于时代的要求和实现这种要求的历史发展阶段没有达到。今天看来，这个问题可以明确如下几点：

另外，传统边政学产生的社会政治基础已经发生了根本性变化，因此，这个范畴的内涵和外延都已不适应今天中国边疆政治学的发展需要了。

"边政"这个概念产生的时间是比较早的，它"系指封建王朝镇守边疆的军政官员所执掌的事务，明代嘉靖时期陕西监察御史张雨就曾撰写过《边政考》"。[①] 但到清代，"边政"的执行对象变成了执行者，也就是"边政"的客体变成了主体，使从中原汉族为主体角度研究周边地区和民族的"边政"变得不可能；相反，如何封闭边疆少数民族地区与内地的往来关系，以利于对少数民族地区的统治，成为清朝统治者开始考虑的主要问题。

然而，1840 年以后，随着列强对中国殖民侵略的加深，特别是对中国周边领土的强盗式的掠夺和对原来朝贡国家的强行剥离，使中国陷入了内忧外患。内忧即国内政治经济和民族关系激化，外患即来自西方列强的政治经济军事的侵略，"内忧"属于"内政"系列，"外患"属于"边政"系列。所以，清末和民国早期重提边政时，就是强调"边政"是相对"内政"而言。显然，"边政"复兴到"边政学"是处于水深火热之中的志士仁人针对当时国情提出来的，具有那个时代的鲜明特征。

一是丧权失地，外患严重。在封建专制统治下，民众对国家政治决策的影响微乎其微，中国的封建制度尤其如此，尽管很早就有"水可载舟，亦可覆舟"的至理名言，但这只是告诫统治者不能过于压迫百姓，事实上，民众也很难有效地参与政治活动。在清末新学的范围下，报纸杂志的出现、白话文的兴起，才使得一些民众开始了解一些时政。"五四"运动之所以标志着一个新时代的开始，就是因为中国民众第一次大规模地参与了爱国主义政治运动，所以，"边政"的重振就是在"五四运动"前后，一些关心时政的爱国知识分子首倡并发扬光大。1919 年成立的"史地研究会"和创办的《史地学报》就是典型，他们对政府在与西方列强发生冲突时表现出的夜郎自大和软弱无知感到气愤，对政府官员在周边国家和少数民族地区方面的无知程度感到震惊，所以，大力倡导"边政"。

二是民国时期，中国的知识分子绝大部分深信教育救国和科学强国，使知识分子参与政治的有效性不断增强。这种情况也使他们希望更多的民众理性地、有效地参与政治运动。所以，普及"边政知识"是让人们了解我们的祖先留下多少土地，哪些从来就是我们的，哪些是从什么朝代归属于我们的，目的是使"卖国变得不容易"。所以，一些知识分子把"边政"逐步发展为"边政学"，并在当时的东北大学、中央大学开设边政学系，培养专门人才。

三是民国时期，"边政学"的理论核心依然是中央政府如何实现对少数民族地区的有

---

① 吴楚克：《中国边疆政治学》，中央民族大学出版社，2006 年第二版，第 56 页。

效控制，这个理论的核心基础是孙中山的"五族共和论"，实施方法依然以维持旧的边疆政治制度和少数民族上层统治集团利益，以逐步实现对少数民族地区的控制和同化。

综上所述，从早期"边政学"产生的社会背景、理论基础和现实价值看，在当今中国重振"边政学"缺乏合适的现实政治基础和思想理论条件。那些借用传统边政学的名称来填充当代中国边疆政治学内容的努力，会因为"旧瓶"的拖累而脱离现实，也会因为"边政"的概念脱离当今人们思维方法的改变而给人们带来不理解，更会因为传统边政学的理论核心和实施目的给这种努力带来不可克服的理论缺陷。

二

"边政学"不能与中国边疆政治学画等号，或看作是中国边疆政治学的简称，并不是因此就说它们之间没有关系，也不是因此就说边政学对中国边疆政治学无可借鉴或利用，事实上，它们不仅关系紧密而且影响重大。

其一，中国边疆政治学认为传统边政学是它的学科渊源。从边政学作为一个学科提出后，从事边政学研究和教育的学者们，整理和出版了大量中国边疆历史资料和历代治边经略史志方面的资料并创立了《边政通论》类型的相关理论体系，它们构成了中国边疆政治学的历史长廊。迄今为止，这也是中国边疆政治学学科发展史最为丰富和最有成果的领域。

其二，中国边疆政治学把传统边政学的爱国主义精神作为自己生命的延续，这种精神完全溶解于中国边疆政治学自身，成为学科特点的一部分，也就是说，边政学产生的理论价值和从事该学科的学者都是为维护中国疆域安全和民族团结为己任。同样，随着中国日益发展强大并逐渐突破地缘安全的影响，如何维护中国疆域安全和民族地区稳定就成为当代中国边疆政治学的现实价值和学科目标。

其三，中国边疆政治学认为1949年以后，中国台湾地区延续的边政学研究，依然是传统边政学学科发展的继承，到1990年中国台湾政治大学边政研究所改为民族研究所为止，这段时间很多研究成果，特别是对1949年前大陆出版的几乎所有的边政学相关资料，为中国边疆政治学研究提供了良好的历史基础，台湾边政学者的理论研究，除去反攻大陆和政党偏见外，也有一定的利用价值。

其四，今天，大陆仍然以"边政学"为名称成立研究机构或大学系科，本身直接继承了传统边政学的衣钵，他们当然把边政学视为一脉相承，但是，由于边政学学科本身的旧时代特征所留下的政治和民族偏见因素，使边政学所包含的范畴体系无法涵盖中国边疆政治学所包含的范畴体系，因而，除了侧重于边疆历史的研究和教学外，当代时政研究、国际战略研究、民族问题与发展研究、跨界民族与地缘安全研究、反恐研究、边防研究、边疆开发研究都难以包括在边政学范畴内。

总之，我们把边政学作为中国边疆政治学的历史渊源，主要是从学科起源的客观现实要求和学科研究的理论价值角度看待这个问题，也正因如此，中国边疆政治学不但深化了自身学科起源的历史背景，而且为学科的复合性、交叉性发展创立了理论基础。

三

边政学与民族学之间有密切关系。这种关系表现为边政学归属于民族学一级学科范畴下，但就传统边政学与民族学的关系，还要从人类学与边政学谈起。吴文藻先生在他的《边政学发凡》一文中专门谈到这个问题。他认为"人类学、社会学实在是二而一的东西，尤其在中国是应该如此"。① 而两个学科的侧重结合在一起，就是边政学的特点。"总之，这样了解的人类学是研究边疆民族及文化的中心科学，而从事边政的人就必须具有关于边疆民族及文化的充分知识。人类学在西洋已经逐渐变为一门考察现代人种、语言及文化的科学；对于考古、社会起源及发展，乃至文化传播或地理分布的研究，兴起日益减少。而对于文物制度的功能及文化变迁的研究，兴起日益加多此即人类学上之所谓功能派，其实用性尤大。我们急需熟悉边疆语言的学者，去考察边疆民族接触及文化交流的过程。社会学上又有所谓的区位学派，研究人口、地理及社会经济组织三者之如何配合。此种区位入手法，在进行边疆文化研究时，就可与功能入手法参酌并用。"②

如此看来，吴文藻先生首先是主张边政学与人类学的关系为主，只是后来国内民族学作为一级学科受到重视，人类学地位下降，或归属到民族学下，于是，边政学与民族学的关系演化为正宗。今天，人类学与边政学的距离越来越大，民族学与边政学的关系越来越近，那么，民族学与中国边疆政治学也就有了相当的关系。

但是，我们遇到的第一个问题并不是民族学与边政学的关系问题，而是民族学本身的问题，也就是说民族学中国化是与边政学产生紧密联系的前提。如果说吴文藻先生仅仅是希望借用人类学、社会学的理论方法为边政学开路，那么，民族学是以学科范畴统摄边政学，起码在形式上边政学归属民族学范畴下。民族学能否为边政学提供适用的范畴和方法，也就成为边政学有无生命力的关键。显然，这个问题在目前民族学界解决是不成功的。

尽管在改革开放前民族学比人类学、社会学还算幸运，但民族学自身的发展也受到限制，主要依照苏联民族学的理论方法进行研究。然而，中国民族学研究的对象却完全不同于苏联或西方国家，这种显而易见的问题对于像民族学这样的"舶来品"，就面临一个中国化的问题。我国著名的民族学理论家宋蜀华先生生前专门开设"民族学中国化"博士生课程，目的就是要解决这个关键问题。可是，目前国内民族学界的视野一方面被西方社会学、人类学理论所遮挡，拿不出自己的方法论体系；另一方面被传统研究领域所束缚，不能开拓进取。

相反，比民族学更"舶来化"的人类学、社会学在改革开放后获得重振，客观上应当归功于中国社会民主化、经济市场化程度的提高。正如经济全球化的过程一样，适应这种社会发展模式的社会研究理论也得到人们的重视，人类学、社会学就是如此，从事这个

① 林恩显：《中国边疆研究理论与方法》，台湾国立编译馆，1992年，第214页。
② 林恩显：《中国边疆研究理论与方法》，台湾国立编译馆，1992年，第215页。

专业绝大部分人的海外学习和研究背景就是明证。"民族学中国化"的进程似乎被逐渐改变的客观现实所忽视，或许是民族学自身并没有很好地把握中国化的方向，它处在一个发展的十字路口：一方面要拓展研究对象，另一方面要提出自己的方法论体系。只要我们以跨学科和应用性为方向，就会走出一条民族学中国化的成功道路。

<h2 style="text-align:center">四</h2>

随着社会主义新型民族关系的发展，传统边政学研究的主体和对象都发生了改变。国内民族关系问题得到了迅速缓解，新中国的成立及抗美援朝战争，使中国与周边国家关系发生相对稳定，后来出现的社会主义阵营的分裂导致中苏关系紧张，但从某种意义上看，也促使中美关系改善。总之，1949年后的中国国情完全改变了传统边政学研究的对象和研究目的，边政学理论与现实价值也大大下降。所以，在改革开放前，边政学基本上销声匿迹。1980年以后，类似于中国边疆史地的研究才逐渐开始，而后在短短20多年里，中国已经发生了翻天覆地的变化，中国民族地区发展问题与周边国家关系问题成为当代中国可持续发展、和谐发展的关键问题，所以，中国边疆政治学正是在这种客观现实的要求下出现并迅速发展起来。与传统边政学相比，中国边疆政治学有以下几点不同：

第一，中国边疆政治学完全突破了传统"边政"相对"内政"而提出的束缚，具有全新的逻辑内涵。一是边疆本身包括了空间地域和行政区划的含义，中国边疆政治学以边疆为研究客体，使学科的研究对象具有客观化的特性。因为，疆界可能变动，但只要国家存在，边疆区域就会存在。二是边疆本身包含的形成历史和时间延续，使中国边疆政治学的研究对象具有了相对永久化的特性。因为，边疆产生、形成、发展的历史伴随着国家的产生、形成、发展。这是一个相对较长的历史时期。

第二，传统边政学潜含着把边疆少数民族地区事务作为"另类"、"外戚"对待的意思，或者说，传统边政学的研究主体是以居高临下的姿态去研究边政事务的，我们从"边政"二字就能体会出类似"夷夏"之分的意思。在一定意义上，我们坚持不继续延用"边政学"，取而代之以"中国边疆政治学"，就含有对"边政学"产生的历史时代所赋予它的"华夏中心"意识的不认同。如果仅仅是"边政"这个概念，从历史存在和发展的角度使用是毫无问题的，但"边政学"却反映了这个传统学科的理论体系和范畴特征，它无法摆脱旧时代赋予它的深刻烙印。尝试着复兴"边政学"的努力，之所以成效不大，恐怕就与人们不认同"旧瓶"有关。

第三，中国边疆政治学所承担的学科任务，所要实现的学科研究目标，构成该理论体系的多种学科，都是边政学所无法比拟的。中国边疆政治学产生之前，"中国边疆学"正处在萌芽状态，但面临着两个巨大的困难。其一，"中国边疆学"应该属于一级学科还是归属哪个学科范围，比如与历史学、民族学、政治学一样或归属在这些学科门下。其实，这是一个完全形而上学的问题，一个学科的出现是社会存在对其理论需求的表现，而理论需求又是人们解决社会实践问题中提出并已经具有了一定的理论前提，因此，新的学科理论必须紧紧把握时代脉搏，在社会需求达到成熟的条件下形成。而我们却把这个问题颠倒过来，就像在没有"脚"之前先选择一个"鞋模"一样，结果是都不合适。其二，当时"中国边疆学"没有自己的基础理论，哪怕是一个框架理论都没有，也就是说它还不具备理论前提，当务之急是先研究它的范畴和学科发展方向。经过长期的研究和思考，我们确定创立了"中国边疆政治学"，它所承担学科任务就是建立适应中国目前国情的边疆政治理论基础，所要实现的学科研究目标就是理论上为"中国边疆学"打基础，实践上为维护国家统一和边疆稳定服务，为建立和谐的中国与周边国家关系提供理论研究成果。构成中国边疆政治学相关学科的是地缘政治学、国际战略学、民族政治学、边防学、政治人类学和中国边疆经略史料学。由于中国边疆政治学属于典型的复合交叉学科，所以，在它完全成熟之前归属哪个一级学科并不重要。

第四，中国边疆政治学的方法论范畴远远不同于边政学。中国边疆政治学的"学"字说明这是一个学科，而不是一个"概论"，因此，我们才提出它的方法论范畴。中国边疆政治学是一门应用性学科，它的方法论原则是发展的和多元的原则，它的方法论目的是系统的实践，它的研究方法是社会调查和文献研究，即以地缘政治学和国际战略学为理论参照，以社会物质生产发展和社会进步为轴心，进行政治的、民族的、社会的、文化的中国边疆政治学研究和教学，实现中国边疆政治学理论的渐进式发展。

总之，中国边疆政治学无论从理论方法到研究手段，还是从研究对象到研究目的都与传统边政学有根本的不同，这是中国边疆政治学能够产生发展的关键，也是日益发展并强大起来的中国边疆地区和周边国家关系面临的新问题、新挑战的理论回答。我们无须对中国边疆政治学的具体内容提出要求，因为，我们需要比想象更丰富的内容；我们也无须对中国边疆政治学的专业提出更苛刻的要求，因为，我们本身就更需要跨专业的融合；我们更无须对中国边疆政治学的前途表示担忧，因为我们真正需要担忧的是中国边疆稳定和民族的和谐发展，只要这个目的达到了，中国边疆政治学也必然会成长起来。

生活在不同文明下的人们为什么有共同性？

吴楚克

中央民族大学民族学与社会学院

事实上，在人类文明史早期，文明的产生和发展呈现一种各自朝着同一个方向演进的历史趋势，尽管在人类早期各文明之间的影响微不足道，尽管文明演进的时间有先有后，但几大文明创造的结果与目的却是基本一致的。我们把这种历史现象称为"共生"，因为，人类如果没有早期文明的共生发展，也就不会出现今天世界各国、各族、各类文明间的交流与发展。这种"共生"主要表现在：

一、思维方法的共同性

我们强调人类思维方法上的共同性，是在思维能力和思维结构层次上提出这一问题的。人类之所以能够在思维能力和思维结构层次上取得共同性，是因为人类思维发展的客观对象和主观目的是一致的。

长期以来，我们的教科书把社会历史进程与自然历史进程相等同，这是对马克思主义历史唯物主义基本观点的误解，马克思强调的社会发展的客观规律显然并不等于自然规律，前者是在人类劳动对象的一致性和劳动目的的一致性上获得的规律性，而后者完全是自然事物发展的客观规律；前者随着人类社会的发展和人类改造自然对象能力的提高而发生运动和变化，后者无论人类认识与否、无论人类社会发展到什么程度都与它的运动无关。十分清楚，社会发展规律是不同于自然规律的，然而就是这样一个显而易见的问题，不少人就是加以否认，并借以马克思主义的一贯立场而反对将"社会规律主观化"。

这个问题与文明的"共生"相联系的就是人类实践这一环节。实践是人与自然的中介，实践本身是由劳动主体承担的。从历史主动性角度看，没有人的实践是不可能的，无主观目的的实践也是"非人类的"，既然实践是人类特有的活动，就必然在人类自身方面打下"实践的烙印"，这个"实践的烙印"就是实践对象本身在劳动中反映出来的客观规律性在人类思维方法上的反作用，人逐步理解了客观事物相互间的关系，学会了利用客观事物之间的制约、制衡关系。长久以来，人类从实践当中理解和掌握了许多事物间的相互作用和关系，由此形成了合逻辑的和合目的的思维方法。比如，当人们理解了圆形物体滚动的原因后，企图利用滚动来提高运载能力，但人们没能够从自然界存在的物体当中发现直接适合为人类做轮子的物体，在人们掌握了可以把树木制成圆形的以后，轮子终于成了人类提高速度、运送物品、四处迁徙的最有用的工具。在以后的历史中，人们越来越发现轮子的重大作用并应用于广泛的社会生活中，至今，轮子依然是人类最有用的基本工具之一。

正是由于生活在地球各处的人类所面对的实践对象的性质基本一致，实践对象所反映的客观规律是一致的，才使人类在思维方法上出现"共生"现象，正如无论大家的语言、肤色、文明相差多大，但对车轮子必须是圆形的认识恐怕不会不一致吧。这种来自对实践对象方面存在的客观规律的认识及理性化，构成人类思维方法上"共生"的基础，也是人类之间相互理解、相互交往的根本基础。假如不是如此，当我们与一个来自与人类生存环境完全陌生的动物交流，那是难以想象的。当然，并不是说根本无法交流，但起码目前没有这方面的交流或经验。

人类实践的对象性关系不仅表现在认识客观规律及作用于思维方法上的共同性，而且也是人类生产物质文明和精神文明方式的决定因素，因为在对象性生产中产生的分工是人类认识世界和改造自己的结果，也就是说，分工一方面是依据劳动对象的特性，即自然界的联系性展开；另一方面人自身的劳动能力也在劳动需要中不断"开发"出来，即人潜在的劳动能力获得不断提高。也正因如此，物质生产能力决定精神生产水平，精神生产水平促进物质生产能力。

二、情感方式上的相似性

如果说思维方法上的一致性代表了人类理性方面的"共生"，那么，情感方式上的相似性，则反映出人类在生理构成方面的"共生"。自然选择了人类成为万物的灵长，人类在自然选择面前成为地球的主宰，人类并不是靠强壮的身体，也不是靠奔跑的速度，更不是靠尖锐的牙齿，而是靠思维和情感力量。思维能力表现在人类大脑发达基础上对事物的逻辑推演能力、判断力和理解力，然而这些能力的发挥又依赖于人类情感的力量。正是由于人类具有的非凡的感情特征和动力，才使人类在发挥自己创造力、想象力、劳动力过程中，获得了最大的效益与成果，从而成为世界的主人。

毫无疑问，情感方式上的相似性来自人类生理基础的一致性，但根本原因还是社会生活的共同性。首先，纯粹的情感和纯粹的理性都是没有的也是不可能的，在人类生产力水平低下的时候，生理的需要和情感的要求成为第一重要的，只是到后来社会生活中各种遭遇和挫折，使人类行为更具有理性意味，这就是说人类在社会生活中的得失成败，成为情感发生的根本原因。其次，人类生产活动的目的性是情感活动的主要原因，合乎目的的生产活动满足了人类善良的愿望追求，给人带来美好的情感享受，并成为人们共同具有的感情需要，当这种合乎目的而又合乎规律的要求不能实现，给人们带来的就是悲剧式的痛苦。最后，社会生活中属于美好事物的都能给所有的人群带来愉快的情感，而属于痛苦和悲哀的事物都会给所有的人群带来悲痛的感情。丰收、美食、健康、胜利都是快乐之源；灾祸、饥饿、病痛、失败都是悲痛之属。这些相同的事物也是人类情感方式相似性的基本因素。

此外，人类在情感表达方式上也同样具有相似性，而这显然是由人类相同的生理基础决定的。愉快的表达、高兴的疯狂、悲痛欲绝的样子、忧郁的身影，这些情形无论是什么肤色、讲何种语言、信仰哪种宗教都是能够理解并基本一致的。尽管有的民族在表达悲哀、快乐、尊卑、喜怒的程度或颜色方面有所不同，但基本内容和目的却是一致的。人们可以互相欣赏不同民族、国家、文化的艺术的基础也就在于此。

情感方式上的相似性是人类文明走向更高、相互融合、达到统一的基本前提，如果不同文明体系之间生活的人群互相间情感无法交流，这个世界是不可想象的。有了思维方法和情感方式上的"共生"，不同文明间就可能相互认识、相互理解，并肯定相互促进。

三、劳动方法和成果上的共同性

劳动方法是基于人类改造自然对象及人体劳动机能而形成的，从人类文明发生学史上看，劳动方法的共同性决定了人类创造文明成果的手段是彼此可以借鉴和利用的，并且，正是由于在劳动方法上存在共同性，使劳动手段的先进与否，能够说明一种文明发展程度的高低。

劳动方法与劳动方式不是一个层次上的概念，劳动方式是人类改造自然过程中形成的基本活动方式，包括人与人之间的劳动关系，它是一种稳定的、与生产关系和社会制度紧密相连的哲学范畴，而劳动方法是劳动方式的具体化，具有时代性、地区性和民族性的特点，但不具有社会制度意义和阶级性。正由于劳动方法具体代表了人类创造文明成果的实际水平，因而具有文明史意义上的可比性。

一是劳动方法代表了某种文明所掌握的实践能力和尺度，因而，先进的劳动方法必然吸引落后于它的文明群体趋向和接近先进的文明代表，它表现出人类追求劳动手段的不断提高和满足实践能力不断发展的需要。从某种意义上说，这也是一种"共生"现象，而且是更实际的"共生"。历史上，"野蛮的落后民族"征服高等的文明民族的结果都是最后同化于高等文明，这恐怕最能说明问题。

二是先进劳动方法的传播是人类文明进步的有效途径，劳动技巧和重大劳动手段的发明，对提高整个社会劳动效益具有决定性意义，如马具的发明、犁具的使用、水力磨的使用，蒸汽机车的发明以及现代科学技术的重大发明，从根本上改变了人类社会。今天，先进的劳动方法成了人类社会共同进步的标志，也是现代科学技术在劳动生产领域巨大作用的体现。

三是在现代社会，先进的劳动方法的基础更多地表现在教育和理论研究方面，因此，当代不同文明社会之间的交流更多地体现在教育的普及和科学理论研究上，一个国家如果没有发达的教育事业和科学研究水平，其劳动方法和劳动效率必然是落后和低下的。这也就决定了文明发展到今天，人们必然利用全人类的科学技术成果和劳动发明，才能在社会发展中立于不败之地，否则，必然会落后于整个社会的发展水平。

四、在社会发展形态和建立国家形式上的共同性

尽管很多研究文明的学者指出人类文明之间的差距有多大，但历史发展到今天，我们却能够从宏观角度发现，人类在已经走过的历史发展形态和建立国家形式上却存在着本质上的一致。尽管当社会发展到一定阶段"文明限制着政治制度的影响"[1]，但在一定的文明所建立的范围以内，政治制度的各种大的类型——暴君政制、几种寡头政制到民主政制——都是文明不同阶段的产物，然而这些文明不同阶段的产物反过来对文明的人类却产生了不同的影响。

从马克思提出的社会发展基本规律来看，各国、各民族的发展有快有慢、有先有后，但大致经历了这样几个基本历史时期：原始社会早期、原始社会、奴隶社会、封建社会、资本主义社会。超出基本社会发展形态的情况，一般发生在已经进入更高一级的文明社会形态对低级文明社会形态的外来干涉和强制影响下，但制度方面的超越并不能代表生产力发展程度的超越，一个完整社会形态发展的生产力基础必须是连续的，但发展方式可以是跳跃的，也可以是快速的。

从另一个角度看，人类社会发展形态还可以被描述为"黄金时代"、"青铜时代"、"铁器时代"、"蒸汽时代"、"电力时代"、"电子时代"、"信息时代"等。它们都反映了不同社会发展形态中的生产力状况，集中代表了人类文明的发展阶段，在有些文明群体中，可能有没有经历其中的某个或某几个生产力发展状态的国家或民族，但必然有更高级的生产力发展程度的国家或民族从外部给予提高、加速，也就是说文明的群体中必然要有代表这一文明发展阶段的国家或民族经历这一发展阶段，这才有可能使一些国家或民族缩短某一生产力发展阶段，跨越某一个生产力发展阶段的只能是极端落后的局部地区或民族，并且是完全被动的。

但无论生产力发展状况如何，建立在生产力发展程度上的国家形态却是一致的，这充分反映了人类文明的统一性。"铁器时代"或说奴隶社会，只能建立奴隶制度国家，而不能出现共和制，正如土地割据和庄园经济必然产生封建专制国家一样，共和制依然与封建生产力发展形态相对立。只有代表封建专制主义的土地制度被打破，只有工业化生产和商业化城市成为社会潮流，固守封建专制制度的阶级才能被推翻，新的生产力发展形态才能被确认，资产阶级才可能出现，资本主义制度才可能诞生。

有人提出，古罗马建立的奴隶共和制就是一个相反的例子。问题在于：一是古罗马建立的奴隶共和制本质上不同于建立在资本主义生产力发展形态上的共和制，前者的基础依然是奴隶制。二是之所以把古罗马时代出现的制度称为"共和制"，是因为在资本主义共

---

[1] ［美］安吉洛·M.科迪维拉：《国家的性格》，上海人民出版社，2001年（他把苏联时期国家对人民性格的作用归纳为"日常发生的精神上的静悄悄的腐蚀"，因为，每一个人都受到少数独裁者给生活带来的不公，于是每一个人都在利用自己的哪怕仅仅是看门的权力来给别人带来困难和不快，这种可怕局面是因为政府否定了对人的品质的选择，它使低劣和欺诈找到保护者比找到批评者要容易得多）。

和制国家产生的时代，人们把古罗马这个"人类的优秀儿童"创造的国家领导方式称为"共和制"，它并不代表奴隶时代就已经必然经历了一个"共和制"时代。三是奴隶时代根本不具备产生任何"共和制"的产生力基础，古罗马奴隶制在它发展的一定时期被称为"共和制"，只是因为它的"元老院"和执政官具有共和制的特点，但这纯粹是形式上的相似，绝非实质上的相同。

与此相类似，人们之所以把阶级社会产生以前的原始社会称为"原始共产主义"，并不是说它与共产主义有什么实质上的相同，完全是取于"无私有财产"这一特征，但"原始共产主义"没有"私有财产"，其根本原因是生产力还没有达到产生"剩余产品"的程度，而共产主义没有私有财产是生产力发展到人类文明的极高程度，以致不再占有私有财产的必要。因此，与其说"原始共产主义"，不如说"原始无产主义"更确切。

综上所述，人类的共生发展表现在文明发展的各个阶段，其特征是：文明发展的主线是承上启下、连贯一致的；一个文明群体中的主要代表必然要经历文明发展的完整阶段，否则其文明的发展历史必然会出现中断或跳跃，造成文明的断裂或遗失；附属文明地区或民族超越文明共生中的某一个发展阶段是自然和不可避免的，但这并不代表主体文明发展的主线，对一个完整的社会来说，某一制度或许是可以超越的，但在此制度下的生产力发展水平却是不可逾越的。邓小平同志在考察了中国30多年的社会主义革命历程后，提出社会主义初级阶段的理论，就是因为他看到完成资本主义制度下生产力发展的必然性，认为我们可以逾越资本主义制度，就必然要经过一个不可逾越的发展商品经济阶段。从表面上看，这似乎是两个问题。然而，一种生产方式得以建立起来的根本原因不是先建立了适应这种生产方式的制度，而是这种生产方式的产生决定了适应这种生产方式的制度，因此，市场经济适应的制度形式就是资本主义私有制。社会主义市场经济之所以是当代中国马克思主义的一个伟大创举，就在于它超越了生产方式与制度的联系，试图走出一条建设有中国特色的社会主义的成功道路。用什么方法发展生产力，不是一个哲学问题，而是一个政治问题，问题的核心是这种方法能否真正带来生产力的发展而不是社会危机。

近年"边疆中国"研究的前沿述评（2014～2016）

王鹏辉

中国西部边疆安全与发展协同创新中心

引言

中国自有国家文明起始，逐渐形成文明等差的中原"华夏"和边缘"四夷"天下世界观体系，具有典型的边疆国家特征，有关国家疆域边缘的"四夷"知识史不绝书。学术界对近现代中国边疆的研究脉络有三次高潮的认识，[①] 尤其是 20 世纪 80 年代以来的第三次中国边疆研究的兴起持续至今。20 世纪 90 年代，学术界出现构筑中国边疆学的呼声。[②] 进入 21 世纪以来，中国边疆学的学科倡议得到众多学者的共鸣。[③] 在中国边疆学之外，学术界又有建立"一般边疆学"的观点和学术实践。[④] 中国边疆学的学术思想催生了探索构建中国边疆学学科体系的专著，尤其以边疆政治学的架构比较突出。[⑤] 毋庸讳言，

[①] 马大正：《关于构筑中国边疆学的断想》，《中国边疆史地研究》，2003 年第 3 期；厉声：《改革开放 30 年来中国边疆史地研究学科的繁荣与发展——兼述中国边疆史地研究的第三次研究高潮》，《中国边疆史地研究》，2008 年第 4 期。

[②] 邢玉林：《中国边疆学及其研究的若干问题》，《中国边疆史地研究》，1992 年第 1 期；马大正、刘逖：《二十世纪的中国边疆研究——一门发展中的边缘学科的历史演进》，黑龙江教育出版社，1997 年，第 285 页。

[③] 步平：《让中国边疆学具有更强的时代感》，《中国边疆史地研究》，2001 年第 1 期；李治亭：《架构中国边疆学的科学实践——评〈中国边疆研究论稿〉》，《中国边疆史地研究》，2003 年第 3 期；马大正：《关于构筑中国边疆学的断想》，《中国边疆史地研究》，2003 年第 3 期；方铁：《论中国边疆学学科建设的若干问题》，《中国边疆史地研究》，2007 年第 2 期；李国强：《中国边疆学学科构筑的透视》，《云南师范大学学报》，2008 年第 5 期；邢广程：《关于中国边疆学研究的几个问题》，《中国边疆史地研究》，2013 年第 4 期；周伟洲：《关于构建中国边疆学的几点思考》，《中国边疆史地研究》，2014 年第 1 期；罗中枢：《中国西部边疆研究若干重大问题思考》，《四川大学学报》，2015 年第 1 期；林文勋：《云南大学的中国边疆学——基于学科建构的回顾与展望》，《中国边疆史地研究》，2015 年第 3 期；吕文利：《构建中国边疆学需要理论与实践的结合》，《中国边疆史地研究》，2016 年第 3 期。

[④] 刘啸霆：《现代边疆与边疆学初论》，《哈尔滨师专学报》，1999 年第 1 期；孙勇等：《边疆学学科构建的困境及其指向》，《云南师范大学学报》，2016 年第 2 期；孙勇：《建构边疆学中跨学科研究的有关问题探讨——如何跨通边疆研究学术逻辑与事实逻辑的一致性》，《中央民族大学学报》，2016 年第 3 期。

[⑤] 吴楚克：《中国边疆政治学》，中央民族大学出版社，2005 年；罗崇敏：《中国边政学新论》，人民出版社，2006 年；郑汕：《中国边疆学概论》，云南人民出版社，2012 年；周平：《中国边疆政治学》，中央编译出版社，2015 年。

近现代中国边疆研究的经典仍然属于 20 世纪 40 年代美国汉学家拉铁摩尔所著的《中国的亚洲内陆边疆》，开创了西方中国研究的"边疆范式"。拉铁摩尔以"长城边疆"为中心来理解中国历史的结构，考察中国历史文化的长时段变迁及其动力，对西方中国边疆研究影响广泛而深远。西方的中国边疆研究资源对中国边疆学的学科建构启示和挑战并存。[①]近年国内中国边疆研究成为学术热点，成就斐然，评述者从构筑边疆学的理论高度进行了纵向宏观的考察，与现实相互观照，包括的学人文献容量巨大，最新的综述涵盖了从传统到新兴话语的诸多主题和领域。[②] 总体而言，中国边疆学研究多专注于实证的考据，研究工具陈旧落后而不甚致力于理论的构建，以致本身与美国边疆史研究同样具有膏腴沃壤的中国边疆学研究，至今没有如美国以特纳为代表的绵延久远、蜚声遐迩的"边疆学派"的崛起。[③] 因此从学界中国边疆研究丰硕的成果中去芜存菁，呈现出真知灼见，为后续的研究建立科学参照，依然需要学术评论的往复穷究。本文拟对近几年的中国边疆研究查缺补漏，继续述评，固陋之处，尚祈方家教正。

一、"边疆中国"的专题研究

当今中国社会经济的规模占据世界第二大经济体的位置，使中国进一步融入国际社会，中国的改革动力释放出全球溢出效应。与此同时，中国的亚洲内陆边疆区域也受到内外双重的社会冲击，在一定程度上出现了社会不稳定的征兆，并与历史上遗留的民族分裂主义相互激荡。学术界对此有敏锐的反应，边疆、民族、宗教等议题一时成为关注的热点。然而，边疆区域的分科并进的传统议题研究显然已经难以认识和解释新的时代现象。近年来，《学术月刊》与《文化纵横》期刊都专门开辟了"边疆中国"专栏，组织学人围绕边疆、民族、族群、文化等议题展开跨学科与多视角的讨论，反映了一种新的历史观与研究视野。

《学术月刊》"边疆中国"专栏的主题为"边疆中国：从地域族群到文化政治"，2014 年的编者按提出，如何处理现代国家要求的统一性与天下遗产带来的多样性之间的矛盾以及消解这种内在张力，以实现统一性和丰富性的和谐共生，关键是从边疆自身的逻辑来看待和理解边疆问题，并指出边疆问题的解决依赖于国家在历史进程中完成体制和社会治理的现代转型。

① 彭文斌：《近年来西方对中国边疆与西南土司的研究》，《青海民族研究》，2014 年第 2 期；王欣：《中国边疆学构建面临的几点理论挑战——以拉铁摩尔、狄宇宙和濮德培为例》，《思想战线》，2014 年第 3 期；袁剑：《拉铁摩尔与施坚雅——边疆研究内亚范式与西南传统中的歧异与互通》，《西南民族大学学报》，2014 年第 12 期；周伟洲：《论中国与西方之中国边疆研究》，《民族研究》，2015 年第 1 期；袁剑：《边疆的背影：拉铁摩尔与中国学术》，社会科学文献出版社，2016 年。

② 马大正：《新世纪以来中国学者对中国边疆学构筑的探索》，《中国边疆学》第 3 辑，社会科学文献出版社，2015 年，第 315 - 349 页；冯建勇：《中国边疆研究的路径选择与话语构建——2014 年度中国边疆理论研究述评》，《中国边疆学》第 4 辑，社会科学文献出版社，2015 年，第 249 - 265 页。

③ 张世明：《法律、资源与时空建构（1644 ~ 1945 年的中国）》第二卷《边疆民族》，广东人民出版社，2012 年，第 549 页。

黄达远《18世纪中叶以降的内亚地缘政治与国家建构》一文梳理了西方学界内亚视角下的近代观，认为内亚性并非之于中国性呈现对立的面向，内亚性之于中国史实际是常态化的现象；该文指出地缘政治是内亚近代化的主要动因，内亚的"多民族"的形成已经不再由草原—绿洲结构所决定，而是开始由地缘政治时代下的英—俄为主导的国际格局所决定，18世纪以来中国在新疆形成了具有内亚特色的边疆体制，是一种深受地缘政治变迁影响的不同于西方的民族国家建构形式。① 韦兵《认同与建构：20世纪的西北边疆与现代国家》一文抓住"认同"与"建构"两个关键概念，解析20世纪西北边疆形成与中国现代国家建构、国族缔造的关系，认为纠缠于天下/国家不同经验混融的边疆问题带来的挑战，都要求中国现代国家建构要更具灵活性和包容性；并指出边疆的问题要放在现代中国历史进程中来看，要放在现代国家形成的体制路径上来看，而边疆问题的解决极大程度地依赖国家在历史进程中完成政治制度和社会治理的现代转型，归根结底也是一个中国现代国家建构的问题。② 关凯《发展与稳定：边疆中国的话语政治》一文处理"发展与稳定"边疆叙事的经典议题，指出当下的边疆问题正在国家与社会之间衍生出一种竞争性的话语政治，"发展"之于边疆包含着一种单向度的国家中心主义的认知逻辑，"稳定"之于边疆始终有种不言自明的政治敏锐性；认为当下中国关于边疆问题的话语政治及其所包含的三个文化面向：民族—国家建构、现代性与文化多样性和人的观念，只有破除主流社会关于"边疆问题"的认知误区，才可能真正实现边疆的长治久安。③ 纳日碧力戈《生存交互性：边疆中国的另一种解释》提出以"地天通"式的"生存交互性"定义"边疆"，则处处是边疆，人人互为边疆，物物互为边疆；从现代性的国家主权和文明中心定义"边疆"，则"化外"是边疆，他者是边疆；借鉴萨林斯提出的"生存交互性"对中国作民族共生的解释，认为唯有自我超越，超越旧有的"种见"，才能推出民族新政治，推出民族和睦的新理念。④ 刘琪：《"迪庆经验"：边疆的另一种知识可能性》以提炼的"迪庆经验"为案例指向边疆不同族群、不同文化的人，如何在同一个社会中和平共处？指出超越民族的共同体构建与维系是"迪庆经验"的核心，解析迪庆"边疆"的塑造与地方性知识的遮蔽，认为在多样性的基础上构建社会秩序的边疆地方性知识，完全可能为现代性的缺憾提供补充，也可能为中国当代的民族—国家建构提供重要启示。⑤

　　《文化纵横》期刊"边疆中国"专栏贯通传统、近代和当代中国不同的历史阶段，指出边疆在传统中国是围绕儒家礼乐体系，通过华夏中原与"夷、戎、蛮、狄"这样的文明等级秩序安排的；近代中国革命则以西方民族主义话语动员与整合帝国疆界，以利于进入现代民族国家体系；毛泽东的社会主义革命通过阶级划分吸纳民族区分，以经济平等弱化民族的文化抗争；而1978年之后开启的市场化改革，则使"利益"成为民族矛盾升温的催化剂，进而推动民族/宗教认同的激进化。编者按试图从文明—民族—阶级—利益—民族/宗教认同的轮回与强化概括中国边疆问题的历史发展逻辑，认为"边疆中国"不仅

① 黄达远：《18世纪中叶以降的内亚地缘政治与国家建构》，《学术月刊》，2014年第8期。
② 韦兵：《认同与建构：20世纪的西北边疆与现代国家》，《学术月刊》，2014年第8期。
③ 关凯：《发展与稳定：边疆中国的话语政治》，《学术月刊》，2014年第8期。
④ 纳日碧力戈：《生存交互性：边疆中国的另一种解释》，《学术月刊》，2014年第8期。
⑤ 刘琪：《"迪庆经验"：边疆的另一种知识可能性》，《学术月刊》，2014年第8期。

涉及如何重新理解中国，也是在当代全球化与中国大转型的背景下，如何重新再造中国的核心历史命题。

付佳杰《少数民族怨气的经济根源——以四川凉山地区为例》使用"内地边疆"的概念，把四川凉山少数民族典型范式地区界定为"边疆"，通过调查分析凉山彝族社会问题的政治经济逻辑，主要来自少数民族经济边缘化的现状，被少数民族表述为宏观的国家歧视，认为民族政策的改进需要解决经济参与度与文化壁垒方面的问题，通过国家力量主导的再分配方案，才能弥合由利益分化与争夺导致的社会原子化进程。[1] 关凯《被污名化的"边疆"：恐怖主义与人的精神世界》所树立的"边疆问题"指出族群民族主义与宗教意识的复兴都在指向人的精神世界，而"边疆"的社会意识有被以恐怖主义为中心的政治与社会叙事湮没的风险，"边疆问题"的根源在于以发展至上的文化霸权将边疆民众对象化与污名化，并将边疆塑造为恐怖主义的渊薮、发展的落伍者和族群冲突肇事者聚集的空间，那么尤其需要关注边疆社会的精神世界，在国家内部消除主流与边缘的界限，将国家建构为一个基于共同的公民身份的"人的共同体"。[2] 王明珂《建"民族"易，造"国民"难——如何观看与了解边疆》评估"边疆"的边缘性主要来自被核心的人们观看、描述，而强化其边缘、边疆性，认为今日中国汉族与 55 个少数民族之结构是中国长程历史中"华夏"与其"边缘"共生、互动，并经过近代变迁而造成的结果，主张中原与边疆的相互观看，避免主流民族叙事的傲慢与偏见，进而期望具有反思性之现代"国民"个人，应是理想中"多元一体"中国的主要构成"单元"，而边疆在这样的"新多元一体格局"中自然将化为无形。[3] 郑少雄《一个康区喇嘛的多重生活世界》对多吉堪布的人类学观察展示了作为"他者"边疆的文化能动性和独立性，多吉堪布康区在北京、印度、美国的个人经历反映了康区特征正在于这种卷入并处理多重关系的智慧，边疆精英与自上而下的国家力量的互动，以此争取外部的经济、政治及道义资源，共同塑造了地方的独特面貌。[4]

类似以《学术月刊》与《文化纵横》期刊的"边疆中国"栏目一问题意识为导向，组织具有共同边疆意识的多种学科背景的边疆研究，有浓厚的人文关怀，并对边疆地方社会的主体性给予高度尊重。其中渗透着"以人为本"的知识情怀，本质上更接近以少数民族为中心，但也不排斥国家的力量。由此引发关于"内边疆"的歧义，现代学术界的共识，"边疆"属于近代以来民族国家建构的产物，位于国家领土边界附近的边缘区域，而居于国家领土腹地的区域不再运用"边疆"界定。如果继续把居于国家领土腹地的少数民族聚居区域称为"边疆"，似乎又延续了中国王朝国家时期的不平等的秩序观念，有违现代民主政治的时代价值。总体而言，"边疆中国"栏目的研究倡导的人文情怀是边疆研究的规范之一，体现了历史观更新后的知识创造。

① 付佳杰：《少数民族怨气的经济根源——以四川凉山地区为例》，《文化纵横》，2014 年第 3 期。
② 关凯：《被污名化的"边疆"：恐怖主义与人的精神世界》，《文化纵横》，2014 年第 3 期。
③ 王明珂：《建"民族"易，造"国民"难——如何观看与了解边疆》，《文化纵横》，2014 年第 3 期。
④ 郑少雄：《一个康区喇嘛的多重生活世界》，《文化纵横》，2014 年第 3 期。

二、"西北陆疆"与"东南海疆"互动的命题

相比域外中国学研究中的概念与理论建构，国内中国边疆史地研究以考据见长，长期以实证研究为主流，中国边疆各个区域诸多历史面向的史实积累了厚重繁多的成果。中国边疆研究难以作为一个有机整体来对待和处理，呈现出的是边疆地方各自的历史与现实，各个少数民族为主体的族源流变、政治、经济、宗教、社会、文化等民族面貌。王鹏辉近年的系列论文提出"西北陆地边疆轴向和东南海疆轴向历史空间互动"的学术命题，试图从中国历史空间的经验寻找基本概念，然后再不断地到中国历史空间史实中去验证命题，尝试建立边疆中国的宏观分析框架，提出中华民族整体从传统天下走向现代世界的历史空间道路问题。

中国的国家疆域历经千年的自然发展，最终奠基于清朝完成统一以后，帝国主义侵入中国以前的清朝版图。历史时期的中国就是从18世纪50年代到19世纪40年代鸦片战争以前的中国版图，这是几千年来历史发展的结果，也是几千年来中原地区与边疆地区各民族之间经济、政治各方面密切关系所自然形成的。[①] 中原与边疆是一对相对的中国国家疆域空间概念，具有伸缩变化和形势变迁的空间特性。中国历史上曾出现过从东西相抗到南北对峙空间结构的转移，从龚自珍到魏源的整体边疆观中，我们可以发现新的时势条件下国家空间结构中的西北—东南边疆轴向。

《龚自珍和魏源的舆地学研究》一文重新思考龚自珍和魏源的历史时代，正式提出相关命题。该文指出龚自珍和魏源站在传统中国的前列，以今文经学经世致用，倡导变革现实，究心边徼舆地学，主张移民实边进行国家建设，回应社会和时代的双重危机，其中的边疆建设事关全局。龚自珍"天地东南西北之学"包含了西北陆地疆和东南沿海海疆，魏源进一步明确了西北陆地边疆的历史空间涵盖了东北、蒙古、新疆和西藏地区，东南海疆的历史空间涵盖了从辽东到海南岛的沿海地区。同时并重的塞防和海防历史空间涵盖了西北陆地边疆和东南沿海海疆，魏源提出了"师夷长技以制夷"的卫国方略。正是在鸦片战争所导致全面爆发的边疆危机背景中，"龚魏"共同发明西北陆地边疆轴向和东南沿海海疆轴向的互动，开启了近代边疆史地学，事关近代中国的前途和中华民族整体的历史命运。[②]

晚清中国在西学东渐和西力东侵的时局中危机深重，催生了变法革新的社会运动。康有为以西方进化论为指导，把今文教学改造为倡导变法维新的思想武器，进而提出许多建设"新中国"的设想。《康有为的边疆建设方略研究》论述康有为从今文经学出发，力主君主立宪和"五族合一"，进行近代中国的国家建设。其中的边疆建设方略是有机的构成部分。康有为在世界格局中认识中国的边疆危机，把握了外藩边疆、内属边疆和内地的联动关系，洞察到西北陆地边疆和东南海疆的互动，主张变法新政要在边疆优先实施。边疆

---

① 谭其骧：《历史上的中国和中国历代疆域》，《中国边疆史地研究》，1991年第1期。
② 王鹏辉：《龚自珍和魏源的舆地学研究》，《历史研究》，2014年第3期。

建设成为近代中国大势所趋的一个内在动力。同时，康有为亦清醒地认识到，在通往大同的道路上，去除边疆的民族社会界限最为困难。边疆建设一直是康有为历史世界的重要支点。①

梁启超跟随康有为学习今文经学，思想日新月异，缔造新学，一生致力于创造"新中国"。龚自珍、魏源的边疆史地学与康有为的边疆建设方略自然地出现在梁启超的学术视野中。《边疆、民族与梁启超"新中国"的建构》表明梁启超身处晚清民初的过渡时代，关切边疆危机，追求现代中国的国家建构。梁启超依据现代地理科学认识东南诸省与西北腹地的国家疆域空间结构，面对中国西北陆地边疆和东南沿海边疆危机的日渐深重，发现民族主义的国家富强动力，发明中华民族的大民族主义，提出挽救中国危亡的民族国家建国方略。梁启超通过"夷狄"与"诸夏"互动形成的中华民族交融的边疆机制，提倡大民族主义，依据历史事实建构多民族混合的中华民族来把边疆纳入民族国家的"新中国"。②

19世纪末20世纪初，孙中山作为革命性社会力量的代表人物，宣扬并身体力行现代国家的革命事业。在《孙中山的边疆革命与国家建设方略辨析》中从边疆视角探讨孙中山的革命方略，指出孙中山在清末举起汉族族裔民族主义的旗帜，发动推翻清王朝的"排满"武装革命，实施东南沿海边疆革命的方略，忽视了非汉族群聚居的西北陆地边疆。辛亥革命之后，孙中山展开了建设现代中国的国家建设方略，其中又包含了西北陆地边疆建设的蓝图。比较孙中山的边疆革命方略和国家建设方略，其间呈现了内在的冲突。辛亥革命后中华民国建政，现代国家建构要求对国家所有领土保持同等程度的认同，孙中山的国家领土主张又包含非汉族群聚居的西北陆地边疆地区，并规划陆海互动的国家建设方略。③

章太炎与孙中山一起成为革命性社会力量的代表人物，并且成为近代中国文化学术的巨人和宗师。《章太炎的革命方略与边疆建设》论述章太炎站在中国近代思想文化启蒙运动的前列，深知中华王朝"夷夏尽有"的国家疆域结构，结合"夷夏之辨"和民族主义，参与制定革命党人的革命方略。章太炎"攘夷匡夏"和民族主义结合而成的汉族族裔民族主义形成现实中的国家疆域与想象中的国家疆域内在的冲突，非汉族群聚居的边疆地带是否构成国家主权领土成为章太炎民族主义革命的理论困境。中华民国创建之后，章太炎投身东北边疆建设，表明对国家非汉族群聚居边疆领土统一的主张，在新的历史条件下回归"夷夏尽有"的国家建构模式。④

黄兴与孙中山、章太炎一起成为革命性社会力量的代表人物，是近代民族民主革命家、政治家、军事家，中华民国的创建者，他的政治实践一直站在时代的前列。《"东南"革命与"西北"建设：黄兴"振兴中华"的历史道路》指出清末黄兴确立在湖南"雄踞一省"与"各省纷起"的区域联动革命道路，举起汉族族裔民族主义的旗帜，跟随孙中山实施东南沿海边疆革命的方略，忽视了非汉族群聚居的西北陆地边疆。黄兴强调以武汉

① 王鹏辉：《康有为的边疆建设方略研究》，《中国边疆史地研究》，2015年第4期。
② 王鹏辉：《边疆、民族与梁启超"新中国"的建构》，《人文杂志》，2014年第11期。
③ 王鹏辉：《孙中山的边疆革命与国家建设方略辨析》，《社会科学战线》，2015年第12期。
④ 王鹏辉：《章太炎的革命方略与边疆建设》，《近代史学刊》，2015年第2辑（总第14辑）。

为中心与两广为中心的东南沿海边疆革命的区域联动，形成中国东南大区域的“东南中国”空间观。辛亥革命之后，黄兴展开对满、蒙、回、藏等族聚居的西北边疆的国土规划和社会民生的建设事业，其国家建设方略又凸显了中国大区域的“西北中国”空间观。“东南中国”的革命和“西北中国”的建设构成黄兴“振兴中华”的历史道路。①

中国西北陆地边疆轴向和东南沿海海疆轴向互动的历史命题试图扭转中国边疆研究领域“碎片化”的趋势，进而整合陆海边疆所有的空间和时间因素，形成一个有机的中国边疆整体，从而构建一个以地球世界观为背景的宏观的中国边疆分析框架，并从中国边疆的历史观重新思考和认识中国古今中西的历史变局。

三、边疆与民族：内亚边疆帝国的国家建构模式论说

20世纪以来，中国近代新史学以提倡民族主义为先声，目的是为了“整理国故，再造文明”。加之马克思主义民族理论和民族政策的影响，民族史观流行，民族主义史学成为近现代中国史学的主要潮流。“边疆民族”原本作为民国时期非汉人群的主要指称之一，实现与维护“中华民族是一个”的重要概念，有异于“少数民族”的时代特征。②民族学的边疆研究以新中国成立后识别的55个少数民族为研究对象，非汉族的少数民族研究成为民族研究的重心。中国少数民族主要聚居在边疆区域，“边疆民族”遂成为少数民族的专称。姚大力从中国民族史的角度，对中国边疆与民族问题的认识提出了深度论说。刘东认为，姚大力的讲稿聚焦于“全球化”背景反照下中国民族关系的独特性格，论说了传统中国国家建构的特殊历史进程，当下中国人的民族主义应当在回归“主权在民”的政治民主化立场的同时，以最大的热情去拥抱多民族国家的观念。③ 姚大力《多民族背景下的中国边陲》的文章无疑对中国作为一个多民族统一国家的特殊性研究方面是一大创获。

该文回顾了中华民族历史文化和中国国家建构如何形成、发育和成熟的漫长历史过程，并用“从南向北”、“由北到南”、“自东往西”三个空间流动来概括上述历史过程。笔者引入分子人类学研究的前沿成果，提出史前人类走出非洲自南方进入今中国境内，创造出一幅中国史前文化多头起源、多元发展，并在早期人类拓宽自身生存空间的过程中互相发生交互影响的灿烂画面，最终造成整合一体的华北各史前文化跨入文明的门槛，即著名的夏、商、西周三代在华北的突起。④ 随后，中国历史运行进入一个新的空间结构。华北成为中国历史文化不断向前推进的动力所在，把自己强大的经济文化与社会发展影响一波接一波地向南部中国扩散开去，一直到公元的第一个千年，历经中国历史上三次北方人

---

① 王鹏辉：《“东南”革命与“西北”建设：黄兴“振兴中华”的历史道路》，《西北民族论丛》，2016年第2辑（总第14辑）。

② 杨思机：《民国时期“边疆民族”概念的生成与运用》，《中山大学学报》，2012年第6期。

③ 刘东：《序言》，清华国学院编：《全球史中的文化中国》，北京大学出版社，2014年。

④ 姚大力：《多民族背景下的中国边陲》，清华国学院编：《全球史中的文化中国》，北京大学出版社，2014年，第148－153页。

口的大规模南迁，南方就从赶上北方而进入超越北方的阶段；中国经济文化的重心就在南宋时期完成了从华北向南部中国的转移，而 12 世纪和 13 世纪的欧亚旧大陆所见证的，无疑是一个经济和文化全面繁荣的南宋时代。① 中国历史活动的空间在不同王朝政权更替之间，基本覆盖了以中原为中心的东南沿海和西北内陆广阔的区域。笔者随之分析胡焕庸的人口密度分布线"黑河—腾冲线"，并赋予雨养农业与牧业经济的分界地带和汉族与其他少数民族分布区之间划分线的历史地理意义；于是，把幅员广大的西部非汉族区域巩固地纳入统一的多民族国家版图，也就是历史中国的国家建构从东向西覆盖到今天的全部中国，这个任务主要是由非汉语人群所创建的"边疆帝国"式的中原王朝，特别是元朝和清王朝来实现的。② 笔者由此提出以下几点洞见：其一，在王朝有生有灭、新旧相替、疆域不断伸缩变化的时空中，逐渐凸显出来一个超越这个或那个具体王朝层面的、具有历史连贯性的政治共同体，它就叫中国；其二，几千年内中国国家建构的历史进程实际上是由外儒内法的专制君主官僚制和以辽、金、元、清等政权为代表的内亚"边疆"帝国体制这样两种国家建构模式反复地相互撞击与整合的过程；其三，尽快缩小东西部在经济、文化与社会发展程度方面的差异，是西部广大地区越来越紧密地变成中国多民族统一国家内不可分割的一部分的漫长进程所遗留给当代中国人的庄严历史使命。③

近现代中国不仅是继承王朝历史遗产的结果，而且还是在外来的民族主义思潮冲击和影响之下去从事现代国家的构建活动。因此，笔者通过中国历史实例予以说明，概括为以下三点：第一，民族的诞生，总少不了需要由一种出于主观构建的民族观念来承担催产的功能，来促成它的生成、发育和成熟，在这个意义上，它确实具有"想象的共同体"的性质；第二，不过这样的现象远在近现代社会之前就发生了；第三，民族主义则是近现代的人类社会才产生的一种观念、思潮和理论，而它的出现又的确极大地改塑了现代民族对于自身的观念、意识和期望，从而使现代民族获得一种与历史民族完全不一样的精神形态。④ 内在于民族主义思潮之中的由一个现代国家内部被引发的族裔民族主义与国家民族主义之间的纠葛和冲突，不可避免地要随着民族主义思潮本身一起被传入近代中国，深刻地影响了中国现代国家的建构，塑造了当代中国的边疆政治与民族关系。⑤ 笔者比较明朝和清朝国家建构之间的不同，认为明朝疆域由"中国"的本部、"土司"建制地带和"羁縻"建制地带的过渡地带以及朝贡地区三部分构成，很难囊括内蒙古、新疆、西藏，以及辽宁以北的东北其他地区；而清朝对中国历史的独特贡献，在于把内亚边疆帝国的国家

① 姚大力：《多民族背景下的中国边陲》，清华国学院编：《全球史中的文化中国》，北京大学出版社，2014 年，第 153 - 156 页。
② 姚大力：《多民族背景下的中国边陲》，清华国学院编：《全球史中的文化中国》，北京大学出版社，2014 年，第 158 - 161 页。
③ 姚大力：《多民族背景下的中国边陲》，清华国学院编：《全球史中的文化中国》，北京大学出版社，2014 年，第 162 - 166 页。
④ 姚大力：《多民族背景下的中国边陲》，清华国学院编：《全球史中的文化中国》，北京大学出版社，2014 年，第 166 - 167 页。
⑤ 姚大力：《多民族背景下的中国边陲》，清华国学院编：《全球史中的文化中国》，北京大学出版社，2014 年，第 184、187 页。

建构模式引入它的统治体制。① 中国民族问题的特殊性还在于10%的少数民族所曾长期生产、生活的历史地域，其面积占到中国国土总面积的一半还多一点，主要原因是由元和清引进的内亚边疆国家建构模式的巨大影响，被这个模式决定性地改造过的中国版图结构和国家认同，以及中华民国对清代政治遗产的继承。②

最后，笔者认为21世纪的人类社会需要一种新的民族主义，应当回到早期民族主义曾最予强调的主权在民原则，超越民族国家在经济文化上的"均质化"，拥抱多民族统一国家的观念。笔者认为中华民族"多元一体"概念是对中国民族关系和民族问题特殊性的一种精练概括，并以费孝通中华民族"多元一体"的观念表达对中国民族关系和民族问题的现实关怀，强调对少数民族主体意识、自我叙事和"民族意愿"的高度重视，需要用中国智慧和理解的同情去维护这个包纳着数十个各自拥有其原居地的民族的多民族国家的统一和领土完整。③

中国历史上的国家建构形成特定的国家疆域空间结构，至于清代则更有效更合理地将生活习性迥异的众多民族以及差异极大的地理环境统一于一个大帝国之中，形成一幅盛京（满洲）、直省与藩部三部分地域并存的复式的疆域地理面貌，维持了长期稳定的国家行政治理局面。④ 周振鹤指出，近代以来，西有列强觊觎，东有日本窥伺，其最终目的均要以肢解中国为目的，于是有中国疆域本部说，以为中国的领土只有本部而已，满洲与藩部皆原非中国所有，这是极其荒谬的说法。而日本与西方学界热衷以"本部"或"Proper"来指称中国清代的直省地区或是有意或是无心，但中国学者却不宜跟随其后也将"本部"作为习称。⑤《多民族背景下的中国边陲》吸收日本东洋学、欧洲汉学和美国中国学（包括新清史）的学术成果，结合中国的历史实际，对中国边疆与民族问题的历史认识做出了穿透千古的解析，并对多民族统一国家的中国未来命运给予特殊关怀。

① 姚大力：《多民族背景下的中国边陲》，清华国学院编：《全球史中的文化中国》，北京大学出版社，2014年，第187－188页。

② 姚大力：《多民族背景下的中国边陲》，清华国学院编：《全球史中的文化中国》，北京大学出版社，2014年，第190页。

③ 姚大力：《多民族背景下的中国边陲》，清华国学院编：《全球史中的文化中国》，北京大学出版社，2014年，第194－195页。

④ 周振鹤：《盛京、直省与藩部——清代疆域地理的行政结构》，《史林挥麈：纪念方诗铭先生学术论文集》，上海古籍出版社，2015年，第262页。

⑤ 周振鹤：《盛京、直省与藩部——清代疆域地理的行政结构》，《史林挥麈：纪念方诗铭先生学术论文集》，上海古籍出版社，2015年，第271页。

历史与疆域：从中原王朝到现代国家

论中国古代的治边方略

方　铁

云南大学西南边疆少数民族研究中心

中国古代的治边方略包括中原王朝的治边方略、边疆王朝与边疆政权的治边方略，是历代王朝及政权在边疆治理方面，经过长期的实践而形成的基本谋略与传统。古代治边方略是历史经验的结晶，影响深远。在中原王朝的治边方略中，较具特色的是经营边疆与应对外邦的方略、地缘政治方略、博弈谋胜方略。论内容充实及完善的程度，中原王朝的治边方略领先于边疆王朝与边疆政权。另外，中原王朝与后者的治边方略，又存在相互影响、彼此借鉴的关系。

中国古代关于边疆治理的理论与实践，大致可分为历代王朝治边的理论与实践，以及经过长期探索形成相对稳定之治边的谋略与传统两个部分，对后者可称为"中国古代的治边方略"或"传统治边方略"。

不少王朝在治边、营边方面存在严重问题，甚至面临严峻的挑战，统治者为此耗费大量的精力与财力。历朝治边的理论与实践，既包括对前朝治边实践的梳理与反思，也有本朝大胆的探索与宝贵的经验；既是传统治边方略形成的基础，也为后世提供了可资研究的个案。传统治边方略在历朝治边理论、实践的基础上形成，并不断得到充实与完善。传统治边方略具有全局性、统率性、完整性、相对稳定性等特点，是历代治边精华的高度概括与集中反映，并蕴含了丰富的政治智慧，既是我们了解治边问题的一把钥匙，也是一笔重要的历史遗产。

传统治边方略是一个新的研究选题。较之历朝治边的思想与治策，传统治边方略具有注重应对策略与实践环节等特点，具有重要的借鉴与应用的价值。

一、中原王朝经营边疆与应对外邦的方略

传统治边方略是历代王朝在边疆治理方面，经过长期的实践、提炼而形成的基本谋略与传统。中国古代较稳定的政治实体，包括中原王朝、边疆王朝、边疆政权等不同

的类型。① 传统治边方略包括中原王朝的治边方略，以及边疆王朝、边疆政权的治边方略。中原王朝大都具有超稳定的社会结构，一些王朝统治的时间长达二三百年。中原王朝或因腐败及统治失控出现更替，但其经济基础、社会结构等未发生根本性改变。另外，在秦朝统一全国后相当长的时期，中原王朝的周边环境较少出现重大变化。因此，中原王朝虽不断倾覆及更替，历朝治边亦各有其特点及探索的过程，但新建王朝治理边疆，在较长的时期仍承袭传统的谋略与做法。经历代不断的探索与积累，中原王朝的治边方略堪称繁富，影响极为深远，是本文研究的重点。

总体来看，历朝对治边方略普遍缺少系统性的总结，但史籍仍留存了一些记载，为后人研究创造了条件。在中原王朝的治边方略中，较具特色的部分包括经营边疆与应对外邦的方略。这一方略大体形成于秦汉，发展延续至清代；其演变跌宕昭彰，经历了从肤浅至成熟的过程。同时，中原王朝经营边疆与应对外邦的方略，在前后期又有不同的特点。

中原王朝自认为是天下的中心，周围的蛮夷势力须服从于己，由此形成中心（华夏文明）与边缘（边疆及徼外的非华夏文明）相互关系的思想。中原王朝通过推行教化在边疆及其以远地区传播华夏文化，并通过朝贡、册封这两种形式，与四方蛮夷建立盟约及主从的关系，进而形成通行天下的制度规范。封贡制度的基础是服事观。先秦时期的服事观认为统治者居天下之中心，其影响由中心向周边地区传播。中原王朝对先秦的服事观进行改造，将其发展为以四方蛮夷向中原王朝进贡、中原王朝册封朝贡者为主要内容的封贡制度。元朝以前中原王朝的边疆还处于形成变动的过程，边疆与徼外地区的界限经常变动且含混不清，封贡制度施行的范围，既有边疆的蛮夷与地方政权，也包括徼外势力乃至远方的他国。

汉晋至唐代的中原王朝，大都持有中原文化绝对先进、王朝宏伟无疆、边徼蛮夷难以企及的优越意识，并通过广泛施行封贡制度，践行厚往薄来的原则，将上述观念散布到周边地区。中原王朝以丰厚的物质赏赐及众多虚衔官职的授予，对周边的蛮夷"施之以德"，期望换取徼外蛮夷对中原王朝最高权威的承认，以及蛮夷对中原王朝的衷心顺从和长期供奉。通过实行封贡制度，中原王朝对边疆及其以远地区进行政治笼络与文化传播，争取建立封建家族制度式的等级尊卑关系，在此基础上对蛮夷施行相对宽松的羁縻管控。在华夏文明独领风骚与中原王朝处理与蛮夷的关系，主要是采取友好相处、德化浸润的做法，封贡制度取得很大成功。中原王朝不仅构建以己为中心的天下秩序，还使东亚地区实现了基本和平。这一时期中原王朝治边的方略，具有普遍用于边疆经营与外邦应对的特点。另外，该时期中原王朝的治边方略，也存在含混随意、因地制宜意识淡漠等缺陷。

中唐及以后的时代风云际会，吐蕃、南诏、辽、金、夏、蒙古等边疆势力先后崛起，兼之明代后期西方列强东至，中原王朝承受了严峻的挑战。元、清两个统一王朝为边疆蛮夷所建，有其独到的天下观与治边观。在诸多力量的冲击下，汉唐以来形成的东亚秩序逐渐解体。继起的元朝从全国统一的高度，明确了新的天下格局，内容大致是中国的边疆地

---

① "中原王朝"是指以传统农业为主要经济形态，以儒家文化为基本意识形态，以黄河中下游或长江中下游为核心地区的王朝。中原王朝包括全国统一王朝，也包括具有上述特征的宋、东晋等局部统治王朝。"边疆王朝"、"边疆政权"指以边疆地区为统治核心的政治实体。边疆王朝与边疆政权的不同之处，为前者具有古代国家的性质，边疆政权虽有一定程度的独立性，但古代国家的特征并不明显。

区逐渐巩固并趋完善，成为拱卫统一国家的有力屏障；中国周边仍存的政治势力，大都成为与中原王朝建立新型藩属国关系的邻邦。因此，元明清三朝经营边疆地区，表现出边疆治理与邦交应对分开的特点，其治边方略也相应发生了变化。

由记载观之，中原王朝明确区分边疆与邻邦，并施以不同对策的时期始于元代。元代以前的中原王朝，虽也称周边的某些政治势力为"敌国"，待之以"敌国之礼"，如唐代的突厥、吐蕃，宋代的辽、金、夏与蒙古，但这些"敌国"究竟是古代国家，抑或与中原王朝有臣属关系的地方政权，有时不仅难以区分，与中原王朝的关系也经常变动。中原王朝处理与上述势力的关系，普遍以封贡制度应对，即接受朝贡或向对方朝贡，中原王朝强盛时视对方为华夏周边之樊篱，卑弱时奉对方为踞高驭下的家长，并无区分边疆或邻邦的明确表述，亦无根据不同原则区别处理的制度化对策。

宋代以来情形发生很大变化，南北方出现若干强大的边疆王朝，以汉族为主建立的中原王朝不再被视为北斗七星，清朝还面临西方列强的逼宫。传统的封贡制度受到挑战，新的天下秩序逐渐形成。对周边与己关系较密切的邻国，元明清三朝主要通过新型的藩属国体制应对。① 在这样的情形下，中原王朝与徼外势力的关系，从传统的华夏之地与周边蛮夷的关系，逐渐向新型的藩属国体制转化。从《元史》的记载来看，② 元朝对边疆地区与邻邦施用不同的治策。例如，在云南行省的管辖范围元朝普遍设治，在蛮夷地区实行土官制度，并积极推行儒学教育。对安南、缅国、占城等实为邻邦的藩属国，则实行派遣达鲁花赤（掌印官）、要求按期纳质朝贡、君王定期入觐等制度。元朝数次征讨安南，起因便是安南国王拒绝亲身入觐，实则抵制与元朝的藩属国关系。《元史》成书于明代，大致依据元代的档案编成，反映了元朝施政的真实情形。综观《旧唐书》、《新唐书》、《宋史》，并无如同元朝于边疆、邻邦分别施以制度化治策的记载。元明清推行新型藩属国体制并不顺利。因历史的惰性及囿于"万方来朝"的旧梦，统治者完善藩属国体制步履迟缓。待晚清西方列强的大炮轰开王朝大门，统治者方知为时已晚。

在趋于稳定的边疆地区，中原王朝主要依靠具有因地制宜特点的制度与推广儒学教育进行治理。元明清尤其是元、清两代，重北轻南的治边倾向不甚明显，统治者积极经营南部边疆，统治深入到此前鞭长莫及的地区。朝廷通过土司承袭须经考核批准和发展儒学教育等方式，培养了南方蛮夷对国家的忠诚，并通过大量兴办各类学校，提高土司与土民的素质及文化水平。在其他边疆地区，中原王朝推行内容有别于土司制度的统治制度。如在北部草原推行由万户制度发展而来的盟旗制度，在新疆沙漠绿洲施行伯克制度，在青藏高原实行政教合一的金瓶掣签制度。③

元明清将边疆地区与邻邦分开，通过施行以土司制度为代表的新型边疆制度，对边疆地区进行有效统治与积极经营，对中国历史疆域的后期形成做出了贡献。古代中国在发展过程中出现过两次严重分裂，即南北朝时期与五代时期，反映出作为整体的中国尚处于前期形成的过程。元明清出现600余年的持续统一，尤其清代全国未再出现严重分裂，表明

① 关于元明清时期藩属国体制问题，拟另撰文阐述。

② （明）宋濂等撰：《元史》卷4～卷8《世祖本纪》，中华书局，1976年，第56－146页；《元史》卷125《赛典赤赡思丁传》，第3063页；《元史》卷166《信苴日传》，第3910页；《元史》卷209《安南传》，第4633页；《元史》卷210《缅传》，第4655页；《元史》卷210《占城传》，第3660页。

③ 方铁：《土司制度与元明清三朝治夷》，《贵州民族研究》，2014年第10期。

整体中国完成了后期形成。元明清区分边疆与外邦的治边方略，也从成功转型趋于完善不断发展。

二、中原王朝治边的地缘政治方略

所谓地缘政治，指与地理因素紧密相关的政治问题。地缘政治是客观存在，人们关于地缘政治的理论，是对这一客观现实及其对策的认识。中原王朝有经过长期的实践与积累形成的地缘政治观，其表述话语及内容构架，与近代西方的地缘政治理论迥异。其内容之丰富，较之近代西方的地缘政治理论毫不逊色，而应用广泛的程度则超过后者。

中国古代对地缘政治早有认识，并形成一些相关的思想与策略。包括中原王朝、边疆王朝、边疆政权在内的政治势力，出于为其统治服务的需要，对与政治博弈、巩固政权及扩展势力有关的地缘政治问题，大都注意研究并积极实践，积累了宝贵的经验。中国古代的地缘政治观，包括中原王朝的地缘政治观与其他政治势力的地缘政治观。中原王朝的政治、文化的影响力远超边疆王朝与边疆政权，其地缘政治观丰富、成熟的程度亦居领先地位。

中原王朝的控制范围能在很长的时期保持相对稳定并逐渐巩固，关键是较好地处理了中心与边缘的关系，即充分利用华夏文化圈对周边地区的辐射作用，借助文化传播的力量，把对边疆的控制由微弱的影响发展为质量上的突变。对此中原王朝未必有过系统的总结，但因施行的策略行之有效，历代相沿成为传统，在认识方面便形成地缘政治观。

中原王朝的地缘政治观有以下特点：一是形成发展的时间很长。从先秦时期诸子百家热衷于探讨诸侯国的地缘政治以及形成地缘政治研究的首次高潮算起，到晚清王夫之等一些思想家潜心总结历代统治的得失，就有关地缘政治问题作较深入探讨，中原王朝的地缘政治观经历了二三千年的演变过程。二是历代王朝处理与地理因素有关的政治问题，常自觉或不自觉地应用地缘政治方面的知识，并经多次的实践、提升形成相应的策略。三是中原王朝地缘政治观的内容十分丰富。从地缘政治格局来看，既有中原王朝对自身政治利益与相关地域关系的关注，也包括中原王朝对自己与天下地缘政治关系的认识。就地缘政治演变的过程而言，中原王朝积极经营既有的地域，力求地缘政治关系出现有利于己的改变；同时不懈研习相关的历史与传统，期望从中汲取地缘政治的知识。四是在涉及领域、关注重点与文字表述方面，中原王朝的地缘政治观与近代西方的地缘政治理论不同，集中反映了前者在价值观、天下观、人地关系观等方面的观念与政治智慧。

中原王朝的地缘政治观大致可分为全局地缘政治观、与边疆有关的地缘政治观两个部分。全局地缘政治观包括以下内容：华夏与非华夏区域的关系、整体辖地与局部地区的关系、中心区域与周边地区的关系、南北部地区间的关系，重点是孰轻孰重方面的关系；东西部地区间的关系，重点是经济差异方面的关系；经济发达区域与欠发达区域的关系、不同文化区域的关系、不同行政区域的关系、中原王朝辖地与其他政权辖地的关系等。

中原王朝的边疆地缘政治观,① 涵盖的内容较全局地缘政治观收窄,但重点相对突出,特色亦甚显明。内容大体包括内地与边疆的关系,边疆地区与邻邦的关系,中央政府与边疆政权的关系,边疆不同区域的关系,根据边疆的不同特点分别施治的思想等。边疆地缘政治观既与施政地缘政治、军事地缘政治、邦交地缘政治等相关联,也包含与地缘政治有关的边疆地区治理、边疆经济开发、边疆资源获取等方面的内容。边疆地缘政治观在不同的时期有特定的内容,并经不断地补充与完善,逐渐形成渗透了文化基因的深度认识与悠久传统,成为中原王朝治边的思想基础之一。

　　边疆地缘政治观的华夏色彩十分绚丽。中原王朝比较重视人文因素、文化传统在地缘政治关系中的作用,相对忽视海洋等地理因素;考虑相关问题时,明显受到注重天人关系、社会等级制度、以文化分尊卑等传统的影响。古人认为中原是天下的中心,中原王朝的核心区域与其他地区的关系,密切的程度依距离的近远而逐渐递减。古人重视对边疆乃至徼外的蛮夷进行羁縻与教化,甚于西方常见的武力征服与赋税重征。统治者考虑治边方面的问题,较重视国际通道的畅通与安全,注重边疆各地与统治中心的关联,② 这些都表明他们熟悉并重视边疆地缘政治。

　　边疆地缘政治观强调农业文明与其他文明的区别。中原王朝以农业文明为固守的基础,通常恪守"守在四夷"的传统,谨慎地向外部扩展或求保稳定。历朝还重视经过边疆的国际通道与边疆行政机构的作用,注重在边疆设治管理、驻兵与移民。在处理边疆问题时,常视腹地以外的区域为差别甚大的地区,重视不同区位边疆地区相互配合或牵制的关系。我国南北方地缘政治长期存在差异,突出表现在历朝治边大都存在重北轻南的倾向。③

　　边疆地缘政治观在不同时期发生变化,主要受到以下因素的影响:一是时代背景与历朝的边疆经营思想,包括不同时期全国的形势,边疆形势的变化与统治者的应对,历朝经营边疆的方略与应对施治等。二是相关要素的作用。重要道路,这些要素包括:包括联系外邦的道路以及边疆本地及通往相邻行政区的道路。核心区域,是指历朝重点经营并在边疆地区具有导向作用的区域,通常是重要行政机构的所在地。重要城市,既是区域的政治中心,也是重要道路必经的枢纽,亦是外来移民的聚居地与经济文化发展领先的区域。三是边疆地区经济开发的状况,包括历朝在边疆重点开发的区域,积极经营的经济部门,以及边疆经济发展的整体水平等。四是边疆与周边地区的关系,包括边疆与外邦的关系、边疆与周边行政区的关系等。

　　以边疆地缘政治观为基础,中原王朝施行以下的治边方略。

　　"守在四夷"的方略。春秋时沈尹戍提出"古者天子,守在四夷"的观念。④ 两汉在接受先秦"五服"说的基础上,进一步形成"守在四夷"的治边思想。历朝对边疆和徼外通常慎用刀兵,处理与边疆蛮夷、徼外邻邦的争端时,大多是采取守势,用兵以自卫及

---

　　① 以下简称"边疆地缘政治观"。
　　② 方铁:《秦汉蜀晋南朝的治边方略与云南通道开发》,《云南师范大学学报》,2007 年第 6 期;《唐宋元明清的治边方略与云南通道变迁》,《中国边疆史地研究》,2009 年第 1 期。
　　③ 方铁:《论中国古代治边的重北轻南倾向及其形成原因》,《云南师范大学学报》,2006 年第 3 期。
　　④ (汉)班固撰:《汉书》卷 94 下《匈奴传》,颜师古注引《左传》昭公二十三年,中华书局,1962 年,第 3830 页。

防范性质者居多，历代有关的表述有："不居之地，不牧之民，不足以烦中国"，① "治安中国，而四夷自服"，② "欲理外，先理内"，③ "谨守祖业，不取域外之地"等。基于上述认识，中原王朝提出"附则受而不逆，叛则弃而不追"的原则，④ 进而形成"守在四夷"的方略。

重视德治与教化的方略。历朝重视德治与教化在治边中的作用。唐太宗提出"德泽洽，则四夷可使如一家"，⑤ 认为对蛮夷施以德泽，经过潜移默化，可取得使用武力难以实现的效果。对边疆蛮夷与徼外势力，统治者主张"修文德以来之，被声教以服之"，⑥ 在此基础上推行和亲、朝贡封赏与建立宗藩关系等制度。在古代前期，中原王朝治边施用的德治与教化，主要体现在笼络、赏赐以及华夏文化的传播与浸润方面。元明清三朝治边，在边疆地区主要通过教化蛮夷、提倡华夷一体、加强边疆与内地的交流来实现德治；处理与藩属国的关系则主要是坚守藩属体制的规范，体现大国的气度与尊严，以取得德治与教化的效果。

对外施用文化软实力的方略。中原王朝大都恪守"守在四夷"的原则，向腹地以外的地区积极传播文化和影响，由此形成治边的文化软实力。⑦ 治边文化软实力的基础，是中原王朝的夷夏有别观与用夏变夷观。治边文化软实力的内容主要是彰显中原王朝的文化、实力与制度。治边文化软实力的载体是封贡制度，传播的机制主要是文化传播。实施文化软实力方略的前提是统治者具有"华夏居中"、"华夷有别"、"守在四夷"、"以夏化夷"等观念，反映出中原王朝推行治边文化软实力的方略，受到边疆地缘政治观的深刻影响。

远交近攻的方略。中原王朝自认为是天下的中心，形成中心（华夏文明）与边缘（边疆及徼外的非华夏文明）相互关系的地缘政治思想，进而施行以注重全局与长远利益为特色的远交近攻方略。其表现：一是通过封贡制度发挥治边文化软实力的作用，期望形成以华夏为中心的天下秩序，尤以古代前期较为明显。二是通过施用封贡制度，中原王朝羁縻对方的频度与效力，依距离的远近有所区别。三是中原王朝的远交近攻方略，施行的重点自元代起发生变化，从此前普遍施用于广义上的蛮夷，而改变为更重视经营边疆地区；对建立藩属国关系的邻邦，则遵循缔约相守、减少干预的原则。

三、中原王朝治边的博弈谋胜方略

"博弈"是指两人或多人在对局之中，参考所探知对方的策略，变换自己的对抗策略

---

① 《汉书》卷64上《严助传》，第2777页。
② （宋）司马光编著：《资治通鉴》卷193《唐纪九》，贞观三年十二月条，中华书局，1956年，第6067页。
③ （南宋）李焘撰：《续资治通鉴长编》卷30，中华书局，1980年，第678页。
④ （南朝宋）范晔撰：《后汉书》卷86《南蛮西南夷列传》，尚书令虞诩言，中华书局，1965年，第2833页。
⑤ 《资治通鉴》卷197《唐纪十三》，贞观十八年十二月条，第6216页。
⑥ （后晋）刘昫等撰：《旧唐书》卷199下《北狄传》，史臣曰，中华书局，1975年，第5364页。
⑦ 方铁等：《论中原王朝治边的文化软实力》，《中国边疆史地研究》，2013年2期。

而进行争斗。博弈论起源于应用数学，亦是运筹学的组成部分。博弈论是指双方或者多方在竞争、合作的情形下，尽可能地了解各方的信息，依此选择能为自己争取最大利益之最优决策的理论。简言之，博弈论即研究互动决策的理论。博弈论应用的领域十分广泛，对经济学、军事战略学、政治学等学科而言，都具有重要的研究价值。

博弈的思想在中国起源很早。《孙子兵法》既是一部军事著作，也包含重要及丰富的博弈知识。先秦时流传的"田忌赛马"故事，形象地叙述了古人对博弈原理的认识。我国古代尤其是中原王朝积累了丰富的博弈知识，并将之运用于治边的理论与实践，尤以战争方面较为常见。亦应指出，历朝尤其是中原王朝掌握的博弈知识，尚未上升到理论概括的高度，相关文献也缺乏系统、完整的记载。博弈正式成为一门科学理论，是1928年由美籍匈牙利数学家约翰·冯·诺依曼完成的。现代博弈论总结出一些重要的原则与理论，对博弈问题的研究与应用具有重要的指导意义。

博弈论应用于政治斗争便形成政治博弈论。政治博弈包括以下要素：① 博弈的参与者。参与者互为对手，获胜的关键在于是否采取成功的策略。所制定策略体现了博弈的根本特点，即策略的正确、及时与否，与博弈的结果直接相关。博弈参与者获取的最终目标是利益得失，利益得失的计划是否得当也很重要。制订成功的策略必须依据必要的信息，信息包括完全信息、不完全信息两种。如果对相关信息有足够了解便是完全信息，否则便是不完全信息。只有掌握完全信息，博弈者才可能做出相对合理的决策。

政治博弈的基本原理在于博弈者的行动必须依赖于对方的行动，博弈的进程及其结果，由双方或多方的行动而非单方的行动所决定，即取决于双方或多方行动的交互作用。在博弈论之参与者、利益得失、策略、信息四个基本要素中，策略是核心，直接关系到博弈的胜负得失。进一步来说，博弈即各方所采用策略之间的较量，博弈论因此又称为"对策论"。制定合理策略的依据是及时获取正确的信息，并根据信息的变更及时采取相应对策，因此信息能左右博弈双方的输赢。《孙子兵法》乃言："知彼知己，百战不殆。"

博弈可分为合作博弈与非合作博弈，区别在于相互作用的当事人是否达成具有约束力的协议。博弈者之间的合作是指相互间进行信息传递与思想沟通，达成具有约束力的协议（通常体现为规则）的过程。博弈者若能实现合作，遵守事先达成的协议或确定的规则，双方便进行合作博弈。若双方无法达成协议或规则，进行的博弈即非合作博弈。合作博弈的实质是解决合作中利益如何分配的问题，目的是使纳入协议的参与者均感满意。非合作博弈追求的目标，则是博弈者如何实现利益获取的最大化，而无须考虑其他参与者的利益。古代治边方面的斗争十分复杂，既有合作博弈也有非合作博弈，还有合作博弈与非合作博弈交织的情形。政治博弈的结果有一方获益一方损失、两败俱伤、双方共赢等几种情形，分别称为"负和博弈"、"零和博弈"、"正和博弈"。

自秦朝首次实现全国的大致统一，在长期的发展过程中，华夏与蛮夷的关系、内地与边疆的关系，便始终是统治者必须面对的重大问题，治边、营边构成历代政治生活的主题之一。在2000余年间，中原王朝呈现分裂、统一及不断更替的发展轨迹。另外，中原王朝赖以存在的经济与社会的基础，以及周边的政治环境并未发生重大改变。经过历代的实践与积累，中华文明得以发展壮大。在边疆治理与边疆问题应对方面，经长期的探索与总

---

① 古洪能：《政治博弈论》，中国言实出版社，2008年，第78页。

结，中原王朝形成一些重要的谋略与传统，博弈谋胜方略便是其中的精华。中原王朝的博弈谋胜方略，大致包括注重长远、全局的方略，以及擅长造势、用势的方略两个部分。

中原王朝注重长远、全局的方略，是基于自身及周边蛮夷的不同特点制定的。博弈论认为在利益集团的争斗中，任何人的行动均依赖于对方的行动，能否达到预期的目的，取决于双方或多方行为的交互作用。历朝治边的目标是"守在四夷"，即以华夏之地的安定繁荣、避免周边蛮夷侵扰为宗旨，由此表现出期望和平、态度保守及适度退让的倾向。另外，中原王朝大都幅员广阔，内部需要关注和处理的问题很多，而这些问题处理得当与否，直接关系国势的兴衰。至于与周边蛮夷的关系，通常被置于次要地位。历朝关于这一认识的表述有如："先事华夏而后夷狄"，"重根干轻枝叶"；至于与夷狄交往，则提出"外而不内，疏而不戚"的原则，即中原王朝与夷狄须保存一定的距离，遇事多选择适度退让及息事宁人。

周边蛮夷长期滞留于阶级社会前期的发展阶段，争斗、掠夺与战争是日常生活的主题。尤其是北方草原的游牧势力，受获取粮食、布帛等需求的支配，兼之因气候剧变，需迁徙避寒等原因经常南下，严重威胁中原王朝的安全。游牧势力擅长骑射惯常突袭，使中原王朝难以防范。因此，北方游牧势力的活动具有外向开拓、热衷于战争及掠夺等特点，在与中原王朝的战争中亦较易取胜。另外，游牧势力崛起迅速，瓦解或重组亦频繁如走马灯。兼之北方游牧势力更替无序、迁徙不定，不利于制度的完善与文化的积累，致使游牧势力在竞争中缺乏底蕴与后劲。

中原王朝与边疆王朝、边疆政权具有不同的特点，决定了双方进行的博弈，必然是中原王朝相对保守，在争斗中较难获取眼前的利益；而边疆王朝、边疆政权则容易形成进逼、突袭的态势，但终难持久，更无论经常获得长远与全局的胜利。在前期中原王朝主要以北方游牧势力为对手的情形下，上述特点表现得尤为明显。

中原王朝以发达的农业为基础。与农业社会伴生的中央集权制度与封建等级制度，是中原王朝维持统治的根基，受中央集权制度、封建等级制度的影响，朝廷尤其是帝王的意愿能左右王朝的命运，其决策具有极强的权威性与行动力，国家所有的财政、行政及人力的资源，均须服从朝廷与帝王的意愿。朝廷与帝王的决策若正确合理，对王朝的积极作用显而易见。若决策昏聩甚至错误，不仅严重耗费国家资源，甚至可能产生颠覆性的消极后果。缘由于此，对治边方面的突发事件乃至重大决策，朝廷与帝王常举棋不定，甚至延误战机；一些决策或前后抵牾，甚至昏招迭出。同时，与竞争对手相比，在信息获取、应对策略制定、情况及时反馈、用兵的迅速持久等方面，中原王朝并不占优势，甚至可说是经常处于劣势。中原王朝治边须支付高昂的行政成本，尤其体现在社会动员、军队调动、给养供应等方面，表明中原王朝治边存在明显软肋。

由此可见，遵循扬长避短、避免争一时之短长的原则十分重要，堪称久经淬炼，历久弥新，中原王朝的有识之士对此有深刻认识。西汉后期，王莽欲穷追匈奴，部将严尤谏曰：

"臣闻匈奴为害，所从来久矣，……后世三家周、秦、汉征之，然皆未有得上策者也。周得中策，汉得下策，秦无策焉。当周宣王时，猃狁内侵，至于泾阳，命将征之，尽境而还。其视戎狄之侵，譬犹蚊虻之螫，驱之而已。故天下称明，是为中策。

汉武帝选将练兵，约赍轻粮，深入远戍，虽有克获之功，胡辄报之，兵连祸结三十余年，中国罢耗，匈奴亦创艾，而天下称武，是为下策。秦始皇不忍小耻而轻民力，筑长城之固，延袤万里，转输之行，起于负海，疆境既完，中国内竭，以丧社稷，是为无策。"①

唐代德宗在位。针对朝廷治边存在的严重问题，大臣陆贽上疏：

"所谓乘其弊，不战而屈人之兵，此中国之所长也。我之所长，乃戎狄之所短；我之所易，乃戎狄之所难。以长制短，则用力寡而见功多；以易敌难，则财不匮而事速就。舍此不务，而反为所乘，斯谓倒持戈矛，以镡授寇者也！……今四夷之最强盛为中国甚患者，莫大于吐蕃，举国胜兵之徒，才当中国十数大郡而已。其于内虞外备，亦与中国不殊，所能寇边，数则盖寡。且又器非犀利，甲不坚完，识迷韬钤，艺乏趫敏。动则中国畏其众而不敢抗，静则中国惮其强而不敢侵，厥理何哉？良以中国之节制多门，蕃卫之统帅专一故也。"②

出自上述原因，中原王朝治边多注重长远目标，具有明显的全局意识。中原王朝治边通常有明确的底线，并不甚计较一时一事的得失。在与周边蛮夷的交往中，中原王朝力争与之构建和谐共存的关系，期望实现守境相安。统治者企盼通过调用经济、文化的资源，在东亚地区实现长期和平。在形势不利时，中原王朝宁愿付出物资以换取和平。若面临来自多方的压力，中原王朝必当权衡利弊，确定应对之先后主次，避免造成腹背部受敌的局面。元之前中原王朝形成重北轻南的治边传统，即为注重长远、全局方略的一种反映。

中原王朝有擅长造势、用势的方略。军事战略学称有利态势或战机为"势"，称形成利态势或捕捉战机为"用势"。中原王朝治边善于营造有利于己的形势，并借助有利形势及时采取行动，此类做法可称"造势、用势方略"。造势、用势方略的突出表现，是中原王朝治边善于使用文化软实力。中原王朝通过封贡制度，辅以朝贡、和亲、纳质、互市、盟誓等具体策略，与蛮夷建立尊卑有序的关系，并通过"厚往薄来"给蛮夷予经济赏赐，积极扩大影响，形成以中原王朝为中心的文化圈。中原王朝治边注重远交近攻。其表现之一是重视经营腹地外围的地区。中原王朝通过设置边郡与羁縻府州，最终在其地设置规范郡县；通过驻军、移民屯垦与发展交通，进一步实现对腹地外围地区的管控。中原王朝对腹地外围的治理，经历了从羁縻治策到土司制度的变化。将前期对边陲的混沌治理，发展到明确区分边疆、外邦并分别应对，至此完成由量变到质变的过程。在军事斗争中若形势有利于己，中原王朝常果断决策大胆出击，辅以国家的雄厚资源，争取期望已久的胜利。此即中原王朝在与周边势力的争斗中虽一再退让，但最终大都能获胜的原因之一。

中原王朝重视全局谋划与长远利益，与擅长造势、用势的方略相辅相成。古代有不少与此有关的成语，例如：审时度势、固本待机，先剪羽翼、后捣腹心，分化瓦解、各个击破，待之有备、御之有常，有理、有利、有节，欲擒先纵，以迂为直，后发制人，静如处女、动如脱兔，力不可用完、势不可使尽，叛则伐之、降则抚之，宽猛相济、软硬兼施，等等。宋朝施用的造势、借势方略也颇有特点。面对北方强敌及严重的边疆危机，宋朝为

① 《汉书》卷94下《匈奴传》，第3824页。
② 《旧唐书》卷139《陆贽传》，第3808页。

力保辖地安全，大胆实行守内虚外、弃南保北的策略，不仅放松对边疆的管控，而且将安南、大理国归入外藩，与其划界而治。宋朝此举实为两害相衡取其轻，虽导致南部边界内收，并不断遭受北方强敌的欺压，但终未出现南北受敌的被动局面。两宋享国长达320年，超过唐、元、明、清等统一王朝，其间的荣枯得失与宋廷的谋划及策略不无关系。

四、边疆王朝治边的方略

中原王朝、边疆王朝、边疆政权都参加了中国历史疆域构建的过程，均为历史舞台上重要的出演者。知名的边疆王朝与边疆政权，汉代有匈奴、鲜卑、南越国；唐代有突厥、回纥、吐蕃、南诏、渤海；宋代有辽、西夏、金、蒙古、大理国等。

边疆王朝与中原王朝以及边疆王朝之间，双方互为"敌国"的关系。"敌国"关系虽反映了古代国家之间的关系，但毕竟不同于现代意义上的国家关系，一是表现在古代国家并无国家主权、国界等现代意义上的观念。二是受封建等级制度的影响，"敌国"双方常以父子或舅甥相称，亦与现代国家倡导平等的原则相悖。三是在某些情况下，"敌国"关系可能向臣属、从藩的关系转变，或由臣属、从藩的关系转化为"敌国"关系，"敌国"关系因此具有不确定性。汉朝与匈奴，宋朝与辽、西夏、金，均出现过关系性质改变的情形。边疆政权与边疆王朝的性质不同。边疆政权为从属于中原王朝或边疆王朝的地方势力，与后者建立臣属或从藩的关系。边疆政权承诺"保塞称蕃"，为中原王朝或边疆王朝守御藩篱，或虽割据一方，但奉后者为正朔。

中原王朝、边疆王朝、边疆政权的关系十分复杂。除相互关系的性质可能改变外，边疆王朝若统一全国，便继承中原王朝的名分与传统，发展为不同程度仍保留旧俗的中原王朝，元、清均如此。另外，中原王朝、边疆王朝、边疆政权还存在彼此影响的关系。随着时间的推移，相互之间的影响、交融愈为广泛而深刻，相关政治实体最终成为中国的一部分。反映在治边方略方面，表现为三者虽存在明显的差异，但并无不可逾越的鸿沟，相互影响、彼此吸收的情形也较为常见。

总体来看，边疆王朝、边疆政权关于治边的认识与方略，其特色与个性十分鲜明。中原王朝的治边方略多以"守中治边"、"守在四夷"、"德泽洽夷"等思想为基础。而边疆王朝、边疆政权则少有类似的观念与方略。边疆王朝、边疆政权营边的方略，普遍具有积极外拓、热衷于战争及掠夺，以及善于利用矛盾、对策多变等特点。边疆王朝、边疆政权若自恃势力强大，便有与对手争正统与高下一类的意识；若与中原王朝或其他政权建立藩属的关系，乃常有试图摆脱控制甚至举兵相抗的行为。对周边的其他政权或部落，边疆王朝、边疆政权多通过武力夺取其土地、人口与财物，积极扩展势力范围。在应对策略方面，边疆王朝、边疆政权与中原王朝的差别也十分明显。

对边疆王朝、边疆政权具有的特点与营边的方略，中原王朝亦有认识。前元十一年（前169年），匈奴数为边患。西汉大臣晁错上疏："卑身以事强，小国之形也；合小以攻大，敌国之形也。"① 指出力弱则奉强，聚小国以攻大国，是蛮夷处理对外关系的主要特点。竟宁元年（前 33 年），郎中侯应称："困则卑顺，强则骄逆"为夷狄之性情，乃天性使然。他认为蛮夷简政少礼义，上下等级观念淡漠，推举强者为雄，弱者势必屈服。② 建武二十八年（52 年），北匈奴遣使向西汉贡马及皮裘，求和亲并请赐音乐。司徒掾班彪说：匈奴多变诈。北匈奴见南单于来附，惧汉朝图谋其国，故数请和亲；其献益重示其国益虚，请和亲愈繁示其惧愈多。朝廷的应对是须行赏赐，但数量与所献相当即可。③ 永平八年（65 年），北匈奴虽遣使入贡，但侵掠不息，致使边城昼闭。廷议遣使报其使者。大臣郑众上疏：臣闻北单于所以欲致汉使者，欲以离间南单于，坚定西域三十六国降服之心。若汉朝与之和亲，北匈奴当夸示邻敌，令西域欲归化者局促狐疑，镇守军民对朝廷绝望。④ 章和二年（88 年），北匈奴饥荒出现动乱，投降官府者岁达数千人。东汉廷议对策，尚书宋意提出："戎狄简贱礼义，无有上下，强者为雄，弱即屈服"，⑤ 认为匈奴反复无常，不可尽信，朝廷应慎重处之。以上诸臣所言，对北方夷狄行事的特点与营边的方略，可谓一语中的。

唐宋时边陲群雄竞起，数百年间争夺频仍。一些边疆王朝积极学习中原王朝的经验，营边的方略趋于完整与成熟。开元四年（716 年），突厥默啜可汗既死，部落颇多离散。毗伽可汗患之，乃召默啜之大臣暾欲谷为谋主。暾欲谷"多智略，国人信服之"。毗伽可汗欲南下侵扰，暾欲谷止曰：唐帝英武，汉地民和年丰；突厥诸部新集，力尚疲弱，"当息养数年，始可观变而举。"毗伽可汗又欲在草原筑城，建立寺观。暾欲谷说：突厥人口稀少，所以能与华夏为敌者，正因逐水草而居，射猎为业，人皆习武。"强则进兵抄掠，弱则窜伏山林。"若筑城而居、变更旧俗，便丧失既有的优势，一朝失利，必为对方所灭。还说佛教教人仁弱，不可在突厥之地传播。⑥ 暾欲谷所言，反映出对时势以及唐朝、突厥的优劣之势有清醒的认识，应对之策亦较高明。唐宋及其后夷狄势力营边，还努力吸收汉人参加，注重学习中原王朝治边的经验。五代十国时后梁衰困，刘守光遣参军韩延徽求援于契丹。契丹主留之，令其牧马于旷野。律氏皇后言于契丹主，称韩延徽守节不屈，为今之贤者，宜待以礼而用之。契丹主乃以韩延徽为谋主。延徽教契丹建官衙，修筑城郭，立市里贸易，广招汉人垦田，"由是汉人各安生业，逃亡者益少，契丹威服诸国。"契丹称帝，拜延徽为相，累迁至中书令。这一时期契丹南下掠夺明显减少，史称："延徽之力也。"⑦

边疆王朝、中原王朝治边方略的深度交融，突出表现在蒙古汗国与元朝、后金与清朝的对接及演变方面。蒙古汗国、后金两个边疆王朝，先后统一全国分别建立元朝与清朝。其原有营边的思想与方略，进一步发展为元朝、清朝统治全国的治边思想与方略。元朝、清朝治边的思想与方略，不拘畛域之见，大胆创新并有所发展。另外，蒙古汗国建立元

① 《资治通鉴》卷 15《汉纪七》，文帝十一年十一月条，第 484 页。
② 《资治通鉴》卷 29《汉纪二十一》，竟宁元年正月条，第 942 页。
③ 《资治通鉴》卷 44《汉纪三十六》，建武二十八年八月条，第 1420 页。
④ 《资治通鉴》卷 45《汉纪三十七》，永平八年三月条，第 1448 页。
⑤ 《资治通鉴》卷 47《汉纪三十九》，章和二年五月条，第 1515 页。
⑥ 《资治通鉴》卷 211《唐纪二十七》，开元四年七月条，第 6720 页。
⑦ 《资治通鉴》卷 269《后梁纪四》，贞明二年十二月条，第 8810 页。

朝，后金建立清朝，其治边方略的内容与演化也存在差别，反映出古代治边理论与实践的演变，具有复杂、丰富、多样等特点。

蒙古汗国、后金两个政权，在社会经济类型、社会结构与社会关系、政治与经济的发展水平、经营辖地的思路与方法、思维与行事的风格等方面，都存在明显的差别。后金发展为清朝，其治边方略的转型较之蒙古汗国及元朝更为成功。入关之前，后金已重视农业生产，并形成农业、畜牧业、手工业等多种经济部门并存的格局。后金知晓满汉等族交往与融合的重要性，对境内各族以不同的方式施治。同时，后金较熟悉中原王朝的制度与文化，通过努力学习提高统治的水平。后金具有的这些特点，为入关后迅速统一全国，建立长达276年的清王朝准备了必备条件。清朝建立后，致力于统治方略与各项制度的完善，亦取得显著成效。自元代起，中原王朝治边的思想与方略出现明显改变，反映了中国边疆趋于巩固、各民族进一步融合的发展趋势。清朝顺应这一趋势，革新图治并开阖有度，将治边方略提升到一个新的更高的水平。

基于 CSSCI 期刊的民族认同文献计量研究和知识图谱分析

孙凯民   刘 帅   孟莉莉

内蒙古大学公共管理学院

"民族认同"指的是民族成员对其民族语言、文化和身份的一种归属感或认同意识，同时也包含了对其民族地区的归属意识和感情。[①] 为了更好地理清民族认同的研究脉络和发展趋势，进行量化和直观化的研究显得尤为重要，本文通过量化文献分析并结合 CiteSpace 等可视化软件绘制出基于 CSSCI 期刊的民族认同知识图谱，对民族认同的研究进行脉络梳理，从而分析研究不同阶段的特点，并基于整个发展趋势展望未来民族认同的发展情况。

引言

国家认同与民族认同之间的关系并不是静态的存续，而是处在不断的动态发展之中，随着社会经济文化水平的不断发展而变化，所以要选择适合我国政治发展的研究模式和方法，加强理论研究与实践的联系。民族认同研究具有一定的长期性，这种特性实质上是现实情境作为一种理性选择而长期存在，通过理清民族认同的研究趋势，分析其学术发展过程中的特点，不仅对公共部门制定公共政策具较强的借鉴意义，同时对于深化学科的发展也大有裨益。

与此同时，随着文献量化研究被广泛使用，以及 CiteSpace[②]、SATI[③]、UCINET[④] 等知识图谱绘制软件的日趋成熟，基于文献量化数据所绘制出的知识图谱，对于厘清学科研究的脉络趋势方面具有独特的优势。近年来，基于量化数据的学科知识图谱研究正在逐渐进入各个学科领域，成为学科综述研究的不二之选。

---

① 王希恩. 民族认同与民族意识 [J]. 民族研究，1995 (6)：17 – 21，92.

② 陈悦，陈超美，刘则渊，胡志刚，王贤文. CiteSpace 知识图谱的方法论功能 [J]. 科学学研究，2015 (2)：242 – 253.

③ 刘启元，叶鹰. 文献题录信息挖掘技术方法及其软件 SATI 的实现——以中外图书情报学为例 [J]. 信息资源管理学报，2012 (1)：50 – 58.

④ 刘军. 整体网络分析——UCINET 软件使用指南 [M]. 上海人民出版社，2014，8 (1).

本文以中国知网（CNKI）为平台，以"民族认同"为主题词并选择 CSSCI 期刊进行检索。将筛选后的期刊文献通过可视化软件生成知识图谱，以时间和内容为维度对民族认同的发展趋势进行梳理，为民族认同研究与实践提供学术参考。

一、数据来源与方法

为了使分析样本具有权威性，且代表时下国内民族认同的研究水平，本文选取来自 CSSCI 期刊数据的期刊作为样本，并通过知识图谱领域最具代表性的 CiteSpace 等软件经行知识图谱生成。

（一）数据来源

文献选自中国学术期刊网络出版总库（CNKI）。本文检索主题词为民族认同，文献来源年限为 1998～2016 年，来源类别为 CSSCI 来源期刊，检索时间为 2016 年 12 月 10 日。经过清洗筛选后共获取论文 486 篇，将文献数据导入可视化分析工具，绘制 1998～2016 年民族认同研究知识图谱。

（二）研究方法

本文利用 CiteSpace、SATI、UCINET 等软件绘制出基于 CSSCI 期刊的"民族认同"知识图谱。基于 SATI 抽取论文关键词，经统计形成 Excel 格式的矩阵，将生成矩阵导入 UCINET 生成 Netdraw 可读矩阵，基于该可读矩阵，绘制出"民族认同"研究的高频关键词共现网络图谱。对图谱中心度进行分析后，图谱节点的大小可以反映出该关键词对于主题词贡献的大小，连线的粗细可以说明两个关键词之间的关联程度，而网络的疏密程度则可以说明围绕关键词的研究情况。

CiteSpace 软件是基于共引分析和寻径网络算法等理论而设计[①]，通过可视化图谱的绘制形成对学科演化潜在动力机制的分析和学科发展前沿的探索，有助于更好地理解某一研究领域，寻找开创性和标志性文献、主流主题、演变趋势、研究领域间的关联[②]。CiteSpace 图谱通过节点大小、连线粗细、冷暖色调分别表示被引频率、关联程度以及初现时间的先后顺序。除此之外，通过突现率、中介中心性可以表现出相关主题的关键节点。通过平均轮廓值判断聚类效果，并通过聚类反映出各聚类群间的关联及对主题研究词的贡献程度。

相较而言，CiteSpace 所绘制出的图谱在功能和内容上都比前者丰富，系统图谱聚类、时间区域视图、鱼眼图甚至结合谷歌地图的可视化功能都是 SATI、UCINET 所绘图谱无法比拟的，是进行学科趋势深度研究的主要分析工具。尽管如此，SATI、UCINET 所绘制出

---

① Chen C. CiteSpace Ⅱ. Detecting and visualizing emerging trends and transient patterns in scientific literature［J］. Journal of the American Society for information Science and Technology，2006（3）.

② 陈悦，陈超美等. 引文空间分析原理与应用［M］. 科学出版社，2014：11－12.

的图谱也具有生成简单、修剪便利、呈现直观等特点，适宜结合关键词文献量化分析做简易的图谱研究。

二、民族认同研究的知识图谱分析

通过对民族认同知识图谱的时间、内容以及作者合作共研情况的分析，从整体上把握该研究领域的发展脉络。通过对图谱中关键节点的提取，找出节点周围在时间、内容以及共研团队的特征，最终得出影响研究趋势的关键性因素。

（一）时间分布

通过绘制样本文献的发刊时间与年度发刊数量的关系图，可以从时间维度上考量学术科研产出与关键年份的对应关系，并通过成果数量的增量划分出"民族认同"的研究阶段。本文基于文章发表年度数据得到了 1997 ~ 2015 年关于"民族认同"的研究产出的趋势（见图 1）。

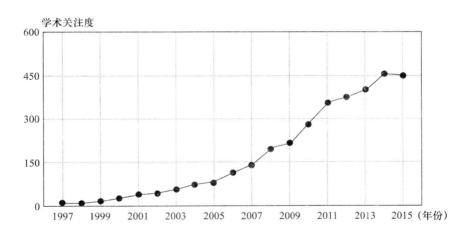

图 1　1997 ~ 2015 年 CNKI 数据库"民族认同"文献数量年度分布

点线图中选取的时间范围为 1997 ~ 2015 年，由于 2016 年并未结束，故暂且不列入图表。通过观察期刊发表数量同年份的变化情况，可以发现从整体研究情况来看，整个民族认同的研究趋势呈现向上发展的态势，尽管在个别年度有所下降，但是从整体上看其增长趋势是比较显著的。

基于不同阶段的期刊文献增长程度，我们将民族认同的研究发展期划分为三个阶段，分别是起步期、发展期以及稳定期。2006 年关于民族认同的期刊文献数量为 11 篇，文献产量首次达到了三位数，相较于 2005 年而言其增量较大，通过曲线的增长趋势我们也可以看到，从 2006 年开始，关于民族认同的期刊文献研究开始呈现快速的增长；2012 年 CNKI 中与民族认同相关的发表文献期刊近 400 篇，尽管 2013 年发刊数量有所增长，但自

2012 年以后期刊发表量总体上呈下降趋势，没有连续两年保持正增长年份。基于文献数量的变化结果，本文将 2006 年及 2012 年作为时间序列上的两个关键节点以划分民族认同研究的三个阶段。

结合具体时间节点的时间背景我们也可以找到民族认同研究随年际变化的原因。2006 年，是我国"十一五"的开局之年，在《中华人民共和国国民经济和社会发展第十一个五年规划纲要》①中明确指出要加强区域协调发展，强调全面协调可持续发展。正是由于国家在政策端提出区域协调发展才使得自 2006 年以后对于民族认同的研究进入爆发式增长期。2012 年国办发布《少数民族事业"十二五"规划》，对推动民族地区经济发展，推动教育、科技、卫生、就业和社会保障事业发展，推动民族地区经济水平提高等各方面都作出了具体规定。在这之后的几年中，对于民族认同的研究相较之前有所下滑，但是需要注意的是就平均年际产出量而言稳定期的研究数量并不少于发展期的研究，当然单从数量上考察民族认同的研究并不客观，但是通过期刊发表的数量我们可以大致推测这一阶段期刊发表量有所下降的原因：由于公共政策的不断细化和明确，使得原有的多方向研究逐渐向规范化、合理化且靠近政策的目标导向的方向发展，可以明确指出的是，这种趋势并不是一种衰退的趋势，更确切地说，这种研究缓冲期是学科领域稳定发展的表现。

（二）内容分布

通过内容分布可以更加准确地了解民族认同研究的变迁情况和发展趋势，分析样本文献的高被引文献、核心关键词、内容变迁情况，可以清晰地看清民族认同的发展情况，找出未来研究的发展方向和创新领域。

1. 高被引文献分析

高被引文献具有重要的学术参考价值，同时也是引领学术发展的指南针，因此本文选择 CSSCI 期刊数据中引用排名前十的文献作为考察民族认同研究的缩影，通过分析述评大致了解其内容研究的大致方向和划分领域。

表 1　CSSCI 期刊论文中被引 TOP10 的期刊论文

排名	篇名	作者	期刊	年份	被引频次
1	论从民族认同到国家认同	贺金瑞、燕继荣	中央民族大学学报（哲学社会科学版）	2008/5/15	417
2	论国家认同、民族认同及文化认同——一种基于历史哲学的分析与思考	韩震	北京师范大学学报（社会科学版）	2010/1/25	272
3	少数民族认同研究的现状	王亚鹏	心理科学进展	2002/1/30	256
4	论多民族国家中的民族认同与国家认同	高永久、朱军	民族研究	2010/3/25	225

---

① 中华人民共和国国民经济和社会发展第十一个五年规划纲要［N］. 人民日报，2006 - 03 - 17（1）.

续表

排名	篇名	作者	期刊	年份	被引频次
5	对民族国家的再认识	周平	政治学研究	2009/8/18	149
6	全球化：文化的生产与文化认同——族群、地方社会与跨国文化圈	麻国庆	北京大学学报（哲学社会科学版）	2000/7/20	148
7	藏族大学生的民族认同	万明钢、王亚鹏	心理学报	2004/1/30	147
8	族际政治民主化：多民族国家建设和谐社会的重要课题	王建娥	民族研究	2006/9/25	129
9	少数民族的文化适应及其研究	王亚鹏、李慧	集美大学学报（教育科学版）	2004/3/30	128
10	多元文化与民族认同	王鉴、万明钢	广西民族研究	2004/6/20	121

对民族认同的内涵界定是研究的起始点，学者王亚鹏在《少数民族认同研究的现状》一文中较早对"民族认同"、"民族认同的发展"以及"民族认同的研究策略"进行了较为明确清晰的界定与分类①，同时也提出了民族认同的研究策略，但他仅仅是放在心理学领域来研究民族认同的发展和意义，还存在一定的局限性和片面性。相比之下，引用排名第一的《论从民族认同到国家认同》②也印证了其在民族认同研究中的导向作用，而文章提出引导我国从民族认同到国家认同应以保障少数民族权利、推动少数民族现代化发展为基本价值取向，也成为研究民族认同问题的主要理论依据。也有学者基于历史哲学角度要求重新构造中华民族文化共同的文化基础和文化象征符号，形成独特的论证角度③。除此之外，王鉴、万明钢将重点转移到多元文化创造性地共存的研究，形成"立足本民族、面向民族—国家、放眼全球多元文化"的分层认同模式④。

2. 内容变迁

内容变迁是借助知识图谱进行研究的主体部分，通过图谱中直观的关键词共现情况可以清晰地找出民族认同研究过程中的发展特点。

对核心关键词进行提取和分析是研究内容变迁最为必要的工作。排名靠前的关键词不仅说明了研究的主体方向，同时也是未来研究中具有巨大参考价值的领域。通过CiteSpaceⅢ绘制基于民族认同的知识图谱，抽取样本文献中的关键词，并选择被引频次大于或等于 15 的关键词作为民族认同研究的核心关键词绘制成表格（见表2）。

相较于 CiteSpace 绘制出的关键词共现网络图谱，SATI、UCINET 绘制出的图谱并不能很好地反映出关键词的聚类情况、研究的趋势演变以及重要节点的文献详细信息，但是仅从方法和对图谱的修剪来看，SATI、UCINET 所绘制的图谱较为直观且易于修剪处理，对于反映关键词对于主题研究内容的贡献程度绰绰有余，且较为清晰。因此为了更好地列出

① 王亚鹏．少数民族认同研究的现状［J］．心理科学进展，2002（1）：102 – 107.

② 贺金瑞，燕继荣．论从民族认同到国家认同［J］．中央民族大学学报（哲学社会科学版），2008（3）：5 – 12.

③ 韩震．论国家认同、民族认同及文化认同——一种基于历史哲学的分析与思考［J］．北京师范大学学报（社会科学版），2010（1）：106 – 113.

④ 王鉴，万明钢．多元文化与民族认同［J］．广西民族研究，2004（2）：21 – 28.

关键词之间的联系与主体中心度的关系，本文借助 CiteSpace Ⅲ 绘制高频关键词共现网络图谱（见图 2）。

表 2　民族认同研究被引频次 TOP10 的关键词

排名	被引频次	中介中心性	关键词	初现年份
1	220	0.47	"民族认同"	1998
2	131	0.44	"国家认同"	1999
3	45	0.24	"族群认同"	2002
4	36	0.82	"文化认同"	2000
5	21	0.05	"认同"	2005
6	21	0.31	"民族国家"	2000
7	21	0.12	"全球化"	2000
8	17	0.07	"民族"	1998
9	17	0.33	"民族主义"	2001
10	15	0.12	"文化适应"	2002

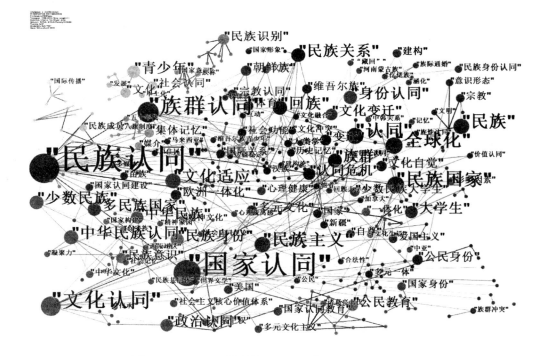

图 2　CiteSpaceⅢ绘制的民族认同高频关键词网络图谱

　　图 2 中圆圈的大小代表该关键词对于民族认同的贡献度的大小，连线粗细代表关键词之间的关联程度的高低，通过观察图谱可以发现，围绕"民族认同"、"国家认同"等核

心关键词展开关键词涉及国际关系、多元文化建设、意识形态以及相关研究的方法理论的内容。

三、讨论

社会经济转型期，我们的执政者应以公民权利为本位构建民族认同，进而形成公民认可度较高的整体的国家认同。多民族国家中的民族认同只有以国家认同为归宿，一个国家的稳定和发展才会有保障。以我国为例，东部地区日益扩大的贫富悬殊、东西部贫富差距的不断扩大都是与实现"中国梦"的目标相悖的，不利于增强我国各民族的国家认同。在全球化的今天，资源流动、信息畅通，各民族能够走到一起建立一个国家不是偶然的，而是历史的必然，是某些现实的共性、互补的因素以及共同追求整合的结果。个别的少数民族往往把国家作为自己经济发展和生存条件改善的依靠，他们的福祉总是与所在国家密切相关，利害关系衡量总是现实而具体的。民族国家要通过妥善处理各种历史遗留问题和社会现实矛盾，以保证各民族的和睦相处共同发展，从而树立自己在各民族中的能力、权威和形象，发挥其政权在塑造民族认同中的独特作用。

内与外：中越关系演变与当代
中国西南边疆治理

    中国与越南山水相连，20 世纪 50 年代以来曾有过"同志加兄弟"的美好记忆，也有过争端、冲突，近几年来再度变得"复杂"起来，特别是 2014 年以来历史与现实交织，两国民间心态纠结，双边关系中还多了域外大国的身影。今天，我们应该如何看待两国关系，对于当代中国的西南边疆的治理产生了哪些影响？本文拟在已有成果的基础上，简要论述中越关系的演变，着重论述 1945 年以来的中越关系，进而分析中国与邻国关系对于西南边疆治理的影响，并提出一些学术上的思考。

一

    中国与越南关系源远流长。秦汉至宋初，今天越南的北部、中部地区长期为中国封建王朝统辖下的郡县，这一时期即为越南历史上的"北属时期"，或者称为"郡县时期"。968 年，丁部领建立了独立自主的封建国家"大瞿越"，即为越南历史上的第一个封建王朝——丁朝。[①] 此后，越南经历了多次王朝更替，包括丁朝（968~980 年）、前黎朝（980~1009 年）、李朝（1010~1225 年）、陈朝（1225~1400 年）、胡朝（1400~1407 年）、后黎朝（1428~1788 年）、西山朝（1788~1802 年）和阮朝（1802~1885 年）等。越南的这些王朝建立后都与中国的封建王朝确立和维持着宗藩关系[②]，直至 1885 年中国与法国签订《中法会订越南条约》（又称《天津条约》），中国承认越南归法国"保护"，

---

    ① 对于越南建立国家的时间，学术界主要有四种观点：一是始于雄王时代建立的文郎国，距今 4000 多年，越南、法国、日本的一些学者坚持此说；二是始于 938 年（后晋天福三年）吴权建国；三是始于 968 年（宋开宝元年）丁部领建国；四是始于 1174 年（南宋淳熙元年）南宋王朝册封李天祚为安南国王。后三种观点在中国学者中各有支持者，参见楚汉：《五代宋初越南历史三题》（《东南亚纵横》，1992 年第 4 期，第 7 – 11 页）；孔嘉：《越南立国于何时》（《东南亚纵横》，1993 年第 3 期，第 51 – 54 页）。笔者同意第三种观点。

    ② 从先秦至明清时期中越关系，可参见黄国安、杨万秀、杨立冰、黄铮著：《中越关系史简编》，广西人民出版社，1986 年，第 3 – 132 页；孙宏年著：《清代中越关系研究（1644 ~1885）》，黑龙江教育出版社，2014 年，第 1 – 40 页。

终结了清朝与阮朝的宗藩关系，近千年的中越宗藩关系也宣告结束。

在宗藩关系前提下，中越两国总体上保持和平、友好关系，其间也发生过冲突、战争①（见表1）。1885年后的60多年间，中越两国人民共同抗击外来侵略、争取民族独立。无论是宗藩关系前提之下，拟或越南遭受法国殖民统治时期，中越关系变化对于中国西南治理都有很大影响。总体上看，968～1885年中国的西南边疆是中越两国人民经贸往来、人员互动、文化交流的桥梁，比如广西长期就是中国宋朝、元朝、明朝、清朝与越南各封建王朝、政权的使者往来的必经之地，而且今天广西、云南与越南之间的很多边境口岸1885年以前就是两国人民开展边贸活动的"榷场"或互市点。1885年后，无论是越南王公贵族发起的"勤王运动"，还是农民起义，都得到了中国西南边疆人民的支持。1930年起，胡志明和越南共产党领导工农群众为抗法、抗日而斗争，越南的不少高级干部，如黄文树、长征、朱文晋、阮文明等，都曾在广西、云南两省人民的掩护和支持下进行革命斗争。胡志明长期在中国活动，与中国共产党和中国人民建立了深厚的战斗友谊，1944年才回到越南，1945年领导越南人民取得八月革命的胜利，越南民主共和国宣告成立。

1949年10月1日，中华人民共和国宣告成立，60多年来中越关系又经历了三个阶段：第一阶段是1949～1974年的"同志加兄弟"的特殊关系时期。1949年10月1日，中华人民共和国宣告成立，此时法国侵略军已控制了河内到谅山、老街的交通线，加紧进攻越北解放区，企图把新生的越南民主共和国扼杀在摇篮之中，越南人民则在越共领导下与法国侵略者进行艰苦的斗争。1950年1月18日，刚成立不久的中华人民共和国就与越南民主共和国建立外交关系，中国成为全世界最早承认越南民主共和国，并与之建交的国家。此后20多年间，中国人民全力以赴地援越抗法、援越抗美，成为越南人民抗美抗法、争取民族独立的大后方，中越两国形成"同志加兄弟"的特殊关系。

第二阶段是1974～1990年的中越关系恶化时期。在中国全力援越抗美的同时，中越关系就出现某些不和谐的杂音，1974年后出现重大曲折，1978年前后两国关系更为紧张。1978年3月，越共四届四中全会把中国确定为越南"直接的敌人"和"直接的作战对象"，11月越南与苏联签订了为期15年的《苏越友好合作条约》，而且越南还派军大规模入侵柬埔寨。越南领导人黎笋等还向越南人民灌输这一思想，在越共四届四中全会后下发的"指示"中，称中国为"最直接、最危险的敌人"，并提出了"一切为了打败中国"的口号。同时，大规模地驱赶在越南的华侨和华裔越南公民，在边境地区多次制造边境事件。1974～1979年，仅中越边界地区的边境事件多达3535起，1979年2月中国边防部队对越自卫反击，双方爆发了边界战争。此后10年间，两国关系一直处于最低点。

这一时期，中越关系恶化的原因是多方面的，双方的分歧和矛盾主要涉及历史认识、华侨和领土边界等问题，边界领土问题又包括陆地边界和北部湾海域划分、南海岛屿。这里简要介绍前两个方面：一是历史上的两国关系问题。历史上中越人民友好相处，和平友好是两国关系的主流，但对于封建统治者进行的不义战争、侵略邻国等行为，中国人民从来不隐讳。1955年6月，毛泽东主席就向来访的胡志明主席提到，中国在古代曾经侵略

---

① 中越学者对这些战争的起因、性质有不同的认识，笔者认为除了元军入侵越南和1407～1427年明朝在越南重设郡县外，多因越南封建主侵扰中国边境地区引起，而清王朝也曾在1788～1789年和1885年前派军入越，都是特定背景下应越南统治者邀请、慎重考虑后派出的，很快又撤回国内。

过越南。胡志明主席回答："越中两国人民，在古代是受压迫的朋友，现在是同干革命的战友。"1956 年 11 月，胡志明在欢迎周恩来访越的宴会上又讲："30 多年来，由于有了中国共产党，已使得越中两国人民自古以来的善邻关系更加密切起来。"这反映了毛泽东、胡志明等老一辈中越领导人对这一问题全面的认识，历史上的中越关系因此成为现代中越友好关系的积极因素。但在 1965 年前后，越南的报刊特别宣传中国封建时期侵犯越南的历史，尽管 1964 年黎笋对中国领导人声称越方没有利用历史反华之意，但是以后并未收敛，而且在日内瓦会议问题上无端指责中国，使两国关系日益恶化。

二是华侨问题。自古以来，越南华侨为越南的经济繁荣、文化发展、社会进步都做出了不可磨灭的贡献，1945 年后又在越南抗法、抗美战争中建立了不朽功勋。1955 年，中越两党在华侨问题原则上达成协议，即旅居越南北方的华侨，在和越南人民享有同样权利的前提下，自愿转为越南籍公民；绝不强迫命令华侨转籍，绝不歧视保留中国国籍的华侨；华侨的语言文字、风俗习惯应受到尊重；等等。1975 年以前，越南政府基本上尊重了华侨的正当权益，并以文告和法律的形式保障华侨在越南的正当权利；对于南越吴庭艳政权强迫华侨入籍、剥夺华侨财产等迫害行动进行抗议，支持越南南方华侨的反迫害斗争。1976 年以后，越南政府改变了华侨政策，强迫南方的华侨按吴庭艳政权时期强加于华侨的国籍进行登记，对保留中国国籍的华侨进行限制和迫害。1978 年，越南又对华侨和华裔越南公民进行了公开的大规模的驱赶，到 1980 年被驱赶的包括华侨、华裔越南人在内的难民就达 100 多万。

20 世纪 80 年代中期，越南在越共六大以后对内外政策进行了调整，中越关系又出现了某些缓和的迹象。1985 年，越南宣布从柬埔寨部分撤军，1989 年又宣布全部撤军；1986 年 10 月越南才颁布有关华侨新政策，确认华人是越南公民，拥有与越南人一样的权利，同时出台了经济、政治、文化方面的一系列措施，华侨华人的状况有所改变。1988 年 12 月，越南第八届国会四次会议通过了修改宪法序言的决议，删除 1980 年宪法中攻击中国等方面的言辞，这标志着越南开始改变过去反华的基本国策。

表 1　中越关系与边界领土问题统计（968～2016 年）

时间	中越关系总体情况	边界领土问题
968～980 年	中国：宋朝（960～1279 年）、大理（937～1254 年） 越南：丁朝（968～980 年） 和平相处：12 年	西段：维持 937 年以来中国西南边疆的地方民族政权大理与越南的边界线 东段：907 年维持着唐朝形成的分界线
980～1009 年	中国：宋朝、大理 越南：前黎朝（980～1009 年） 战争：1 年，2 次（995 年前黎朝军队侵入中国） 和平相处：28 年	
1010～1225 年	中国：宋朝、大理 越南：李朝（1010～1225 年） 战争：9 年，9 次（1014 年、1022 年、1028 年、1036 年、1055 年、1059 年、1060 年、1075 年，李朝 8 次派军入侵，1076 年宋军反击） 和平相处：206 年	西段：维持 937 年以来中国西南边疆的地方民族政权大理与越南的边界线 东段：宋朝、李朝通过谈判确定了"1084 年线"，基本上确定了两国陆地边界的走向

续表

时间	中越关系总体情况	边界领土问题
1225～1400 年	中国：宋朝，蒙古～元朝（1206～1368 年），明朝（1368～1644 年） 越南：陈朝（1225～1400 年） 战争：4 年，2 次（1257 年，1284～1287 年，元朝派军侵略越南） 和平相处：178 年	西段：维持大理时期与越南的界线 东段：维持着宋代的"1084 年线"
1400～1427 年	中国：明朝 越南：胡朝（1400～1407 年） 战争：20 年（1407～1427 年，明朝派军灭胡朝，重新统治越南，后被驱逐回国，2 次） 和平相处：7 年	1427 年：明军退出越南后，中国领土在东段、西段同时退缩
1428～1885 年	中国：明朝，清朝（1644～1911 年） 越南：后黎朝（1428～1788 年）、西山朝（1788～1802 年）和阮朝（1802～1885 年） 战争：2 年，1 次（清朝应后黎朝请求出兵，后被西山朝击败回国） 和平相处：455 年	中越发生多次边界争端，陆地边界出现了局部调整和变化，中国疆土在东段、西段一些地区都向后退缩
1885～1945 年	中国：清朝，中华民国（1912～1949 年） 越南：法属殖民地、日本占领（阮朝小朝廷名义上仍存在到 1945 年） 和平相处：60 年	中法划定越南与中国的陆地边界
1945～2016 年	中国：中华民国，中华人民共和国（1949 年～） 越南：南、北政权并存（1945～1975 年），1975 年越南统一 边界冲突，3 次（1974 年中国军队驱逐南越军队、收复西沙群岛；1975～1979 年越军在中国边境制造 3400 多次挑衅事件；1979～1989 年边界冲突与对峙） 和平相处：56 年（1949～1964 年："同志加兄弟"时期 15 年，1991 年关系正常化）	1978 年前：中越就陆地边界问题进行多次谈判 1991～2008 年：通过谈判解决陆地边界、北部湾的海洋划界问题，同时签订了《北部湾渔业合作协定》 2011～2016 年：中越南海争端持续升级，双方逐步达成管控海上分歧的共识
总体情况	战争（或军事冲突、对峙），51 年，19 次 和平相处 997 年	

第三阶段是 1991 年至今的"正常发展时期"。1991 年，中、越两国关系实现正常化，20 多年来中越睦邻友好关系不断深入，但 2011 年以来又因南海问题起争端。

两国关系正常化以来，中越高层交往和接触频繁，两国党、政、军、群众团体和地方省市交往日趋活跃，经济、文化、科技等各个领域的交流合作日益扩大，经贸交流与合作取得了突破性进展；两国解决了陆地边界、北部湾的海洋划界问题，并在划界的同时签订了《北部湾渔业合作协定》。1999 年，中越双方确定把"睦邻友好、全面合作、长期稳定、面向未来"（越南当时称为"黄金般的 16 个字"）作为指导今后两国关系的原则，2002 年两国领导人又确认，两国和两国人民要做好邻居、好朋友、好同志、好伙伴，互相信任，互帮互助，互谅互让，共同发展。

在友好关系发展的同时，中越关系又面临着"老问题"、新挑战，越南对华政策也发生了一定的变化。20 世纪 70 年代起，影响中越关系发展的因素主要是历史认识、华侨和领土边界等问题，2011 年以来则主要是历史认识和领土边界问题中的南海争端，二者相互关联，又影响到经贸合作等其他方面。

在历史认识方面，1991 年后，两国各领域友好交往与合作日益深化，但是在涉及历史时期中越关系时，越南始终把抵抗北方中国的侵略作为历史教育和国防教育的主线，淡化中国援助越南抗法、抗美的历史事实，而且强调越南继承了曾经是法国殖民地时期的所谓"疆域"。① 这就使越南不少青年人不了解中越关系的真实情况，他们不知道历史时期中越人民的友好往来，也不知道中国人民对于越南争取民族独立、实现国家统一的无私支持和莫大帮助，只认为中国是越南历史上的最大威胁，强调中国在 20 世纪七八十年代还与越南发生过战争，甚至认为中国抢走了法属印度支那时期就属于越南的南海岛屿，因此他们极度仇华、反华。中越一旦出现摩擦，这些人就与越南国内各种诉求的人——包括流亡西方的反越共团体——一起举行反华活动，2008 年以来国内进行过规模不等的反华示威。2014 年 5 月 7 日，越南纪念奠边府大捷 60 周年，让中越再度回忆起中国人民帮助越南打败法国侵略者的历程和"同志加兄弟"的峥嵘岁月，可是一星期之后形势突变：12 日越南平阳省、胡志明市、同奈省等发生多起反华游行，4 名中国员工被越南暴徒打死，100 多人受伤，新加坡、韩国等国在越企业也受到了不同程度的威胁和冲击破坏。7 月 6 日，在中国香港的 40 多名越南人又穿着越方军装，打着"黄沙岛是越南的"等横幅，到中国外交部驻香港特派员公署驻地大楼前示威。②

在南海问题方面，西沙群岛和南沙群岛，与东沙群岛、中沙群岛一样，自古以来就是中国领土。中国人民最早发现、开发经营，并最早管辖了西沙群岛和南沙群岛，中国人民对这两个群岛拥有无可争辩的主权，这也得到了世界上绝大多数国家和国际舆论的广泛承认。1974 年前，越南民主共和国政府无论是在声明、照会，还是在报刊、地图和教科书中，都明确承认西沙群岛和南沙群岛自古以来就是中国领土。

1956 年，菲律宾和南越伪政权宣称它们对西沙群岛和南沙群岛拥有主权，为侵占这两个群岛制造舆论。中国外交部发表声明予以驳斥，越南民主共和国外交部副部长雍文谦在 6 月 15 日接见中国驻越大使馆临时代办李志民，表示："根据越南方面的资料，从历史上看，西沙群岛和南沙群岛应当属于中国领土。"1958 年 9 月，中国政府发表关于领海的声明，明确指出中华人民共和国领土包括"东沙群岛、西沙群岛、中沙群岛、南沙群岛以及其他属于中国的岛屿"。14 日，越南政府总理范文同照会中国政府总理周恩来，表示"越南民主共和国政府承认和赞同中华人民共和国政府 1958 年 9 月 4 日关于领海决定的声明"，"越南民主共和国政府尊重这项决定"。不仅如此，越南军队和政府测绘部门在 1960

---

① 孙小迎：《越南歪曲的历史教育迟早结出恶果》，《环球时报》，2014 年 5 月 20 日第 14 版。
② 邱永峥：《在港越南人着军装示威反华》，《环球时报》，2014 年 7 月 8 日第 3 版。

年、1964 年、1972 年的《世界地图》和《世界地图集》，1974 年越南教育出版社出版的普通学校九年级《地理》教科书，都承认西沙群岛和南沙群岛是中国领土。

1971 年以后，南越伪政权派军强占了南沙群岛、西沙群岛的部分岛屿，1974 年中国驱走了入侵西沙群岛的南越军队。但直至 1975 年前，南越伪政权仍非法侵占着中国南沙群岛的部分岛礁。1975 年 4 月，越南在解放西贡前夕，派军"接管"了原来被南越军队侵占的南沙群岛岛礁，又对中国的西沙群岛和南沙群岛提出了领土要求，还把这两个群岛改称为所谓的"黄沙群岛"、"长沙群岛"，南海争端从此成为影响两国关系的重要因素。1978 年后，越南不顾中国的强烈抗议，又派兵抢占了中国南沙群岛中的毕生礁、中礁、六门礁等岛礁。到 1988 年，越南已控制了中国南沙群岛的 21 个岛礁，而且把中国的西沙、南沙两个群岛在本国出版的越南地图中划为本国领土。这就导致两国在这一问题的争端不断升级，1988 年 3 月中越海军在赤瓜礁附近发生了激烈而短暂的海战，使两国关系再度紧张。

1991 年以来，越南对于所谓"黄沙"、"长沙"群岛的行政管辖区划不断升级，同时加大与国外公司的合作力度，进行油气勘探开采，大肆掠夺我国南海资源。在南海问题上，越南把争夺本属于中国的岛礁、海域作为实现其"海洋战略"的重要内容，越南"法律专家"、边界问题专家刘文利 1990 年就在《越南：陆地、海洋、天空》中强调，"对于我国来说，占有东海的黄沙和长沙群岛，并将其纳入祖国的领土，是极其重要的，其重要性远远超过开发沿海岛屿"。[1] 2007 年，越共中央十届四中全会通过《至 2020 年海洋战略》，把越南过去一直强调的海洋经济战略，上升为一种以"海洋强国"为目标、"靠海洋致富"为途径、将发展海洋经济与保卫海洋"主权和权益"密切结合的长远、全面的海洋战略。此后，中越南海争端再度升级，2011 年以来更加激烈化与复杂化。2014 年 5 月，中国 981 钻井平台移驻西沙，西沙群岛是中国的固有领土，不存在任何争议，中国企业在中国西沙群岛海域的作业完全是中国主权、主权权力和管辖范围内的事，但越南做出强烈反应，中越关系出现严重对立。

在经贸关系方面，2014 年 5 月越南出现打砸抢中资企业、杀害中国员工的严重暴力事件，这一事件使越南国际形象受损，投资环境遭到破坏，也阻碍了中越经贸关系的进一步发展。2007 年，越南正式成为世界贸易组织（WTO）成员，此后迎来外资投资高潮，2008 年吸引外资 717 亿美元，创历史最高水平。截至 2014 年 4 月 20 日越南共获得外商直接投资项目 16323 个，注册资本总额 2376.34 亿美元。5 月 13 日，至少 19 家外资企业被烧，400 家外资企业被打砸抢，1100 家企业被迫停工。该事件严重破坏了越南投资环境，越南计划投资部长裴光荣在媒体上公开表示，越南 20 年培育的投资环境被一朝糟蹋得"非常丑陋"。[2] 为挽回形象和声誉，越南司法部门开始惩办打砸抢分子，至 5 月 26 日同奈省正式对 22 个案件和 241 名嫌疑人进行起诉。

① ［越］刘文利：《越南：陆地、海洋、天空》，黄裕家等译，军事谊文出版社，1992 年版，第20～22 页。按：这里所谓的"东海"我国称为"南海"，所谓的"黄沙群岛"就是我国的西沙群岛，所谓的"长沙群岛"就是我国的南沙群岛。

② 章建华：《越南反华骚乱恐毁外商投资进程》，《国际先驱导报》，2014 年 6 月 6～12 日第 4 版。

<h1 style="text-align:center">二</h1>

20 世纪 50 年代起，中越关系的演变对于当代中国西南边疆产生了很大影响，特别是广西、云南所属的边境地区直接感受到了两国关系变动所带来的影响。

第一，陆地边界与北部湾海域划分成为影响中越关系 60 年的重要问题，西南边疆的广西与这两个问题都密切相关，云南主要涉及陆地边界问题。

中越陆地边界问题在"大瞿越"建立后开始出现，968～1885 年在宗藩关系前提下，中、越两国总体上保持着友好的关系，并通过多次的边界谈判，和平解决了边界争端，确定了两国陆地边界的基本走向，并在领土争端发生后不断调整局部地区的领土归属。1885～1897 年，中法签订了一系列界务条约，划定中越边界问题。这次中法交涉中越边界，大部分以分水岭为界，少部分以河流为界，划定了主要地段的陆路边界，全长 1340 多千米，共立了 600 多块界碑（立碑地点 300 多处，两国在同一处各立界碑）；由于划界时"就图定界"，某些地图边界又与实际边界有一定出入，也出现了一些有争议的地方，但争议面积并不大。① 这次划定的陆路边界基本符合中越边界的历史沿革，以条文化的形式第一次认定了大多数疆土的归属与管辖，从而客观上法定了中越陆路边界，使之成为中越两国维持和稳定陆路边界的基础。

20 世纪 50 年代，中、越双方曾就边界问题达成协议。1956 年 11 月，中国广东、广西两省代表与越南海宁、谅山、高平三个省的代表就两国边境问题举行会谈，双方同意各自请示中央解决。1957 年 11 月，越南党中央书记处致函中共中央书记处，提出："国界问题是一个重要的问题，必须根据已有的法理或经两国政府决定重新确定的原则予以解决，绝对禁止地方当局和团体协商重新树立界碑或互相割让领土。"1958 年 4 月，中共中央复函表示赞同。这些来函复信表明：中越双方都表示愿意尊重中法界约划定的边界线；在两国政府谈判解决边界问题之前，双方都应严格维持边界现状，地方当局无权解决领土归属问题。② 从 1974 年起，越南不顾这一协议，开始在中越边界有组织、有计划地制造大量事件，不时蚕食和侵占中国领土。从 1975 年 3 月起，中国政府一再建议中越两国政府举行边界谈判，以中法界约为基础，通过友好协商，彻底解决中越陆路边界问题。1977 年 10 月，中越两国政府开始了边界谈判，双方分歧严重，到 1978 年 8 月谈判中断。

1991 年，中越两国实现关系正常化，11 月 10 日在中越联合公报中双方表示，"两国之间存在边界等领土问题将通过谈判和平解决"。到 1999 年，谈判取得积极的进展，双方在 2 月 27 日"中越联合声明"中对这一进展表示满意，并一致同意加快谈判进程，在 1999 年内签署陆地边界条约和在 2000 年解决北部湾划界问题；继续维持海上问题谈判机

① 详见木芹：《清代中越边界云南段述评》，《中国边疆史地研究报告》，1991 年第 1～2 期合刊；龙永行：《中越界务会谈及滇越段勘定》、《中越边界桂越段会谈及勘定》，《中国边疆史地研究报告》，1991 年第 3～4 期合刊、1992 年第 1～2 期合刊，《中越界务（粤越段）会谈及其勘定》，《东南亚研究》，1991 年第 4 期。
② 郭明主编：《中越关系演变四十年》，广西人民出版社，1992 年，第 143 页。

制，坚持通过和平谈判，寻求一项双方都能接受的基本和长久的解决办法。

1999 年 12 月 30 日，中越两国在越南首都河内签署了《中华人民共和国和越南社会主义共和国陆地边界条约》，中越两国陆地边界存在的问题至此已全部解决。2000 年 4 月和 6 月，中国全国人大和越南国会先后批准中越《陆地边界条约》，7 月 6 日两国在北京举行批准书互换仪式，该条约自双方互换批准书之日生效。12 月 25 日，中越两国签署了《中华人民共和国和越南社会主义共和国关于两国在北部湾领海、专属经济区和大陆架的划界协定》、《中华人民共和国政府和越南社会主义共和国政府北部湾渔业合作协定》。

2001 年 12 月 27 日，中越南陆地边界第一块新界碑揭幕仪式分别在广西防城港市东兴和越南芒街口岸举行。这是中越两国在解决陆地边界问题进程中迈出的又一重要步骤，这标志着《中越陆地边界条约》的正式实施和陆地边界实地勘界立碑工作的正式启动。到 2008 年 12 月 31 日，中越陆地边界勘界立碑工作如期完成。

2010 年 7 月 14 日，《中越陆地边界勘界议定书》、《中越陆地边界管理制度协定》、《中越边界边境口岸及其管理制度协定》三个法律文件正式生效。在这次划界、立碑之后，扣林山主峰、老山主峰及军事边防点 20 多处仍划归中方，争议面积 227 平方千米，划归中方 117 平方千米，划归越方 110 平方千米。①

北部湾是中越两国陆地和中国海南岛所环抱的一个半封闭海湾，公元 10 世纪以来就是中越人民从事航运、渔业、经济、文化交流等活动，以及世界各国同中国南部、越南北部保持往来的海上通道。对于北部湾海域，中越两国从未划分过，1973 年 12 月 26 日越南外交部副部长也表示："两国在北部湾海域由于一直处于战争环境，至今未划定。"1974 年 8 月 15 日至 11 月 22 日，中越两国就北部湾问题举行谈判。在谈判中，越方竟宣称北部湾边界早已划定，1887 年 6 月 26 日中法《续议界务专约》已把格林尼治东经 108°03′13″作为中越两国在北部湾的"海上边界线"；中方认为，该条约只划定了芒街附近海中岛屿的归属，根本不是中越北部湾的边界线，这次谈判未能取得进展。1977 年 10 月至 1978 年 8 月，在中越边界谈判中，越方又力图使中国承认越南在北部湾海域划分问题上的要求，并以此作为陆路边界问题的先决条件，致使谈判无法取得进展。1991 年后，两国就北部湾海域划分问题进行了谈判，到 2000 年 12 月中越两国签署了《关于两国在北部湾领海、专属经济区和大陆架的划界协定》，同时签署了《北部湾渔业合作协定》，这一问题通过和平谈判得到解决。

第二，广西、云南的边境地区先是中国支援越南抗法、抗美战争的基地，后因中越关系恶化成为中越冲突的前线。新中国成立之初，百废待兴，国内面临着种种困难，但中国政府和人民仍然把援助越南视为应尽的国际主义义务，不惜节衣缩食，尽力为越南人民提供武器、弹药、粮食等多方面的援助，为越南人民的革命和建设提供了无私的帮助，中国因而成为越南人民进行民族解放斗争的可靠后方。1950 年 1 月底，胡志明主席在两国正式建交不久就秘密访华，2 月初又与周恩来总理一起赴莫斯科，与毛泽东主席、斯大林元帅商定了越南革命的一些重大问题的决策。而后，越共中央向中国共产党、中国政府提出了援越的一些具体要求。为了消灭中越边境地区的法、中两国反动军队，越南领导人与中共中央协商后决定发起边界战役。中共中央为此派出了以陈赓、韦国清、罗贵波为首的军

---

① 郑汕：《中国边疆学概论》，云南人民出版社，2012 年，第 203 - 204 页。

政高级干部，组建了中国军事、政治顾问团，与越方一起策划、组织了这一战役。这一战役的胜利粉碎了法军从高平到谅山一线的防御体系，解放了高平、谅山等省，巩固和扩大了越北解放区，极大地鼓舞了越南军民的胜利信心，成为越南抗法战争的转折点。这次战役打通了中越边界的交通线，此后中国的援越物资源源不断地运进越南，广西、云南则成为支持越南抗法的大后方。

1953 年 12 月至 1954 年 5 月，在中国顾问团的帮助下，越南军民取得奠边府战役的巨大胜利，至 5 月 7 日全歼法军 16200 多人，俘获法军司令 D. 卡斯特里准将，歼灭了法国侵略军在印度支那地区的最精锐部队，为越南和老挝、柬埔寨三国取得抗法战争的彻底胜利奠定了基础。1954 年 5 ~ 7 月，中华人民共和国、苏联、越南民主共和国、法国、美国、英国、柬埔寨和老挝以及南越正式召开日内瓦会议，讨论印度支那问题。在会上，中国、越国、苏联三国代表团紧密合作，共同斗争，而这次战役的胜利更增加谈判中的主动性，迫使法国在《关于恢复印度支那和平的日内瓦协议》上签字。对此，2014 年 4 月 24 日越南国防部长冯光青会见中国老战士及家属代表团时说："1950 年越南抗法战争的时期，越南很困难，中国派出的顾问团专家同志，不论什么条件下都与越南人民军队并肩战斗，克服困难，为越南的战斗胜利做出很大贡献。饮水思源，越南党、国家和人民永远铭记和珍惜中国党、政府和人民在越南抗战时提供的帮助。"5 月 7 日，越南纪念奠边府大捷 60 周年，越南国家主席张晋创再次表示："在战争的艰苦时期，越南得到了来自苏联、中国和其他社会主义国家强大的支持，越南党、国家和人民将永远铭记这些宝贵的支持。"①

1955 年 5 月，越南北方获得解放，进入了恢复和发展经济时期。在此后的 10 年间，中国虽然也十分困难，但仍毫无保留地帮助越南人民医治战争创伤，恢复和发展经济。中国援助主要有以下几个方面：一是帮助制订恢复、发展经济的路线和方针。日内瓦会议后，根据越方要求，中国派出以方毅为首的顾问和专家团，帮助越南恢复和发展经济。越南党和政府还采纳了陈云同志的建议，制定和贯彻了以恢复农业为主、集中发展轻工业、同时适当注意其他工业部门的方针。二是帮助恢复农业、恢复和发展交通运输。中国不仅向越南派出水利专家，给予器材和技术援助，帮助修建水利工程，还提供水稻、棉、麦等优良种子，使越南的农业得以恢复，为国民经济的恢复发展打下了基础。三是提供资金和技术，帮助恢复和新建一批工矿企业。在 1955 年后的 10 年间，中国向越南无偿提供了几十亿元的资金，援助越南恢复、兴建了一大批工矿企业，向越南派出几千名专家和技术人员，接受了近万名越南实习生和留学生。四是在经贸方面，中国是第一个与越南建立经贸关系的国家，1952 年两国签订了第一个换货贸易协定，双方贸易额逐年增长。越南主要向中国输出茶叶、有色金属、胡椒、皮革、牲畜等农林产品，中国则向越南输出棉纺织品、机器、交通工具、电讯器材、药品、医疗器械以及各种日用品。双方贸易不仅在两国政府间进行，边境地区的民间性小额贸易也有所发展，促进了两国边疆经济的发展。中越贸易打破了反动势力对越南的经济封锁，有力地促进了越南的革命和建设，同时也有利于中国的社会主义建设和人民生活的改善。

---

① 章建华、杨威、闫建华：《纪念奠边府大捷 重温中越关系》，《国际先驱导报》，2014 年 5 月 9 ~ 15 日第 3 版。

20世纪60年代，美国不仅在越南南方断断续续扶植吴庭艳政权，企图将南方改变为美国的军事基地和新型殖民地，而且在1965年美军轰炸越南北方，把侵略战争扩大到整个越南，越南北方人民被迫进行抗美救国战争。这一时期，中国政府和人民一如既往地支持越南人民的正义斗争，直到越南人民取得反侵略战争的胜利。中国给予越南巨大的人力、物力援助，用实际行动支援了越南人民的民族解放事业。在物资方面，中国还向越南提供了数量可观的援助。1950～1978年中国援越物资总值超过200亿美元，在各国的援助中国数额最大，其中大部分是在越南抗美战争时期提供的。① 1965年4月，黎笋率越南代表团到北京求援，要求中国派出部队支援越南抗战。根据越方的要求，1965～1968年，中国先后派出部队32万多人援越，包括防空、工程、铁道和后勤保障各个方面。中国援越部队与越南人民一起保卫越南领空、保证运输线畅通，越南人民军因而得以抽调兵力南下抗美，从而有力地支援了越南军民的抗美战争。1970年7月，援越部队完成国际主义任务，全部撤回中国，但许多人献出了宝贵的生命。

在援越过程中，云南、广西两个边疆省份既是全国援越物资、人员进入越南的基地，又是援助越南抗法、抗美的重要主体之一。今天，云南、广西两省档案馆里就保存着大量的援越档案，它们无声地诉说着"冷战"背景下中国人民支援越南的往事，反映了中国西南边疆人民的国际主义精神和中越两国用鲜血凝结成的战斗友谊。相关的档案非常多，比如1967年，根据中央关于地方援越工作的指示，云南与越南老街、河江、莱州三个省签订援越纪要，此后5年内云南实施援越项目53项，包括建设小型水利、水电、轻工、农机、汽车修理等项目，提供农、林、牧良种和零星物资、传授技术等，投资总额约合人民币580多万元，先后派出工程技术人员近200人次。到1971年6月，除河江造纸厂外，其余52项都全部完工。这些项目极大地支援了越南人民的反美斗争，也极大地促进当地经济发展，比如云南援建的河江水电站是越南河江省的第一个水电站，在它按计划建成发电后，当地人民欢呼"毛主席给我们送来了光明"，当时河江省副主席金川亮则说"它给我们带来光明，同时也给沿河两岸人民带来了丰收"。在越南人民欢呼的同时，云南省则因为援建任务繁重，甚至超出承担能力影响了本省的建设和发展。为此，云南省革委会外事组援外办公室做了如下的自我批评：我们"对中央地方援助越南的精神理解不深，过多地承担了一些省内力所能及的项目和设备，如提供三省农机厂大量机械设备，提供全套农业科学化验室仪器，1座年产300吨的造纸厂，1座500千瓦、2座20千瓦的水电站，1座年产50万件的陶瓷厂，1座年产200吨的木薯加工厂，3个汽修车间等，都大大超出了地方援助的范围"，因此大部分设备物资要依靠省外和压缩省内基本建设设备。②

1975年，经过几十年的抗法抗美斗争，越南实现南北统一，这是越南人民民族解放斗争的伟大胜利，也与中国的援助密不可分，而中国的西南边疆则成为越南抗美战争的后方基地。令人遗憾的是，20世纪70年代起中越两国的分歧和矛盾日益加剧和公开化，1978年3月的越共四届四中全会确定了联苏反华的路线，把中国确定为越南的"直接的敌人"和"直接的作战对象"，6月加入经互会，11月越南与苏联签订了为期15年的《苏越友好合作条约》，而且越南还派军大规模入侵柬埔寨。1974～1979年，仅中越边界

① 黄国安、杨万秀、杨立冰、黄铮：《中越关系史简编》，广西人民出版社，1986年，第227－233页。
② 肖祖厚、李丹慧主编：《云南与援越抗美（档案文献）》，中央文献出版社，2004年，第413－420页。

地区的边境事件多达 3535 起，1979 年 2 月中国边防部队对越自卫反击，双方爆发了边界战争。此后 10 年间，两国关系一直处于最低点，广西、云南的边境地区成为对峙的前沿地带。

第三，1991 年以来，中国西南边疆地区成为中越两国开展经贸合作、人员交流的桥梁，21 世纪初成为丝绸之路经济带、21 世纪海上丝绸之路（以下简称"一带一路"）建设中连接中国与越南、东南亚地区的"西南枢纽"。

20 世纪 80 年代中期起，中越关系逐步出现缓和的迹象，1991 年两国实现了关系正常化。20 多年来，中越睦邻友好关系不断深入，作为中越经贸往来的重要组成部分，边境贸易发展迅速，促进了两国边境地区的开放、发展和繁荣。为了便于两国边民之间的贸易，1991 年中越关系正常化以来，两国都开放了一批互市点和口岸，还在沿边设立了口岸经济区。目前，我国在中越边境地区已开放了一大批口岸和互市点，如广西的东兴、峒中、滩散、里火、爱店、友谊关、凭祥、弄尧（含浦寨）、平而、水口、硕龙、平孟等等，云南的天保（船头）、河口等。这些都成为两国经贸往来的重要通道，据越南官方统计，1999 年经过越中口岸经济区的进出口总额占两国双边贸易的 50% ~ 60%。中国的云南、广西与相邻越南边境省份的边境贸易都发展较快。根据中方统计，云南与越南 1992 ~ 1998 年的双边贸易总额为 3.43 亿美元，1999 年则达到 7221 万美元，2001 年达到 1.003 亿美元，比上年增长 38.9%；2001 年达到 1.61 亿美元，比上年增长 67%。2000 年，广西与越南的边境贸易总额为 37.3 亿元人民币（下同），比 1999 年增长 11.8%；出口 25.6 亿元，比上年增长 0.74%；进口 11.7 亿元，比 1999 年增长 47%。

21 世纪之初，广西、云南与越南的经贸关系进一步发展，随着中国—东盟自由贸易区、大湄公河次区域经济合作、泛北部湾区域经济合作等多边机制的完善，中国西南边疆与越南及其边境省份的合作不断加强。2004 年，云南与越南北部的河内、老街、海防、广宁四个省建立了经济协商会议制度，2006 年成立五省市经贸合作小组，强调共同促进边境贸易。2007 年，广西与越南谅山省、广宁省、高平省成立了联合工作委员会，双方定期在河内、南宁会晤，形成了中越边境省份定期会晤机制。

2013 年 9 月，习近平主席在访问哈萨克斯坦期间首次倡议共同建设"丝绸之路经济带"，同年 10 月在访问东南亚国家期间又提出共同建设"21 世纪海上丝绸之路"的倡议，此后得到沿线许多国家的积极响应。越南是"一带一路"沿线的重要国家，在中国—东盟自由贸易区、大湄公河次区域经济合作、泛北部湾区域经济合作、南宁—新加坡经济走廊等多边合作机制外，"两廊一圈"成为中越两国合作的重要构想。"两廊一圈"是指"昆明—老街—河内—海防—广宁"、"南宁—谅山—河内—海防—广宁"经济走廊和环北部湾经济圈，涉及越南的 10 个沿海省份和中国广西、广东、云南、海南、香港和澳门。"两廊一圈"建设不仅可以满足中越两国间日益增长的贸易需求，而且能服务于中国和东盟成员国的贸易、运输需要，其中两条经济走廊就涉及 14 万平方千米和 3900 万人口①。"两廊一圈"建设在 2004 年得到中、越两国的认可，这年 10 月温家宝总理访问越南，中越发表《联合公报》，其中明确提出，双方同意在两国政府经贸合作委员会框架下成立专家组，积极探讨"昆明—老街—河内—海防—广宁"、"南宁—谅山—河内—海防—广宁"

---

① 陈铁军：《云南 30 年的沿边开放历程、成就和经验》，社会科学文献出版社，2015 年，第 39 - 40 页。

经济走廊和环北部湾经济圈的可行性。此后，"两廊一圈"建设成为两国合作的重要内容，2017 年 1 月阮富仲在越共十二大连任越共中央总书记后首次访华，他与习近平主席会谈时强调，"越中关系健康稳定发展对两国社会主义事业具有决定性意义，符合两党、两国、两国人民根本利益"；两国要开展"两廊一圈"和"一带一路"战略对接，加强并扩大双方海上合作，促进双方贸易、投资、旅游、国防、安全、民间交流和青年等领域合作取得更多实质性成果，把越中关系提升到更高的水平。①

三

　　回顾中越关系的演变及其影响，笔者认为如果边疆治理的视角分析，我国境内的"西南边疆治理"和我国与越南、缅甸等邻国关系无疑紧密相关，我国学术界应有所思考：

　　第一，中越关系的变迁让人们思考如何看待历史时期的中外关系，什么才是"正常的中越关系"？在经历了千年的"北属时期"、近千年的"宗藩关系时期"之后，我们如何分析 1945 年以来曾经有过的"同志加兄弟"的亲密以及 1974 年以来的起伏和变化？我们如何把历史上的"战争与和平"变成中国与越南、朝鲜、蒙古、缅甸等邻国关系的财富，而不是包袱和阻碍？这些问题都值得中外学术界共同关注。

　　就中越关系而言，笔者注意到中越学术界对于越南建国时间、历史时期中越战争的起因、1950 年以来两国关系中的一些事件都有不同认识，有的属于学术观点上的差异，有的则是某些学者出于片面地维护本国利益而无视事实的"政治正确"。其中，越南方面的某些认识继承了 968 年独立建国以来构建本国历史、增强民族自豪感的传统，把最早出现在中国文献中的"雄王创立文郎国"的传说"改写"成了"真实的历史"，于是构建了越南 4000 年历史的源头，并形成了中国早期侵略的历史——"殷寇"的侵袭，"蜀王"吞并建立"瓯越国"，秦始皇又派兵灭了百越部族和"瓯越国"，设立了南海、桂林、象郡。到 1964 年，越南历史学家又勾画出了这个传说中的"文郎国"的所谓"疆域"："古代文郎国的人民就是雒越人"，其"疆域"达到了"洞庭湖和巴蜀"，"铜器文化"的分布区域可佐证这一区域。②越南"史学家们"出于对阮福映及其子孙的反感，或许在论证这一观点时没有注意到 19 世纪越南的史学家在《钦定越史通鉴纲目》③中就指出：

　　陈、黎以前疆域，东至于海，西界云南，南界占城，北界广西，东北界广东，西南界老挝，参之天下郡国舆地诸书，安南东至海，西至云南、老挝，南至占城，北至广西，大略相同。逮我国朝列圣肇基南服，奉我世祖高皇帝（引者按：越南阮朝世祖阮福映，年号嘉隆）大定神州，奄有全越，东际大海，西接云南，北接两广，幅员之大，前此未之

　　① 《习近平同越共中央总书记阮富仲举行会谈》，新华网，http://news.xinhuanet.com/politics/2017 - 01/12/c_1120300574.htm，2017 年 1 月 12 日。
　　② ［越］陶维英：《越南历史疆域》，钟民岩译，河内科学出版社，1964 年，商务印书馆，1973 年中文本，第 19 - 26 页。
　　③ ［越］潘清简等：《钦定越史通鉴纲目》前编卷一，越南顺化 1884 年刻本。

有也。然与洞庭、巴蜀相距尤在绝远，乃旧史所载文郎国西抵巴蜀，北至洞庭，无乃过其实欤！夫洞庭地夹两湖，实在百粤之北；巴蜀犹隔嶲滇（今属云南），不相接壤，旧史侈大之辞，殆与后蜀王之事皆属虚传，而未之考也。

20 世纪，中外的考古学家、历史学家，包括越南的陈重金等人也对此提出了质疑。考古资料和中国、越南等国很多学者（如越南的陈重金，中国的戴可来等）的研究表明，越南有据可查的信史不早于秦代，"文郎国"、"瓯越国"只是反映了古代雒越人原始部落时期的情况。当然，1964 年正全力援越抗美的中国人民很难想到：此时越南"学者"正在研究中国在 4000 年前就"侵略了越南"，而当时越南的"疆越"最北达到了中国的洞庭湖和四川、重庆等地。

如果回顾千百年来的中越关系史，两国固然有过多次的纷争，但一个基本的事实是：和平相处的时间是战争、冲突时间的几十倍，两国人民之间的和平友好是主流。因此，正常的中越关系既不应该是特殊背景下的"亲密"，也不是毫无冲突的"绝对友好"，而是总体上和睦相处。这种和睦是双方共同努力才形成的，一方带着防范心理，故意把另一方丑化为"4000 年来的侵略者"，或者大国强调邻国是小国而且"恭顺"，就要"赐予"物资和土地，都不利于两国关系的发展。这就迫切地需要两国政府、学术界进行对话、交流，把双边关系史变为共同的财富，而不是包袱和阻碍。

第二，面对错综复杂的周边形势，我们如何经营好周边，并与越南等东南亚邻国共同建设命运共同体？2013 年 10 月，习近平同志在首次周边外交工作座谈会强调，要更加奋发有为地推进周边外交，为我国发展争取良好的周边环境，使我国发展更多惠及周边国家，实现共同发展；加快沿边地区开放，深化同周边国家的互利合作；要着力推进区域安全合作，主动参与区域和次区域安全合作，深化有关合作机制，增进战略互信；要巩固和扩大我国同周边国家关系长远发展的社会和民意基础，让命运共同体意识在周边国家落地生根。因此，面对南海争端升级、域外大国介入的复杂形势，我们必须研究：我们如何总结历史经验教训，在维护我国主权、安全和发展利益的同时，积极主动地同越南等东盟国家开展友好合作，坚持与邻为善、以邻为伴，突出"亲、诚、惠、容"的理念发展双方关系，携手共建中国—东盟命运共同体？学术界应对此有所作为。

第三，面对复杂的国际环境，我国边疆地区如何发挥区位优势，在"一带一路"建设中加强与邻国的经贸合作、人员交流，促进边疆地区的稳定与发展？

就西南边疆而言，总体上看，广西、云南、西藏处在"一带一路"建设中以及"三走廊、一通道、五机制"的格局之中，具有独特的区位优势：东为 21 世纪海上丝绸之路，中间由南宁—新加坡走廊（中南半岛走廊）、孟中印缅经济走廊、"面向南亚的重要通道"、中尼印经济走廊三个走廊和"一个通道"平行排列，同时在五个机制——澜湄合作机制（原来为"大湄公河次区域合作"机制）、中国—东盟自贸区升级版、中国—东盟博览会、中国—南亚博览会和中国—尼泊尔博览会——中发挥着独特作用，具有显著的区位优势。

在具有优势、面临机遇的同时，西南边疆融入"一带一路"建设又面临着一些挑战和新情况、新问题，这些因素都使西南边疆地区对外开放、加快发展与维护稳定相互影响，并形成了微妙的关系。一方面，边境管理与非传统安全问题，如毒品犯罪与禁毒工作、枪支走私、艾滋病、非法人口流动和跨境"非法"婚姻等问题长期存在。另一方面，陆地边界、海洋争端影响到我国的国家安全，并对西藏、云南、广西三省区扩大开放、参与"一带一路"建设产生影响。由于南海争端持续不断，中国与印度、不丹边界尚未划定，西南边疆地区与邻国的合作受到一定影响。其中，由于美国、日本等域外国家的介入，2010年以来南海争端持续升级，2016年7月菲律宾单方提出的"南海仲裁案"推出非法"仲裁结果"，美国、日本、澳大利亚等国极力搅动，使南海波澜不断，9月以来由于菲律宾新政府改善对华关系，形势有所缓和，但对中国与周边合作仍产生了消极影响，特别是对广西、云南与东南亚地区的合作有潜在的不利影响。面对这些问题，西南边疆地区如何发挥优势，化解风险？这既需要在实践中解决，又需要学术界通过调查研究，并提供相应的"智力支撑"。

从"归顺"到"靖西":边疆地区壮族的国家认同研究

罗彩娟

广西民族大学民族学与社会学学院

处于边疆地区的"靖西"市,其名称由过去的"归顺"更改而来,带有广西西陲边地安宁美好的含义。作为全国兴边富民行动的重点县,靖西的兴边富民行动,推动该市经济持续快速发展,其教育、科技、文化等事业也全面发展,从而对加强边疆壮族的国家认同感奠定了良好的经济和社会文化基础。千年古州"安德"镇是壮族首领侬智高建立壮民族第一个地方政权"南天国"的故地,当地壮族以节日仪式来纪念侬智高——民族英雄,并以《侬智高六旗兵阵》的表演来彰显和重塑爱国主义精神。在加强边民的国家认同上,应合理充分地利用自身的历史资源,促进地方经济和社会发展,达到国家认同的目的。国家认同的路径并非单一不变,应当结合具体的历史背景和地理环境与资源,寻找出理想的路径。

在全球化的背景下,民族国家受到超国家的区域认同及去国家的民族认同的双重冲击,"国家认同"(National Identity)便成为近年学界探讨的热点问题。在国际学界,国家认同问题在20世纪60年代后期的比较现代化与政治发展的研究领域逐渐凸显,其概念和定义也由西方学者提出并进行阐释。美国政治学家白鲁恂(Lucian Pye)对国家认同作出经典定义:国家认同是处于国家决策范围内的人们的态度取向。美国的另外两位学者罗德明和塞缪尔·金认为白鲁恂对国家认同所作的经典界定不够有效,因此他们在前人的基础上进一步探讨国家认同问题,认为现代国家是在民族这一集合体的基础上形成的,可以部分地根据群体维度来定义,也考虑到群体对国家权威的附属这一重要因素,反映了民族与国家之间的关系。[①]"国家认同"最早出现在1953年列文森论梁启超的著作《梁启超与中国近代思想》中。梁启超在1903年热情地宣传以国家利益为最高价值观念的思想,积极主张全国各民族团结起来,加强对于国家的认同。

近年来,我国的学者也对"国家认同"的定义和内涵做了阐释。郑永年认为"National Identity"这一概念就是民族国家认同,即人们对建立在自己的民族基础上的国家的认同;贺金瑞将国家认同定义为一个国家的公民对自己祖国的历史文化传统、道德价值观、理想信念、国家主权等的认同,即国民认同。台湾学者施正锋认为国家认同应该来自

---

① Lowell Dittmer and Samuel S. Kim, China's Quest For National Identity, Ithaca and London: Cornell University Press, 1993: 6 – 7.

英文 National Identity，是 Nation 与 Identity 的结合，将个人认同来源置于 Nation，就是因为隶属于 Nation 而产生的集体认同。① 这就涉及台湾民众自认为是中国人还是台湾人或者是双重认同，同时还将 Nation 上升为国家政权的问题。

我国作为多民族国家的典型代表，自古不乏对民族问题理论和实践的探讨，从 "非我族类，其心必异" 的类族辨物到有教无类的 "华夷之辨"；从孙中山的 "驱除鞑虏，恢复中华" 到 "五族共和"，都是不同时期对协调国家民族关系的指导路线。构建国家认同是与民族认同、政治认同、文化认同与宗族认同互为联系、互为作用、相辅相成的。没有民族认同的基础和前提，国家认同就无法构建安全的地域和心理边界；没有政治认同的坚硬外壳，国家认同就会变得软弱无力；没有文化认同的柔软内核，国家认同则会断裂易碎；没有地方社会的认同，国家认同则无法实现整合。

对国家认同进行研究，最理想的研究对象莫过于居住在边疆地区的人民，因为边民在日常生活中更容易接触和体会到国家对于个人的意义。边民对国家的向心力和认同感对于边疆安全是非常重要的。国家认同并非完全是意识形态的问题，不止停留在口号宣传等方面，更表现在人们的实际生活中，可以对之进行实证研究。因此，本文以边疆地区的靖西壮族作为研究对象。问题在于，处于边疆地区的靖西壮族在国家认同上有哪些特点，有哪些值得总结和借鉴的经验？通过该案例研究，可以为国家认同研究提供哪些新的观点或补充？本文将从历史与地名、现实与经济以及文化遗产三个方面展开论述靖西的国家认同和边疆治理问题。

一、从 "归顺" 到 "靖西"：历史与地名中蕴含的国家认同意义

靖西市隶属广西壮族自治区，百色市代管的县级市，位于广西西南边陲，南与越南接壤，地处中越边境，边境线长 152.5 千米，3322 平方千米。南与越南社会主义共和国高平茶岭县、重庆县山水相连，西与那坡县毗邻，北与百色市区和云南省富宁县交界，东与天等县、大新县接壤，东北紧靠德保县。总面积 3322 平方千米，耕地面积 50.31 万亩，人均耕地面积 0.78 亩，是典型的石山地区，全县有 168 个自治区重点扶贫村，贫困人口仍有 8.37 万，居住破旧危房农户 2.16 万户，15.1 万人的人均耕地不足 0.5 亩，2.43 万人的人均耕地不足 0.3 亩，是集 "老、少、边、山、穷" 于一体的国家扶贫开发工作重点县。辖 8 个镇，11 个乡，291 个村。其中有 13 个乡镇位于边境线 0~20 千米范围内。2014 年，总人口 67 万，是百色市人口第一大县，也是广西八大边境县（市）中人口最多的县份，壮族人口占总人口的 99.4%，是全国典型的壮族人口聚居地。2015 年 8 月 1 日，撤销靖西县，设立县级靖西市。2015 年 12 月 12 日，靖西市正式挂牌。

靖西市历史悠久，随着历代政治上的兴衰更替，它的名称也相应变换多次。在唐朝属于岭南羁縻地，本名归淳，元和年间更名为归顺州。到了南宋端宗景炎元年（1276 年），

① 施正锋：《台湾人的民族认同》，中国台湾 "国立" 中山大学台湾研究中心，2000 年。

江西广丰府广丰县人张天宗起义兵随文天祥抗元，失败后率众欲到安南，途中迷路，来到那签，也就是今天的旧州，在这一带开辟峒地，名叫顺安峒，意为顺遂安定之意，峒衙就置于那签。张氏传位五代，历时136年。后来被镇安（今德保）土司岑永福夺取，岑氏夺取顺安峒后，改峒名为归顺州，意为归顺于岑氏土司，至岑氏第十代土司岑继刚时，才把归顺州城迁移到计峒，也就是今靖西县城。岑氏十三代土司共十六位土官，共统治归顺州长达320年。到了清末，中法战争结束后，两广总督张之洞鉴于归顺州地处边防要地，向朝廷把归顺州升为归顺直隶州。民国元年废州设归顺府。民国二年，因帝制废除，便取消"归顺"二字，废府设立靖西县。

那为什么取消"归顺"而取名"靖西"呢？根据清顺治八年（1651年）布政司崔雅维向朝廷作抚恤土司的呈报中就有"以靖疆索"之语，突出一个"靖"字，随后州城也称"靖城"。据考证，靖城二字带有绥靖边地之意，有浓厚的封建色彩，到了民国初年，广西都督陆荣廷招县内一些名士商议取县名的事，根据民意和地理位置考虑，因靖城位于广西的西部，便用靖城的"靖"字与广西西部的"西"字组合，称"靖西"也意为广西西陲边地安宁美好之义。①

一个县名的由来寄予着百姓对当地生活和社会发展的厚望，也是族群间交往的符号。从靖西县县名的变换，我们可以看到它的历史渊源和社会变革，以及民族间的交往、互动情况，所以值得我们去探讨。同时，靖西县的名称来历反映了壮族一心向着中央，具有高度的国家认同意识。

如今的靖西县已经升格为"靖西市"，进一步彰显其对于国家边疆安全的重要意义。2015年8月1日，《民政部关于同意广西壮族自治区撤销靖西县设立县级靖西市的批复》（民函〔2015〕247号）：撤销靖西县，设立县级靖西市，以原靖西县的行政区域为靖西市的行政区域，靖西市人民政府驻新靖镇新华街339号。靖西市由广西壮族自治区直辖，百色市代管。公开资料显示，位于靖西县南部的龙邦镇龙邦口岸始建于1896年，是国家一类口岸，距县城42千米，距百色市221千米，距广西首府南宁302千米。口岸距越南茶岭县城5千米，距越南高平市38千米，距越南首都河内320千米。

那么，为什么要撤县设市呢？地处中越边境的靖西此次撤县设市或是为顺应国家"一带一路"的发展规划。根据国务院授权新华网发布的《推动共建丝绸之路经济带和21世纪海上丝绸之路的愿景与行动》，中国将在西南地区发挥广西与东盟国家陆海相邻的独特优势，加快北部湾经济区和珠江—西江经济带开放发展，构建面向东盟区域的国际通道，打造西南、中南地区开放发展新的战略支点，形成21世纪海上丝绸之路与丝绸之路经济带有机衔接的重要门户。靖西向来是我国与越南等地对外贸易的重要口岸城市。

此外，铁路和高速公路的开通有望将靖西打造成为中国西南通往东盟市场的出口大通道。作为中国第三条延伸至中越边境的铁路，德保—靖西铁路构成了广西与东盟间的国际新通道；2014年底百色至靖西高速公路通车，与汕昆高速相连，打通了靖西与中国西南云南和贵州二省的联系，使靖西由末梢变成了枢纽；中国百色—越南高平国

---

① 靖西县社会科学界联合会主办：《美在靖西——靖西社科纵横黄汉英专辑》，2012年第2、3期，原载《右江日报》，1984年4月22日。

际道路客货运输已开通；靖西—龙邦铁路已进入预可行性研究阶段，建成后向南可与越方铁路对接。①

可见，撤县设市进一步提高了靖西在国家贸易往来、交通纽带等的战略地位，加强了靖西壮族的国家认同感和向心力。

二、日常中的边疆意识与"兴边富民"行动
——国家认同的经济保障

处于边疆地区的靖西，一直对维护国家边境安宁起着非常重要的作用。在民族国家架构内，国旗是普通民众认知国家象征的最通俗方式，一旦通过对这一象征而展示了对共同体的承诺，个人就证明了对共同体的忠诚。笔者走访了被称作"南疆国门第一村"的龙邦镇护龙村，该村位于中越国界的护栏边上，这里的居民楼楼顶上都飘着五星红旗，有的家庭客厅里庄严地摆放着迷你国旗。沿边路旁的村庄甚至整个龙邦镇家家户户都挂国旗。吕俊彪在研究京族的族群认同与国家认同问题时，也注意到类似现象，国旗迎风招展，成为京族地区的一道风景线。他说："2005 年以后，在当地政府的倡导之下，居住在京族地区城乡主要交通要道两侧的京族人家，不仅在类似于国庆节劳动节这样的重大节日悬挂国旗，而且在平日里也都能够坚持这样做。于是，'挂国旗'也就成为了京族地区的一大'特色'。如今但凡到过京族地区的人，都可以或多或少地感受到当地京族人这种纯朴的爱国热情。"②

弗朗兹·博厄斯认为："国旗绝不仅是装饰品，而具有很强的感情作用。国旗能唤起人们的爱国心，它的价值不能仅从形式上去理解，它是以形式同人们感情世界的某些具体方面的结合为基础的。"③边境上的一位居民告诉笔者："作为中华民族的一员，真的很荣幸。越南现在还是相对落后的，贫富差距太大，虽然我们这里也有贫富差距，但是至少可以解决温饱，他们那里有些地方还不能解决温饱问题。"尽管多数居民从经济基础的角度认同国家，但也是以国家及民族的自豪感和自信心为出发点，飘扬的五星红旗不仅是对祖国领土和主权的维护，也是个体对"生于斯，长于斯"故土的依恋，更是"祖国在我心中"的强烈表达。

2000 年以来，靖西县以先后被国家民委列为全国兴边富民行动试点县和被确定为全国兴边富民行动重点县为契机，围绕《中国农村扶贫开发纲要（2001～2010）》和《兴边富民行动"十一五规划"》的目标任务，认真贯彻落实自治区党委、政府关于开展兴边富民基础设施大会战工作部署，以经济建设为中心，以群众脱贫、财政脱帽为目标，扎实推进兴边富民大行动，全县综合经济实力明显增强，边境民生得到了极大改善。

---

① 广西靖西撤县设市获批复，谋局西南地区面向东盟的经贸新高地，2015 年 8 月 19 日。
② 吕俊彪：《京族人的族群认同与国家认同》，社会科学文献出版社，2014 年。
③ 弗朗兹·博厄斯：《原始艺术》金辉译，上海文艺出版社，1989 年。

通过实施"兴边富民"行动基础设施建设大会战，极大地改善了边境地区贫困落后的面貌，靖西一步一步从对外开放的末端走向开放合作的前沿，达到固边兴县惠民的目标。一是边境农村基础设施条件得到全面改善。基本实现了乡乡通油路、村村通公路、村村通电、村村通广播电视、村村通固定电话和移动电话、村村建有卫生室的目标。这为靖西边境少数民族经济发展打下了牢固基础，拓宽了边民的脱贫致富之路，使靖西成为外地客商关注的投资热土。二是人民生活水平不断提高。全县贫困人口从2000年的28.86万人减少到2010年末的8.37万人，累计解决20万贫困人口的温饱问题，农民人均纯收入由2000年的1288元增加到2010年的2947元。解决了6.15万人行路难的问题和2.66万人饮水难的问题，3.2万人住进了宽敞明亮的住房，4.4万人用上了清洁的沼气，1.2万名学生住进新的教学和宿舍楼。建立了覆盖城乡居民的社会保障体系建设和多层次的医疗保险体系，边境0～3千米农村居民全部纳入农村低保范围，城乡困难群众实现应保尽保。2011年参加新型农村合作医疗农民达56.1万人，参合率达97%。三是农民增收渠道进一步拓宽。通过改善水电路等基础设施条件，边境地区贫困农民的自我发展能力明显提高，因地制宜发展烤烟、桑蚕、水果、甘蔗、中草药等特色农业产业，极大增强了边境地区经济发展后劲；交通落后、信息闭塞等问题解决之后，边民开始走出家门，务工经商，全县每年外出务工人员达13万人以上，年劳务经济收入达12亿元以上，劳务输出成为农民增收的亮点。四是边境民族地区广大农村劳动者素质得到全面提高。10年中累计投入少数民族发展资金133万元，举办烤烟、生姜、桑蚕、水果、茶叶、种草养牛、生态养鱼等种养技术培训班和村医培训班共96期，培训农民2.8万多人；印发各类技术资料3.1万多份。组织项目重点乡镇的干部、农村种养能手代表共500人分批次到北海、桂林、钦州、田阳等区内经济发达地区进行参观学习11次（期），开阔视野，增长知识，学习外地先进技术和经验，不断提高农民的种养技术技能水平，使项目区干部、群众的思想观念和科技素质得到全面提高。五是县域经济综合实力明显增强，边境社会和谐稳定。全县生产总值从2000年的12.2亿元增加到2010年的71.81亿元，全社会固定资产投资从2000年的2.91亿元增加到2010年的82.61亿元。财政收入从2000年的6325万元增加到2010年的7.51亿元。①

经济持续快速发展，教育、科技、文化、卫生、体育、广播电视等事业全面发展。靖西先后获得"广西县域经济发展进步奖"、"广西优秀旅游县"、"广西科学发展十佳县"和"中国西部地区两基攻坚先进县"、"全国双拥模范县"、"广西招商引资工作先进县"、"广西民族团结进先进集体"等荣誉称号。这些荣誉说明了靖西县无论是在经济、政治还是社会等各个方面都呈现出了良好局面。"兴边富民"行动基础设施建设大会战的实施，有力地推动了靖西基础设施的建设，提高了当地的经济发展水平，为边疆地区壮族的国家认同提供了坚实的经济和社会文化基础。

---

① 靖西县人民政府：《兴边富民十年磨一剑 壮乡靖西矢志铸丰碑——靖西县深入实施兴边富民行动10年工作总结》，2011年6月27日。

三、侬智高与 "南天国" 遗址安德镇：
文化遗产中的爱国主义精神

安德镇位于靖西市市区西北部，是靖西市的 "北大门"，东靠龙临镇和果乐乡，南靠三合乡，西与南坡乡相毗邻，北部与那坡县接壤，可达云南省，是桂西入滇的重要门户之一。320 省道横穿境内，靖西至那坡高速公路过境 19.8 千米并在境内设有互通口，镇域总面积 219.5 平方千米，辖 20 个村（街），总人口 4.39 万，与边境口岸重镇龙邦镇、镇域综合实验改革试验区湖润镇并称靖西的三大重镇。故而，研究靖西壮族的国家认同问题，关注千年古州安德镇就显得理所应当。

安德镇建置历史悠久，唐代唐德宗贞元十二年（796 年），中央封建政权在安德设安德州，至今已有 1217 年的历史，素有 "千年古州" 美誉。安德镇人文底蕴深厚、民俗文化丰富、自然生态独特，是壮族首领侬智高建立壮民族第一个地方政权——南天国的故地，是民族英雄刘永福建立 "黑旗军" 的发祥地，是滇、桂、粤三地商贸交流 "滇桂走廊" 和 "百粤古道" 的必经之地，是融入《左右江革命老区振兴规划》新兴的文化旅游目的地。2013 年，广西壮族自治区人民政府公布了区内第二批历史文化名镇 6 个、名村 16 个，安德镇荣膺其中。2015 年 4 月，安德街入选自治区首批传统村落名录。2015 年 11 月，成功入选自治区城镇化建设百镇示范工程试点镇。

安德镇境内山川雄峻，自然风光绮丽多彩，自然资源、人文资源丰富，文化底蕴浓厚，民风淳朴厚正，民俗特色鲜明。境内有古房建筑、南天门、三层塔、英雄纪念碑、灵山、观音山、魁神山、歌仙洞、照阳关、南天国遗址、石林、龙皇钓鱼台等十几个名胜景点。距镇政府不远处的公路上，坐落着一座险峻的大山，山腹上下有两个穿山洞，上洞宽 70 米高 80 米，为古时桂西进入云南的唯一通道，这就是照阳关，据清《归顺直隶州志》载："朝旭东升，正照洞中。" 故名照阳关。照阳关的岩壁上刻有历代文人墨客的题刻，笔力雄浑，且照阳关地势险要，有一夫当关万夫莫开之势，洞口的两边自古筑石下洞宽 20 米，高 15 米，长 100 米，解放后修通公路，使天险变通途。这里自古便是兵家必争之地。北宋时，壮族首领侬智高的起义部队就在洞中扎营；清初，藩王吴三桂余部曾在上洞垒筑石墙把关（当时下洞之路未通）；清末，天地会农军首领吴亚终部也曾驻扎此洞。这些历史遗迹昭示着安德镇在岁月长河中积淀着浓厚的文化底蕴，而这些文化的创造者与传承者也正是世世代代生活在这里的壮族人民，他们或是土生土长，或是自外迁徙，都随时间的推移而成为最纯朴的壮族人民。

近年来，在上级党委政府的正确领导下，镇党委政府围绕 "农业立镇、文化名镇、生态美镇、旅游兴镇、商贸旺镇" 的发展思路，以特色旅游业为主导，以观光型生态农业、规模化扶贫产业为两翼，坚持多措并举，多头并进，推动安德经济社会发展的跨越腾飞。

在调查访谈中，笔者发现，安德镇的照阳关在老一辈安德人心中的认同度很高，他们普遍认为那里是英雄人物聚集的地方。不过，随着文化开放和经济发展，照阳关越来越少被年轻一代关注了，笔者先后和两位生活在照阳关脚下小村的七旬的老人聊过天。他们说，自己儿时还在照阳关上放牛、玩耍，是那时孩子们最爱去的地方。当时上山的路也有几条，山上还有颓倒的矮墙、烽火台等，他们都多多少少知道照阳关的历史人物以及不少故事，可现在的年轻人不同了，有了手机、电脑，就没有人愿意上山玩了，上山的路早已长满了及腰杂草，父母也不给他们讲，他们只知道那里是"古代打仗的地方"，其余就一无所知了。年青一代把照阳关当作一处景点多于当作壮族英雄聚集地。政府已经注意到了这一点，将安德内的众多遗迹列为文化遗产，这将会重新激发当地人的民族自豪感，从而挽回这一局面。

此外，"南天国"遗址位于安德镇。乘车前往安德镇，在一条通往安德街不远的公路上横亘着一扇"大门"建筑，该建筑就是著名的"南天门"，抬头可见门口上方书写着"安德南天国置地"几个大字，从而把安德镇这个地方与外界隔离开来。南天门左右两边的对联写道："思过去侬公武略文韬立天国，看今朝德众心雄志壮兴古州。"

碑文详细介绍了建立和重修"南天门"的始末：

> 史载一〇四五年间壮族首领侬智高在安德建立"南天国"抗交趾、反朝廷，取得赫赫战功，成为民族英雄。昭彰他的英雄事迹和爱国主义精神，乃为安德人民之夙愿。
>
> 今日欣逢盛世、改革开放，"思过去侬公武略文韬立天国，看今朝德众心雄志壮兴古州"，由此建"南天门"是安德人民的重要愿望。在得到地、县、镇各级党委政府、各界仁人志士、各地各位同胞的大力支持，慷慨解囊捐资赞助，以及安德人民的努力，于一九九五年建成"南天门"。
>
> 然而二〇〇一年国家建设二级公路，从八米路面扩大到十四米宽，暂时拆倒"南天门"。如今二级公路已竣工通车。安德人民为了世世代代纪念、歌颂壮族首领侬智高，倡议重建"南天门"，并得到县党委政府、各单位、各界仁人志士、各地各位同胞的厚爱，再次解囊、赞助，于二〇〇二年十月竣工庆典，安德"南天门"成为又一处爱我中华的爱国主义教育基地，和新的人文景观旅游胜地。
>
> 南天门的来历，是与侬智高起义的历史息息相关的。作为那段历史的见证，仁立于祖国的南疆。如今的安德镇人以节日仪式的方式来纪念侬智高这个民族英雄，同时成为爱国主义教育的基地，也是壮族对国家高度认同的体现。

笔者于2015年12月3日参加在南宁举办的"侬智高学术研讨会"后，在会务组的安排下，于12月4日与40余名专家学者一起前往靖西县安德镇考察。在安德镇街口，安德镇镇长给我们介绍了该镇的基本情况，以及于2016年动工的"侬智高文化广场"（目前已征好地）和"侬王圩"（集购物、娱乐于一体的圩市）建设项目。可以想象，这两大工程完成之后，侬智高文化将成为安德镇首要宣传的地方历史和文化。

随后，我们来到位于安德镇中学附近的一处广场观看《侬智高六旗兵阵》盛大表演，据说这也是近几年当地政府推出的一大表演节目。据称，安德是宋代侬智高所建的壮族第一个地方性政权——"南天国"故地。侬智高作为壮族的民族英雄，他起兵反抗越南李朝统治者的北侵，反对中国宋朝统治者出卖国土的投降政策和民族压迫民族歧视政策，是建立过卓著历史功绩的英雄人物，历来受到中国壮族、越南岱族侬族、老挝老龙族、泰国泰族、缅甸掸族共同的崇拜，在东南亚有广泛影响。大型原创武舞《侬智高六旗兵阵》的创作灵感源于公元1050年，侬智高在安德建立南天国后，实行全民皆兵，把安德周边6个自然屯分别定为黄、紫、红、青、蓝、绿六色旗号，中心安德街则以黑旗为总指挥旗。每旗为一队人马，举旗召众，以应付急事，史称"六旗"。

《侬智高六旗兵阵》分别由《大刀阵》、《藤牌阵》、《三叉阵》、《弓箭阵》、《钻铲阵》、《铁尺阵》组成，由180余名演员参与表演。各方阵在震撼人心的鼓点指挥下，摇旗呐喊，挥兵斩将，生动再现当年侬智高六旗军雄壮的军威场景。

为纪念壮族英雄侬智高，安德镇举行一年一度的"靖西·安德南天国故地民俗文化艺术节"活动，2013年5月7日的艺术节日程安排除了有开幕式、观看农民画展和斗鸟比赛，文艺表演和山歌比赛之外，还有下午两点至三点在二级路、大街举行的《侬智高六旗兵阵》巡街这一环节。

《侬智高六旗兵阵》向我们展现了宋朝时期侬智高率领部队抵抗交趾的壮观场面，再现了壮族人勇于抗争、一心向国、保卫领土的爱国志气。这场成功的表演无疑对于重塑侬智高爱国主义精神有重大意义，对于增强壮族同胞的爱国情怀同样至关重要。

余论

综上所述，"靖西"这一富有边地美好安宁寓意的地名，彰显着边疆地区国泰民安的真实画卷，撤县设市的国家战略更加突出靖西对于国家边疆安全的重要意义。其一，边疆地区家家户户升国旗，是边民边疆意识和国家意识的充分表达；地方政府依托兴边富民大行动，大力发展经济和文化教育等事业，为靖西人民营造富足安康的生活环境，致使边疆壮族表现出对国家的高度认同感和向心力。其二，靖西地方政府和民众一方面充分挖掘当地深厚的历史文化资源，以侬智高作为爱国主义英雄的象征，透过年度节日和还原历史场景的展演等方式来重塑人们的爱国主义情操。反过来，处于边疆地区的靖西壮族为国家社会稳定、边疆安全做出不可磨灭的贡献。对于壮族来说，在维护边疆安全上贡献突出，正是壮族对国家有高度的认同感和使命感所致。

透过靖西的国家认同案例，可以得出如下几个观点：其一，在加强边民国家认同上，可以充分而又合理地利用已有的历史资源，通过民俗节日、表演让历史资源重回日常生活中，强化边民的国家意识和认同感。其二，民族认同与国家认同并非截然对立，民族认同是国家认同的基础和前提。如何更好地加强地方民众的民族意识和民族认同感，从而达到国家认同的目的，是我们需要进一步思考和努力的方向。靖西对侬智高这位民族英雄的纪念和宣传活动即是成功的例子。其三，县（市）名的变更亦可寄予国家对于边疆安宁的寓意，深化边民的国家意识。其四，经济和社会发展是实现国家认同的重要保障。若不能解决温饱问题，甚至仍处于贫困线下，边民无法安居乐业，他们对国家的认同意识和爱国情操则无从谈起。其五，国家认同的路径并非单一不变，应当结合具体的历史背景和地理环境与资源，寻找出最为适宜和理想的路径。

疆域·空间：唐朝权力博弈的场所

李鸿宾

中央民族大学历史文化学院

本文是对唐朝疆域·空间性质进行的专门研究。笔者认为，疆域·空间这些原本自然地理的形貌之所以具有意义，与其说在于其自身，不如说是活跃其上的人群，尤其以国家政权为主建形式的政治体所内涵的价值。人群的活动只有进入国家政权的建设层面，疆域空间才有了备受关注的意涵。就唐朝而言，其疆域的意义就体现在以汉人为核心的政治集团构建了以农耕区为中心，并向四周非农耕地带发展的势头之上。在此期间，尤以步入草原游牧地带构建的王朝所具有的超越以往农耕的单一限度形塑的混溶欧亚大陆的南北特质而彰显于世。于此，作为沟通南北的长城地带亦由中原王朝范围内的边缘递升为中心，这至少构成了唐初 50 年王朝地域的基本特质。

笔者曾撰写了《唐朝的南北兼跨及其限域》、《唐朝的疆域与疆域观念——有关"唐朝边疆问题"的若干思考》等文，[①] 就唐朝的疆域若干问题进行申论。因其范围所限，有诸多问题仍待阐明，此文拟在前文讨论的基础上就唐朝疆域前后衍变的特性做一概观式的归纳，以彰显笔者认识中疆域或地理空间的映像。

一

今人对唐朝疆域的认识，多从主权国家的角度着眼，它强调的是确定而分明的疆界、公民权的保障与国家主权的维护，这是近代以来源自欧洲民族—国家进而影响全世界的范式。[②] 以它的标准来讨论唐朝不但不合适，还会造成误解。唐朝是典型的王朝国家，与民族—国家的模式迥然有别，它的疆域问题应当置放在那个特定的语境下去理解，这是笔者一再强调的。[③] 那么，我们是如何理解这一问题的呢？

---

① 前者刊载于《中国边疆史地研究》，2006 年第 2 期；后者待刊。

② 有关这个问题的讨论可谓汗牛充栋，其中英国社会理论家吉登斯所著《民族—国家与暴力》（胡宗泽等译，生活·读书·新知三联书店，1998 年）一书是具有较高解释力的一部，可参阅该书导论第 1 - 6、140 - 146、316 - 325 页。

③ 参见拙文《传统与近代的对接——从地域和民族角度论述中国传统王朝的近代境遇》，耿昇等主编：《多元视野中的中外关系史研究：中国中外关系史学会第六届会员代表大会论文集》，延边大学出版社，2007 年，第 49 - 57 页；《王朝国家体系的构建与变更——以隋唐为例》，孙家洲、刘后滨主编：《汉唐盛世的历史解读——汉唐盛世学术研讨会论文集》，中国人民大学出版社，2009 年，第 165 - 175 页；《唐朝北部疆域的变迁——兼论疆域问题的本质与属性》，《中国边疆史地研究》，2014 年第 2 期。

唐朝的建国始于李渊太原起兵，他在文臣武将的辅助下，矛头直指隋朝首都大兴城。占据都城就意味着占据者能够获得新王朝的法统地位，这一标志性事件亦成为不同时期各路诸侯豪杰竞相争取的目标，如同秦末东方反秦势力的（名誉）为首者楚怀王就曾与项羽、刘邦诸辈相约"先破秦入咸阳者王之"，① 那意思很明显：只有占据关中的都城，才能推翻秦朝并取而代之。

　　李渊与其竞争者们建立王朝的方式，都是通过构建一支稳固的统治集团、占据一个稳定的地区（通常以都城为核心），以此角逐争战、竞相扩展而实现的，毛汉光将其归纳为核心区与核心集团之模式。② 竞争沿承的规则是"胜者王侯败者贼"，李渊最终成功了。

　　618 年的李渊即位，标志着新王朝的开始。唐朝面临的任务就是征服与自己抗衡的对手或招降那些反隋势力，一旦将他们纳入麾下，就意味着唐本土形势的安稳缓和，这正是唐廷合法性统治的诉求。这里的"本土"是指农耕地区，这是汉人王朝建立统治的地缘基础。倘若王朝实力未逮且观念保守，那么农耕地域的边缘就成为王朝追求的"极限"了。秦始皇向以宏图远大著称，他稳定中原农耕地域后试图再向草原拓展，但遭遇游牧势力的抗衡而终止于长城的构筑，③ 这表明：向北部的拓展已经超过了它的能力，④ 真正打破农耕限域的汉人为主体的王朝，则是唐朝。⑤

　　唐之所以能够取得突破，首先是它秉承了隋朝建国近 40 年的大一统基础。⑥ 隋朝留给唐的重要遗产，就是王朝一统化地位的追求。从唐太宗口口声声要吸取隋亡之教训而他仍旧延续炀帝征伐高丽进取东北的行为上，可以清楚地看到他一统化合法地位的诉求意愿，⑦ 这就是先秦时期"普天之下莫非王土，率土之滨莫非王臣"的延续。这也是华夏统治集团普遍的思想观念，一旦条件具备，他们就将观念变成行动。与此对应，唐朝宗室的鲜卑拓跋血脉及其文化传统，也是促使他们突破进入草原的另一思想和观念。⑧ 此种路径在北魏分裂为东西之后尤其体现在宇文泰纠合各路诸侯和权贵组建关陇集团以抗衡东魏一

----

① 《史记》卷 7《项羽本纪》，中华书局，1959 年，第 313 页。

② 参见毛汉光：《中古核心区核心集团之转移——陈寅恪先生"关陇"理论之拓展》，氏著：《中国中古政治史论》，上海书店出版社，2002 年，第 1－28 页。

③ 参见［美］巴菲尔德：《危险的边疆：游牧帝国与中国》，袁剑译，江苏人民出版社，2011 年，第41～42 页；［美］狄宇宙：《古代中国与其强邻：东亚历史上游牧力量的兴起》，贺严、高书文译，中国社会科学出版社，2010 年，第 231－232 页。

④ 参见胡鸿：《秦汉帝国扩张的制约因素及突破口》，《中国社会科学》，2014 年第 11 期。

⑤ 蒲立本将中原王朝与草原帝国之关系分作三类，他认为唐太宗的目标是超越这三类而将中原与草原并置在一个政权之下进行有效的统治。参见 Edwin G. Pulleyblank，"The An Lu－shan Rebellion and the Origins of Chronic Militarism in Late Tang China"，in John Curtis Perry and Bardwell L. Smith，eds.，*Essays on Tang Society*：*The Interplay of Social*，*Political and Economic Forces*，p. 37.

⑥ 有关唐朝崛起的意义，从域外角度的探讨，可参阅 S. A. M. Adshead 撰述的 *Tang China*：*the Rise of the East in the World History* 一书（New York：Palgrave Macmillan，2004），尤其是该书第二章第 30－51 页。

⑦ 唐太宗征伐高丽的合法性在于他"祗膺宝历，君临宇县，凭宗社之灵，藉卿士之力，神祇储祉，夷夏宅心"，他之征讨高丽，实系"缅唯汤文取乱，常怀偃伯之心；虞夏胜残，实弘光被之美"（（宋）宋敏求编：《唐大诏令集》卷 130《蕃夷·讨伐》之《亲征高丽诏》、《高丽班师诏》，洪丕谟等点校，学林出版社，1992 年，第 645－646 页）之再现，这与隋炀帝征讨高丽之"夏开承大禹之业，商郊问罪，周发成王之志"，"粤我有隋，诞膺灵命，兼三才而建极一六合而为家"（《隋书》卷 4《炀帝纪下》，中华书局，1973 年，第 79 页）的心态如出一辙，可视为中华正统意识形态的展现。

⑧ 参见拙文《唐朝的南北兼跨及其限域》，《中国边疆史地研究》，2006 年第 2 期。

北齐的追求中，并由此构建了此后的隋唐王朝政权，这也是学界流行的唐朝"拓跋国家"的根基所在。[①]

这两个因素是唐朝建构超越农耕王朝的基本动因。笔者想说明的是，630年征服东突厥之后又相继征服西突厥的举动，都能证明（汉人为主体的统治集团）唐朝统辖范围的扩展，已经超出了汉人王朝的限域，这在其前既没有先例，也无后来者。这个时期的唐朝除了将北部突厥势力纳入朝廷的控制下以及铁勒诸部主动投附外，它又出兵东北征服高句丽、派兵深入西域腹地建立军政系统，进而囊括了东、北、西诸外围地带；其时吐蕃、吐谷浑等西部势力亦相继遣使长安向朝廷进奉。[②] 这一系列的行动表明：含括农耕外围广远地带、农牧交相混杂的诸民族构建的雄盛王朝，终于形成了。

二

但是，兼跨农耕、草原的一统化局面，随着吐蕃势力的崛起并向唐展开进攻，特别是东突厥24州县的起兵叛乱导致的重新复国而遭到破坏。[③] 如果从630年唐征服东突厥算起，至680年前后东突厥的复兴，前后不过50年。[④] 此后的唐朝遭受周边各种势力的抗衡而终于以外重内轻的节度使御边的体系代替了初始的内重外轻方略。[⑤] "安史之乱"以后的王朝，其地域与人群的有效治理又局促于农耕、汉人的主体范围之中。[⑥] 唐朝合法地位的丧失正是在这个领域内实现的。这说明什么问题呢？

笔者在此前的研究中曾经说过：就汉式王朝而言，[⑦] 它的地域与人群，大体由中原内地与周边外围、汉人居中与非汉人守边的格局而形成的。当王朝的实力雄强之时，它就能建立超越中原、汉人以外包括周边广远地带和众多民族的巨型王朝；然而当它削弱之际，周边地区和各民族势力也能反过头来向中原挺进和施压，王朝遂萎缩并局限于农耕内地；

---

① Sanping Chen，"The Legacy of the Tuoba Xianbei：The Tang Dynasty"，*Multicultural China in the Early Middle Ages*，Philadelphia：University of Pennsylvania Press，2012：1 – 38.

② 有关唐初与周边四邻的交涉，新近的研究成果可参阅 Wang Zhenping 的 *Tang China in Multi – Polar Asia：A History of Diplomacy and War*（Honolulu：University of Hawai'i Press，2013）一书的相关部分。

③ 吴玉贵：《突厥第二汗国汉文史料编年辑考》，中华书局，2009年，第445 – 447页。

④ 这只是大略而言，实际的情形较复杂。若按照杉山正明的说法，唐廷有效控制蒙古高原的时间不过40年而已。姚大力：《一段与"唐宋变革"相并行的故事》，［日］杉山正明：《疾驰的草原征服者：辽西夏金元》（乌兰、乌日娜译）推荐序，广西师范大学出版社，2014年。

⑤ 雷家骥：《从战略发展看唐朝节度使体制的创建》，此据唐代学会编：《唐代研究论集》第四辑，新文丰出版股份有限公司，1992年，第253 – 318页。

⑥ 这是个饶有趣味的话题，但学界讨论得较少。邹逸麟的《中国多民族统一国家形成的历史背景和地域特征》（《历史教学问题》2000年第6期）一文曾有涉及，但因篇幅和主旨所限，未能展开。成一农的《唐代的地缘政治结构》（李孝聪主编：《唐代地域结构与运作空间》，上海辞书出版社，2003年，第8 – 59页）更多地着眼于行政制度或体制的演变，类似的现象几乎支配了大陆历史地理学的研究。就此而言，唐朝地域伸缩的问题，仍留给学者们多种角度探索的空间。

⑦ 这里主要是指以汉人为主体的统治集团建构的王朝。

一旦中原核心腹地及其汉人群体不再以王朝为合法依托而掀起反抗，王朝的命运就此告结。① 唐朝的整体历程就体现在这三个面向之中。所谓囊括农耕、草原并皇帝、"天可汗"集于一身为标识的唐太宗统领下的帝国，② 正是其经济和军事实力发展到了足以支撑其构建"天下"政治的程度，才有太宗兼跨长城南北王朝局面的出现。然而随着吐蕃的崛起扩大、东突厥帝国的复兴，他们分别从西南和北方挤压唐朝，契丹等周边势力亦叛服无常，唐朝的"盛世"局面频遭威胁和挫折，安禄山随后掀起的叛乱则彻底改变了唐廷强势拓展的劲头，此后的朝廷被迫周旋于长安与各地藩镇的权力博弈之中。这个时代的唐朝，基本处于朝廷与周边外围势力攻守相兼的纠缠之内，而周边势力的挺进迫使唐朝回缩，则是这一阶段的明显特征。黄巢起兵反唐之后的历史，亦走上了节度使武力支配并取代朝廷法统的道路：唐朝的合法性地位最终被剥夺了。③

三

纵观唐朝 300 年历程的三种命运，我们从中看到的支配这个王朝命运如此嬗变的要素，一个是人群的活动，另一个则是他们活动依托的地理空间，换言之，人地关系应当是我们解释其命运的关键所在。

人类的活动发展到一定程度时就需要构建高度的组织架构以作保障，国家政权因此而萌生并逐渐演化。国家的重要功能就在于它是人类进行政治活动的组织依托，人群的活动需要特定的地理空间以便伸展，此种空间的价值和意义因此而得以凸显（反过来说，这种空间同样需要国家政治体的设置以维护和保证人群的活动）。国家一旦出现之后，它亦以人群为载体、地域为依托求得发展。这种互为因果即王朝（国家）、人群（民族）、地域（空间）三者的关系，④ 就成为我们理解唐朝三个阶段不同命运的基本维度。作为本书讨论的中心——地域空间的尺度，它的特性表现在什么地方？则是我们集中讨论的问题。⑤ 我们可从以下两个视角考虑。

首先，从唐朝自身发展的角度而论，它体现的是中原王朝为核心所施展的政治愿望及其活动。

---

① 参见拙文《中原与北部地区的共生关系——从长城谈起》，《民族史研究》第 7 辑，民族出版社，2007 年，第 61－79 页；《王朝国家体系的构建与变更——以隋唐为例》，孙家洲、刘后滨主编：《汉唐盛世的历史解读——汉唐盛世学术研讨会论文集》，中国人民大学出版社，2009 年，第 165－175 页。

② 新近的研究，可参阅朱振宏：《大唐世界与"皇帝·天可汗"之研究》，花木兰文化出版社，2009 年。

③ 参见王赓武：《五代时期北方中国的权力结构》，胡耀飞、尹承译，上海中西书局，2014 年；李鸿宾：《内源型变迁的王朝权力结构——王赓武〈五代时期北方中国的权力结构〉书后》，未刊稿。

④ 参见［德］弗里德里希·拉策尔：《作为边缘机体的边疆》，袁剑译，张世明校改，张世明等主编：《空间、法律与学术话语：西方边疆理论经典文献》，黑龙江教育出版社，2014 年，第 121－149 页；袁剑：《近代西方"边疆"概念及其阐释路径——以拉策尔、寇松为例》，《北方民族大学学报》（哲学社会科学版），2015 年第 2 期。

⑤ 关于地理空间对中国历史的作用，可参阅［美］拉铁摩尔：《针对中国历史地理问题的一个亚洲内陆研究法》，牛岫甸译，张世明校改，张世明等主编：《空间、法律与学术话语：西方边疆理论经典文献》，黑龙江教育出版社，2014 年，第 397－407 页。

倘若从此处着眼，那么唐朝帝国的建立、发展与消亡，实际上就是这一政治体自中原向周边拓展伸缩的过程。其模式是以中原为核心、汉人群体为依托的王朝的建构、演变与消解的历史。它建基于秦，完成于明，唐朝则为其发展的顶点。如上所述，唐朝的起始经历了李渊核心集团从太原起兵反隋到谋取都城、剪除兼并与之抗衡的其他势力，进而稳固中原核心区，并在此基础上向周边拓展的过程，最后营建出了跨越长城南北、兼有农耕游牧诸多地区及诸种民族势力的王朝帝国。随后，吐蕃的崛起与东突厥的复兴所代表的周边外围势力转而回向唐朝而展开进攻和夹击，又迫使唐朝战略转移，以致引起内部安禄山军队的叛乱，导致后期帝国内部的纷争，王朝最终被有政治"野心"的节度使势力所取代。这种演变的格局都是以中原（具体是关中长安都城）为核心腹地、汉人为支撑群体的方式而展开的。

在其演变之中，发挥关键作用的就是以汉人为中心的统治集团。他们依托中原核心腹地在向周边发展的过程中，与周边各个民族势力进行军事开拓、政治支配的博弈。当以太宗为首的朝廷进军东北旨在征服高句丽、平定朝鲜半岛局势，向北征服东西突厥，向西域腹地进军并设置军政体制之际，标志着实力雄厚的中原势力着意构建的、超越农耕地域的一统化王朝的确立。而吐蕃崛起、突厥复辟引生的周边外围势力的兴盛并挤压唐朝之时，便意味着兼跨南北一统化王朝遭受新的压力而被迫回缩。唐廷将被朱温取代前后，周边地带的契丹、党项乃至草原·西域诸地的回鹘，则开启了自身建构政权的道路，最终演化成五代十国与周边外族王朝并存的局面。这三个阶段中的命运虽千差万别，但都是围绕中原与周边之间的相互关系而展开的。之所以是中原、周边这种内外地区的伸张、收缩，正是活跃在这些地区的汉人与非汉人族群之间的互动所引发的。在那个时代，族群与族群的交往争执，主要是依托王朝政治体而展开。于是，欧亚大陆东部这个地域的本质，就表现为中原王朝通过与周边非汉人政治势力（包括王朝帝国）政治、军事、经济、文化的交往而呈现的南北互动。单就政治意图而言，它则表现为中原王朝扩展自身（势力）而兼并周边势力、后者又通过军事手段削弱唐朝实力的博弈过程。在这种内外竞争的互动中，中原王朝自认为文化优越、文明进步、出自正统而具有意识形态和道德上的优越，从而赋予它的开拓乃至收缩行为以合法性地位，与之对应的则是周边的外族多系文化落后、"野蛮"未驯而成为"教化"的对象。尽管唐太宗声称"独爱之（夷狄）如一"视以同侪相待，[①] 但这并没有改变华夏—夷狄的差序不等的结构，如同他与朝臣议论中华、夷狄二者视同树木的本根与枝叶一般，[②] 华夏自我中心、外夷依托华夏甘居其下的正统—僭伪的意识和观念，一直是唐朝统治集团处理内外关系的主旋律。

当中原朝廷处于支配周边的上升态势时，它就打出华夏正统的旗号兼越四方并以夷落"文明化"的"进步"方式扩大王朝的势力；一旦它的能力遭受周边四夷的质疑和削弱、不能自保的时候，它就打出"夷夏有别"的旗号以切割内外之关联，[③] 这就是中唐时期安

① 《资治通鉴》卷198 唐太宗贞观二十一年（647年）五月庚辰条，中华书局，1956年，第6247页。

② （唐）吴兢撰、谢保成集校：《贞观政要集校》卷9《议安边第三十六》，中华书局，2003年，第500、503－504页。

③ 傅乐成：《唐代夷夏观念之演变》，氏著：《汉唐史论集》，联经出版事业公司，1995年，第209－226页；潘蛟：《"民族"的舶来及相关的争论》，中央民族大学民族学与社会学学院，博士学位论文，2000年，第26－27、29－30页。

禄山叛乱之后朝廷的主旨思想。① 到唐朝法统地位遭受节度使势力的挑战直至王朝覆亡前后，不论是内地的军人势力，还是周边外围的各族集团，都在使出浑身解数建构自己的政权，试图在新一轮的角逐较量中成为新王朝的领路人。这时候唐朝的法统地位已为新崛起的各族政治势力所替代。② 唐朝的地域——无论是其雄盛之时的内地或草原，还是势促后的萎缩空间，都是在王朝帝国政治体为依托的各族政治势力相互角逐、博弈争竞的过程中发挥其功能和作用的。如此看来，所谓地区、地域或地理空间，在我们所讨论的时代，它的突出特点就是为政治体的活动提供了必要的场所，这个场所是以中原王朝的互动为中心而展开的。

其次，若从欧亚大陆南北的角度立论，它所揭示的则是农耕与游牧两种迥然有别的政治体交相互为的活动场景。

与中原王朝为核心呈圈状向外发展的思考路径相对应，③ 欧亚大陆南北互动的观察视角强调的则是各自为中心的主体性抑或双主体特性，这是以南部的农耕与北方的草原两种迥然有别的生计方式及建基于各自基础之上呈鲜明对比的政治体为前提的。④ 双主体性之所以存在，则是每个掌握权力的特定的政治体均构拟了一套以自身为中心构建的中心—外围体系及其观念。⑤ 就欧亚大陆东部而言，南部广阔的耕作地区与北方纵横无垠的草原，使得南北都能建构成为巨型（农耕和游牧）政权，⑥ 它们均以自己的核心地带构建帝国，其自主中心的观念之强，更超越其他。

然而，当每个政治体从中心向外拓展之时尤其超越自身的限度进入对方的领域内，争战、征伐、屯边、移民、垦殖、军政管理、经济贸易这些交往互动就变得不可避免了。本文讨论的唐朝时期，南北的交往在长时段的王朝整体过程中则以互动的频繁及拓展幅度伸缩之明显而著称。如前所述，唐朝通过征服东西突厥而占有幅员广阔的北亚草原构建的南北一统化政治体，衍变成为超越秦汉帝国的盛世局面，其跨越幅度之深、含括之广，前所未有；然而吐蕃崛起、突厥复兴对唐朝的夹击与牵制，迫使唐朝统辖的范围又回溯至中原的农耕限域（虽然某些触角不受此限），后期王朝与藩镇的整个活动大体就在这个领域之内。唐朝300年的历史，其活动在中原和草原的各种政治势力就是在具体的军事征伐和对抗中实现各自的政治意图的。这些政治活动构成了唐朝前后发展演变的重要甚至中心的内

① 傅乐成：《唐型文化与宋型文化》，氏著：《汉唐史论集》，联经出版事业公司，1995年，第339－382页。

② ［英］崔瑞德编：《剑桥中国隋唐史589～906年》，中国社会科学院历史研究所西方汉学研究课题组译，中国社会科学出版社，1990年，第774－803页；［德］傅海波、［英］崔瑞德编：《剑桥中国辽西夏金元史》“导言”，史卫民等译，中国社会科学出版社，1998年，第4－25页。

③ 李大龙：《汉唐藩属体制研究》，中国社会科学出版社，2006年，第286－294页；周振鹤：《中国历史政治地理十六讲》，中华书局，2013年，第50－53页。

④ Sechin Jagchid and Van Jay Symons, *Peace, War, and Trade Along the Great Wall: Nomadic－Chinese Interaction through Two Millennia*, Bloomington and Indianapolis: Indiana University Press, 1989; Reuven Amitai and Michal Biran eds, *Mongols, Turks, and Others: Eurasian Nomads and Sedentary World*, Leiden·Boston, 2005；［美］巴菲尔德：《危险的边疆：游牧帝国与中国》，袁剑译，江苏人民出版社，2011年。

⑤ ［美］马丁·W. 刘易士、卡伦·E. 魏根：《大陆的神话：元地理学批判》，杨瑾等译，上海人民出版社，2011年，第55－56、97－122页。

⑥ 吴稼祥：《公天下：多中心治理与双主体法权》，广西师范大学出版社，2013年，第39－57页；Thomas J. Barfield, *The Nomadic Alternative*, New Jersey, 1993；131－168；王明珂：《游牧者的抉择：面对汉帝国的北亚游牧部族》，广西师范大学出版社，2008年，第101－156页。

容。可以说，一部王朝史就是如此展示出来的。王朝历史固然是人群自身变化的呈现，但他们之活动和演变亦以特定的空间为依托，于是，本文所谓长城南北的中原农耕之地与游牧草原之区，其蕴意的产生和凸显就在于王朝政治体的活动之上。至少在本文讨论的范围内，政治体的王朝及其开展的活动，是构成我们赋予这些原本自然属性的地区以政治意涵的根本动因。这就是本文题目的设置所在。

需要指出的是，取代突厥成为草原霸主地位的回鹘王朝，与唐朝分享了长城南北的统治，[1] 然而回鹘帝国矛盾激化，被黠戛斯人攻灭，四分五裂后逃往河西走廊、西域腹地，北方草原因等待新一轮霸主的产生而六神无主之时，这个时候唐朝为什么不就此填补空缺呢？此时的唐武宗政权，主政的宰相李德裕当听到回鹘部分宗室的势力前来投靠唐廷的消息，他接受了嗢没斯势力而拒绝乌介可汗。[2] 对他们而言，朝廷更在意的是回鹘势力的威胁与否。此时的回鹘帝国饱受内外的冲击，已丧失了唐廷与之打交道的能力而被后者弃置，这虽然暴露了唐廷强烈的功利主义心态，却也证明了空旷的草原虽然广袤，但却未能引起唐廷的兴趣。为什么会如此？在唐廷的眼里，游牧草原的吸引力与其说是草原自身，不如说是活跃其上的政治势力。从唐征服东西突厥，到突厥复兴，再到唐与回鹘的交涉等，唐廷一系列的关注倾向的是草原的政治势力，草原本身一旦与这些势力交织在一起的时候，才能吊起唐廷的胃口。由此看来，唐朝对草原地区的关注就是通过与其政治体的纵横捭阖的交往实现的；回鹘势力衰弱后，唐廷对其又拉又打并予以分化，目的还在于回鹘人的势力自身而非其活动的广阔空间，这与近代以来民族国家政治体形成后将土地等资源视作国家的重大利益而不择手段地占有或掠夺所塑造的"地域国家"的建构大相径庭。[3]

还有一点不能不说，在中原与草原的交往中，夹处二者之间的地区就迅速提升成为影响双方整个战略的关键地带。在国家经营的战略当中，地理空间发挥的作用是以区位差序的格局呈现出来的。[4] 不论是中原王朝还是游牧帝国，其地缘空间在各自的运作与双方交往的互动中并非全部同一而毫无差别，相反，双方交界地带会取代其他地区而上升为冲

---

① 详细情况可参阅 Michael R. Drompp, *Tang China and the Collapse of the Uighur Empire: A Documentary History*, Leiden · Boston: Brill, 2005.

② 《资治通鉴》卷 246 唐文宗开成五年（840 年）九月条至卷 247 唐武宗会昌三年（843 年）三月条之相关内容，中华书局，1956 年，第 7946 - 7976 页。

③ 古今对土地的重视差异明显，除了政治体建构自身的因素之外，土地与人口协调的比率，即地多人少而非地少人多的资源分布所导致的松弛具有密切关系。试想，与今日中国土地面积相差无几甚至某段时期地域更大的唐朝，其农耕地带人口的峰值从《旧唐书》、《通典》等文献的记载不超过 6000 万（冻国栋：《中国人口史》第二卷《隋唐五代时期》，复旦大学出版社，2002 年。著籍户口数峰值见该书第 133 页；推测的实际户口数见第 178 - 182 页），而广阔的草原人数更不足称道，与今日近 14 亿比较，似可想象，当时的人地关系绝非如我们想象的那般紧张。李德裕和朝廷对回鹘政权解体之后空旷的草原之不感兴趣，不完全在于草原，农耕地区的宽阔幅度，应当足以容纳朝廷政治的施展，这应当是我们理解朝廷弃置不问的环境和人地关系的基础。

④ "区位差序"是指在一个特定的区域内，因诸种因素的影响，区域内的各个部分并非等同，而有诸多差别。譬如英人麦金德在《历史的地理枢纽》一文中曾提出"心脏地带"和"边缘地区"，显然表明了二者的差异（见同名书，林尔蔚、陈江译，商务印书馆，2008 年，第 62 页）。冀朝鼎在他的《中国历史上的基本经济区与水利事业的发展》一书中亦指出："中国历史上的每一个时期，有一些地区总是比其他地区受到更多的重视。这种受到特殊重视的地区，是在牺牲其他地区利益的条件下发展起来的，这种地区就是统治者想要建立和维护的所谓'基本经济区'。"（朱诗鳌译，中国社会科学出版社，1981 年，第 8 页）。鲁西奇：《中国历史的空间结构》，广西师范大学出版社，2014 年，第 143 - 230 页。

突、交往的中心而备受重视，这也是为什么拉铁摩尔将长城地带视为亚洲各地交往的中心或贮水池的缘故。① 就唐朝而言，长城地带的凸显，正是唐朝攻灭东突厥之后于其地设置羁縻府州安置降户体现出来的。按照温彦博的说法，这个地区既适应游牧的草原，又接近农耕地域，能够满足游牧人的愿望。② 突厥复兴之后与唐朝的较量，同样是透过长城地带进行的，取而代之的回鹘帝国同样依托于这个地带与唐朝交往。一部唐朝内地与草原发展互动的历史主要展现在长城地带为中心的地理空间之中，它的区域特性在这里呈现出来的是南北两个政治体交往的战略中心而非区位局部，③ 我们如此理解方能窥探其内缘真谛。

四

通过上文的简要论述，唐朝所谓的地理空间，其意义的体现不在于纯粹的区域或地缘本身，而是这些地区成为由王朝包裹下人群的政治活动的特定场所，司马光曾这么说过，圣人"于是作而治之，择其贤智而君长之，分其土田而疆域之，聚其父子、兄弟、夫妇而安养之"。④ 疆土的意义就是在"圣人"主导下建立政权、组成国家的活动中表现出来，这与拉策尔所谓"面积与疆界是政治地理学中的一组具有可比性的现象，因为两者都具有政治意义，并皆为政治手段"如出一辙，⑤ 其价值在于它所承载的依托于政治体的活动之上。（这段是新加的）唐朝人群活动的意义则在于它突破了汉人的圈子而囊括了草原游牧人和周边众多的非汉人群体，从而形成了这些异质性群体之间的相互交流（包括冲突、联系、分散、聚合等诸多形态）。这些不同的人群活跃在中原内地和周边的草原、牧场、高原，因隶属在不同的政治体之下而彼此争战、联系、贸易、使者往来等，构成了以长城南北为纽带的中原—周边的内外互动局面。这种形势正是中国早期诸民族群体彼此相互联系的历史进程衍变的结果，也使它突破了早先的范围进而达到了中古时期活动的新阶段。从这个角度着眼，唐朝的地理空间的意义不仅是汉人政治活动的承载者，同时也是游牧人和其他群体政治活动所囊括的场域的表征，它更是欧亚大陆东部南北东西众多人群在王朝国家包裹下从事政治活动之发展与衍变的彰显。

如果与欧洲同时期（中世纪）的历史相比较，唐朝前后呈现出来的王朝分合的发展态势与后者迥然有别。欧洲中世纪王朝发展走的实际上是王朝扩展到诸国的分

---

① ［美］拉铁摩尔：《中国的亚洲内陆边疆》，唐晓峰译，江苏人民出版社，2010年，第16－19、163－172页。

② 《资治通鉴》卷193唐太宗贞观四年（630年）四月条，中华书局，1956年，第6075－6077页；拙著《唐朝中央集权与民族关系——以北方区域为线索》，民族出版社，2003年，第99－105页。

③ ［美］拉铁摩尔：《历史的疆域》，牛玥玥译，张世明校改，张世明等主编：《空间、法律与学术话语：西方边疆理论经典文献》，黑龙江教育出版社，2014年，第353－380页。

④ 《司马文正公传家集》卷71，第872页。

⑤ ［德］弗里德里希·拉策尔：《作为边缘机体的边疆》，袁剑译，张世明校改，张世明等主编：《空间、法律与学术话语：西方边疆经典文献》，黑龙江教育出版社，2014年，第122页。

化道路。① 各国在利益的博弈较量中以重新洗牌的方式形成新的国家政治体，应是中世纪以后其发展的常规模式。例如神圣罗马帝国时期的欧洲，政治集团（诸如王国、公国、封侯、采邑等）之间的政治冲突、军事争衡、王室贵族的婚宦结合乃至文化吸收与影响，无不是在王朝、诸国的转换、更替的形式下进行的；② 到近代以后，尤其强调各个国家的自立，经过《威斯特伐利亚条约》的签订，欧洲国家更走上了以民族为单元的国家建构的道路，其分立之彰显为其重要特征。这些王朝国家到民族国家的转换，均以活动在特定的地理空间为条件的；地域与领土为它们的转换和更替承担了活动的场所，从而使各种政治体得以发挥其功能和效益，地域空间的意义由此而展现出来。就趋向而言，欧洲的地理空间呈现的王朝、国家的分合更替，最终走向了多民族、多国家的道路。

　　与此对照，中国王朝轮替的发展路径，则是以一统化而告结。在本文讨论的时段内，呈现出来的是前期王朝一度囊括农耕草原两大区域为主的疆域广阔、族群众多的王朝帝国，但吐蕃崛起、突厥复兴之后，经过"安史之乱"的冲击，王朝又陷入内部纷争而被节度使势力倾覆遽尔遭受解体的命运。唐朝之后的中国，被分割成五代十国、契丹人的辽、党项人的西夏、回鹘诸国乃至大理国等，旋即展开了宋·辽·西夏·金诸朝之间冲突、对峙的政治、军事和经济贸易的活动，直至蒙古帝国形成后四处征伐，重新将欧亚大陆东部整合进入一个王朝（元）而获得一统化，此后的路线被满族贵族集团所接续，他们构建的清朝塑造了近代到来之前的王朝帝国的盛世局面。这个发展路径最鲜明的特征体现在国家政治体分合更替过程中呈现出来的统合趋势。这也是我们理解中国王朝历史特征的核心所在。③ 至于形成统合的因素缘由，众多的研究成果均做出了不同的解答，④ 非本文所指。我们只想指出，在这个趋向中，唐朝的分合、涨缩所扮演的角色，应当是中古时期中值得注意的关键环节，特别是汉人为核心的统治集团建构了超越农耕地域的王朝，如前所述，它无疑成为中国王朝发展史中"汉人"王朝的一个特例。走笔至此，对历史逐段的分析，使我们认识到，汉人以外的其他民族势力的不断介入，是中原王朝突破农耕地区臻至一统化境遇不可或缺的重要因素，唐朝后期萎缩的状态再一次证实：帝国构建中的草原（等）空缺位置，似乎只能由北方的非汉人的政治活动才能填补；那里广阔的地域空间，随着众多的族群政治性的活动而被纳入到了王朝之内，其意义和价值亦因此而凸显出来。

------

　　① 英人芬纳对比了中世纪（他称为"过渡时期"）中国、哈里发、拜占庭和欧洲东·中·西各部国家体系发展变迁的趋势，指出欧洲尤其西部"不同于中国"，"分裂成了今日我们所看到的民族国家，并且仍将继续保持下去"。见［英］芬纳：《统治史》第2卷《中世纪的帝国统治和代议制的兴起——从拜占庭到威尼斯》，王震译，华东师范大学出版社，2014年，第9-10页。

　　② ［英］芬纳：《统治史》第2卷《中世纪的帝国统治和代议制的兴起——从拜占庭到威尼斯》，王震译，华东师范大学出版社，2014年，第259-470页。

　　③ 关于唐朝以后历史的演变，国内外学界多依托于朝代进行研究和探索，此类成果甚多。新近出版的汉译本杉山正明的《疾驰的草原征服者：辽西夏金元》（乌兰、乌日娜译，广西师范大学出版社，2014年）虽是通俗出版物，但对唐"安史之乱"后至元朝统合帝国600年间兴衰的历程，做了主旨突出的概括，不失为理解唐朝后期这段历程衍变的范例。其中就唐朝初期对南北地区的瞬时囊括所做的描述，若从这一时段的角度理解，其历史的特定位置就立马凸显出来了。读者可径读其书，尤其结语部分（第339-346页）。

　　④ 此处可参见鲁西奇：《多元、统一的中华帝国是如何可能的？》，《人文国际》第二辑，厦门大学出版社，2010年，第1-18页；赵鼎新：《为韦伯辩护：比较的逻辑和中国历史的模式》、《中国大一统的历史根源》，氏著：《国家、战争与历史发展：前现代中西模式的比较》，浙江大学出版社，2015年，第3-38、84-91页。

西方世界对东方（香格里拉）的地理投影

—— 香格里拉的品牌认知路径与遗产保护*

首都经济贸易大学工商管理学院，中国科学院地理科学与
资源研究所

以皮尔斯与索绪尔的符号体系理论为基础，分析香格里拉品牌的形成，认为香格里拉的品牌生成是从东方到西方，再从西方到东方的过程，最后东西方双向促进。中国、印度、尼泊尔、马来西亚等都声称找到了"香格里拉"，中国川、滇、藏等省（区）争夺"香格里拉"品牌，形成国内外两个层次的复杂博弈。香格里拉在能指上有 3 个地理空间层次，同时也是一个无法找到地理实体和文化终点的"所指"，是人们想象的宗教极乐世界在现实生活中的虚幻投影，是东西方文化碰撞时期的遥远想象。应该保护川、滇、藏等地自然遗产、非物质文化遗产、物质文化遗产，以维护和提升香格里拉品牌。

一、研究视角

（一）基于索绪尔符号学的旅游品牌符号形成体系

瑞士语言学家索绪尔是现代符号学的创始人之一，根据索绪尔的符号学理论，任何一个有意义的符号都包含"能指"（Signifier）和"所指"（the Signified）两个方面，它们是符号的两个结构因素，不可分离。"能指"原本是语言学中的概念，是指语言文字的声音、形象；"所指"则是语言的意义本身①。换句话说，人们试图通过语言表达出

---

* 基金项目：国家科技基础性工作专项课题"澜沧江中下游与大香格里拉地区综合科学考察"之"自然遗产与民族生态文化多样性考察"（2008FY110300 - 05）、国家社会科学基金青年项目（12CJY088）、国家旅游局"旅游业青年专家培养计划"（TYETP201406）。

作者简介：张祖群（1980 —），男，湖北应城人，博士后，首都经济贸易大学工商管理学院旅游管理系党支部书记、副主任、副教授、硕士导师，主要研究遗产旅游与文化地理（产业）等。

闵庆文（1963—），男，汉族，中国科学院地理科学与资源研究所研究员、博士生导师，资源生态与生物资源研究室副主任，主要研究农业文化遗产与资源生态学。

① 李巧兰. 皮尔斯与索绪尔符号观比较 [J]. 福建师范大学学报（哲学社会科学版），2004（1）：110 – 120.

来的东西叫"所指"，而语言实际传达出来的东西叫"能指"。超出语言学的范畴，我们也可以将"能指"理解为文字、图案、声音等各种符号信息本身，而"所指"则是人们所产生的对应于这些符号信息的内容、意义等一系列的领悟和联想。根据索绪尔的符号学理论，旅游目的地和旅游景区的品牌符号体系可以看作旅游符号能指与所指相对应的一个整体，以及所有名称、标志、图案、形象及与之对应的被解读的含义（见图1）。

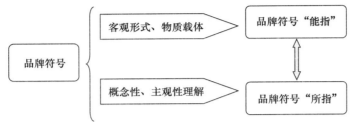

图1　基于索绪尔符号学的旅游品牌符号体系

（二）基于皮尔斯符号学的旅游品牌符号形成体系

美国著名符号学家皮尔斯认为符号是由三个部分构成的：符号代表者（Representative）、对象（Object）和解释项（Interpreting）。符号代表者（也称媒介）可以是实物、感官获得的印象或者思想；对象可以是实物，也可以是头脑中存在的想象物；解释项是符号的意义，是指符号在人脑中唤起的认知，所产生的心理效果或思想。它们构成三位一体的关系（Triadic - relation），缺一不可①。符号与具有能动性的人之间的关系，表现为符号代表者在解释者心中唤起对对象的解释过程，即符号对解释者的认知起作用的过程，皮尔斯的这一符号学思想可以用一个三角形来表示，即皮尔斯的（对象—媒介—解释）符号三角形②。

除此之外，皮尔斯还提出了无限符号过程的理论，他认为，解释本身也是一种符号，又将引起另一个更进一步的解释，这一个更进一步的解释又将在下一个符号过程中充当符号，如此循环往复，所以符号体系是一个永无止境的、动态发展的过程，这不仅说明人的认知过程是在先前所获得的经验的基础上不断推进的，而且明确了符号在使用中的动态意义这一重要观点③。

二、香格里拉品牌的形成

香格里拉的品牌生成过程是一个从东方到西方，再从西方到东方的过程。

① 徐鹏. 皮尔斯一般符号学初探 [J]. 云南大学学报（社会科学版），2007（1）：23 - 29，66，94.
② 王连森. 基于符号学的整体品牌概念 [J]. 北京工商大学学报（社会科学版），2004，19（5）：72 - 76.
③ 卢德平. 皮尔斯符号学说再评价 [J]. 北方论丛，2002（4）：34 - 37.

（一）从东方到西方

"香格里拉"一词英文为"Shangri – la"，这种英语发音实际上最早源于康方言南路中甸的藏语方言，拼音字母音译转写作"Xamgyinyilha"，中文意思是"心中之日月"。香格里是纳西语，拉是该词的后缀，云南省中甸一带的藏族称它香巴拉。在 1000 多年以前藏文献资料中即有对"香格里拉"、"香巴拉"一词的记载。1854 年，罗勒拿（Charles Renou）假扮成汉商从云南进入藏区，在紧邻云南北部边境的西藏察瓦龙境内的崩卡谷地主持传道，对当地社会产生了很大影响。19 世纪上半叶，法国巴黎外方传教会的传教士为到达拉萨使西藏的民众皈依天主教，成为首批进驻汉藏边缘滇西北一带的西方人（见表 1 和表 2)①。

表 1　早期西方人对香巴拉的追寻

人物	时间	事件
霍夫曼（德）、多杰夫（俄）	19 世纪	霍夫曼宣称他已查出前往香巴拉的路线在西藏的东部靠近云南、四川地方。不久，俄国人多杰夫又诡称可以寻找香巴拉，煽动十三世达赖喇嘛投靠沙皇，因而爆发了 1904 年的英藏战争
德斯戈丹（法）	1873 年	闯入我国云南西北部做实地勘察，并将他行走过的路线绘制了一张详细的地图，连同他的所见所闻发表在法国的《社会地理》杂志上，由于香巴拉的传说和法国流行的乌托邦思想有共同之处，一下子刺激了法国人的好奇心
妮尔（法）	1875 年左右	法国著名的女东方学家按图索骥，先后 5 次闯入该地区和西藏探险，在她的著作《一个巴黎女人的拉萨探险记》中，对香巴拉王国做出了种种猜想和描述，掀起了西方的探险热，香巴拉成为探险者心目中的圣地
洛克（美籍奥地利）	1922 年	植物学家洛克闯入了滇川高原，对那里的生活和环境进行了多年的研究，并以日记形式在美国的《国家地理杂志》上发表了他的所见所闻，其后又撰写了《贡嘎岭香巴拉，世外桃源圣地》。不久，美国的波恩班博士经过多年的调查研究之后，推出了被誉为国外介绍香巴拉著作中影响最大的《往香巴拉之路》
希尔顿（美）	1927 年	美国作家希尔顿反复阅读了有关记述香巴拉的书籍和史料之后，也深入滇西北地区。6 年后出版了长篇小说《消失的地平线》。并创造了"香爪拉"这一词汇，再次在全球范围掀起了寻找香巴拉的热潮

资料来源：笔者根据陆咏鸿：《寻找香巴拉》，2006 年中国科协年会的会议论文整理而成。

---

① ［法］施蒂恩（Stéphane Gros）．"商人型传教士"的新型宗教：法国天主教传教士在滇西北的早期活动（1846～1865）［J］．尼玛扎西、刘源译，彭文斌校．西南民族大学学报（人文社会科学版），2011（1）：46～56.

表 2 "西藏教区" 1846~1865 年法国传教士名单

本名	中文名	在世时间	具体活动
Bie，t CésarAlexandr	毕天祥	1836~1891 年	1959 年参与"西藏教区"
Bie，t Felix	毕天荣	1838~1901 年	1965 年参与"西藏教区"，1877 年任"西藏教区"代牧主教（1877~1901 年）
Chauveau，Joseph Pierre	丁德安（又名肖沃）	1816~1877 年	1864 年任"西藏教区"代牧主教（1864~1877 年）
Desgodins，Auguste	丁盛荣，常译为德格丹	1826~1913 年	1858 年参与"西藏教区"
Dubernard，Jules Etienne	余伯南	1840~1905 年	1864 年参与"西藏教区"
Durand，PierreMarie Gabriel	吕项	1835~1865 年	1858 年参与"西藏教区"
Fage，Jean Charles	肖法日	1824~1888 年	1854 年参与"西藏教区"
Goutelle，Jean – Baptiste	古神父，译为顾德尔	1821~1895 年	1858 年参与"西藏教区"
Renou，Charles Alexis	罗勒拿（又名罗启桢，罗勒努）	1812~1863 年	1846 年到西藏，1854 年建立"西藏教区"
ThomineDesmazures，Jacques Léon	杜多明，译为托敏·迪马祖	1804~1869 年	1849 年到中国，"西藏教区"第一任代牧主教（1857~1864 年）

香巴拉即大乘佛教认为的彼岸世界，人间的净土，是凡人也能去的地方。关于香巴拉的神话，早在公元 3 世纪成文的《大藏经》第一卷里就有记载。12 世纪的《时轮经》称香巴拉是时轮金刚的净土，只有受过《时轮经》灌顶的人才能到达那里①。1775年，第六世班禅喇嘛罗桑巴登益西根据《大藏经》撰写了一部《香巴拉指南》，论证了香巴拉存在的真实性，它可能是关于香巴拉最早的一部"导游著作"。它指出人们平时必须修炼身心，使物质化的肉身蜕变成精神化的纯洁生命，才有可能进入香巴拉秘境。

香格里拉一词真正的出现时间是在 1933 年，美国小说家希尔顿在其小说《消失的地平线》中第一次向人们展现了喜马拉雅山深处，神奇而美丽的世外桃源——香格里拉。在这之前，香巴拉就是西方人眼中的秘密世界，他们不远万里来到西藏，只为一窥其"芳容"。香格里拉与"独克宗"（今云南省香格里拉县中甸县古城藏语地名）一样，成为在《消失的地平线》介译之后的一个特有地名。具有最高智慧的香巴拉人，通过一条名为"地之肚脐"的隐秘通道与外界进行联系和沟通，以控制现实世界。香巴拉不在崇山峻岭之间，也不在空中，而是在地底，它和外界沟通的出口共有 9 个，西藏是最大最主

① 尼玛达娃. 西藏，改变一生的旅行 [M]. 汕头：汕头大学出版社，2008：87 – 88.

要的出入口，而出入口的门锁钥匙在西藏大德高僧手中。长期以来，这条"地之肚脐"的隐秘通道由于是香巴拉唯一的途径，遂成为寻找香巴拉的关键之所在[①]。藏传佛教在香格里拉的追寻上体现了一种心灵上的感悟，他们通过艰难、危险的寻路过程，以达到精神的升华和修行的最高境界。希尔顿笔下的香格里拉与藏传佛教的香巴拉有很多相似之处，但香格里拉又不完全等同于香巴拉，因为两者产生的时代背景与文化土壤迥然不同。从表3中我们发现，东西方对香格里拉的认识，在地理位置上差别不大，然而在精神层面上却理解各异。

表3　对比"香巴拉"与"香格里拉"异同

	香巴拉（东方）	香格里拉（西方）
相同 （地理层面）	①存在区域在中国西南区域这一大致范围 ②此地神秘，隐藏，路途曲折，物产丰富，景色宛如人间仙境 ③居住于此的人民生活幸福，长命百岁	
不同 （精神层面）		①时局紊乱，经济危机爆发，人民生活水平下降，社会极不安定。人们普遍渴求和向往富足、繁荣、安定、宁静的生活，而小说中的"香格里拉"所具有的美丽、祥和、安然、知足、宁静，成为人们的精神王国和美好理想的归宿 ②对东方异域文化的好奇和渴望，对未知世界的探索

"香格里拉"这一名称是由美国小说家希尔顿1933年在其小说《消失的地平线》中首次提出的随后便被迅速传播，而在这之前，遥远东方国度中的"香巴拉"，就是西方人眼中的秘密世界。实际上希尔顿的小说也是在20世纪初西方人寻找香巴拉的探险旅游热潮和参考大量关于香巴拉的书籍介绍下创作的文化空间想象。所以说，香格里拉的品牌生成首先是一个从东方到西方的过程，即来源于藏传佛教的"香巴拉"圣地，在大量的神话传说以及佛教典籍中描写的极乐世界形象，吸引了大量西方探险者来到西藏地区寻找传说中的世外桃源，并且到过中国西南地区的世界各地的探险者把自己的所见所闻以及对香巴拉之所在的猜想传播到了世界，激发了更多人对于香巴拉的好奇和渴望。到希尔顿《消

图2　香格里拉品牌生成的第一步——从东方到西方

---

① 徐柯健. 香格里拉地区的自然与人文多样性及发展模式［D］. 中国地质大学博士学位论文，2008：15.

失的地平线》问世，"香格里拉"这一概念的广泛传播，可以认为是"香巴拉"圣地这一概念完成从东方世界到西方世界的品牌传播和升级的标志。而关于香格里拉到底在哪，并没有一个准确的界定。

（二）从西方到东方

香格里拉品牌符号自西而东的反馈主要是通过四种途径：其一，《消失的地平线》小说的畅销；其二，1937 年，美籍意大利人、好莱坞的著名电影导演费兰克·卡普拉拍摄同名电影《消失的地平线》，电影的主题曲《这美丽的香格里拉》使"香格里拉"再次风靡；其三，马来西亚华人巨富郭鹤年在新加坡以"香格里拉"命名自己的五星级连锁酒店，以表示企业内涵，并向每一位顾客赠送《消失的地平线》小说，这为香格里拉的传播添加了更多传奇的色彩①；其四，香格里拉品牌符号的广泛传播推动了 20 世纪 80 年代的入境旅游热潮，加之后的西部大开发，使得西南地区尤其是滇藏线及周边地区入境旅游井喷状增长，这让人们深切意识到了香格里拉的品牌符号价值，基本上形成了香格里拉旅游品牌。香格里拉从此有了确定的地理方位和文化内核，它已从民族抽象的文化信仰变成了工业时代标准化的旅游文化资源②。

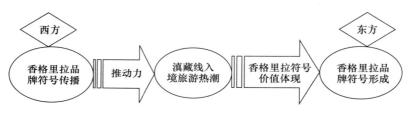

图 3　香格里拉品牌生成的第二步——从西方到东方

（三）香格里拉品牌的形成——东西方的双向促进

经过从东方到西方、从西方到东方的品牌形成过程，香格里拉旅游品牌的成长步伐并没有终结，而是借助于东西方之间越来越密切的交流和互动，得到了更快速的进步。基于前面分析的香格里拉品牌符号的形成过程，一方面香格里拉的品牌符号被各地的旅游者（包括国外旅游者）解读并通过口耳相传、游记、影像资料等方式传播到世界各地，受这些方式影响的人又会对接收到的资料产生自己的解读，如果解读到的信息对他们有足够的吸引力，其中的一部分人就会选择亲自体验，这样又会有新的旅游者慕名来到香格里拉，寻求和验证旧的解读并产生新的解读，并最终带着各自不同的体验和解读离开，如此循环往复，香格里拉品牌的知名度逐步扩大；另一方面作为旅游目的地的香格里拉地区，有自己最初的理解和宗教崇拜，同时又不断接收着外来游客们所传达出来的反应和信息，并且引起思考、评价和重新解读香格里拉这一符号，在这种过程中，香格里拉品牌的意识也被

---

① 杨桂华，杨洪．云南省迪庆香格里拉旅游品牌成功营销经验 [J]．昆明大学学报，2006（2）：15 – 19.
② 曹晋，曹茂．从民族宗教文化信仰到全球旅游文化符号——以香格里拉为例 [J]．思想战线，2005，31（1）：102 – 105.

加强了。

（四）香格里拉品牌的博弈

从 19 世纪开始，西方人就对香巴拉给予了极高的兴趣。他们为什么对这一东方国度有如此之大的好奇心？西方人眼中的香格里拉是怎样的呢？希尔顿在小说中这样描写：这是一个深藏在高山峡谷中的"乌托邦"式的世外桃源，一座神话般的田园村镇，金字塔似的雪山俯拥着安乐祥和、美丽富饶的蓝月谷，山腰上镶嵌着犹如盛开的花瓣一般富丽高雅的香格里拉喇嘛寺，山谷间点缀着可爱的草地和美妙的花园，溪水边栖息着雅致的茶馆和玩具木屋，长命百岁却青春永驻的人们永享和平、宁静、自由、幸福的生活，各种文化在这里和谐共存，相互交融。西方世界对香格里拉的迫切寻找体现了他们对现实世界的逃避态度。19 世纪初期的欧美地区是动荡不安的，人们渴望找到一处没有战争，没有忧愁，物产丰富的"乌托邦"。几十年过去了，人们仍对书中描写的地区充满好奇。中国、印度、尼泊尔甚至东南亚某些国家（地区）陆续宣称在本地找到了"香格里拉"，或者被外界游客认为是"香格里拉"或"最后的香格里拉"，其中尤以印度的巴尔蒂斯、尼泊尔的木斯塘、滇西北的中甸、川西的稻城影响最大。

从 1996 年开始，云南省人民政府组织了滇西北发展战略与旅游的调研，从七个方面进行为期 1 年的论证，得出"香格里拉就在云南迪庆"的结论；1997 年 9 月 14 日在迪庆召开的新闻发布会向世界宣布这一结论。2001 年 12 月，我国云南省率先将迪庆藏族自治州的中甸县改名为香格里拉，民政部批准云南省这一改名申请。2002 年四川省也将甘孜藏族自治州稻城县的日瓦乡改名为香格里拉乡，然而尘埃并未落定，质疑、争论和反对的声音从未停止。在 2002 年 5 月 27 日至 6 月 2 日，首届川、滇、藏"中国大香格里拉生态旅游区"座谈会在拉萨召开，"摒弃竞争、联合开发、共享'香格里拉'品牌"已成为各方共识。会议把未来的"香格里拉"区域界定为川西南、滇西北、藏东南，决定成立川、滇、藏"中国大香格里拉生态旅游区"协调领导小组，通过了《川、滇、藏"中国香格里拉生态区"的意见》，并联合上报国务院。川、滇、藏三省区在共建香格里拉生态旅游区中，把相互交界处的 9 个地州市共 82 个县（区）纳入"大香格里拉"区域，统一开发。

表 4　旅游宣传中使用"香格里拉"的国外地区

国别	目的地	开始时间	简介
印度	巴尔蒂斯	1957 年	①印度国家旅游局向外界公开声明，位于印度喀什米尔喜马拉雅冰峰下的巴尔蒂斯镇即"香格里拉"。②与假日集团合作开发，印度旅游部门对该镇进行大规模投资，30 多年来吸引了大批的旅游者，创汇 7 亿多美元
尼泊尔	木斯塘	1992 年	尼泊尔旅游部门宣布，本国的边陲小镇木斯塘是香格里拉的原型，摆放一架老式飞机，注明就是小说《消失的地平线》中主人公康威乘坐过的飞机，短期内轰动一时，引来大批的旅游者
巴基斯坦	罕萨河谷	1986 年	①罕萨（HUNZA）指的是横切喀喇昆仑山主脉的罕萨河谷，有时也被旅行者用来特指卡里玛巴德和附近地区。②以前是罕萨王统治的独立王国，只有绝壁上的数条小道连接着外面的世界。③罕萨人异乎寻常的长寿。④1931年希尔顿曾经来到过这里

续表

国别	目的地	开始时间	简介
不丹	全境		①不丹72%的土地由森林覆盖，其中大部分保持原始状态。②欢迎外国游客到访，但是为了避免对环境和大自然造成破坏，并不积极发展旅游业，也不鼓励大批游客到来。③不丹也被国际游客誉为香格里拉，口号：The Last Shangri-La
其他			马来西亚华人巨富郭鹤年1971年在新加坡创办"香格里拉"命名的五星级酒店，现在已经成长为世界著名的酒店品牌

资料来源：笔者根据文献①总结得出。

表5 国内三个典型"香格里拉"地区比较

地区	宣传行动	理由
云南中甸	1995年，率先打出了"香格里拉"。云南省政府1997年9月14日宣布：香格里拉就在中国云南省迪庆藏族自治州；2001年8月，正式向国务院申请将中甸更名为香格里拉县。2002年1月7日，国务院正式宣布中甸县改称香格里拉县	这里的自然景色与小说中的描述最为接近：雪山林立，海拔4494米以上的雪山有7座，最高的巴拉更宗主峰5545米；气候干湿分明，四季明显，夏秋多雨，冬春干旱；区域内江河纵横，湖泊众多，水力资源丰富；森林茂密、草甸辽阔，花草宜人；高山峡谷众多，壮丽雄奇；金碧辉煌、庄严肃穆的宗教建筑群中，有喇嘛寺、尼姑庵、清真寺、天主教堂、道观等。多民族、多宗教并存，是一片永恒、宁静的人间乐土
四川稻城	四川省的稻城、乡城、德荣县也纷纷宣称是香格里拉。宣传稻城亚丁是最后的香格里拉，并于2002年1月将日瓦乡更名为香格里拉乡	1928年约瑟夫·洛克从云南丽江出发经四川木里县到达稻城，并把所拍到的照片发表在美国《国家地理杂志》上，引起巨大轰动。但他当时并未发现自己到的是稻城，而一直认为是云南中甸，直到1996年被有关专家确认洛克所到之地"香格里拉"乃稻城亚丁。这里的雪峰、峡谷、草原、湖泊、寺庙等，更接近希尔顿所描写的世外桃源。三座雪峰终年积雪、冰川交错，森林茂密，草原辽阔。雪峰之间有一个色泽艳丽的湖泊，像一弯月牙镶嵌在天空中
西藏墨脱	并未做过多的宣传，墨脱县为全国唯一不通公路的县城，多靠背包客的口口宣传。青年作家安妮宝贝曾在其书《莲花》中，表达了她对墨脱的向往	大多数"香格里拉"忽略了，无论是佛教典籍记载或民间传说中的香巴拉，还是希尔顿笔下的香格里拉都明白无误地表明，此地都与荒寒的高原紧密相连。这样的地方，西藏乃至整个藏区只有一处，没有更多。它正是位于喜马拉雅山南麓、雅鲁藏布大峡谷深处，传说是观世音菩萨的一滴眼泪绿度母幻化成的一朵白色莲花——墨脱 在藏经《甘珠系》中有"佛之净土白马岗，圣景之中最殊胜"的记载，也有：博隅白马岗，就是"隐藏着的莲花圣地"之意的解释记录 1906年（光绪三十二年），《清真录》记载：四川巴塘一带的藏民纷纷传说西藏新发现了一个叫白马岗的地方，那里是佛教的莲花圣地，是个吃不完、穿不尽的人间福地，一千多名奉佛男女，互相邀约，备装上路，前往理想中的白马岗。清政府得悉此事，曾令川滇边务大臣赵尔丰派员阻拦，设法拦回

---

① 徐柯健．香格里拉地区的自然与人文多样性及发展模式［D］．中国地质大学博士学位论文，2008：3-4.

三、研究讨论

（一）香格里拉品牌符号的意义

香格里拉有三个层次：狭义层次—就是现在所谓的"小香格里拉"，特指原中甸县（今香格里拉县）；中间层次——"香格里拉"地区，泛指藏东南、滇西北、川西南交接这一独特区域；广义层次——"大香格里拉"地区，泛指喜马拉雅山脉北麓青藏高原（中国境内的西藏、青海、四川、云南等藏区），喜马拉雅山脉南麓的尼泊尔、不丹、印度、巴基斯坦、原锡金王国（20世纪70年代末合并到印度）等国家和地区。本文以滇西北作为主要范围，主要涉及狭义和中间层次的香格里拉，但是具体案例探讨时候，可能兼顾狭义层次、中间层次与广义层次。

对香格里拉品牌符号的解读有以下两个方面的含义：一是当地居民的解读和当地旅游开发部门、旅游企业的解读；二是外来旅游者的解读。

香格里拉是川、滇、藏民族走廊的集结地，是民族融合的重要场所，多民族文化、多宗教文化形成了香格里拉人与人、人与自然和谐相处的文化内涵，而且这种内涵被大香格里拉的居民所理解，因为香格里拉最初就是源自中国藏区民族自己的宗教和文化信仰，是本土的精神产物，其生命力与精神支柱像那亘古的青藏高原一般沉默而恒久地存在着，也许很多朴实的土著居民并不能够滔滔不绝地讲述关于香格里拉的神圣和美丽，但是心里那份虔诚和热爱是真切存在的。

香格里拉的"天人合一"生存观念，跨越了不同信仰、种族和地域，蕴含了东西方哲学共同的理念。尽管川、滇、藏三地旅游类型存在差异性，但三地的区域合作目的是打造大香格里拉品牌，使品牌体现原始的生态风貌独特的自然景观、多姿的民族风情、灿烂的历史文化、神秘的理想之地等品牌内涵。

从现代旅游需求的发展趋势看，大香格里拉自然与人文环境的文化性、信仰性、独特性和传奇性等特质，迎合了现代社会人们对原生态和另类生活的要求，提供了人们回归自然追求原始生态所需要的场景，从而形成了对大众市场的潜在吸引力。就像寻找现实世界的伊甸园一样，来自世界各地的人们不远万里，为寻找心中的净土纷纷来到香格里拉。当西部大开发与滇西北旅游热降临这块净土时，香格里拉似乎又成了世界人民的快乐大本营，碧塔青山绿水，开阔的草原，香醇的酥油茶、悠远的笛声，也许他们并不了解香格里拉，也不是什么信仰的追寻者，只是听说这个遥远东方的边陲地带为全球提供了最清洁、最美丽、最原生态的逃避现实世界的心灵净化圣地。

对于香格里拉品牌符号的解读是一个品牌符号传播过程的终结，也是下一个新的传播过程的开始，当地居民对香格里拉品牌符号的解读会被反映在香格里拉的人文环境中，构成香格里拉文化内涵的一部分，呈现于旅游者面前；当地旅游部门对于香格里拉品牌的解读，会反映在香格里拉地区的旅游规划和开发思路上，并影响和塑造着香格里拉的外在形象；旅游者的体验和解读会潜移默化地受到当地居民和旅游部门对香格里拉品牌解读的影响，而旅游者对于品牌符号的解读直接影响到香格里拉旅游区域的对外形象和美誉度，这是香格里拉作为旅游目的地最为核心的问题之一。香格里拉旅游品牌就在这样一种循环往复的相互作用之中不断被解读、被塑造、被传播。

（二）香格里拉旅游品牌的成长路径

综合索绪尔和皮尔斯的符号学理论，我们可以得出"品牌生成—符号传播—消费者解读"三位一体的旅游品牌符号系统，用来理解旅游目的地品牌符号的生成、品牌符号的传播和品牌符号的解读，即旅游品牌的形成和传播过程（见图4）。

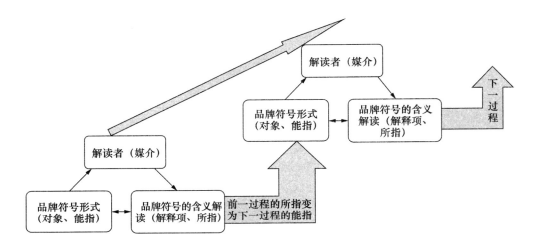

图4　基于皮尔斯符号学的旅游品牌符号构建体系

本文在于揭示香格里拉旅游目的地和旅游景区品牌这一抽象的概念如何演化的过程和认知路径，构建可操作性的名牌符号和传播途径可以更好地指导地方旅游营销实践。

（三）香格里拉文化遗产保护

香格里拉拥有的复杂多样的地理和气候特征使其成为全球生态景观类型和生物多样性最为丰富的地区之一。气候与植被类型的垂直分布十分典型，包含了北半球所有的水平带生态类型，同时地质生态环境十分脆弱。在现代农业技术（石油化肥农药的应用，现代育种与杂交）大规模推广和进入的同时，应该高度重视香格里拉乡土耕种、放牧知识以及多种地方性知识，从本土知识体系中挖掘维护生态本体与生物多样性的方法。

以茶马古道（川—藏线、滇—藏线、陕甘青藏线）连接起来的线路文化遗产，拥有大量的世界文化遗产（2座古城）、国家重点文保单位（194处）、省级重点文保单位（若干处）等，这就要求我们高度重视大量散客（背包客自助游）、团队游客对传统文化的冲击，防止古城过度商业化、舞台化，同时保护好遗产本体（防火防水等）与历史环境。

对于香格里拉地区的非物质文化遗产应该依据民间文学、表演艺术、传统工艺美术、传统生产知识、传统生活知识、传统仪式、传统节日等不同分支的内在规律，分门别类，做好多元化传承（口授心传、体验式、动漫、口述、影像、纪录片、适度产业化等）。

地缘政治视角下的当代新疆屯垦

海泽龙*

北京大学国际关系学院

新疆位于中国西北边陲，紧邻的帕西地区，社会经济发展状况不一，政治军事安全情况复杂，民族宗教问题突出，部分国家资源丰富，交通位置重要，大国争夺不断。面对帕西地区复杂多变的地缘政治环境，当代屯垦"三位一体"的"安定繁荣架构"，有力地保障了新疆地区的繁荣稳定，促进了新疆地区经济社会发展，形成了民族团结、文明和谐共存的局面。当代屯垦已日益成为新疆"安边固疆的稳定器"、"凝聚各族群众的大熔炉"、"先进生产力和先进文化的示范区"，其边疆治理的模式对新疆地区、"一带一路"战略乃至整个中国应对地缘政治变局具有重要的作用和意义。

近年来，美国组建的多国部队虽不断对恐怖组织"伊斯兰国"（ISIS）①发动空袭，但效果不彰，教派纷争、民族矛盾和恐怖威胁相互交织，人道主义灾难不断加剧；②中亚地区的吉尔吉斯斯坦、哈萨克斯坦也经历了所谓的"颜色革命"和"三股势力"的冲击，社会发展受到严重影响；随着美军的逐步撤出，塔利班则在阿富汗进一步发展势力；而在临近帕西地区（the Pamirs Western Region）③的新疆，虽然美国策动"颜色革命"不遗余力、乐此不疲，④"三股势力"、"疆独"也曾一度兴风作浪并对新疆当地社会经济发展形成冲击，但并未发挥出其预想效果。面对纷扰复杂的地缘政治，新疆成为其境内各民族安静祥和的休养生息之所，这其中自然包括当代屯垦"三位一体"（the Trinity）所具备的"安定繁荣架构"（the Architecture of Stability and Prosperity）的特殊贡献。较之当代屯垦相关的边疆历史类和国内政治类研究，本文试图尝试从地缘政治（Geopolitics）的视角，以当代屯垦在新疆所处地缘政治的重要贡献，探析当代屯垦对于边疆治理问题的价值、作用和意义。

---

* 海泽龙，北京大学国际关系学院国际政治专业博士研究生（100871）。

① "伊拉克和沙姆伊斯兰国"，"Islamic State in Iraq and al – Sham"，简称 ISIS 或 IS。

② 吴思科：《难民潮源于自以为是的"民主改造"（深度观察）》，《人民日报》2015 年 10 月 7 日第 3 版。

③ 帕西地区（the Pamirs Western Region），是帕米尔以西地区的简称，指的是帕米尔高原的西部地区及其以西的接壤和邻近地区，属于中亚、西亚、南亚之间的结合部，涉及中亚的哈萨克斯坦、乌兹别克斯坦、土库曼斯坦、吉尔吉斯斯坦和塔吉克斯坦五国，以及伊朗、阿富汗、巴基斯坦。该地区因其文化、地理的相关性日益成为国际政治及地缘政治中的一个单元。

④ 华益文：《美国对"颜色革命"为何乐此不疲?》，《人民日报（海外版）》2014 年 10 月 10 日。

一、当代屯垦的历史背景

新疆地区古称西域，其安全与稳定自西汉以来就构成了中国政治稳定的重要因素，这在很大程度上归因于其在地缘政治上的重要战略地位，中国历史上的大一统政权都对新疆地区高度关注。

新疆地区位于中国西北边陲，地处亚欧大陆腹地，"东撼长城，北蔽蒙古，南连卫藏，西倚葱岭，以为固居神州大陆之脊，势若高屋建瓴。得之，则足以屏卫中国，巩我藩篱；不得则关陇隘其封，河湟失其险，一举足而中原为之动摇"。① 公元前 138 年，汉武帝派张骞出使西域，西汉政权与西域各城邦建立了联系。公元前 60 年，西汉政权在乌垒（今新疆轮台县境内）设立西域都护府，自此西域正式列入汉朝版图。清乾隆后期改称西域为新疆（意为故土新归），1884 年正式建立新疆省。1949 年 9 月，新疆和平解放，开创了新疆历史发展的新纪元。1955 年 10 月 1 日，新疆维吾尔自治区成立，从此掀开了各民族共同团结奋斗、共同繁荣发展的历史新篇章。

新疆地区面积 166 万平方公里，占中国国土总面积的 1/6，周边依次与蒙古、俄罗斯、哈萨克斯坦、吉尔吉斯斯坦、塔吉克斯坦、阿富汗、巴基斯坦、印度 8 个国家接壤；陆地边境线长达 5600 多公里，占全国陆地边境线的 1/4，是中国面积最大、交界邻国最多、陆地边境线最长的省区。新疆也是一个多民族聚居的地区，共有 55 个民族成分。截至 2014 年末，新疆总人口 2298.47 万，其中少数民族约占 63%。目前，全区辖有 14 个地州市，其中包括 33 个边境县（市）。担负屯垦任务的新疆生产建设兵团辖有 14 个师、176 个农牧团场，总人口约 270 万。②

新疆地区在历史上是古丝绸之路的重要通道，现在又成为第二座"亚欧大陆桥"的必经之地，也是"一带一路"陆路的重要节点，③ 其在地缘政治上的战略位置十分重要，与之相应的，当代屯垦的作用也日益凸显。

（一）屯垦是历代中央政府有效控制和管辖新疆最重要的手段之一

屯垦发端于西汉，迄今已有 2000 余年的历史。公元前 105 年至公元前 101 年，汉武帝时期为抗击匈奴、经略西域、戍卫边防，始兴屯垦。④ 新疆地区极其复杂的民族宗教、经济发展、社会稳定、文化交流、边防巩固、与周边国家关系等一系列的问题，加之较为恶劣的自然生存环境，使得历代中央政权在治理新疆的过程中不得不综合统筹，也使相关

---

① 钟广生：《新疆志稿》（卷一），学生书局 1967 年，第 3 页。
② 新疆维吾尔自治区人民政府办公厅：《2014 年新疆维吾尔自治区概况》（2015 年 9 月），新疆政府网，ht-tp：//www.xinjiang.gov.cn/xjgk/xjgk/2014/243259.htm，2015 年 11 月 10 日。
③ "一带一路"（英文：One Belt and One Road，缩写：OBAOR 或 OBOR），是指"丝绸之路经济带"和"21 世纪海上丝绸之路"，"一带一路"不是一个实体和机制，而是合作发展的理念和倡议，将欧洲经济圈、亚太经济圈这当今世界最具活力的两大经济圈连接起来，成为未来世界最具发展潜力的世界经济走廊。
④ 参见方英楷：《汉武帝是新疆屯垦的首创者》，《新疆农垦科技》，1988 年第 6 期。

驻军及其相应控制力不但在短时间内，而且在长期有效存在，以确保新疆地区的安全和稳定。有鉴于此，中国历代大一统的中央政权都把屯垦作为开发新疆、巩固边防的一项重要国策。东汉、曹魏、西晋、隋朝、唐朝、元朝、清朝和中华民国等朝代，延续了该屯垦戍边政策，都曾在新疆地区组织各族军民进行屯垦开发。

综合来看，屯垦这种集政治、经济、文化、军事于一体的治理模式（Governance Model），以民养军、以军护民、平战结合、管控统筹，能够较好地适应新疆地区的特殊情况，能够在恶劣的自然条件和复杂的政治、军事环境中有效地执行生产开发、行政管理和军事控制等多项任务，能够有效地巩固国防、维护社会安定，并在此基础上长期、有效地开展各类经济活动。同时，屯垦也对促进边疆地区由乱到治的转变具有重要推动作用。2000多年来的历史反复证明，屯垦是历代中央政府控制新疆、有效管辖新疆最重要的手段之一，也有利于国家的统一和新疆地区自身的发展。屯垦也是新疆地区始终不能被外敌或内患分子分割出去的重要原因之一。①

（二）当代屯垦是对新疆两千余年屯垦历史传统的有效继承

"雄关漫道真如铁，而今迈步从头越。"

虽然屯垦戍边是不变的主题，但屯垦的内容和戍边的意义却随着时代和社会的变迁不断发生着变化。1954年10月，在借鉴历史经验的基础上，根据新疆的实际，党中央决定中国人民解放军驻疆部队大部就地集体转业，组建新疆生产建设兵团，作为履行屯垦戍边使命的重要组织。这是党中央治国安邦的战略布局，是强化国家边疆治理的重要方略。②

新疆生产建设兵团的成立，是我们党的一个伟大创举，也是我国屯垦史上的一个伟大壮举。半个世纪以来，兵团人在祖国最西部担负起屯垦戍边、维护稳定的历史使命，在生产建设、保家卫国、维护稳定等方面都创造出了辉煌的业绩。当代屯垦的"三位一体"（the Trinity）的"安定繁荣架构"（the Architecture of Stability and Prosperity），即"安边固疆的稳定器"、"凝聚各族群众的大熔炉"、"先进生产力和先进文化的示范区"③

"稳定器"是前提也是最终目标：只有安边固疆的"稳定器"目标实现了，"大熔炉"和"示范区"才会有更好的社会经济发展环境，也才会更好地发挥各自重要的作用。

"大熔炉"是重要保障：新疆是各族群众共同休养生息的地方，只有实现了凝聚各族群众的"大熔炉"作用，新疆社会经济和文化才会更好地发展，安边固疆的目标才能更好实现，"稳定器"和"示范区"才会有更坚实的社会基础和保障。

"示范区"的先进生产力和先进文化则是重要推动力：现代社会经济发展必须依靠生产力的发展和先进文化的引导，满足各族群众日益增长的物质文化需要，"示范区"的先进生产力和先进文化无疑会进一步凝聚各族民众的向心力，强化其安边固疆的信心和能力，也成为"稳定器"和"大熔炉"的重要推动力。

当代屯垦的"稳定器"、"大熔炉"、"示范区"三者之间相辅相成，相互促进，"三

---

① 参见王栓乾主编：《走向21世纪的新疆》（政治卷·上篇），新疆人民出版社，1999年。

② 《中共中央、国务院、中央军委致新疆生产建设兵团成立60周年的贺信》，《人民日报》2014年10月8日第2版。

③ 《习近平在新疆考察时强调：紧紧依靠各族干部群众共同团结奋斗建设团结和谐繁荣富裕文明进步安居乐业的社会主义新疆》，《人民日报》2014年5月1日第4版。

位一体"，不可分割，共同推动新疆日益安定繁荣，形成当代屯垦的"安定繁荣架构"，其重要作用在地缘政治新形势下也日益凸显。2003年国务院就曾在《新疆的历史与发展白皮书》中明确指出："兵团作为新疆稳定、边防巩固的重要力量，坚持劳武结合，与军队、武警、人民群众共同在边境地区建立了'军、警（武警）、兵（兵团）、民'四位一体的联防体系，近50年来在打击和抵御境内外分裂势力的破坏和渗透活动，保卫祖国边疆的稳定和安全等方面，发挥了不可替代的特殊作用。"①

二、当代屯垦的地缘政治环境

地缘政治（Geopolitics）又称地理政治学，发端于瑞典政治科学家鲁道夫·契伦（Rudolf Kjellen，1846~1922年），② 意指"把国家作为地理的有机体或一个空间现象来认识的科学"。英国地理政治学家杰弗里·帕克将地缘政治归纳为"从空间的或地理中心论的观点对国际局势的背景进行研究"，整体的认识是地缘政治的"最终目标和辩白"。③ 英国著名地缘政治学家麦金德认为："任何国家的首要目标就是保持国境的安全不受外来的侵略。虽然一些国家的领土疆域会因国内国际的政治形势发展而改变，但究其实质，地理构成了国家战略甚至国家政治的基础，正如游戏中的棋盘一样"。④ 地缘政治学已成为表达全球大国间政治战略上的对抗与竞赛的通俗术语。⑤

对新疆内部地缘而言，其地处亚洲大陆腹地，地貌大致可概括为"三山夹两盆"，其中天山和昆仑山海拔较高，两山交汇于帕米尔高原。新疆的外部地缘即帕米尔高原的西部地区及其以西的接壤和邻近地区，简称帕西地区（the Pamirs Western Region），属于中亚、西亚、南亚之间的结合部，涉及中亚的哈萨克斯坦、乌兹别克斯坦、土库曼斯坦、吉尔吉斯斯坦和塔吉克斯坦五国，西南亚（或西亚）⑥ 的伊朗，南亚的巴基斯坦，以及阿富汗（属西南亚国家）。其中，哈萨克斯坦、吉尔吉斯斯坦、塔吉克斯坦、阿富汗及克什米尔巴基斯坦实际控制区均与新疆接壤。冷战结束后，原属苏联中亚地区的加盟共和国纷纷独立，使得包含中亚的帕西地区作为一个具有自身特色的地缘政治板块出现，构成世界政治

① 国务院新闻办公室：《新疆的历史与发展》，《人民日报》2003年5月27日。
② ［瑞典］鲁道夫·契伦：《当代之列强》（Teubner，Leipzig and Berlin，1916），转引自［英］杰弗里·帕克：《二十世纪的西方地理政治思想》，李亦鸣等译，解放军出版社，1992年，第57页。
③ ［英］杰弗里·帕克：《二十世纪的西方地理政治思想》，李亦鸣等译，解放军出版社，1992年版，第2页。
④ F. H. Hinsley, *Sovereignty*, Cambridge：CUP 2nd, ed., 1986, pp. 130－137.
⑤ 各种地缘政治理论的研究虽然都是以地理环境作为基础，但依据重点有所不同，过去多从历史、政治、军事等方面考虑，而后来对经济、社会等方面的作用日益重视。它根据各种地理要素和政治格局的地域形式，分析和预测世界或地区范围的战略形势和有关国家的政治行为。它把地理因素视为影响甚至决定国家政治行为的一个基本因素。地缘政治学"注重研究国际和国内政治活动、政治现象与地理环境的关系，这既包含对政治活动进行定向分析，又研究政治决策对地理环境的影响，它还深刻触及当代世界和平与发展的主题。"［英］杰弗里·帕克：《二十世纪的西方地理政治思想》，李亦鸣等译，解放军出版社，1992年，吴传钧所作"中译本序"。
⑥ 西南亚又称西亚，系指亚洲最西部介于印度、巴基斯坦和地中海之间的亚、欧、非三洲的交接地带，包括阿富汗、伊朗等国。关于西南亚的地理概况，参见吴继德、黎家斌：《西南亚概论》，云南大学出版社，1993年，第3－7页。

地理版图的一个单元。"9·11"事件导致阿富汗战争爆发，中亚及帕西地区的地缘政治重新洗牌，地缘政治格局发生新的变化，使得新疆地区在原有的地缘政治基础上，又出现一些新特点，屯垦所面对的情况也更为复杂。

（一）多种文明交汇，不同文明的交流与碰撞同在

帕西地区总体上是一个伊斯兰文化区，但在其周边则分布着多种不同的文明，是伊斯兰、东正教、佛教、中华文化等不同文化交流与碰撞的多文明交汇区域，也是易产生各类文明冲突的地区。[①]

在文化领域，帕西地区所拥有的伊斯兰文化、斯拉夫文化（主要是指俄罗斯民族）、中华文化、印度文化、波斯文化（主要是指伊朗）互相影响、互相渗透；在宗教领域，伊斯兰教（主要包括逊尼派和什叶派）、天主教、东正教（主要是俄罗斯）、佛教（主要是指蒙古和西藏地区的喇嘛教，亦称之为藏传佛教）等这里发挥影响；在意识形态领域，共产主义意识形态、伊斯兰原教旨主义、儒家思想、西方价值观在这里互相撞击；在思潮领域，泛突厥主义、传统威权主义、各类中亚大民族主义有所抬头；加之历史上殖民主义的干涉及列强采取"分而治之"策略，相关帕西地区国家的边界划分并未充分考虑民族、地理和历史传统，致使其边界彼此犬牙交错，存在诸多飞地，[②]引发纠纷不断，跨境人员往来并未得到有效管理，且部分地区存在的无政府状态，使之成为宗教极端主义、民族分裂主义、恐怖主义"三股势力"滋生的温床。对于帕西地区的纷乱局面，美国著名国际关系学者布热津斯基将其称为"欧亚大陆的巴尔干"。[③]

（二）帕西地区大陆性的地缘政治空间

除巴基斯坦和伊朗外，帕西地区国家总体上是一个具有高度内陆性的地缘政治空间。在没有制空权的时代，这里被地缘政治中的陆权论者视为对控制欧亚大陆进而控制整个世界具有关键作用的"心脏地带"。对此，麦金德形象地说："心脏地带是地球上最大的自然碉堡。"[④] 而中亚既是"世界地缘政治的中枢，也是世界霸权的坟墓"。[⑤]

在漫长的历史进程中，帕西地区中的中亚一直为列强所觊觎。英帝国出于与沙俄争夺对中亚控制权的战略需要，曾以南亚为基地多次企图进入中亚，但都被挡在阿富汗之南；苏联也曾在在冷战时期入侵阿富汗，历时 10 年的战争同样以失败而告终。世界上最强大的国家一次又一次地被一个弱小落后的国家所击败，在世界历史上实属罕见。苏联解体

① 关于"文明冲突"的系统论述参见［美］塞缪尔·亨廷顿：《文明的冲突与世界秩序的重建》，周琪、张立平等译，新华出版社，2010 年。

② 如阿富汗和巴基斯坦之间的普什图斯坦地区，位于乌兹别克斯坦、塔吉克斯坦和吉尔吉斯斯坦三国交界地区的费尔干纳盆地。位于费尔干纳盆地内的吉尔吉斯斯坦奥什州就有属于乌兹别克斯坦的四块小飞地和属于塔吉克斯坦的两块小飞地。

③ ［美］兹比格纽·布热津斯基：《大棋局——美国的首要地位及其地缘战略》，中国国际问题研究所译，上海人民出版社 1998 年版，第 162－169 页。该书所指的"欧亚大陆的巴尔干"国家，与帕西地区国家相比，不含伊朗，但包括作为苏联加盟共和国的亚美尼亚、阿塞拜疆、格鲁吉亚。在欧洲，"巴尔干"这个词联想到种族冲突和大国的地区性争夺。

④ ［英］哈·麦金德：《历史的地理枢纽》，林尔蔚、陈江译，商务印书馆，2007 年，第 15 页。

⑤ 张文木：《世界地缘政治中的中国国家安全利益分析》，山东人民出版社，2004 年，第 361 页。

后，欧亚腹心的地缘政治板块松动，西方势力开始寻找进军中亚的机会。而此时美国的大战略从根本上就是维持美国的超级大国地位，如其智囊所称：不得"致使（哪怕和平地）美国黯然失色"，同时"在地缘政治方面（包括在重要的军事和经济领域）保持美国的至高无上的地位"。① 尤其是"9·11"事件之后，美国以阿富汗战争为契机，乘势将触角伸入中亚。从此，中亚演变为海陆权争夺的地缘政治新战场。但美国"民主改造大中东计划"并不成功，"阿拉伯之春"更是变成了"阿拉伯之冬"，乌克兰"街头政治"演变成国家分裂、流血冲突，这些国家经历的是动荡而非真正的民主。② 美国在阿富汗进行的反恐战争历经 10 多年，也不得不留下一个烂摊子"艰难退场"，且撤军计划因阿富汗局势的恶化而一推再推，甚至有分析认为，美军继续驻留仍难彻底改善地区局势。③

（三）帕西地区资源特别是能源地位显著

对世界大国而言，包含中亚的帕西地区地缘政治地位十分重要。早在"二战"期间，美国著名战略学家斯拜克曼（Nicholas Spykman）就曾指出："中亚蕴藏有丰富的矿藏、富饶的土壤，其石油、煤和铁储藏量极为丰富。"④ 对此，美国著名国际关系学者布热津斯基也认为，作为一个潜在的经济目标，帕西地区的"重要性更加无法估量：本地区集中了巨大的天然气和石油储藏以及包括黄金在内的重要矿产资源"。⑤ 中亚尤其是里海地区石油天然气资源丰富，被誉为"第二个波斯湾"，在世界能源格局中地位凸显。据估测，里海地区可开采的石油远景储量为 200 亿～300 亿吨，约占世界总储量的 17%；天然气的预警储量约为 44 亿立方米，在全球天然气分布中其集中程度仅次于海湾地区。中亚地缘经济地位高，是 21 世纪世界重要能源基地之一。⑥

除了油气资源外，中亚的有色金属、煤、铁、磷灰石等资源也比较丰富，特别是有色金属具有优势，种类多，储量大。包含中亚在内的帕西地区在资源特别是能源方面的优势提升了它在世界格局中的地位，增强了对大国的战略价值，使"得到其资源并分享其潜在的财富成了各方寻求的目标，这个目标激起了民族的野心，引发了集团的兴趣，重新挑起历史上关于归属的争端，唤起了帝国的理想，同时也激化了国际的争夺"。⑦ 这使得帕西地区成为大国角逐的地缘政治新战场。

（四）"9·11"事件以来帕西地区地缘政治格局发生变化

"9·11"事件后，美国明确了其中亚（the Middle Asia）战略目标：一是建立由美国

① ［美］迈克尔·斯温、阿什利·特利斯：《中国大战略》，洪允息等译，新华出版社，2001 年，内容提要。
② 华益文：《美国对"颜色革命"为何乐此不疲?》，《人民日报（海外版）》2014 年 10 月 10 日。
③ 张朋辉、杨迅：《一推再推，美国撤军阿富汗计划又放缓——分析认为，美军继续驻留仍难彻底改善地区局势》，《人民日报》2015 年 10 月 20 日第 21 版。
④ Nicholas Spykman, *America's Strategy in World Politics：the United States and the Balance of Power*, New York：Harcourt, Brace and Company, 2006, p.132.
⑤ ［美］兹比格纽·布热津斯基：《大棋局——美国的首要地位及其地缘战略》，中国国际问题研究所译，上海人民出版社，1998 年，第 163 页。
⑥ 徐小杰：《新世纪油气地缘政治》，社会科学文献出版社，1998 年，第 147-149 页。
⑦ ［美］兹比格纽·布热津斯基：《大棋局——美国的首要地位及其地缘战略》，中国国际问题研究所译，上海人民出版社，1998 年，第 164 页。

领导的地区安全体系，防止在中亚出现与美国为敌的强大国家；二是建立并巩固西方的"自由民主化进程"；三是获取中亚石油等战略资源的控制权。① 美国在发动伊拉克战争和阿富汗战争之际，依然觊觎俄罗斯在中亚这一被视为其后院的传统势力范围，企图通过"颜色革命"和实施所谓的"大中亚计划"② 与俄罗斯争夺在这一地区的影响力，逐步在中亚实现驻军，保持军事存在，以控制油气资源，进一步挤压俄罗斯的战略空间，遏制俄罗斯的复兴；进一步掌控中国的油气资源命脉，阻扰中国的崛起；阻止中国、俄罗斯、欧盟经贸一体化的可能。但美国试图攫取全球控制权关键地带的意图受到俄罗斯、中国等大国的抵制。"中亚在俄罗斯的独联体政策中占有重要地位，它是独联体地区一体化机制的骨架……俄罗斯首先希望中亚的稳定和安全，以便巩固与这一地区国家的伙伴和盟友关系。"③

同时，随着阿富汗战争的发动，以美国为首的北约部队进驻阿富汗和中亚相关军事要地，西方基督教文明随之强势进入帕西地区，使得伊斯兰文化与西方文化的矛盾凸显，该地区原有的各种文化、思想、宗教进一步互相撞击、激烈交锋。④ 此外，随着区域外各类势力的深入发展，全球化、民主化等国际政治趋势对帕西地区政治生态产生了深刻的影响。国际政府间组织、国际非政府组织，甚至极端组织等都活跃在帕西地区特别是中亚的政治舞台。北约东扩已将中亚五国纳入了下一步目标。新疆地区也自然一再成为西方手中要挟干扰中国的一张"王牌"。⑤ 近期尤为突出的是，塔吉克斯坦特警司令竟加入"伊斯兰国"（ISIS），宣称会向美国报仇。⑥ 在反恐战争背景下，包含中亚的帕西地区再次成为地缘战略运筹的重要节点，大国在该地区控制权与影响力的角逐已超出能源和资源范畴。

（五）帕西地区"三股势力"使新疆处于国际反恐"前线"

苏联解体在中亚地区最直观的变化是政治地图的变化，在新疆西部出现五个不大的新独立的民族共和国：哈萨克斯坦、乌兹别克斯坦、吉尔吉斯斯坦、塔吉克斯坦和土库曼斯坦。苏联的解体意味着新疆地区曾面临的"北方威胁"不复存在，从地缘政治角度看，这或许不是坏事；但中亚新独立的国家直观上看是民族共和国，这在客观上对新疆民族分裂主义有一定程度的鼓舞作用。

① 蒋新卫：《冷战后中亚地缘政治格局变迁与新疆安全和发展》，社会科学文献出版社，2009年，第35页。

② 2005年，由美国约翰·霍普金斯大学教授弗雷德里克·斯塔尔提出的"大中亚计划"，意在形成一个以美国为主导，以中亚五国和阿富汗为主要成员，有印度、巴基斯坦、土耳其等国参与的新的地区组合，把中俄两国排除在外。S. Frederic Starr, "A Partnership for Central Asia", *Foreign Affairs*, July/August, 2005.

③ 赵华胜：《透析俄罗斯与上海合作组织》，《国际问题研究》，2011年第1期，第19页。

④ 2012年2月，驻阿富汗美军曾发生焚烧《古兰经》事件，这一被视为亵渎伊斯兰教的行动点燃了阿富汗民众的反美情绪，也引发帕西地区及世界各地穆斯林的强烈抗议。短短几天时间内，在阿富汗就至少造成包括4名美国人在内的30多人死亡、200多人受伤，并在巴基斯坦、利比亚等国也掀起了反美高潮。参见《"焚经事件"点燃阿富汗"十年怒火"》，人民网—国际频道，2012年2月28日，http://world.people.com.cn/GB/157278/17238087.html，2015年11月10日。

⑤ ［美］威廉·恩道尔：《霸权的背后：美国全方位主导战略》，吕德宏等译，知识产权出版社，2009年，第96-103页。

⑥ 《塔吉克斯坦特警司令竟加入IS宣称会向美国报仇》，环球网—国际资讯，2015年5月30日，http://world.huanqiu.com/exclusive/2015-06/6583907.html，2015年10月20日。

苏联解体后，因中亚五国的社会急剧转型及经济发展迅速衰落，意识形态领域产生真空，民众对现实滋生不满，加之原有的被压制的民族宗教矛盾浮起，导致宗教极端主义、民族分裂主义和国际恐怖主义三股恶势力在中亚迅速滋长，形成强大的破坏力量在中亚活动，不仅给中亚地区的政治和社会稳定造成严重冲击，而且对包括中国在内的帕西地区构成重大威胁。

三、"三位一体"的"安定繁荣架构"与当代屯垦的地缘政治意涵

面对复杂的地缘政治格局，依托"三位一体"的"安定繁荣架构"，当代屯垦的地缘政治意涵更加重要，其"安边固疆的稳定器"、"凝聚各族群众的大熔炉"、"先进生产力和先进文化的示范区"的作用日益巩固深化。

（一）当代屯垦可促进区域经济整合、资源配置优化与生产力的发展

经济基础决定上层建筑。同样，在国家安全中，经济安全具有基础性的地位，并随着国家经济的发展，地位更加重要。当代屯垦主要在新疆的落后和欠发达的地区，相关地区资源丰富，开发潜力巨大。通过对新疆地区进行的大规模综合性开发建设，对国家的长远发展具有十分重要的支持作用。

而新疆地区是中国西部对外开放的"桥头堡"，是中国与中亚、中东、欧洲进行经济、政治、文化交流的枢纽地区。目前已建成的"阿塔苏—阿拉山口"石油管道，"中国—土库曼斯坦"的天然气管道，欧亚第二条铁路大动脉，以及规划中的"一带一路"，则将在整合帕西地区的区域经济中发挥着重要纽带作用。通过这几条地缘经济"血脉"，可以整合打造包含新疆在内的整个中国与帕西地区国家和谐、和睦、共赢、共荣的典范。虽然美国、日本及欧洲等西方国家也竞相介入，试图维护其自身日益增长的经济利益及地缘政治战略利益；但"颜色革命"导致的国内政治动荡使得帕西国家明白，引入美国等西方势力虽可获取一时之利，长远则后患无穷；以美国为首的西方势力的强力干涉导致阿富汗、伊拉克至今战乱不休、社会支离破碎，历历在目。

帕西地区国家基本属于发展中国家，国内民众普遍渴望国家富强、民族独立、社会稳定、经济发展，而普遍期望搭上中国经济发展的"高速列车"，这也是沿线国家踊跃对接"一带一路"的根本原因。[①] 新疆与帕西地区紧邻，与帕西国家中的哈萨克斯坦、吉尔吉斯斯坦、塔吉克斯坦、阿富汗及克什米尔巴基斯坦实际控制区有共同边界及多个跨境民族，在地缘政治与人文地理上关系密切。这也为整合帕西地区的区域经济提供了特殊地缘政治的便利条件。

---

① 《沿线国家踊跃对接"一带一路"》，凤凰网—财经，2015 年 5 月 26 日，http://finance.ifeng.com/a/20150526/13731476_0.shtml，2015 年 10 月 30 日。

图1　"一带一路"示意图

（二）当代屯垦遏制了"三股势力"及帕西地区的外强威胁，维护了边疆安全

在60余年的当代屯垦实践中，新疆生产建设兵团根据中央的要求，积极履行自己的职责。一方面，通过弘扬爱国主义精神，凝聚各民族群众共识，形成命运共同体，共同建设美好家园，在新疆屯垦地区形成一个个强有力的维稳堡垒，构筑屯垦地区各族群众心理上维护社会稳定的坚强后盾，从心理上增强了各族人民反对分裂、维护稳定的信心和决心；另一方面，当代屯垦所带来的经济社会健康稳定的发展，更为各族民众解决了工作、学习、生活等实实在在的现实问题，使得各民族民众深受其利，增强了团结一心发展屯垦、维护民族团结和地区稳定的动力。

"批判的武器当然不能代替武器的批判，物质力量只能用物质力量来摧毁"。① 当代屯垦长期坚持劳武结合，不仅使辽阔的新疆迅速得到充实，而且在新疆依据其地缘政治需要，建立了一条边境农场带，有效地巩固了我国西北地区的边防，增强了针对帕西地区国家外部威胁的威慑。特别是20世纪90年代以来在国家支持下兵团实施的"金边工程"建设，留住了人口，改变了边境空虚的状况，充实了边疆地区，大规模提升了边境地区的经济、政治、文化、社会、军事等综合实力，既提升国家对外的经济文化影响力，又从大局和战略高度确保对"三股势力"和各种敌对势力的震慑和控制力。同时兵团实行党政军企合一体制，采用兵、师、团、连等军队直线式管理模式，能够有效联系、配合和协助驻疆部队，共同完成应对国防安全的任务，形成以军、警为骨干，以民兵为基础的联防组织，使兵团成为新疆军、警、兵、民边疆同守机制中维护稳定、确保和平的强大实体，更成为"三股势力"和各种分裂破坏势力难以逾越的战略屏障。兵团已经在战略上、心理

① 《马克思恩格斯选集》（第1卷），人民出版社，1972年，第9页。

上和行动上对各种分裂破坏势力构成高压态势，使之成为新疆维稳联防体系中不可缺少和不可替代的一环，遏制和削减了"三股势力"的威胁，为屯垦地区和新疆地区的经济社会发展提供了一个安定繁荣的环境。

（三）当代屯垦促进新疆民族团结和不同文明之间的和谐发展

"在冷战后时代的新世界中，冲突的基本源泉将不再首先是意识形态或经济，而是文化……全球政治的主要冲突将发生于不同文化的国家和集团之间。文明的冲突将主宰全球政治。""下一场世界大战，如果有的话，必将是所有文明之间的战争。"[①] 国内学界不少学者纷纷予以批驳，国内诸多专家学者也曾专门就"文明冲突论"进行评析。[②] 而当代屯垦在新疆地区的具体实践和成功经验则用事实有力地驳斥了文明必然冲突的预测。

发展是解决新疆经济社会一切问题的关键，也是新疆地区民族团结和不同文明之间交流融合、和谐发展的重要基础；而当代屯垦则是屯垦地区经济社会发展的重要动力。当代屯垦"助推"的经济、政治、文化、社会的全面进步，可兼顾到局部利益与整体利益、眼前利益与长远利益，以及不同民族、不同文明民众的利益，并化解各类现实的、潜在的矛盾和可能出现的冲突。具体到当代屯垦的实践方面，新疆生产建设兵团在继承人民军队爱国主义、集体主义文化，吸收新疆各少数民族文化和内地不同地域、风俗和民族文化的基础上，大力兴办文化事业。全兵团共有文化艺术表演团体 9 个，涉及全国一些主要剧种，长年演出各种剧目；创办了《绿洲》、《绿风》等文艺刊物；成立了各级文联和文艺协会，产生了《多浪河边》、《军队的女儿》、《军垦战歌》、《最后的荒原》、《千秋功罪》等有影响的作品，共有广播电视台（站）201 座，大中专院校 28 所，中小学及其他学校662 所，促进了新疆文化教育事业；创造了独具特色的军垦文化，成为新疆多民族文化不可缺少的重要内容和一道独特的风景线，进一步强化了西域文化与中原文化的交流与融合，搭起了不同地域、风俗、民族文化交流的桥梁；为繁荣发展多元一体、血脉相连、水乳交融、多姿多彩的中华文化做出了贡献。[③]

（四）当代屯垦为中国国家总体战略提供稳定的后方空间

在全球安全结构中，中国处于极其特殊的地位，其地理位置和东亚地缘政治结构决定了中国国家安全面临的实在和潜在威胁是多元的。[④] 从地缘政治的角度看，中国过去从来不是世界的中心，却天然处于东亚的中心，无疑具备巨大的地缘优势。但随着迅速增长的综合实力，中国也日益成为西方国家尤其是美国地缘政治的打压对象。塞缪尔·亨廷顿1993 年就曾闪烁其词地指责与伊斯兰教文明"勾结"的儒教文明，到 1997 年则明确地说："中国将成为美国的一个新敌人。"[⑤] 2001 年，美国小布什政府上台后，曾将中国视为"战略竞争对手"，只是因为"9·11"事件的爆发，美国不得不将主要精力集中于反

① Samuel Huntington, "The Clash of Civilization", *Foreign Affairs*, Summer, 1993.
② 参见王缉思主编：《文明和国际政治》，上海人民出版社，1995 年。
③ 乔聿力、吴重吞：《屯垦戍边与国家安全》，《兵团建设》，2004 年第 12 期。
④ Michael D. Swaine and Ashley J. Tellis, *Interpreting China's Grand Strategy: Past, Present, and Future*, Ithaca: RAND, 2000, pp. 133 – 140.
⑤ ［美］塞缪尔·亨廷顿：《美国的国家利益受到忽视》，《外交》杂志 1997 年 10 月号。

恐战争。而随着美国逐步从阿富汗、伊拉克撤军，奥巴马政府进一步提出"亚太再平衡"战略，加强在亚太地区的军事部署，强化美国的"存在感"，致使东亚地区狼烟四起；① 同时，美国利用日本在钓鱼岛问题、② 菲律宾及越南在南海问题③对中国施压，激化地区争端；10 月，美国"拉森"号军舰未经中国政府允许，非法进入中国南沙群岛有关岛礁邻近海域，引发中方严正交涉。④ 就两岸关系而言，其和平发展的态势一年多来曾受到干扰和冲击，加之 2016 年台湾地区领导人选举民进党候选人存在较高的上台概率，导致两岸关系不确定性因素增多。这无疑会使中国要面对的地缘政治和国家安全的压力进一步加大。

面对陆地中国和海洋中国的地缘战略格局，必须统筹兼顾，而没有陆疆安全稳固的强大依托，海洋中国便无从谈起。早在 19 世纪末，清政府朝野曾发生的"塞防"与"海防"之争，就已揭示了这一点。率部平定新疆叛乱的左宗棠曾言："重新疆者所以保蒙古，保蒙古者所以卫京师。西北臂指相连、形势完整，自无隙可乘。若新疆不固，则蒙部不安，匪特陕甘山西各边时虞侵轶，防不胜防，即直北关山，亦无晏眠之日。"⑤ "塞防"之失意味着大国根基之失，在一个半世纪后的今天更是如此，新疆如若失去则"将意味着中国成为 21 世纪大国的地理基础的彻底丧失"；⑥ 反之，新疆的安定繁荣则可使中国实施国家总体战略获得稳定的后方空间，而当代屯垦在其中的巨大作用必将日益增强。

（五）当代屯垦的成功经验可有选择地在巩固海疆方面推广

毛泽东曾说："一百多年来，帝国主义侵略我们都是从海上来的，不要忘记这一历史教训。"⑦ 从国家地缘战略考虑，"第一岛链"⑧ 必须突破并坚决守住。而当代屯垦"三位一体"作用经受住了内外环境的严峻考验，其巨大成效有目共睹。因此，在陆地边疆、海洋边疆地区，均可因地制宜适度推广当代屯垦的有益经验，特别是海洋权益的维护方面更为现实。

作为"第一岛链"的重要环节，南海幅员辽阔，相当数量的岛礁面积小、缺乏人类长期生存的条件，补给困难，人员驻扎显然不现实。基于目前我国深海石油勘探开采的技术还比较落后，大规模开发南海油气田短期内也不实际。因此，最能够体现国家主权存在的手段，莫过于在海南省管辖南海诸岛的三沙市大力发展海洋渔业屯垦。鉴于新中国成立初期就有武装民兵上船捕捞的惯例，参照当代屯垦在新疆等边疆地区实行的成功经验和有

① 张军社：《美国"再平衡"使亚太不太平（望海楼）》，《人民日报（海外版）》2014 年 5 月 31 日第 1 版。

② 《美日首脑发联合声明再称钓岛适用于美日安保条约》，环球网，2015 年 4 月 29 日，http://world. huanqiu. com/exclusive/2015 –04/6304025. html，2015 年 10 月 30 日。

③ 《中国严重关切东盟涉南海声明反对个别国绑架东盟》，环球网—国际新闻，2015 年 4 月 29 日，http://world. huanqiu. com/exclusive/2015 –04/6301557. html，2015 年 10 月 30 日。

④ 《美国军舰进入我南沙岛礁近海中方提出严正交涉》，《人民日报（海外版）》2015 年 10 月 28 日第 1 版。

⑤ 《左文襄公全集·奏稿》（卷五十）。

⑥ 朱听昌：《中国地缘战略地位的变迁》，时事出版社，2010 年，第 118 – 123、289 页。

⑦ 中共中央文献研究室编：《毛泽东年谱（1949 ~ 1976）》（第 2 卷），中央文献出版社，2013 年，第 38 页。

⑧ 1950 年 1 月，美国国务卿艾奇逊发表《亚洲的危机——对美国政策的检讨》的讲话，针对太平洋地区军事安全形势，发布了美国的亚洲政策，并提出了一条将朝鲜半岛排除在外的"从琉球群岛延伸至菲律宾"的防御线，是为"第一岛链"。参见陶文钊主编：《美国对华政策文件集 1949 ~ 1972》（第 1 卷上），世界知识出版社，2003 年，第 187、188 页。

效方式，可逐步恢复或建立海上民兵武装，建立健全有组织捕捞和海洋渔业垦荒戍边的相关机构，以海南东部地区渔民为主体，采取"渔民＋民兵"方式，既发展渔业壮大经济，又通过民间武装守卫领海，保护渔民开展捕捞作业，以保卫祖国神圣的海洋领土。海洋渔业屯垦可作为巩固中国在南海及东海等海域的优势地位、保卫海疆的重要平台。除了加强海上执法力量、增强行政管辖及3G信号覆盖以彰显海洋主权，中国的渔业屯垦和数量庞大的海洋捕捞船队也可作为维护海洋权益、获取海洋资源、发展海洋生产的重要外交工具。而对于当代海洋屯垦的积极作用，美国智库人士则不无深刻地指出：中国民兵有特殊优势，令他国海军难以应对。①

（六）当代屯垦是理论自信、体制自信、道路自信的有力体现

"在亚洲大陆，中国已经在地缘政治方面占有主导地位，中国在地区内越来越自信，以便与其历史、地理和经济的内在要求相称，这是十分自然的。"② 21世纪的第一个十年，中国社会经济的快速发展给全球各国留下了深刻印象，"中国模式"（China Model）或者"北京共识"（Beijing Consensus）的新概念在各国特别是包括帕西地区乃至中东及拉美、非洲等发展中国家的学术界和政界引发热烈讨论。中国的发展则给全世界带来了重要的机遇，世界越来越清晰地认识到："是中国道路造就了中国奇迹"。③

对此，有中国—阿拉伯国际关系专家认为，中国模式对于阿拉伯国家的经济发展具有借鉴作用，"中国经济不可思议的发展令中东知识分子和媒体惊讶不已……她们开始欣赏所谓'中国模式'的优点。"④ 作为一个非西方大国，中国崛起将是改变一个多世纪以来世界形态的最重大事件，而中国作为一个重要大国的崛起，在第二个千年的后半期令任何一个可比的现象相形见绌。⑤ 法国政治家拿破仑两百年前就曾宣称：中国是头"睡狮"，一旦醒来，将使"整个世界为之震撼"。⑥ 也有学者不仅认为中国经济具有创新性、可持续性、平等和自决等优点，还进一步批判所谓"华盛顿共识"（Washington Consensus），称其标志着"历史的终结"（the End of History）的傲慢，在全球留下了"被破坏的经济与厌恶的痕迹"。⑦ 还有学者对中国越来越大的全球影响力敲响了警钟，称中国成为"更加非西方、缺乏自由的资本主义思想和管理经验的灯塔"，将"在全球舞台削弱西方尤其是美国的影响"。⑧ 而不容否认，促进了占中国领土面积1/6地区安定繁荣的当代屯垦，无疑为中国经济社会的全面发展做出了特殊贡献，其浓重的中国特色也是理论自信、体制

① ［美］安德鲁·S. 埃里克森、康纳·M. 肯尼迪：《潭门民兵，中国的海洋权益保护排头兵》，《国家利益》2015年5月6日。

② ［美］兹比格纽·布热津斯基：《大棋局：美国的首要地位及其地缘战略》，上海人民出版社，1998年，第216页。

③ 郝安：《要坚定这样的道路自信、理论自信、制度自信》，中国共产党新闻网，2013年1月8日，http://dangjian. people. com. cn/n/2013/0108/c117092 - 20129824. html，2015年10月21日。

④ Yitzhak Shichor, "Competence and Incompetence: The Political Economy of China's Relations with the Middle East", *Asian Perspective*, Vol. 30, No. 4, 2006, p. 66.

⑤ ［美］塞缪尔·亨廷顿：《文明的冲突与世界秩序的重建》，新华出版社，1999年，第257页。

⑥ R. P. Khanua, "Impact of China's Ambition to Be a Regional Power", *Asian Defense Journal*, Vol. 6, No. 9, August 1999, p. 9.

⑦ Joshua Cooper Ramo, *The Beijing Consensus*, Foreign Policy Centre, 2004, pp. 9 - 17.

⑧ Stefan Halper, *The Beijing Consensus*, Basic Books, 2010, p. 3.

自信、道路自信的有力体现。

四、结语

"周虽旧邦，其命维新。"历经 2000 余年的屯垦亦然。面对帕西地区复杂多变的地缘政治环境，当代屯垦的"三位一体"的"安定繁荣架构"，有力地保障了新疆地区的繁荣稳定，促进了新疆地区经济社会发展，形成了民族团结、文明和谐共存的局面。当代屯垦已成为新疆地区社会繁荣发展的稳定器，民族团结和文明交流的大熔炉，发达经济和先进文化发展的助推器，成为具有中国特色的"屯垦模式"。诚如习近平总书记所指出的：兵团的存在和发展绝非权宜之举，而是长远大计。新形势下兵团工作只能加强，不能削弱。①

---

① 习近平：《要把兵团工作放到新疆长治久安的大局中》，新华网，2014 年 4 月 30 日，http：//www. xj. xinhua-net. com/zt/2014 – 04/30/c_ 1110493293. htm，2015 年 10 月 20 日。

安全与发展：从丝绸之路到"一带一路"

"一带一路"视角下云南参与周边外交的实践历程

——从 GMS 到澜湄合作

刘　稚　李秀芳

云南大学国际关系研究院

  "一带一路"是新时期党中央、国务院统揽政治、外交、经济、社会发展全局做出的重大战略决策，云南省作为中国西南边疆的重要省份，在国家的"一带一路"战略中有着突出的地缘优势。习近平总书记对云南"面向南亚东南亚辐射中心"的定位为云南在周边外交中发挥越来越重要的作用创造了条件，云南省作为中国与"大湄公河次区域经济合作机制（GMS）"的重要参与省份，是云南省作为地方政府（次国家行为体）贯彻落实我国"与邻为善、以邻为伴"和"睦邻、安邻、富邻"的周边外交政策的一种有益实践。

  2013 年 9 月和 10 月，国家主席习近平在访问哈萨克斯坦和印度尼西亚时，分别提出共建"丝绸之路经济带"和"21 世纪海上丝绸之路"的倡议，这两大倡议被合称为"一带一路"，并引起国内外的高度关注。"一带一路"战略是党中央、国务院统筹国际、国内两个大局，推进全方位对外开放、营造有利于周边环境的重大战略部署，对于培育我国国际竞争新优势以及巩固和提升与周边国家的睦邻友好关系具有十分重大和深远的战略意义。

一、"一带一路"战略下的周边外交

  "一带一路"的核心内涵在于：统筹国内国际两个大局，以地缘相邻、历史人文交往悠久的周边国家和地区为战略依托，以政策沟通、设施联通、贸易畅通、资金融通、民心相通为重点，推进区域经济一体化，构建区域安全新架构、地缘政治新格局，打造我国深度参与全球治理、提升全球竞争优势的重要平台。我国地处被视为全球地缘政治中心的亚欧大陆上，有 19 个国家与中国通过陆地或海洋相邻，拥有 2.2 万多公里的陆地边界线，与 14 个国家接壤，我国与周边国家接壤的广阔边疆地区和周边各国处于"一带一路"建设的通道前沿和关键枢纽，既是国际交流合作的重要平台和基地，同时也是国家间、区域间地缘经济利益、地缘政治利益、地缘战略利益交织、竞争的复杂地带，所以积极开展周边外交，营造良好的周边关系也就成了"一带一路"战略中的应有之义。

世界上几支重要的战略力量都汇聚于我国的周边，当今世界上的绝大多数热点问题都发生在我国周边，其中很多问题和中国直接相关。例如，朝鲜半岛问题、东海问题（包括钓鱼岛问题）、与东南亚国家的南海主权纠纷、与南亚印度的边界问题、阿富汗问题、巴基斯坦问题、缅甸问题等。我国所处的地缘政治环境决定了周边外交在我国战略全局中有着举足轻重的地位。长期以来，我国的周边外交政策的三个基本目标是"确保国家主权与领土完整"、"维护周边和平与稳定"、"促进地区对话与合作"。①

时代的发展和国际形势的变化推动着我国对周边国家全新外交政策的形成。进入 21 世纪后，我国在对传统的"睦邻"外交加以丰富和升华的基础上，进一步提出了"继续加强睦邻友好，坚持与邻为善、以邻为伴"的周边外交方针，并将其精辟、具体地阐述为"睦邻、安邻、富邻"。我国"睦邻、安邻、富邻"的周边外交政策，最早是由前总理温家宝于 2003 年 10 月 7 日出席东盟商业与投资峰会时所做的《中国的发展与亚洲的振兴》的演讲中提出来的。"'睦邻'就是继承和发扬中华民族亲仁善邻、以和为贵的哲学思想，在与周边国家和睦相处的原则下，共筑本地区稳定、和谐的国家关系的结构。'安邻'就是积极维护本地区的和平与稳定，坚持通过对话增进互信，通过和平谈判解决分歧，为亚洲的发展营造和平安定的地区环境。'富邻'就是加强与邻国的互利合作，深化区域和次区域合作，积极推进地区经济一体化，与亚洲各国实现共同发展。"

过去我们习惯于用双边外交来处理所有的周边关系。自 20 世纪 90 年代以来，尤其从 21 世纪初开始，我国建设性地以构造"周边制度性合作网络"来推进周边关系，由地方政府积极参与的区域、次区域合作机制是这一网络的重要组成部分。中国是世界上陆上邻国最多、地缘环境最为复杂的国家之一，其众多地方政府分布在绵长的国家边境上，这些地方政府在中央政府的支持下逐渐发展出以参与周边的次区域多边合作机制或者跨边界合作机制来参与国家多边外交的独特形式。② 近年来出现的此类次区域合作机制包括：图们江跨国自由贸易区、环日本海地方首脑会议制度、环黄渤海次区域经济合作、以第二条亚欧大陆桥为开发轴线，包括中国和中亚五国的跨边界次区域经济合作区、大湄公河次区域经济合作机制（GMS）等，在这些次国家行为体（中国的地方政府）主导的次区域合作机制中，大湄公河次区域经济合作机制被公认为是中国目前诸多次区域合作中较为成功的一个，其政府合作模式不仅成为亚洲乃至国际上次区域政府合作模式的成功范例，③ 已成为中国在周边地区发展次区域多边合作的典范，也为地方政府在次区域经济合作中参与中国的多边外交积累了丰富的经验。

二、云南参与周边外交的实践历程
——以云南参与大湄公河次区域合作的实践为例

大湄公河次区域涉及澜沧江——湄公河流域的五个东南亚国家（泰国、老挝、缅甸、

---

① 王毅：《中国与周边国家外交综述：与邻为善以邻为伴》，《求是》，2003 年第 4 期。
② 陈迪宇：《云南与"大湄公河次区域经济合作"》，《国际观察》，2008 年第 6 期。
③ 杨爱萍、吕志奎：《大湄公河次区域政府合作：背景与特色》，《中国行政管理》，2007 年第 8 期，第 95 - 98 页。

越南、柬埔寨），该区域内蕴含着丰富的生物多样性资源、农业资源、水能资源、矿产资源、土地资源、人力资源、人文资源和旅游资源，具有极大的经济潜能和开发前景，是当今世界经济最具活力的地区之一，有望成为 21 世纪世界和亚洲新兴的巨大市场。中国与大湄公河次区域国家接壤，在经济上有很强的互补性，合作潜力巨大。因此推进大湄公河次区域合作对于发展我国同东南亚国家间的睦邻关系，加快中国—东盟自由贸易区的建设，提高次区域整体经济水平和实力有重要的现实意义和长远的战略意义。

云南参与大湄公河次区域经济合作具有得天独厚的优势。湄公河是东南亚第一长河，在我国境内称为澜沧江，流经云南的里程为 1247 公里，流域覆盖云南省的 8 个州市，占澜沧江—湄公河流域面积的 22.5%，蕴藏着丰富的水利资源。云南省与周边多个国家接壤，是我国面向东南亚、南亚开放的重要门户。自古以来，云南与次区域国家有着十分密切的联系，云南省内有 16 个民族与东南亚国家跨境而居，民族同根、文化同源，人员交流往来频繁，边贸商旅活跃。

（一）云南省是中国参与 GMS 机制的重要省份

1992 年在亚洲开发银行的倡议和召集下，次区域五国和中国的云南省共同建立了"大湄公河次区域经济合作机制"（GMS）。亚洲开发银行倡立大湄公河次区域经济合作的设想萌发于 20 世纪 90 年代初。当时，中国以双边外交作为自己开展对外交往的绝对主导方式，对发展多边机制还存有顾虑和迟疑，尚未有积极深入的参与。[①] 但是云南凭借优越的地缘环境，在与周边国家的交往活动早就开展起来了，1984 年云南就获准在边境地区进行边境贸易，1992 年云南已设立了 27 个边境地区建立了与次区域邻国开展边贸的贸易点。1992 年 8 月，亚洲开发银行在做大湄公河次区域多边合作机制前期调研时，派了四位高级顾问到云南考察访问。时任云南省省长和志强会见了代表团，并向代表团介绍了云南省的农业、工业、通信、交通、航空、能源、环境保护、与周边国家的经贸往来、人员互访、交流合作等方面的情况以及澜沧江—湄公河航运发展的现状和云南的未来设想。亚行官员表示云南与湄公河流域各国间的合作考虑得早，也做得早，有的项目已经启动，云南与周边邻国间多领域经济合作搞得不错。[②] 同年 10 月 21 ~ 22 日亚洲开发银行在马尼拉召开会议，倡议澜沧江—湄公河流域的六个国家，包括中国、老挝、缅甸、柬埔寨、泰国、越南在平等、互信、互利的基础上建立大湄公河次区域经济合作机制，会议通过了《次区域经济合作》的总体框架报告。在会上，云南省提出了 1 - 2 - 1 的次区域合作建议，即"一条铁路（昆泰铁路），两条公路（昆洛、昆畹公路），一个机场（昆明机场）"，受到与会各方的赞赏，并以附件形式写入次区域经济合作纲要，由此拉开了云南省作为地方政府参与国际次区域合作和周边外交的序幕。在一定意义上，正是云南省在中央政府领导下的积极推动，促成了大湄公河次区域经济合作机制的诞生。

大湄公河次区域经济合作机制的宗旨是通过加强各成员间的经济联系（Connectivi-

---

① Alice D. Ba, "China and ASEAN Renvigating Relations for a 21st Century", Asian Survey, Vol. XLIII, No. 4, 2003, pp. 633 - 635；Kuik Cheng - Chwee, "Multilateralism in China's ASEAN Policy: Its Evolution, Characteristics, and Aspiration", Contemporary Southeast Asia, Vol. 27, No. 1, 2005, p. 103.

② 前云南省澜湄办主任赵松毓语，http：//www.newsyn.com/html/other2/20080603/59662.html。

ty），提高次区域的竞争力（Competitiveness），建设共同繁荣的大家庭（Community），减少次区域贫困，促进次区域的经济和社会发展。GMS 是一个以实施项目来主导各方开展多边合作的机制，任何一个 GMS 的项目都要经过各组织成员和亚行的充分协商、讨论和论证，只有在各成员和亚行同意后才能给予立项，在项目的具体实施过程中，地方政府的参与和支持至关重要，云南省是中国参与 GMS 项目的执行主体，目前与中国相关的 GMS 项目绝大部分在云南境内，由云南负责执行和实施。

云南省参与大湄公河次区域经济合作的实践努力获得了云南省政府、中国政府和国际组织的肯定和认可。时任云南省发改委副主任的王敏表示"云南在过去和将来都将是中国参与大湄公河合作的主体"①；时任中国国务院副总理的曾培炎 2003 年 8 月 19 日在昆明举行的东盟—湄公河流域开发合作第五次部长级会议上，指出："位于中国西南边陲的云南省既是中国实施西部大开发战略的重要省份又是中国参与东盟—湄公河流域开发合作的主体，这是中国中央政府高层官员对云南主体地位的明确表述之一"。② 而亚洲开发银行则在 1993 年发表的题为《次区域经济合作——关于柬埔寨、老挝、泰国、越南和中国云南省进行合作的可能性》的报告中，就明确将云南视为 GMS 的一个直接参与方。这一地位的确立使得云南在参与大湄公河次区域经济合作的进程中扮演了一个重要的角色。

云南省在参与大湄公河次区域经济合作过程中的地位主要通过以下三个方面来体现：参与 GMS 的国内协商进程；出席并参与 GMS 各级别会议；自主开展与 GMS 各相关行为体的对外交往活动。

在云南参与大湄公河次区域经济合作的过程中，在国内协商方面，成立了中央和地方两级决策机制。在 1994 年成立的"国家澜沧江—湄公河流域开发前期研究协调组"中，云南省以中国代表团副团长的身份参与了这个国家级决策机构，同时云南省也成立了"云南省澜沧江—湄公河次区域经济合作协调小组"。作为"国家协调组"在云南的对应机构。通过这两个机构，一方面，云南省以副组长单位身份直接进入了中央决策 GMS 事务的协调机制，以地方政府的身份参与到中央协调 GMS 事务的组织架构中来；另一方面，通过"云南省澜沧江—湄公河次区域经济合作协调小组"，云南省政府作为地方政府与中央政府各相关部委在职能、职责一致的协调系统中直接对应，这两级决策机制的建立使云南不仅能及时得到中央的政策指导和支持，也能把云南在参与 GMS 上的利益诉求直接导入中央相关部门的决策过程中。由此云南省政府在 GMS 事务上的决策影响力得到了大幅增强。通过这两级决策机制，云南省主导了与中国与大湄公河次区域经济合作中九大重点合作领域（交通、能源、电信、环境、农业、人力资源开发、旅游、贸易便利化与投资、禁毒）的开展工作，云南省政府成立了与九大合作领域相关的业务部门，设立了专门办公室来处理 GMS 合作涉及的事务。

出席并参与 GMS 各级别的会议是云南参与大湄公河次区域经济合作过程中的一个重要组成部分。2002 年前，部长级会议是 GMS 的最高决策机构，参加 GMS 年度部长级会议的中国代表团通常由中央和云南代表分别担任正副团长，显示出云南省对 GMS 的高度重视和在其中的重要地位。1996 年，昆明首次举办部长级会议，时任国务院副总理的姜春

---

① 王敏正：《大湄公河次区域合作情况及云南的作用和地位》，《珠江经济》，2006 年第 8 期。

② 参见新华网，http://www.yn.xinhuanet.com/asean/2003 - 10/31/content_1132133.htm。

云带团参会。2002年11月，大湄公河次区域第一次领导人会议在柬埔寨首都金边召开，确定了每三年由成员国轮流召开一次领导人会议的制度，此次会议后，各参与国把开展大湄公河次区域经济合作纳入了本国的发展计划。而部长级会议在2002年后成为了大湄公河次区域经济合作的具体决策机构。2005年7月，大湄公河次区域第二次领导人会议在昆明召开，充分显示了云南在GMS合作中的重要地位，会议发表了《昆明宣言》，批准了贸易投资便利化和生物多样性保护走廊建设，签署了电力贸易、动物疫病防控、跨境客货运输、建设信息高速公路等合作文件，为云南省进一步扩大与大湄公河次区域国家的合作创造了更好的条件。

在参与大湄公河次区域经济合作的过程中，云南省在获得中央支持的条件下，积极自主开展与GMS各相关行为体的对外交往活动。首先，云南高度重视和亚洲开发银行发展合作关系。亚行作为GMS的发起人和出资人，是次区域合作的主要资金来源。2000年GMS第九届部长级会议前夕，云南省副省长牛绍尧一行就专程前往亚行总部拜会了亚行副行长千野忠男和申明浩。① 其次，云南省在GMS机制下积极创办了GMS经济走廊省长论坛，专门设立由次区域各国相关政府机构、走廊沿线省市行政首长组成的经济走廊建设工作组机制，建立了云南—老北工作组、云南—泰北工作组、滇越五省市经济协商会、滇越边境五省联合工作组等合作机制，为地方政府和企业参与合作规划和政策制订搭建平台，重点组织协调跨国、跨行政区域的重大基础设施建设、战略资源开发、生态环境保护建设。②

2007年3月26日至4月9日，云南省代表团展开了对大湄公河次区域缅甸、泰国、老挝、越南、柬埔寨5国的访问，分别拜会和会见了5国11位国家领导人、40多位部省长和5个知名商会及大企业负责人，参加了6个重要合作项目的开工奠基仪式；举办了5次有影响的合作项目洽谈会及签约仪式，参会人数达3300人，签约42项、总金额42亿美元，达成100多个意向性项目、总金额20亿美元。此次访问不仅实现了云南在参与大湄公河次区域经济合作方面的主体地位和先行叙述，而且为建设"开放云南"和推动未来云南省参与对外合作奠定了深厚的基础。2010年，云南省在缅甸、柬埔寨、老挝三国分别设立了农业科技示范园，用于推进农业方面的合作。2010年6月，在云南举办"大湄公河次区域项目洽谈会"，组织中国企业与大湄公河次区域国家企业进行项目对接。2011年6月又在昆明举办了"第三届GMS经济走廊活动周"，以创新、务实的方式推进了经济走廊发展。

（二）云南是中国建构和参与澜湄合作的重要平台

澜沧江—湄公河合作机制的提出在一定程度上可以视为在云南参与GMS合作机制上出现的一个创新实践之举。2014年11月李克强总理在第17次中国—东盟领导人会议上倡议建立澜沧江—湄公河合作机制，并得到湄公河各国积极响应。2015年11月12日，澜沧江—湄公河合作首次外长会在西双版纳傣族自治州景洪市举行。会上，中国、泰国、缅甸、老挝、越南、柬埔寨六国宣布正式建立澜湄合作机制，正式启动了澜湄合作进程。

---

① 陈迪宇：《云南与"大湄公河次区域经济合作机制"》，《国际观察》，2008年第6期。
② 李启昌、王永刚、杨昕雨：《省长论坛圆桌会召开提出六点建议》，《云南日报》，2008年6月7日。

2016 年 3 月，以"同饮一江水，命运紧相连"为主题的"澜湄合作"首次领导人会议在海南三亚举行，确定了以政治安全、经济和可持续发展、社会人文为三大合作支柱，以互联互通、产能、跨境经济、水资源、农业和减贫为五个优先方向的"3 + 5"合作框架，从而标志着因水结缘的中国、缅甸、老挝、泰国、柬埔寨和越南六国在共同主导、协调推进次区域合作方面取得了历史性的重大进展。

澜沧江—湄公河合作机制的建立并非空穴来风、横空出世，而是长期以来中国与湄公河五国在多种机制、多个层次、多个领域内不断深化合作、利益密切交融的结果，基础十分扎实，可以说是水到渠成。在澜沧江—湄公河流域出现的合作机制包括：大湄公河次区域经济合作（GMS）、东盟—湄公河流域开发合作（AMBDC）、湄公河委员会（MRC）等，其中又以上文中提到的以亚洲开发银行主导的大湄公河次区域经济合作机制占据主导地位，成效也最为显著，而在大湄公河次区域经济合作的过程中，云南扮演着一个重要的角色。随着形势的发展变化，原有的机制已难以满足次区域国家全面深化合作的需求和愿望，所以澜湄合作机制应运而生，澜湄机制的提出既有强烈的内在需求，更有充分的现实条件，可以说是顺应潮流、顺乎民意、势在必行之举。

"澜湄合作"是澜沧江—湄公河流域合作的新机制、新实践和新平台，具有多方面的重要意义。在次区域层面上，"澜湄合作"是首个由沿岸国家自己提出、携手推动的新型次区域合作机制，是全流域沿岸六国谋求次区域合作全方位深化和次区域合作机制化的重要探索，将打造更为紧密、互利合作的澜湄共同体。因此，"澜湄合作"机制的正式启动标志着澜沧江—湄公河流域国家的合作进入到了一个六国自主、全面深化的历史发展新阶段，必将为该区域合作的全面拓展和深化带来更强劲的动力和更丰富的内涵。对于中国来说，湄公河地区是我国塑造和谐周边、打造与周边国家命运共同体条件最好的区域，积极倡导并推进澜湄机制建设，是推进"一带一路"建设、践行"亲诚惠容"周边外交和打造区域合作升级版的一步"先手棋"和"试验田"，对于建构周边命运共同体具有重要的示范意义。对于云南来说，凭借优越的地缘条件和以往具有的合作经验，在新出现的澜湄合作机制下，云南在次区域合作进程中将继续发挥积极的作用。

三、云南省参与次区域合作实践在周边外交中的意义

随着经济全球化的推进，国家之间的交流与合作渗透到了主权国家的各个组成部分。其中，地方政府作为次国家行为主体在主权国家参与（次）区域合作中扮演的角色和发挥的作用日益突出。次国家行为主体参与国际合作与主权国家中央政府相比具有以下优势：首先，次国家政府参与国际合作为主权国家之间的合作提供了捷径，其非主权性的特点能够为具有冲突或者敏感问题的国家间在经济、文化、环境保护、打击毒品走私等"低级政治领域"的合作铺平道路。其次，次国家政府参与国际合作的效果更具直观性和可操作性，从而更具有生命力。

云南作为"次国家"行为主体在中国周边外交中具有突出的优势。首先，在地缘上，云南与缅甸、老挝、越南三国接壤，与泰国、柬埔寨、孟加拉国和印度毗邻，在中国的沿

边开放中扮演着重要的角色；其次，20 世纪 90 年代以来云南作为中国参与大湄公河次区域合作、孟中印缅地区论坛的主体已经积累了相对较多的经验，已经具备了深厚的合作基础。

另外，作为次国家行为主体的云南在周边外交中比国家行为主体具有更大的灵活性和便利性，能够率先在互联互通、非传统安全问题治理等领域开展合作并得到早期收获。多年来云南积极贯彻落实"与邻为善、以邻为伴"和"睦邻、安邻、富邻"的周边外交政策，建立了与周边国家多层次、宽领域的合作平台，树立了友好、开放、务实、诚信的云南形象。

随着我国"一带一路"战略的实施，中国将日益广泛、深入、全面地融入国际社会，中央政府将越来越重视发挥地方政府参与对外合作和周边外交中的积极性。地方政府（次国家行为体）作为中央政府实施周边外交战略的重要补充，在承担着具体执行和落实国家宏观周边外交战略的同时，也承担着地方政府自己的职能，即充分利用国际国内两种资源，充分发挥国际国内两种市场的作用，努力促进本地经济与国际经济的联系，为地方经济的发展拓展空间，所以地方政府参与区域合作是由自身发展的内在需求驱动的，地方政府在参与落实国家周边外交战略的过程中具有积极性和主动性。所以在实施我国的周边外交战略的过程中，引导地方政府在国家总体外交战略的框架下开展富有成效的国际交往、与中央政府一道共同推动中国宏观外交战略目标的实现显得尤其重要，云南省参与大湄公河次区域经济合作的实践经历，为地方政府作为次国家行为体参与国家周边外交战略做出了积极而有益的尝试。

社会分工视角下河湟回藏民族关系[①]

马瑞雪[②]

中央民族大学民族学与社会学学院

民族关系作为与民族同始终的社会现象，既是历史发展的产物和历史的沉淀，又是对现实环境和条件的反映。在一个多民族国家，民族及民族关系始终是国家政治生活中的重大问题，它与国家的安定团结、政治稳定和进步繁荣息息相关。本文以马克思社会分工理论为方法，探讨回、藏两个民族之间关系为什么从"共生互补"转变为"竞争自利"，通过分析这种典型的民族关系变迁，证明社会分工才是民族关系发展的根本原因。

一、引言

回、藏关系是我国西北地区重要的民族关系，其发展不仅影响边疆安全与稳定，更与国家长治久安密切相关。进入 21 世纪以来，受国内外多种因素影响，我国民族问题日趋突出，特别是近年来随着网络媒体的普及，为了达到宣传的效果，媒体将很多本不属于民族问题的问题打上了"民族"问题的标签，大大降低了民族问题的严肃性和敏感性，而且无形中将部分少数民族的形象刻板化，反而强化了这些民族的民族意识。问题在于，民族之间的关系是否如一些学者提出的"文化冲突论"那样？的确，一些民族关系史的研究为这种观点提供了学术佐证，当今社会真的处在一种不可避免的"文明的冲突"之中吗？为此，笔者特选择回族与藏族这两个长期杂居在西北地区、全民信仰不同宗教的民族为代表，从社会分工视角探讨回、藏民族关系和谐发展的内在原因以及民族关系发展变化的深层次影响因素，试图证明异质性较强的文化之间交流、互动的可能性，并总结民族关系发展的一般规律，为我国民族关系的研究提供经验性认识和理论总结。

---

① 本文是北京社科基金基础重点项目"跨界民族与周边关系研究"中期成果（15KDA007）。
② 作者简介：马瑞雪，中央民族大学民族学与社会学学院民族学博士研究生。

二、回族"中介"身份下"共生互补"的回藏关系

　　马克思、恩格斯非常重视民族关系及其问题，在《德意志意识形态》中提出了基本理论。关于民族关系，马克思认为："各民族之间的相互关系取决于每一个民族的生产力、分工和内部交往的发展程度。"随着生产力的发展，出现了社会分工，对资源、土地、劳动力各种物质生产资料的需求促使了民族内部的交往向民族间的交往延伸，从而形成了民族关系。地域辽阔的西北地区，在历史上民族构成色彩缤纷，自给自足的自然经济占主导地位，生产力水平较低，社会分工相对简单。具体到河湟地区①，这种简单的社会分工体现在：信仰伊斯兰的回族历来是以擅长商业著称的，但河湟独特的地理及人文环境，使得这里的回族在擅长经营商业的基础上又擅长经营农业，并受汉文化影响较深，城市回族主要以商业为主。而信仰藏传佛教的藏族主要从事畜牧业生产，历史上的青海牧区的畜牧业生产技术一直没有脱离粗放的游牧生活状况。因此，历史上回族、藏族的劳动分工属于两种完全不同的类型，正是由于劳动分工的不同，形成了不同的文化类型，才使得两个民族之间的联系与互动成为可能。劳动分工的差异造成的民族之间的差异是一种自然现象，是由其所处的自然环境和历史传统造成的，河湟地区处于汉族农业与藏族畜牧业两大区域的过渡地带，这种特殊的地理位置为两个民族的交往提供了经济上的互补性。

　　回族、藏族之间的民族关系首先发生在经济领域。从一定意义上说，民族关系就是民族间的利益问题，和谐的民族关系是建立在民族之间相对平衡的经济利益之上的。历史上回族、藏族之间在经济中的互动，与回回先民从客居到定居直至发展成一个民族共同体相伴相生。唐宋时期中原王朝就在湟州、河州等地设榷场与吐蕃进行茶马贸易和细毛交易，回回先民就参与其中。唐代开放的经济社会环境和文化氛围以及丝绸之路的畅通极大地推动了中西文化的交流。在这样的背景下，回族先民陆续来到河湟地区。到宋代，在河湟地区不仅早先入居的穆斯林后裔人数有所增加，而且又有一些回族先民往来于河西走廊。阿拉伯、波斯、喀喇汗国的使臣、商人到敦煌时，则南入柴达木，绕青海湖北岸，循湟水谷地，到中原一带进行商业活动。河湟地区处于汉族农业与藏族畜牧业两大区域的过渡地带，在经济上有很强的互补性。宋代在西北开始的"茶马互市"促进了河湟地区民族间经贸的发展，据资料记载，宋代在河湟地区设"茶马司"。河湟地区特殊的经济地理位置上就具有发展商业的条件，在建立"茶马司"之后更加促进了当地的商业贸易活动。

　　元朝政府支持和发展贸易事业，特别是对穆斯林商人给予优厚的待遇，加之元代疆域辽阔，东西交通大开，西北各民族之间的贸易活动比较频繁。其中就包括回回先民与牧业区的经济贸易，当时的西宁不仅是青藏地区与内地的交通枢纽，而且也是重要的贸易场所。元代西宁畜牧业发达，元王朝通过"和市"将西宁等地的牦牛、马等输入内地。这不仅促进了西宁的商业贸易事业，还加强了中原地区与藏族地区的经济文化交流。到明朝，西北地区的"茶马互市"空前繁荣，在河湟地区设西宁、河州、甘州、洮州四个茶

_____

　　① 本文所指的河湟地区是以西宁为中心的包括黄河流域和湟水河流域的青海东部农业区。

马司，与西北各族进行茶马交易。河湟回族在明中期以后参与的民间茶马贸易日益兴盛，成为河湟经济交往的主要组成部分。

随着茶马互市的发展，汉族、回族及其他民族的商人在明时移居藏族地区的逐渐增多。回族商人开始进入青海腹地、甘南和川西北藏区收购畜产品，与藏族人民杂居，加深了民族之间的互相了解。值得关注的是，在这一时期回藏经济互动出现了转变。这种转变体现在贸易产品上，他们已从唐宋其先民以丝绸、瓷器、珠宝等为主要商品进行贸易的方式逐渐转变为以地区经济地理条件为基础，以经营农牧产品为主。清代，中央政府把沿袭千年的官方专营的茶马制度的种种限制取消，给民间自由贸易的发展带来了机遇，民间群众性的回藏贸易迅速崛起。民间贸易的自由促使河湟回族人掀起向青海东部高原移民的高潮，随之，湟水谷地出现了西宁、丹葛尔、湟源、多巴、白塔尔等新兴的回藏商业城镇。同时，随着回、藏贸易及商业城镇的发展，为适应回、藏贸易发展之需求，在回、藏两族聚居的河州、西宁等地出现了商行与旅社相结合的经济实体：歇家。① 歇家为蒙、藏牧民进城交易提供了歇息之处，由回族参与的歇家，对历史上回、藏贸易的发展提供了便利，也有利于河湟各种民族之间的贸易往来。在明末清初，在官方专营的茶马互市衰落之后，由河湟回族为主导的民间群众性的回藏贸易填补了空白，成为农牧之间经济互动的主流。回藏贸易吸引了大量的回族人涌入青海藏区，兴起了几座回藏商业城市，回族以这些商业城镇为据点，逐渐形成了城镇回族商业社区。②

首先，在回、藏贸易互动中，社会分工的不同使得回族在回、藏经济贸易中占据着重要地位。回族商人作为中介，不仅促进了河湟地区社会经济的发展，而且加强了藏区与内地的联系。回商从牧区收购物品，进行加工出售，实现了物品从实物价值到商品价值的过程，从而刺激了牧民对当地生物性资源的开发。③ 回、藏之间这种被学界称为"共生互补"的经济关系促进了文化之间的联系，文化之间联系的加强反过来又深化了经济联系，进而直接影响了两个民族之间的民族关系。历史上河湟回藏经济互动过程中，为了更好地进行交流，回族会主动学习藏语，穿藏袍，养成了吃糌粑喝酥油茶等生活习惯，如今在青海地区的回族中，这些生活习惯仍然保持着。回族商人这种入乡随俗的态度拉近了他们与藏族同胞之间的距离。藏族在经济互动中，对回族的宗教文化、生活习惯等持尊重态度，回藏通婚现象普遍存在。西道堂与藏区的经济贸易、卡力岗藏族等现象充分说明了回藏之间经济互动使民族文化间交流的深化，同时也说明了异质性较强的文化间交流的前提是在经济利益方面的互补性。

其次，单一的社会分工导致藏区对藏区以外社会生活产品的需求大。河湟地区作为一个贸易集散地，不仅云集了藏区的畜产品和土特产，更是充斥着大量从中原地区转入藏区的生活必需品。学术界把河湟回族作为媒介的这种贸易方式称为"东引西进"：东引，顾名思义是从中原输入商品，而西进则是从藏区输出产品。西进输出的商品主要可以分为三

---

① 歇家：接待过往买卖货物的回、藏、蒙等商人，为之屯放物品，并为买卖双方充当中介，为客商代办托运，从而收取费用。

② 勉卫忠：《清朝前期河湟回藏贸易略论》，《西北第二民族学院学报》（哲学社会科学版），2005年第3期。马燕：《历史上河湟地区回藏与藏族的经济交往》，《青海民族学院学报》，2007年第4期。杨文法：《关于青藏高原地区回藏贸易体系的人类学探讨》，《青海社会科学》，2011年第1期。

③ 勉卫忠：《清朝前期河湟回藏贸易略论》，《西北第二民族学院学报》（哲学社会科学版），2005年第3期。

类，藏区畜产品、药材及黄金和青盐。藏区畜产品中，除牛、羊等畜肉可被输出外，回族皮匠将珍贵的畜类皮毛进行加工，如鹿、白狼、毛狐、麋等，这些珍贵的皮毛备受藏、蒙、内地贵族的青睐，并成为独特的民族手工制品。除此之外，还有各种工艺品流向河湟转运中原，如皮绳、皮靴、酥油、小刀等。东引输入的商品主要包括茶叶、粮食、生活用品三种。茶叶是藏区人民生活的必需品，正是出于对茶叶的需求，"茶马互市"乃至回藏贸易随之产生。从唐至清各族贸易中，茶一直是大宗项目，任何商品都无法替代；以畜牧业为主的藏族，虽兼营一些农业，如种植青稞，但产量极其低下。因而需要从河湟各地调运五谷。河湟回族将青稞制成炒面、小麦制成挂面输入藏区；日用百货中有布匹、哈达、缎子、铁锅、铜器、茶壶、纸张等由内地输入。这些商品数量可观，销量较广，利润也较为丰厚。河湟回族尤其喜欢贩卖这些生活用具，例如哈达等。此外，在东引商品中，也不乏从外国引入的商品。① 毫无疑问，东引输入的商品是藏区稀缺、中原地区常见的产品，而西进输出的产品则是藏区独特的地理环境下产生的具有藏区特点的产品，是中原地区少有或没有的。这些商品不仅成为贸易的对象从藏区流动到中原各地，或从中原向藏区流动，大大充实和丰富了市场的同时，商品之上所蕴含的文化内涵也随之传播，对民族文化的传播起到了重要作用。回藏贸易不仅有利于河湟以西藏区畜牧业的发展和生物性资源的开发和利用，回藏贸易的日益扩大刺激了藏区对中原生活用品的需求量，只有发展自身的畜牧业才能与之相适应。同时，回藏贸易中藏区对茶叶的需求也刺激了陕川产茶区茶叶的生产。

最后，在单一的社会分工形式下，藏区商品经济不发达，产品单一，直接影响了其货币观及价值观。历史上在河湟回藏贸易互动过程中，经常进行的是一种互通有无的不等价交换。在生产力较为低下的年代，回藏之间的交易方式主要有两种：回族对藏区人民的以物易物的直接交易以及回、藏、蒙、汉各族商人之间的以银易物的间接交易方式，其中，以自然性的以物易物的直接交易方式为主。在以物易物的直接交易中，以河湟回族为主的商贩，在各镇收买藏区生活必需品组成商队深入藏区进行贸易。在这个过程中，用藏区所需要的生活必需品如糖、茶、布匹与牧民司空见惯的牛羊等畜产品进行直接的物物交换。尽管货币在内地早已广泛使用，包括边疆少数民族地区也已普遍使用货币，但在藏区牧民的交易中，始终存在以物易物的方式。如1包茶换100斤羊毛、10余张羊皮；1尺布换10斤羊毛或1张羊皮。② 可见，这种不等价并不是建立在欺骗性质上的，而是出于双方自愿。如果用现代人的思维来看待这件事情，似乎背离价值规律，难以理解，但如果我们把自己放到当时当地的背景下，就对这个现象很容易理解了，在茫茫草原上分散的牧民需要的并不是金银等物品，而是生活必需品。对他们来说，金银是次要的，甚至是毫无用处的。从这里我们还可以看到生活在不同地域的民族对于价值的理解异同，对于"价值"的评判并不是只有一把标尺，各个民族由于生活环境、文化背景的不同，对于价值的理解也不同。在中原人眼中，金银作为货币担任着流通的重要作用；而在牧区的牧民眼中，金银是无用的，他们迫切所需的生活用品才是稀有的，他们愿意用自己拥有的牲畜来换取。物以稀为贵，这很好地诠释了牧区人眼中的价值。

---

① ② 勉卫忠：《清朝前期河湟回藏贸易略论》，《西北第二民族学院学报》（哲学社会科学版），2005 年第 3 期。

三、从"中介"到"竞争"的分工转换是回、藏民族关系变迁的根本原因

"一个民族的生产力发展的水平，最明显地表现在该民族分工的发展程度上。任何新的生产力都会引起分工的进一步发展，因为它不仅仅是现有生产力的量的增加。"[①] 诚如马克思所述，社会分工的细化标志着生产力发展水平的提高。新中国成立后，在计划经济体制下，商品贸易流通和草原牧区生产依然保持回族和藏族历史上形成的分工态势。回、藏关系基本保持在传统轨道上。改革开放后，我国经历着深刻的社会转型，回、藏之间的民族关系出现了新特点：社会分工的发展导致两个民族之间的关系经历了从"共生互补"到"竞争自利"的变化。在生产力发展水平较低、社会分工较为单一、经济文化普遍比较落后的计划体制时代，人们被固定在村落或单位，藏族单一的社会分工形式决定了其产品的单一性。从这个角度来说，社会分工较为单一的时期民族间的相互依赖程度较高。出于经济上的依赖，民族关系也较为和谐。前文所述的回藏之间历史上的关系恰好能印证这一观点。随着社会生产力的不断发展和社会分工的日益细化，不同民族之间的交往也日趋密切。同时，对资源的利用和占有以及对经济利益的追逐致使民族间因利益的异同形成了或竞争或联合的关系。因此，不同民族在经济利益上的竞争、冲突导致了民族关系的紧张。

经过改革开放30多年的发展，我国正在经历着深刻的社会转型，发展中遇到的各种社会问题以及阶层之间的矛盾、冲突成为社会普遍现象。[②] 对于少数民族来说，社会转型期遇到的最大问题是社会分工细化的问题。在城市化的进程席卷少数民族地区的过程中，少数民族原有的乡土社会结构被打破，更为严重的是他们原本单一的分工形式无法适应城市多元的社会分工形式。他们正在经历如涂尔干所说的"机械团结"社会到"有机团结"社会的过渡。社会化的工业生产将打破少数民族地区原有传统封闭的自然经济，促进少数民族传统生计方式向适应工业化要求的现代化变迁。随着机械化大生产的不断发展，社会分工将更加细化，商品生产将更加广泛，原来单一自给自足的自然经济逐渐被瓦解，传统社会的权威体系和价值观念不断被开放的现代社会所取代。如青海省黄南州隆务地区的回族，在"文革"前，几乎都曾有专门从事的行业（如手工制作、皮毛业、贩运业、饮食业等），商业曾是当地回族的生存基础和立身之本，商业给他们提供了住宿和饮食。"文革"期间，隆务镇回族的商业优势受到极大的影响。1980年以后，隆务镇回族贸易行业有所恢复，但据当地老人回忆，此时的状况已是今非昔比，特别是在手工制作业上（如打铁业、毛皮加工业），几乎没人从事，祖辈们的手艺出现无人承续的状况。[③]

首先，随着经济社会的发展以及现代教育观念的传播等原因，改变了少数民族的传统

---

① 马克思、恩格斯：《德意志意识形态》，人民出版社，1962年，第14页。
② 李世勇：《当代青海海西蒙藏汉民族关系研究》，人民出版社，2015年12月，第184页。
③ 骆桂花：《青海藏区回族社会生活变迁调查——以黄南州隆务镇为例》，《西部开发研究》，2005年9月。

观念，加深了对经济利益的追逐。传统手工业、皮毛业等行业的式微，以及藏族的商品观念在不断加深的同时，回族在商业方面的优势大不如前。在这种情况下，回族在回藏关系中的角色发生了根本性的变化：回族不再是藏区藏族可以依赖的中介角色，而成为了藏族的竞争对手。随着回族角色的变化而变化的是回藏之间的关系，曾经那种"共生互补"的关系不复存在，取而代之的是"竞争自利"的关系。

其次，社会分工的细化从根本上改变了少数民族的思想价值观念。正如上文所述，原有的社会分工形态对物品"价值"的理解发生变化，物品的"价值"不再仅仅取决于需求，而被赋予了更多内涵，如身份地位、文化、政治等。随着市场经济的深入发展，特别是西部大开发以来，与外界广泛的接触和认知中，少数民族切身体会到了经济发展的巨大差距。同时，随着农牧区乡土社会的瓦解，市场观念的深入发展，商品交换意识的加强，少数民族的价值观念发生了深刻的变化，关注并追逐经济利益几乎成为所有人、所有民族的基本价值诉求。

最后，社会分工的细化虽加强了民族之间的联系但也致使民族之间的竞争关系加强。在市场经济的形式下，他们必须改变原有的分工形式，以适应当前的形势。但因为历史及现实因素，少数民族在适应新的社会分工带来的挑战下还有很长的路要走。如回族，在传统的重商思想下，人们普遍不注重教育。如前所述，如今随着社会分工的细化，回族的商业优势大不如前。迫切需要其他方面的能力，但由于教育程度普遍不高，就业范围大大缩小，从事第三产业的人口占多数。

四、结论

民族问题是一个重大的经济问题，事关社会稳定的物质基础。从河湟地区回、藏民族关系的分析中，我们可以看出，民族间和谐稳定的根本原因在于他们之间在经济上持久、频繁的民间互动；由于社会分工细化引起的不同民族在经济利益上的竞争、冲突，导致了民族关系的紧张。社会分工的发展从根本上改变了少数民族的价值观念，直接影响了民族之间的关系。一方面，出于社会分工的需要，民族间的联系加强，原有的地域界限被打破；另一方面，社会分工的细化改变了原有的分工模式下民族间的依赖关系，在经济利益的驱使下，民族之间的竞争关系凸显。传统的社会分工下，少数民族有其自身特有的分工模式，伴随这种分工模式下形成的文化也是有别于其他民族的。然而随着社会分工的细化及普遍化，少数民族逐渐放弃了原有的分工形式，加入到符合现代化潮流的分工模式。这种分工模式改变了少数民族原有的地缘结构，少数民族将从聚居型向散居型地缘结构变迁，从而使原有聚居型社区的文化传承与规范约束的社会功能消失。[1] 故此，少数民族更加强调自己的民族身份，族群之间的壁垒由此加深。

通过对河湟回藏关系问题的探讨发现，在回藏两个民族的互动中，回族处于较为主动的一方，藏族则较为被动。笔者认为这与该两个民族所处的生态环境及所受的宗教影响密

① 李世勇：《当代青海海西蒙藏汉民族关系研究》，人民出版社，2015年12月，第198页。

不可分。伊斯兰教影响下的回族讲求"两世吉庆"，积极入世。他们把现世的鼓励劳作看作是通向后世天堂的途径之一。在"信前定"这种宗教思想的影响下，回族敢闯、敢拼，不怕失败只怕自己没有尽力。此外，回族所处的地理环境处于农业文化和草原文化的结合部，相对开放、便利的自然环境也为他们提供了条件。在与藏族贸易的过程中，深入自然条件恶劣的藏区。而佛教影响下的藏族，讲求"出世"，加之其所在的恶劣的地理条件的影响，"高寒的青藏高原对人的生存是一种挑战，艰难的生活造就了藏民族对所处环境小心翼翼、谨慎从事的性格，对自然更多地体现出顺从、敬畏而少挑战的勇气"。① 这种性格特征致使他们在与回族交往过程中多表现出忍受、无争、被动的特性。此外，联系历史上河湟回藏之间的互动以及当下河湟地区的回藏关系可以发现，影响民族关系的因素是多重的，并非如一些学者认为的那样，文化的差异必然导致冲突。相反，历史上河湟地区回藏之间持久的民间互动恰恰证明了异质性较强的文化之间交流的可能性。正如纳日碧力戈教授提出的，民族差异本身不是问题，民族差异的存在是社会常态，而不是异态。民族冲突有时是由民族差异引起的，但更多的是由于政治、经济之类的其他原因造成的，是结果，不是原因。② 因此，我们在分析民族关系问题时，应采取人类学、民族学、历史学、政治学等多学科合作的方法并结合历时与共时的视角多维度看待问题，而非从平面去理解。

马克思主义理论认为，民族关系状况与社会生产力水平呈正相关关系，即生产力水平越高，民族关系越密切。由于生产力的不断扩张，"各个相互影响的活动范围在这个发展过程中越来越扩大，各民族的闭关自守状态则由于日益完善的生产方式、交往以及因此自发地发展起来的各民族之间的分工而消灭得越来越彻底，历史也就越来越大的程度上成为全世界的历史"。③ 可见，社会分工是产生民族问题，影响民族关系发展的根本因素。因此在构建和谐民族关系的过程中，在构筑共同利益的前提下，引导少数民族社会分工的现代化转型具有重要意义。

参考文献

［1］《马克思恩格斯选集》，人民出版社 1995 年版。

［2］马克思、恩格斯：《德意志意识形态》，人民出版社，1962 年 8 月。

［3］李世勇：《当代青海海西蒙藏汉民族关系研究》，人民出版社，2015 年 12 月。

［4］南文渊：《藏族传统文化与青藏高原环境保护和社会发展》，中国藏学出版社，2008 年。

［5］勉卫忠：《清朝前期河湟回藏贸易略论》，《西北第二民族学院学报》（哲学社会科学版），2005 年第 3 期。

［6］马燕：《历史上河湟地区回藏与藏族的经济交往》，《青海民族学院学报》，2007 年第 4 期。

［7］杨文法：《关于青藏高原地区回藏贸易体系的人类学探讨》，《青海社会科学》，

---

① 南文渊：《藏族传统文化与青藏高原环境保护和社会发展》，中国藏学出版社，2008 年，第 34 页。
② 纳日碧力戈：《以名辅实和以实正名：中国民族问题的"非问题处理"》，《探索与争鸣》，2014 年第 3 期。
③ 《马克思恩格斯选集》，人民出版社 1995 年版，第 88 页。

2011 年第 1 期。

　　[8] 骆桂花：《青海藏区回族社会生活变迁调查——以黄南州隆务镇为例》，《西部开发研究》，2005 年 9 月。

　　[9] 马曼丽：《论民族关系的实质和当代民族关系的核心问题》，《烟台大学学报》，2005 年第 4 期。

　　[10] 段继业：《青藏高原地区藏族与穆斯林群体的互动关系》，《民族研究》，2001 年第 3 期。

　　[11] 纳日碧力戈：《以名辅实和以实正名：中国民族问题的"非问题处理"》，《探索与争鸣》，2014 年第 3 期。

"一带一路"战略构想与南亚国际关系的重构*

孙红旗

江苏师范大学巴基斯坦研究中心

由于历史和现实的原因，南亚的区域一体化水平较低，地区国际关系的走向受到外部力量的影响很大。中国国家领导人提出的"一带一路"倡议，引起了南亚国家的热烈回应。"一带一路"战略构想以打造"命运共同体"为出发点和最终目标，为南亚互利共赢注入了外部引导力；"一带一路"战略搭建和串联起多个涉及南亚区域合作平台，编织了一个互利合作的网络，架起了共享共赢的桥梁。"一带一路"倡议本身就是区域国际关系的体制机制创新，正在从构想初步变为现实。

一、"一带一路"战略构想的提出与南亚国家的反应

2013 年 9 月，中国国家主席习近平访问了土库曼斯坦、哈萨克斯坦、乌兹别克斯坦、吉尔吉斯斯坦中亚四国。期间，9 月 7 日，在哈萨克斯坦首都阿斯塔纳纳扎尔巴耶夫大学，习近平主席发表了题为《弘扬人民友谊　共创美好未来》的重要演讲，倡导欧亚各国通过政策沟通、道路联通、贸易畅通、货币流通、民心相通，"以点带面，从线到片，逐步形成区域大合作"，最终复兴古老的丝绸之路。这便是"丝绸之路经济带"的构想。①2013 年 10 月 2 日，习近平主席开启东南亚之旅，先后访问了印度尼西亚和马来西亚，在印度尼西亚国会大厦发表的演讲中，习近平表示中方愿同印度尼西亚和其他东盟国家共同努力，使双方成为兴衰相伴、安危与共、同舟共济的好邻居、好朋友、好伙伴，打造更加紧密的中国—东盟命运共同体，并首次提出要共同建设"21 世纪海上丝绸之路"。②这便是举世关注的中国国家领导人提出的"一带一路"倡议。

---

　　* 本文为江苏省高校哲学社会科学重大项目（项目号：2011ZDAXM002）阶段性成果。

　　作者简介：孙红旗，博士，教授，江苏师范大学巴基斯坦研究中心主任、亚非研究所所长。

　　① 参见《人民日报》2013 年 9 月 8 日。

　　② 《人民日报》2013 年 10 月 9 日。

"一带一路"倡议提出后，东南亚国家反响热烈，中亚国家亦做出了积极回应。① 作为"一带一路"战略构想的交汇点和中继站，南亚国家也纷纷表示，愿意成为"一带一路"的积极参与者和建设者，与中国相向而行，共同致力于古老丝绸之路的复兴。南亚北接中亚，即衔接丝绸之路经济带的主要国家，东面与中国和东南亚为邻，西面是西亚和整个中东地区，南面通过浩瀚的印度洋，与包括非洲海岸在内的21世纪海上丝绸之路沿线国家遥相呼应。其实在习近平主席提出"一带一路"之前，国务院总理李克强就将其出访的首站确定为印度和巴基斯坦。2013年5月19日，李克强总理亚欧四国之行的第一个目的地就是印度。在这次具有"里程碑式"意义的访问中，中国和印度领导人没有受到边界问题的困扰，就经贸合作等问题充分地交换了意见和看法，并达成许多共识。"龙象共舞"的前景从来没有像现在这样不再是幻想，连西方媒体都感到，"Chindia"这个将中国和印度两个竞争对手连在一起的词汇并非不可能成为现实。访印期间，李克强总理提出了与印度、孟加拉和缅甸共同建设"印中孟缅经济走廊"的倡议，得到印度的赞同，印方表示这也是他们的心愿，借此可以推动中印两国大市场更紧密连接。② 孟加拉国总理哈西娜在拜访中国国家领导人时也一再表示，孟方赞同中方提出的"一带一路"重要倡议，印中孟缅经济走廊对南亚地区的经济发展也具有重要意义，孟加拉国愿意积极参与。③ 在访问巴基斯坦期间，李克强总理进一步强调了与"巴铁"牢不可破的传统友谊，并提出了建设"中巴经济走廊"的长期远景规划。巴基斯坦对此立即做出表态，表示将与中方一起共同制定走廊远景规划的路线图。在同年8月28日会见中国国家发展和改革委员会副主任张晓华率领的中巴经济走廊联合合作委员会中国代表团时，巴基斯坦总理谢里夫再度表示，巴基斯坦高度重视中巴友谊，将巴中经济走廊置于最优先位置。④

"中巴经济走廊"和"印中孟缅经济走廊"本来就是"一带一路"倡议的重要组成部分，并且相关概念皆已提出和筹划已久。"中巴经济走廊"的位置尤其重要，它从横向来讲直接沟通了中国和中东，也即是在中国和广大的穆斯林世界之间架起了互联互通的桥梁，同时从纵向来看，它还充当了海陆丝绸之路，即"一带一路"的机轴。巴基斯坦几任领导人对此都有深刻的认识。还在穆沙拉夫将军担任总统期间，他就强调了巴基斯坦作为中国及其西部国家经贸走廊的十字路口作用，认为巴基斯坦有理由成为联通中国及其西部国家的战略通道。⑤ 巴基斯坦现任总理谢里夫则表示："中巴经济走廊"能够改变巴基斯坦的命运，中巴经济走廊将惠及30亿人口。⑥ 印中孟缅经济走廊则将南亚和东南亚这一段海上丝绸之路进行了衔接，受到沿线国家人民的欢迎也是非常自然的。

2014年9月15～19日，习近平主席在出席在塔吉克斯坦杜尚别举行的上海合作组织成员国元首理事会第十四次会议之后，又对马尔代夫、斯里兰卡和印度这3个南亚国家进

① 曾向红：《中亚国家对"丝绸之路经济带"构想的认知和预期》，《当代世界》，2014年第4期。
② 《总理访印：中印缅孟经济走廊值得期待》，《新京报》，2013年12月21日。
③ 《习近平会见孟加拉国总理哈西娜》，《人民日报》，2014年6月11日。
④ 《巴基斯坦总理会见中巴经济走廊中国代表团》，http://politics.people.com.cn/n/2013/0829/c70731-22728876.html。
⑤ 叶海林：《吹过开伯尔的风——理解巴基斯坦》，山东大学出版社，2010年，第215页。
⑥ 环球网：《巴基斯坦欲与中国加强合作提升"兄弟"关系》，http://world.huanqiu.com/exclusive/2013-07/4092882.html。

行了正式访问。所到之处，都受到了特别热烈的欢迎。他们尤其对中国提出的"一带一路"倡议极感兴趣，可以说，继习近平主席访问之后，"一带一路"倡议在南亚已经深入人心，每个国家都认为自己是"一带一路"的参与者、建设者。中国领导人希望丝路各国共享中国的发展成果，而丝路各国也都接受了"命运共同体"的理念。

二、"一带一路"战略为南亚互利共赢注入外部引导力

南亚次大陆是世界上区域一体化水平比较低的地区，从效能和实际取得的进展来看，某种程度上甚至低于非洲大陆。尽管在 20 世纪 80 年代中期，受到国际上区域一体化大潮的推动和出于自身经济发展的考虑，南亚七国终于联合起来成立了南亚区域合作组织（SAARC），即南亚国家联盟，也召开了多次南盟峰会，但其中多次峰会由于成员国之间激烈的矛盾尤其是印巴之间的冲突而不得不搁浅，或者各国元首无功而返，尽管南盟宪章规定成员国之间不审议双边和有争议的问题。在 2014 年 11 月 26 日召开的南亚区域合作联盟第 18 届首脑会议上，"为和平与繁荣深化一体化"成为会议的主题，南盟成员国领导人将探讨加强成员国间战略互信与合作、促进区域经济一体化等问题。① 但据路透社预测，巴基斯坦和印度长期以来的对峙势必削弱峰会的成果。尽管巴基斯坦总理谢里夫宣称，"我的愿望是南亚变成无纠纷的地区，共同对抗贫穷，而不是互相争斗"。然而事实上，印巴两国都没有准备好通过对话缓解两国间的紧张局势。印度总理莫迪将在尼泊尔与南亚所有国家举行双边会谈，唯独巴基斯坦除外。印度方面则强调，巴基斯坦需要拿出对话的诚意，然后双方才能在峰会上会面。尼泊尔前总理巴特拉伊认为，印巴纠纷往往给该组织蒙上阴影，现在是印度发挥带头作用的时候了。自 1947 年印巴分治以来，印巴两国几乎没有达成过什么共识，这样的情况导致拥有 30 年历史的南亚区域合作联盟无法发挥其作用。② 唯一"值得骄傲"的是进入 21 世纪以来，经过艰苦卓绝的谈判，各成员国最终于 2006 年签署了《南亚自由贸易协定》，但迄今区域贸易合作有限，问题层出不穷，可谓困难重重。成员国家间的贸易额只占其总贸易额的 5%，各国间也鲜有运输和电力连接。特别是印度和巴基斯坦这两个南亚的重量级国家，长期处于宿敌的对立状态。它们之间的关系从某种意义上说，决定了南亚国际关系的走向。笔者在出席 2013 年 8 月 29 ~ 30 日于上海召开的"中国与南亚区域合作联盟"国际研讨会期间，就有几位南亚国家的代表抱怨印度和巴基斯坦没有起到表率作用，导致南盟如同一盘散沙。

南盟步履蹒跚，受到历史包袱和现实原因两个方面的拖累。历史上，南亚次大陆就是一个民族交汇的地区。尽管曾有几位君主，不管其来自何方，建立起过短暂的帝国统治，但按照马克思的说法，到他生活的年代，印度从来就没有统一过。③ 近代英国人数百年的殖民征服和管理终于将次大陆各民族捏合在一起，但"分而治之"的策略，在英国人被

---

① 《人民日报》2014 年 11 月 27 日。

② 中新网 2014 年 11 月 27 日电。

③ 参见《马克思恩格斯选集》第二卷，人民出版社，1975 年，第 67 页。

迫撤离后，留给南亚次大陆的是两个怒目相向的国家——"现代的"印度和巴基斯坦。在独立后的数10年间，两国进行了三次战争，其结果是积怨越来越深，巴基斯坦被肢解，从中产生了一个孟加拉国。南亚的其他国家也不平静，领土、边界、民族、宗教等问题如同梦魇一般纠缠了它们多年。不仅各国内部冲突不断，战乱频仍，更重要的是南亚特别是次大陆的国际关系亦陷入极度混乱状态，除了印巴之间几乎你死我活的争斗，亚洲的心脏阿富汗也成为冷战和后冷战时期的两个超级大国苏联和美国入侵的对象，零和游戏成为各国遵循的处理国家关系的范式，各国都很难聚焦共同发展的问题。

本来南亚曾有过珍贵的区域合作的大好时机——1955年万隆会议营造出来的反对殖民主义、霸权主义的气氛，印度、中国以及会议主办国印度尼西亚共同倡导的"和平共处"五项原则，都是南亚区域联盟的一个极佳的推动力。但印度领导人滋生的地区霸权主义思想将这种内外动力化为乌有——在南亚内部，印度与巴基斯坦的厮杀使得南亚的团结烟消云散；在外部，与中国的战争，以及印度与苏联和美国微妙的互动，使得中国这支和平的力量在相当长时期内无法发挥更大的影响力。

既然南亚内部已经失去了一体化合作的内在驱动力，南亚的区域合作只能由外力来推动。不幸的是，在相当长的时期内，当中国的和平推力几乎被排除的时候，两个超级大国的推力——无论他们打着什么样的旗号，其结果是使得南亚的国际关系愈益朝着"碎片化"的方向发展。苏联人在1979～1986年带给阿富汗人的创伤尚未平复，美国人又以"反恐战争"的名义进入阿富汗，带给阿富汗的更是百孔千疮。

虽然苏联人早已在20世纪撤离阿富汗，美国大兵也最终不得不班师回朝。但苏联衣钵的继承者俄罗斯和后冷战时代的美国仍不会放弃对南亚国际关系施加外在影响。为此，这两个超级大国都制订了自己的"新丝绸之路"计划。尽管披上了美丽的外衣，两国的"新丝绸之路"计划都没有脱离麦金德"地缘政治学"①的窠臼。美国的新丝路计划主要是以重建阿富汗为幌子，实则以阿富汗为基点，打通中亚通往周边的十字路口。俄罗斯的新丝路计划又称为"欧亚联盟"战略，目的是为了巩固苏联时期在中亚的势力范围。这种看起来保守的新丝绸之路战略表面上和南亚无关，但其蓄势向南亚方向扩张的意图亦十分明显。就连"欧亚联盟"内部，也很清楚这一点，西方政治家干脆称呼其为"小苏联"或"新苏联"。无论是美国式的新丝绸之路战略，还是俄罗斯的"新丝绸之路"计划，都是扩张性的、排他性的，带给南亚地区的只是破坏力，而非建设性力量。

只有中国国家领导人提出的"一带一路"战略构想，不以扩张性为特征，不以排他性为目标；相反，中国的"丝绸之路经济带"和"21世纪海上丝绸之路"战略构想，以区域经济一体化为导向，以互利共赢为目标，为南亚地区提供了最大的利益公约数。如果说中国还有一些"私利"的话，那便是通过"一带一路"的构建进一步扩大中国的改革开放，特别是带动中国西部地区的快速发展，并让"一带一路"沿线国家共享中国高速发展的成果。当然，毫不隐晦，中国以此"改造"南亚国际关系的目的也在于创造一个和平稳定的外部国际环境。也正因为如此，中国的"一带一路"战略构想几乎受到沿线所有国家的欢迎。2014年10月28日，刚就任阿富汗总统1个月的阿什拉夫·加尼·艾哈迈德扎伊28日首次正式出访，他到达的第一站是中国，而非美国和欧洲。西方媒体哀叹：

---

① 参见［英］哈·麦金德：《历史的地理枢纽》，商务印书馆，2011年。

"当美英部队在位于阿富汗赫尔曼德省的最大军事基地永远地降下两国旗帜之后仅两天，阿富汗新总统却飞向了中国"。① 阿富汗人相信，中国推进的"丝绸之路经济带"计划能给资源丰富的阿富汗带来一系列基础设施与其他投资，有助于振兴经济，经济振兴反过来也能遏制武装势力的崛起。一个稳定的阿富汗是抵御分裂主义、恐怖主义向外渗透的天然屏障。② 有的国家，如巴基斯坦、斯里兰卡等，甚至是翘首以盼，期望及早融入"一带一路"建设之中。中国，在当今的时代，也唯有中国，成为引导南亚国家走向互利共赢的外部力量，并且是建设性的正能量。

三、"一带一路"战略搭建和串联起多个涉及南亚区域合作平台

"一带一路"战略构想之所以能成为引导南亚国家走向互利共赢的外部力量，还因为"一带一路"战略构想贯穿着中国新时期周边大外交的新理念，这便是"亲、诚、惠、融"。或者说，"一带一路"战略构想以另一种形式和内涵阐释了中国周边大外交的崭新内容，发挥了中国的软实力及其影响。"一带一路"战略构想凭借其互联互通、互利共赢的愿景，将涉及南亚地区的多个区域合作组织自然地串联起来，并不断搭建起新的区域合作平台。作为南亚区域合作联盟的观察员国，中国通过"一带一路"的经济合作宏图和"亲、诚、惠、融"的外交魅力，对南亚国际关系的影响将远远超过一个观察员国的限定。中国国家领导人的南亚之行，将首站选定为印度，次站为巴基斯坦，应该说是用心良苦的，而"印中孟缅经济走廊"和"中巴经济走廊"，作为"一带一路"的重要组成部分，将南亚两个积怨很深的国家巧妙地同时拉进了"一带一路"之中，自然也拉近了印度和巴基斯坦的关系。最近两年来，印巴关系明显转暖，已经开始了良性互动。中国发起创建的上海合作组织，印度和巴基斯坦同时都是观察员国，今年的上海合作组织峰会已经决定在符合条件的情况下可以扩容，这毫无疑问意味着印度和巴基斯坦可以同时成为上海合作组织的正式成员国。上海合作组织的大部分成员国同时也是"一带一路"战略构想的参与国，这将对南亚国际关系带来结构性的改变，和睦与合作将是也只能是大家唯一的选择。在2014年11月北京召开的亚太经济合作组织（APEC）第二十二次领导人非正式会议上，东道主中国也没有忘记进行精妙的安排，即在举行APEC峰会的同时，习近平还接见了前来参加互联互通会议的部分国家元首。在领导人非正式会议上，习近平还正式宣布了中国将设立400亿美元的"丝路基金"，以及成立亚洲基础设施投资银行，并欢迎亚洲各国积极加入其中。中国将捐赠1000万美元用于亚太经合组织的机制和能力建设，3年内提供1500个培训名额。这样，南亚国家不仅是"一带一路"的参与国，还注定将是"丝路基金"的最大受惠国。在出席G20布里斯班峰会前，习近平又同巴西、俄罗斯、印度、南非等金砖国家领导人进行会晤，并指出金砖国家要继续致力于建设一体化大市场、金融大通道，基础设施互联互通，人文大交流，建立更紧密经济伙伴关系，要抓紧落实建

---

① ② 《环球时报》2014年10月29日。

立金砖国家开发银行和应急储备安排。这都是和"一带一路"的倡议相一致的,两个金砖国家中国和印度携手共建更为紧密的战略合作伙伴关系,又将进一步推动南亚的国际关系变革。

结语

由于历史和现实的原因,南亚的区域一体化水平低,进展慢,地区国际关系错综复杂,险象环生。南亚区域合作联盟实际上处于碎片化状态,缺乏"主心骨"和"领头羊",很难真正代表地区所有国家的利益,边界、领土、民族、宗教等因素成为滋生恐怖主义的温床和国家冲突的导火索,外部力量主导了地区国际关系的走向。

中国国家领导人提出的"一带一路"倡议,第一次为该地区国家和人民提供了利益的最大公约数,"亲、诚、惠、融"的外交软实力和"一带一路"互联互通的愿景,引导了南亚国际关系的正确走向。"丝路基金"和亚洲基础设施投资银行等实体性机构,确保了中国能够为沿线国家提供丰富的公共产品。"一带一路"拓展了区域合作的平台和维度。"一带一路"倡议更侧重于经济合作,而非政治和军事联盟;更强调包容性,而非排他性,因而受到所有南亚国家的欢迎。"一带一路"编织了一个互利合作的网络,架起了共享共赢的桥梁。"一带一路"战略构想本身就是区域国际关系的体制机制创新。"一带一路"创造了更为宽广的合作氛围和空间,为相关合作机构和机制注入了新的话题和实质性内容。实际上,"一带一路"正在从构想初步变为现实,南亚国际关系尽管还存在着中印边界问题,尽管克什米尔还零星地传来印巴交火的枪炮声,但"不确定性"已经渐行渐远,丝路结成的纽带正在把该地区国家和人民打造成一个"命运共同体"。作为一个和平崛起的负责任的全球性大国,中国提出的"一带一路"倡议尽管不像此前超级大国强加给南亚地区的什么特殊"安全"安排,但毫无疑问,中国"一带一路"的内容远比所谓的"安全"安排更为丰富,其施行的结果必将让包括南亚在内的整个国际关系更加安全。

跨境民族与次区域合作的发展：
以大湄公河合作为例

吴世韶　　钟瑞添

广西师范大学政治与公共管理学院

作为次区域经济合作的行为主体之一，跨境民族经由跨境流动，实现技术与信息的转移，推动边境地区经济社会发展，并通过推动边境地区地方政府间的合作，促进次区域经济合作的进一步发展，从而在次区域经济合作进程中发挥了特殊的重要作用。在中国与周边国家的次区域经济合作中，我们应充分利用跨境民族的这一优势，促进边境地区的经济社会发展。

发轫于新加坡、马来西亚和印度尼西亚之间的"新柔廖增长三角"的次区域经济合作[1]，作为区域合作的一种有益补充，经过 20 余年的发展，在东盟和中国周边地区已取得了较大成效，国内外学者对此也已有较多研究。然而，国内外学者多从国家、地方政府以及国际组织等视角对次区域经济合作现象进行研究，对跨境民族关注较少。跨境民族的研究也多从国家安全、民族分离运动和认同等视角展开，关于跨境民族推动次区域经济合作的研究较为少见[2]，在加强中国与周边国家经济合作的大趋势下，很有必要引起重视。本文通过对跨境民族在经济发展中的价值进行研究，同时也为跨境流动人口的社会管理提供一个新视角。

一、跨境民族是次区域经济合作的行为主体之一

次区域经济合作又被称为"增长三角（成长三角）"、"自然的经济领土"或"扩展性都市区域"等。它以"新柔廖增长三角"为发端，在东南亚和中国周边不断发展，成为推动东亚地区合作，尤其是经济合作的一种主要方式。目前比较成熟的有"东盟南增长三角"（Indonesia – Malaysia – Singapore Growth Triangle，IMS – GT）、"东盟北增长三角"

---

① 马太江、韦承二在《中缅边境跨境民族经济与民族关系的崭新发展》一文中对此有所介绍，《西南民族学院学报》（哲学社会科学版），2001 年第 6 期。

② 黎海波也认为跨境民族可以促进经贸跨境合作与发展，详见《论我国跨界民族的双重作用与双刃剑效应》，《湖北民族学院学报》（哲学社会科学版），2014 年第 5 期。

（Indonesia – Malaysia – Thailand Growth Triangle，IMT – GT）和得到亚洲开发银行支持的大湄公河次区域合作（Great Mekong Sub – region，GMS）、中亚区域经济合作（Central Asia Regional Economic Cooperation，CAREC）等。其他包括南亚次区域合作以及世界银行支持的大图们江次区域合作等也取得了不同程度的发展，由我国广西发起的泛北部湾区域经济合作也进入了中国—东盟合作视域，次区域经济合作已成为东亚区域合作的重要组织形式之一。

作为一项国际合作，国家必然是次区域经济合作的主要行为主体。然而，作为在具有自然地理联系的三个或三个以上国家相邻地域间发生的次区域经济合作，其行为主体与一般的国际合作行为存在明显的差异：不但地方政府和国际组织也是次区域经济合作的主要行为主体，跨境民族也是行为主体之一。

所谓"跨境民族"，也称为"跨界民族"、"跨国民族"或者"跨居民族"，不同学者从不同学科视角对此有不同定义。有学者强调跨境民族和跨界民族的概念差别，认为"同一民族跨国界线分居在不同国家，他们的民族名称、生活习俗、语言文字等基本上保持密切的联系"者就是"跨界民族"；而在迁出数百年或更长时间以后，迁出的一部分在当地有了一定的发展变化或鲜明的个性，但只要他们存在着同一民族起源、互相认同的民族意识，就是跨境民族。跨境民族最重要的一个特点是强烈的民族认同感，跨境民族虽然生活在不同的国家，但其民族认同很强烈，甚至有学者把华人称为世界最大跨境民族。本文认为，与跨界民族强调跨国界静态分布不同，"跨境民族"主要强调民族迁徙行为，是一个动态的概念，它是指分布在两个以上国家并主要在边界地区毗邻而居的同一民族。

跨境民族虽然由于国境线的划分而分割，但跨境民族的历史文化联系并未因此而中断，民族意识、亲缘意识和地缘意识仍然是主导跨境民族交往的核心内容。跨境而居的民族语言、文化和风俗习惯仍然保持很大的相似性，因此，生活在边境地区的跨境民族经常会出现跨境行为。尤其在民族意识和通婚等因素的影响下，跨境民族常常分隔多代却仍然保持着血缘上的亲缘关系，因此，一旦社会经济条件允许，跨界流动就成为他们自然的选择。

跨境民族由于其特定的民族认同，往往在国际关系中扮演着特殊的角色，甚至可以对其主体民族所在国的经济社会发展乃至政治和外交活动都发挥重要影响。跨境民族通过其自身的跨境流动，推动次区域地区的地方政府在经济方面开展合作，从而促进次区域经济合作的发展。作为一个多民族国家，中国边境地区的许多少数民族是跨境民族，他们在中国与周边国家的次区域经济合作进程中发挥了十分重要的作用。

二、大湄公河次区域的我国跨境民族

历史上，中国与周边国家大部分时间和睦相处，各民族"和平跨居"。随着西方殖民势力逐步进入该地区，在主权国家体系的影响下，现代民族国家（Nation – States）才在这一地区逐步形成，当中国与周边国家间开始条约划分边界时，跨境民族就成为一个政治现实。

在中国的广西、云南等西南地区与中南半岛国家生活着许多跨境民族。刘稚认为，中国云南、广西共有 16 个少数民族跨境而居，其中跨多国而居的较大跨境民族有：中国的壮族和越南的岱依族、侬族，老挝中北部地区的"岱族"和"侬族"，越南的高栏—山斋族；傣—泰族跨中国、越南、老挝、缅甸、泰国、印度，通常是指从中国云南至中南半岛和印度阿萨姆邦，包括中国云南的傣族、老挝的老族、泰国的泰族、缅甸的掸族、越南的泰族和印度阿萨姆邦的阿洪姆人，总人口达6000多万人；苗族分布在中国、老挝、越南、泰国、缅甸五国，东南亚苗族大都自称"蒙"，在越南北方称为"赫蒙族"，在老挝属"老松"族系，是一个人口较多、分布较广的跨境民族；克木人跨中国、老挝、越南、柬埔寨、泰国、缅甸六国（在越南、老挝叫"克目族"或"高目族"，以老挝人口较多）；哈尼族在中国、越南、老挝、缅甸、泰国五国均有分布；拉祜族跨中国、越南、老挝、缅甸、泰国五国（在东南亚又被称为"么些族"）；瑶族跨中国、越南、老挝、泰国、缅甸五国；佤族跨中国、缅甸、泰国（在缅甸和泰国叫"拉佤"）；布朗族分布于中国、老挝、缅甸；彝族跨中国、越南、老挝三国（在越南和老挝称为倮倮族）；傈僳族主要分布在云南和缅甸、泰国的交界处等，这些跨境民族多分布在大湄公河次区域。这些世代生活在中国西南与中南半岛北部地区的民族，随着中国、缅甸、老挝、越南、泰国等现代主权国家的建立，在现代国界形成后，它们就成为了"跨境民族"。

虽然经由中国、越南、泰国、老挝、缅甸等国的边界划分法律文书，大湄公河次区域形成了跨境民族，但这些法律文件并不能简单否定或者割断民族间的历史联系。而且，东南亚地区的一些跨境民族是秦汉以来不同历史时期从中国迁徙过去的，许多跨境民族往往把居住在中国的同胞认作他们的主体，而把中国迁出地认作他们的故乡，并长期保持联系。因而，这些生活在澜沧江—湄公河地区的跨境民族间互相嫁娶的跨国婚姻现象较为普遍，而一些民族的丧葬文化也决定了其必然发生越境行为。对此，老挝学者坎喷·提蒙塔里认为："如果我们撇开老挝、缅甸、泰国和中国的边界来看历史上的湄公河沿岸地区，我们可以看到，这个地区无论是人民还是统治者之间都保持着很密切的关系。勐新、勐腊、勐芒、勐弄、勐銮等均是傣泐人的城镇，这些城镇之间的关系很密切，人民之间相互走访、自由移居，（傣泐）人民不是把湄公河看成是分界线，而是看成生命线。"

事实上，从自然地理来看，大湄公河流域是一个地理毗连的区域整体，众多的河谷地带是古代各民族南上北下、迁徙流动的天然走廊，在历史上，形成了我国西南地区通向外部世界的必经之路，也是中华民族与东南亚、南亚、中东等地区人民往来的重要通道——茶马古道等古丝绸之路就是历史的见证。云南与缅甸、老挝、越南三国相邻，在边境两侧无天然屏障，山水相连，甚至村寨相通，历史上形成了许多边民临时出入境的通道。据云南省商务厅口岸办统计，目前云南的边境线上有90个边民互市通道和103个边贸互市点，小道和便道就更是不计其数，这些自然地理环境为跨境民族的跨境往来创造了良好的条件。大湄公河次区域的跨境民族通过其跨境行为，在强化边境地区联系的同时，也促进了次区域经济合作的发生与发展。

三、跨境民族对推动大湄公河次区域经济合作发展的作用

经济学理论尤其是发展经济学的"新增长理论"认为，经济增长不是取决于外部力

量（如外生技术变化），而是取决于经济体系内部力量（如内生技术变化）的作用；在世界各国经济增长的过程中必须重视知识外溢、人力资本投资、研究和开发、劳动分工和专业化、边干边学等问题。阿罗提出的"边干边学"理论尤其对后发国家的发展具有重要意义：对发展中国家来说，通过参与国际贸易，可以吸收现存世界的知识存量，加速自身在知识、技术和人力资本方面的积累，产生一种"赶超效益"（Catch – up Effect），从而实现经济的发展。边境地区的跨境经济发展就是"边干边学"的典型：跨境民族在跨境流动的过程中，通过信息交流和产品互补，实现自身的技术进步，从而推动边境地区的经济增长。而跨境民族由于熟悉本民族的语言、文字和风俗习惯，在跨居国间进行经济活动时具有一些先天优势，往往成为跨国经济活动的先驱。

以大湄公河次区域为例，由于各国资源禀赋各不相同，经济发展水平也有高低差别，再加上自然地理条件的限制，在不能广泛参与国际贸易的条件下，经由跨境民族的跨界流动，通过边贸和边境地区合作开发的发展，边境地区可以吸收本地区乃至整个世界的知识存量，促进知识、技术和人力资本等方面的积累，推动地区经济的发展和实现"赶超"。事实上，大湄公河次区域地区各跨境民族间一直存在的探亲、访友、通婚、互市、朝庙拜佛、节日聚会等传统交往带来的交流与合作从未间断过，这些跨境活动为跨境民族通过自身的跨境交流提供了很好的机会与条件，为边境地区的经济和社会发展创造了极其优越的内部条件。

作为最大的"跨境民族"，东南亚地区的华商在推动次区域经济合作方面也发挥了重要的作用。研究表明，在中国引进外资和经济发展的进程中，东南亚华商的投资起到了先驱和催化剂的作用，在中国的改革开放中发挥了特殊重要的作用。在中国与东南亚国家间的次区域经济合作过程中，东南亚华商尤其是云南籍商人对推动大湄公河次区域合作也发挥了重要作用。20 世纪 20 年代末，我国云南的部分农民便开始到缅甸从事杂交稻、橡胶、西瓜、茶叶的种植，鸡、牛、猪饲养经营等活动。随着 1992 年云南开始与大湄公河次区域国家进行合作，尤其是经由"替代种植"方案和中国实行"早期收获计划"，对原产于缅甸、老挝、越南等国的农产品进入中国实行减免关税政策后，我国进入缅甸北部、老挝和柬埔寨等从事种植业的民众大大增加，前往缅甸、柬埔寨、老挝和泰国北部的移民也迅速增加。据统计，在云南周边的缅甸、老挝、越南三国的华侨达 140 多万，他们多经商或经营企业实体，并成为云南开展对外贸易的主要合作伙伴。而这些中国民众的进入，在加强次区域国家与中国（云南、广西）经济合作关系的同时，也给移居国国民带来了技术、信息、经验以及市场，也对移居国的经济社会发展起了很大促进的作用。

尤为需要重视的是，在跨境民族的跨境活动中，边民在"边干边学"中传播知识和技术，开发了边境地区的人力资源，其活动还进一步推动了地方政府通过政府行为来促进次区域经济合作的发展。跨境民族在边境地区的跨境流动中促进边境地区形成新的增长点。而随着边贸的发展，地方政府逐步采取了设立市场、提供食宿等措施来管理边境贸易，其结果就是逐步发展出以边贸和边境口岸为依托的边境地区经济区。如针对云南瑞丽地区的边境贸易发展现状，我国云南地方政府在畹町、瑞丽两市划出专门的地域给来自缅方的掸族（傣族）、克钦族（景颇族）、缅族（含部分缅籍印度人、阿拉伯人）等生意人吃、住、摆摊设点，让他们办起了"缅人街"、"香港街"等。云南的河口地区除早已建成一条可吸纳 4000 余人进场交易的繁华越南街之外，还辟地 50 公顷建设大型国际市场。

笔者在广西凭祥的调研中也发现，随着凭祥与越南和东南亚国家经贸的发展，凭祥市逐步建立起针对东南亚国家的贸易市场，并建立了中越跨境经济合作区、凭祥边境经济合作区以及广西凭祥综合保税区等相应机制与设施。我国云南也建立了以口岸为依托的经济开发区，如思茅港经济开发区、以景洪港和版纳机场为中心的经济旅游开发区、勐腊—磨憨边境经济开发区、大勐龙边贸经济开发区、勐海—打洛边贸经济开发区等。这些场所的提供和相关措施的采取为边境贸易的发展和产业升级提供了基础性条件，同时也推动了次区域经济合作的实现。

在跨境民族流动和地方经济发展的推动下，地方政府间的跨境合作便提上了议事日程，而地方政府间的合作又进一步推动了中央政府实施次区域经济合作政策。如我国云南省1992年参与到大湄公河次区域合作中之后，由于涉及中央政府的授权，国家发改委、交通部、铁道部、财政部等主要国家部委也参与到合作中来。我国参加大湄公河次区域合作的政府官员也从人民银行的司局级官员、省政府秘书长，逐步上升到副部级官员（含副省长）、部长，并最终发展到由政府首脑参与的领导人高峰会（自2002年在老挝举办第一届领导人峰会以来，至2014年，峰会已举办五次，有力地推动了大湄公河次区域合作的发展）。其他次区域地区国家也类似。如根据越南政府网站2013年4月报道，越财政部向政府总理呈报了口岸经济区财政政策决议草案，要求加大税收优惠政策力度，推动经济合作的发展。这样，地方政府间次区域经济合作的发展进一步推动了国家层面参与到整个次区域经济合作进程中来。目前以交通、通信、贸易、投资为主要项目的大湄公河次区域地区互联互通达到了新的高度，甚至从中国云南与老挝、缅甸和泰国的高铁建设也提上了议事日程，这必将进一步推动大湄公河次区域合作的发展，造福于次区域地区和地区各国。

发挥跨境民族特殊作用，推动次区域经济合作的新发展。跨境民族在推动次区域经济合作中有其特殊作用，我们在处理与周边国家合作的过程中，应充分发挥这一优势，借助于跨境民族的互联互通，通过对边境地区实现弹性出入境管理等政策，改善边境地区安全环境，实现经济社会的更好发展。

（一）通过跨境民族推动边境地区的互联互通

我国改革开放过程中地方经济发展的一项核心经验是"要想富，先修路"：通过交通通信设施的建设与发展，推动地方民众参与社会经济发展进程，进一步参与到经济全球化进程中去，实现与全球的"互联互通"。事实上，随着我国经济的发展，我国相继提出了包括"昆曼公路"、"南宁—新加坡走廊"、"泛亚铁路网"、"丝绸之路经济带"以及"海上丝绸之路"等实现国家乃至洲际间互联互通的概念，并在实践中完善了昆曼公路、中老缅泰上湄公河流域通航等物理联结，提出并组建了亚洲基础设施投资银行、金砖国家开发银行等投资主体，"互联互通"的概念也写入了中国—东盟合作等相关文件，成为我国发展对外合作的一个主要概念。

"国之交，在民相亲"，国民之间的相互联通、情意相连才是处理国与国合作的根本。借助于跨境民族的特殊联系，我国与周边国家不仅实现了交通通信等物理上的互联互通，更重要的是实现了民众之间无缝对接的互联互通，促进我国与周边国家的合作与发展。众所周知，互联互通不仅是指道路、通信等物理联结的联通，更重要的还在于人员的交流与来往。而跨境民族借助于语言、习俗等特殊的优势，在我国与周边民众间形成了一条推动边境地区的互联互通。我国边境地区历史上形成的和平相处、相互尊重、邻里相望友好关系，跨境民族扮演了重要角色。从我国东北的朝鲜族与朝鲜、韩国的联系，北方蒙古族与蒙古国、俄罗斯族与俄联邦，西北哈萨克斯坦族与哈萨克斯坦，藏族与印度、尼泊尔间民族与宗教的联系，一直到西南地区众多跨境民族与东南亚国家间的友好相处，跨境民族的联系使得我国与周边国家建立了深厚的历史联系。而借助于跨境民族之间的天然联系，从民间往来到边贸的开启，从走亲小道到边境道路的开通，从圩集小镇到沿边城市的建立，跨境民族促进了我国与周边国家间的互联互通，进而推动次区域经济合作由小而大不断扩展。

我们可以通过举办一些以跨境民族为背景的活动来推动次区域经济合作的发展。比如，可以通过举办东南亚民族迁移史方面的研究和展览，吸引和团结大湄公河次区域地区的各跨境民族，加固中国与周边东南亚国家间的自然联系。同样，也可以借助于哈萨克族、蒙古族等跨境民族来加强与中亚各国的经济合作，推动与周边国家次区域经济合作的发展。

（二）对边境地区跨境民族的跨境流动和就业实行弹性政策，便利边民的跨境流动

由于跨境民族的存在，边境地区的跨境流动是比较多的，这些跨境流动给边防和边检等部门带来较大的压力。但我们绝不可因噎废食，限制或禁止边境地区的人员流动。根据经济学的"边干边学"理论，边民流动有利于边境地区技术进步和经济发展。根据我国在老挝、越南等大湄公河次区域国家实行的"替代种植"和"早期收获计划"，跨境民族的流动对老挝、越南北部地区的发展起了重要的推动作用。而作为跨境民族的掸族通过跨境活动，在学习我国云南瑞丽地区的生产经营，实现了知识和技术的积累与创新的基础上，推动了其生产方式的转变和技术进步，对缅甸南坎地区的经济增长和社会发展起到了推动作用。然而，现实中较严格的边境管理却在一定程度上阻碍了边境民族的互助合作，从而影响到次区域经济合作发展。例如，在我国广西凭祥市，每逢甘蔗收割之际，不少越南边民越境进入凭祥来帮助我国蔗农收割甘蔗，收割季结束后，又重新回复到原来的正常国境活动，不会造成边民的非法长期滞留。但收割季之际，限于边防管理，越南边民多取早上入境、下午出境的方式，体力的消耗和劳动时间的浪费等对甘蔗收割是不利的。对此，我们应根据边境地区跨境民族的特点，创造一些有利于边民流动和就业的弹性政策，为边境地区的经济发展创造新的条件，充分发挥跨境民族的特殊作用。在边境地区进行制度创新，可以在特定的边境范围内，实行包括短期的 7 天或 2 周制的出入境管理等方式，为边民的跨境流动和跨境劳动提供制度保障，以利于边民在劳动季的互补与学习，并推动次区域经济合作发展。

（三）借力跨境民族改善边境安全，推动边境地区经济社会发展

在边境管理中，由于跨境犯罪的犯罪事实和犯罪主体往往具有跨境的特点，成为边境地区面临的一个特殊难题。而中国西南和西北地区濒临金三角和阿富汗，跨国贩毒犯罪是又一个极其严峻的边境问题。再加上边境地区的跨境民族所导致的民族主义和分裂主义的威胁，边境安全常常成为学界和政府关注的重点。但跨境民族的存在为我们改善边境安全，推动边境地区经济社会发展提供了新的思路。

首先，跨境民族在很大程度上降低了人口内迁给边境地区带来的安全挑战。随着我国经济社会的发展，人口流动的常态化，边境地区少数民族的人口有向内地迁移的趋势，人口的减少将对边境地区社会与安全带来严峻的挑战。但跨国婚姻的存在为我国边境地区人口的增长与维持提供了动力。研究发现，我国边境地区存在大量的跨国事实婚姻。虽然研究者多从国家威胁的视角进行分析，认定"越南媳妇"是影响国家安全与社会稳定的重要变量，但事实上，这些"越南媳妇"之所以嫁给中国边民，更多的是经济和生活选择的结果。更进一步，当她们从中国的边境政策中获得切身的物质实惠，能够顺利地加入中国国籍时，其出生地国家通过民族认同转化为对中国的国家认同，对维持中国边境地区人口增长有重要作用。

其次，跨境民族有助于阻绝某些犯罪行为的发生。由于民族认同和民族意识的存在，跨境民族在打击影响当地民众生活的某些社会犯罪方面将发挥"监护人"角色。由于跨国婚姻造成的血缘关系和姻亲关系在边境地区形成了由共同族缘、血统、地缘关系组成的家族关系。在边境地区的犯罪行为，将对家族的名誉造成重大影响，这是家族所不愿见到的。从而，跨境犯罪行为因受到家族的制约而减少，跨境犯罪的减少自然有利于边疆社会的稳定，并推动经济的发展。

最后，随着边境地区经济的发展，跨境民族由于在国境两侧国民身份的便利，可以充分享受两国边境政策的优势，对自身经济的发展是有利的。尤其我国对边民实行一系列包括货币兑换、货物出入境等优惠政策，这些政策在边境地区的跨境经济活动中将转化为直接的经济利益，跨境民族在掌握一定的技术基础上，可以形成跨境生产和销售链条，获取更多的利润，从而推动边境地区经济社会的发展。经济的发展将缓解一些跨境矛盾和减少一些跨国犯罪行为，改善边境地区的安全形势，反过来又有助于边境地区经济社会的发展，将形成一个良性循环，为边境地区的次区域经济合作和全方位开放开发提供新的便利。

综上所述，借助于同文同种的民族便利，依托于民族间的走亲，跨境民族由于具有地域便利和语言文化、历史传统以及亲缘关系等方面的优势，在学习对方国家技术和了解相关信息上更为便利，跨境民族在次区域经济合作中形成了不可替代的特殊作用。我们在关注跨境民族给边境管理带来困难的同时，更应看到跨境民族所带来的巨大地缘利益：通过跨境民族的跨境活动，推动知识、技术和信息的跨境流动；通过在边境地区发展边境贸易、建立经济开发区等经济社会活动，促动地方政府在边境地区的次区域范围内开展合作，进而推动中央政府对边境地区和次区域地区实行更加开放和合作的政策，实现次区域经济合作的发展，为维护边境地区的稳定与安全创造新的条件。总之，跨境民族是我国推动次区域经济合作和边境地区经济社会发展的巨大推动力，在我国经济社会发展和全方位对外开放中，应充分发挥其对经济社会的推动作用。

参考文献

[1] 葛公尚. 当代国际政治与跨界民族研究 [M]. 民族出版社，2006.

[2] 熊坤华. 21世纪世界民族问题热点预警线研究 [M]. 民族出版社，2006.

[3] 陆晨，樊葳葳. 跨文化视角下跨境民族的身份认同研究 [J]. 贵州民族研究，2015（7）：9-12.

[4] 韩娜. 中越边境社会变迁与跨境民族国家认同 [J]. 人民论坛，2013（7）：

252 - 254.

［5］丁斗．东亚地区的次区域经济合作［M］．北京大学出版社，2001.

［6］姜永兴．从民族学研究世界最大的跨境民族——华人［J］．东南亚研究，1990 (4)：21 - 29.

［7］刘稚．中国—东南亚跨界民族发展研究［M］．民族出版社，2007：51 - 80.

［8］方铁．云南跨境民族的分布、来源及其特点［J］．广西民族大学学报（哲学社会科学版），2007，(5)：9 - 20.

［9］何平．中国西南与东南亚跨境民族的形成及其族群认同［J］．广西民族研究，2009 (3)：122 - 128.

［10］肖震宇．云南跨境民族地区防控人口非法流动的法律对策研究［J］．云南大学学报法学版，2010 (2)：65 - 70.

［11］谭崇台．发展经济学的新发展［M］．武汉大学出版社，1999：366.

［12］王望波．改革开放以来东南亚华商对中国大陆的投资研究［M］．厦门大学出版社，2004.

［13］张丽君等．民族地区和谐社会发展建设与边境贸易发展研究［M］．中国经济出版社，2008：306.

［14］马太江，韦承二．中缅边境跨境民族经济与民族关系的崭新发展［J］．西南民族学院学报（哲学社会科学版），2001 (6)：34 - 38.

［15］越拟出台口岸经济区优惠税收政策［EB/OL］．(2013 - 04 - 07)［2015 - 08 - 20］．http：//www. pxftz. gov. cn/bsyw/HtmlContent/kjhz/9b2e0592 - 26db - 46b1 - ae70 - bf2960aaea9b.

［16］玄松鹤．延边地区涉外犯罪原因及对策［J］．延边党校学报，2009 (6)：66 - 68.

［17］栗献忠．跨境民族问题与边疆安全刍议［J］．学术论坛，2009 (3)：57 - 60.

［18］罗刚．非法移民对人口安全、国家认同的影响［J］．云南师范大学学报，2012 (4)：114 - 120.

［19］张金鹏．云南边疆民族地区跨境婚姻与社会稳定研究［J］．云南民族大学学报（哲学社会科学版），2013 (1)：47 - 54.

中俄毗邻区域农业互补性合作研究

曹志涛

包头师范学院

中俄两国毗邻区域从区位、农业资源、自然条件有着诸多的相似性与互补性，是中俄农业深度合作的前沿区域。在中俄毗邻区农业合作互补性基础上，分析了当前两国毗邻区域农业合作的现状及存在的问题，提出了围绕重点区域，以农业投资开发及发展种植业为基础带动生产要素转移、农业产业链延长的深度合作路径。

中俄两国毗邻区横跨中国的东北、内蒙古、新疆及俄罗斯远东、西伯利亚地区。两国的毗邻区域从气候、资源、交通等条件上看，有诸多的相似性与互补性，尤其是在农业资源方面。在当前全球经济一体化的趋势下，中俄毗邻区域的农业合作正在逐步推进，但规模小、层次低、资金弱的局面并没有得到根本改观，这样的合作特点不符合两国的根本利益，也不符合两国的农业发展战略。因此，中俄毗邻区域必须在当前农业资源互补性的前提下，加强毗邻地区的农业深度合作，实现两国农业合作的战略升级。

一、中俄毗邻区域农业合作的互补性基础

1. 区位的互补

中俄两国有着漫长的边境线，仅中国的东北、内蒙古与俄罗斯远东、西伯利亚接壤的水陆边境线就长达 4200 千米。其中，黑龙江省的区位优势最为明显，与俄方的边境线超过了 3000 千米，包括水域边境线 2300 千米，有 25 个国家一类口岸及 11 个边境互市贸易区，水陆空交通十分便利。两国毗邻区域的各种新鲜果蔬、肉类等农产品不需要经过复杂的保鲜冷藏处理即可运输，此过程具有运程短、成本低、损耗小的特点。从区位上看，两国的边境毗邻区有着广阔的合作前景。

2. 耕地资源的互补

俄国的国土面积位居世界第一，总面积达到了 1707 万平方千米，其中 70% 的国土为辽阔的平原及丘陵，农业耕地达到了 2.2 亿公顷，占世界的 10% 左右。俄罗斯与中国接壤的远东与西伯利亚地区，拥有耕地 3200 万公顷，是世界上最大的黑土地带。此外，远

东与西伯利亚地区的水资源、林业资源也异常丰富①。俄罗斯远东及西伯利亚地区良好的耕地资源为两国的毗邻区合作提供了良好的基础。再反观中国，虽然国土面积位居世界第三，耕地总面积位居世界第四，但人均占有量均很小。在中俄毗邻的东北、内蒙古地区，虽然耕地面积及水资源的人均占有量高于全国的平均水平，但由于近年的过度耕作及土壤污染，导致黑土地的厚度与面积不断减少，可耕地总量及质量不断下降，给这些地区农业的深度发展带来了压力，因此，中俄毗邻区的农业合作可以弥补中国上述地区耕地资源的不足。

3. 农业人力资源的互补

俄国自经济转型以来，人口在持续下降，其远东及西伯利亚地区农业劳动力更是严重缺乏。长期以来，这两个地区远离俄罗斯的中心地区，自然条件及气候环境比较恶劣，加之各类基础设施不完善，导致在苏联时期移民到此的居民向俄罗斯西部流动。大量居民向西流动及人口出生率的下降使得这两个地区的农业人口比例接近历史最低点，如阿穆尔州的农业劳动力只占其总人口的 0.60%，哈巴罗夫斯克只有 0.03%，农业人口锐减导致大量土地的闲置及粮食自给率的下降②。而中国东北、内蒙古地区农业人力资源丰富，尤其是青壮年农业劳动力比较多，且人力资源价格低廉，每年有大量的农村剩余劳动力涌向俄罗斯承包土地，这为两国在农业人力资源上的合作打下了基础。

4. 农产品结构的互补

俄罗斯是传统的粮食生产大国，粮食作物以大麦、小麦、玉米及水稻为主。俄罗斯自独立以来，其粮食生产基本完全自给。到 2008 年，其粮食产量达到了空前的 2 亿吨，俄罗斯由粮食进口国转向成了粮食出口国。远东及西伯利亚地区一直以来都是俄罗斯的粮仓，虽然这两个区域由于抛荒等原因，耕地总面积在减少，但单产在增加，到 2012 年，这两个区域的粮食总产量已经达到了俄罗斯粮食总产量的 40%，并开始向中国出口粮食。中国的粮食产量在近年增长迅速，已经成为世界上最大的粮食生产国，然而在人口不断增加、耕地持续污染的情况下，每年需要大量进口粮食。与俄罗斯边境地区开展农业合作，不但能够节省中国粮食进口的成本，还能够保证中国的粮食安全。

尽管俄罗斯是粮食生产及出口大国，但其国土大部分位于高纬度地区，夏季较短、冬季寒冷漫长，在蔬菜、水果供应方面没有优势。俄罗斯新鲜果蔬的供应期只有 3 个月，每年的产量不超过 300 万吨，90% 的蔬菜水果依赖进口，在远东及西伯利亚地区更是明显。这两个区域在气候上比俄罗斯西部更为寒冷，冬季更为漫长，其蔬菜水果不但产量低，每年只能生产 40 万吨的新鲜果蔬，而且种类也比较少，只能生产无霜期短的果蔬，比如山梨、土豆、西红柿等，其他的果蔬大量依赖进口。而中国的东北及内蒙古地区在新鲜果蔬生产上具有明显优势，果蔬品种齐全且产量大，价格上也有较大优势，更重要的是两国毗邻地区口岸众多，运输成本低。

5. 农业生产资料的互补

俄罗斯自独立以来，农业机械制造业陷入了困境，苏联时期遗留下来的农业机械已经严重老化，无法满足生产需要。尤其是西伯利亚、远东地区，这两个区域地势平坦，对农

---

① A. 阿勒拉莫夫. 俄远东与贝加尔湖地区经济社会发展战略述评 [J]. 西伯利亚研究, 2009 (4): 44-45.
② 李传勋. 俄罗斯远东地区人口形势和劳动力供需问题研究 [J]. 俄罗斯学刊, 2011 (1): 24-33.

机需求量大，但这两个区域气候变化复杂，对农机技术也有较高的要求，其当地生产的农机无法满足农业生产需要。中国自改革开放以来，农业机械制造业发展迅速，在技术及产量上具有优势，每年有大量的出口订单。尤其是中国的东北地区，作为老工业基地，农业机械生产是东北老工业的基础产业，近年来，各级政府投入了大量资金进行技术改造，使得东北的农机生产及出口在全国居于领先地位，同时积极开拓俄罗斯市场，仅 2013 年，东北农机对俄出口就达到了 7.91 亿美元（1 美元约合 6.59 元人民币，2016 年）。

在农业机械制造及技术上，中国无疑具有很大的优势，但是在化肥资源及其生产技术方面俄罗斯具有明显优势。俄罗斯是仅次于加拿大的世界第二大磷钾肥出口国，俄国的磷矿、钾矿已经探明的储量位居世界第一位，其大部分在西伯利亚及远东地区，已经探明的储量达到了 200 亿吨，已经建立了一套从开采到生产的完整工业链条，这两个区域生产的磷钾肥 85% 用于出口①。中国是化肥的消费大国，东北及内蒙古地区是中国的粮仓，但化肥资源匮乏，自给率仅为 50%，尤其是磷钾肥缺口较大，每年从俄罗斯远东、西伯利亚大量进口磷钾肥。

二、中俄毗邻区域当前农业合作的现状及问题

近年来，中俄毗邻地区在中俄两国政府的大力支持下，本着互利合作的原则，在农业各领域开展了广泛的合作，取得了较好的成效，合作方式由原来的边境贸易、单向的劳务输出逐步转向农业基地建设、农业资源开发及农业技术合作等方面。尽管双方合作总体态势较好，但也存在一些问题。

（一）合作现状

1. 中国毗邻区域大量建设对俄农产品出口基地

从前述的互补性分析可知，两国毗邻区域的合作潜力是巨大的，尤其是黑龙江省，凭借其良好的区位优势及丰富多样的农业资源，已经成为两国毗邻区域合作的典范。到目前为止，黑龙江 25 个国家一类口岸地区基本上都建立了专门对俄出口的果蔬基地，总面积已经超过了 10 万公顷，其中黑河市最多，达到了 1 万公顷，这些基地生产的果蔬有 50% 的用于出口俄罗斯远东及西伯利亚②。除了出口特色果蔬之外，黑河市近年来还积极引进俄罗斯当地果蔬，比如圆葱、彩椒、俄罗斯草莓等种类，取得了较高的收益。从黑龙江全省来看，有 20% 的大米、90% 的新鲜苹果、44% 的冻猪肉是销往俄罗斯的，黑龙江省已经成为中国农产品对俄出口的"桥头堡"。

尽管如此，两国毗邻区域的农产品贸易规模还是比较小，结构不大合理，主要是以中国出口为主，进口的农产品比较少，而且近年来，农产品贸易额在中俄总贸易额中有所下降，毗邻地区的农业合作有进一步深化的必要。

---

① 马友君. 西伯利亚农业发展现状及趋势 ［J］. 西伯利亚研究，2010（1）：27 - 31.
② 杨凌. 浅述中俄毗邻地区的农业合作 ［J］. 俄罗斯学刊，2014（1）：48 - 55.

2. 中国到俄国毗邻区域进行农业开发

近年来，在"走出去"战略的影响下，东北及内蒙古各级政府积极引领中国的农业企业、家庭农场及粮食生产大户赴俄罗斯远东、西伯利亚两地考察其农业政策、农业生产环境，逐步形成了"政府搭台、企业经营、农民承包"的局面。当前，东北及内蒙古在远东、西伯利亚进行农业开发主要有以下三种形式：租赁土地建立农场或农产品基地、购买土地发展农场或农产品加工、双方开展农业种植或加工的合作经营。由于中国在技术、人力上具有优势，目前已经在阿穆尔州、滨海边疆区、哈巴罗夫斯克地区建立了绿色无公害蔬菜基地、有机农业种植基地、农产品生产加工基地，为两国毗邻区域的农业发展做出了重要贡献。

早在 2000 年，黑龙江、吉林两省的农业企业就开始在俄远东地区租赁耕地，建设农场，生产大豆、土豆及蔬菜等作物，按照公司运作模式实行自负盈亏，生产的产品 98% 在当地销售，取得了良好的效益。随后，黑龙江 60% 的县市均与俄罗斯远东、西伯利亚地区的政府签订合作协议，积极发展种植、养殖及加工基地①。截至目前，黑龙江、内蒙古、吉林三省区在远东、西伯利亚承包的土地达到了 53 万公顷，投入资金达到了 5 亿美元，累计输出劳工 20 万人次，成为中俄毗邻区域农业合作的主要渠道。

3. 中国农业人力资源的输出

两国毗邻区域农业人力资源合作历史悠久，自 20 世纪 80 年代中俄关系改善以来，黑龙江、吉林两省每年基本上有 2 万名农民赴俄打工，从事农业生产，由于中国农民吃苦耐劳、经验丰富，因此深受当地人的欢迎。进入 21 世纪以来，两国毗邻区域农业劳务合作范围更大。2001~2014 年，中国每年赴俄远东、西伯利亚务工的农民接近 8 万人次，主要从事农业种植或养殖。但从整体上看，劳务合作的层次比较低，规模比较小，农民综合素质不高，农业科技人员赴俄的比例比较少，农业科技人力资源的合作有进一步提升的空间。

4. 两国毗邻区域农业技术合作

从 2002 年开始，中俄两国在农业技术方面签订了一系列的合作协议，包括发展现代农业、高新技术农业、植物遗传资源合作、育种技术合作、病虫害防治合作等。这些协议的签订为两国毗邻区域开展农业技术合作提供了条件。率先开展技术合作的是黑龙江省，自 2003 年以来，黑龙江省开始从俄方引进先进农业技术，比如微量元素化肥生产技术、作物表面化控新技术、杂交家畜技术等，俄方向中国学习黄瓜、西瓜等果蔬种植技术。最典型的例子是 2009 年黑龙江正式建成了中俄高新技术农业园区，主要开展养蜂、果树种植、水稻种植及食用菌栽培四个项目，主要技术专家来自俄远东哈巴罗夫斯克大学，双方在农业技术方面的合作进一步提升②。

技术合作是双方的，也是交流互动的，相比于前三种形式，技术合作更能体现合作的意义。俄罗斯科研力量强大，其农业技术水平也是领先世界的，但一直受到资金不足的困扰。而中国的东北及内蒙古在资金上具有优势，可以发挥资金优势与俄方共建现代农业园区，改良培育种质资源，这对促进双方的农业技术进步是大有裨益的。

---

① 马琳. 黑龙江省主要农产品出口情况分析 [J]. 对外经贸, 2012 (2)：39-42.

② 江宏伟. 非传统安全视野下的中俄农业合作研究 [J]. 俄罗斯中亚东欧市场, 2010 (8)：36-45.

（二）存在的问题

1. 俄方对中国农业人力资源引进的限制

"中国威胁论"在俄罗斯官方中一直存在，俄国的一些媒体与政客也在蓄意夸大中国的劳务输出是"非法移民"。从历史上看，俄远东及西伯利亚地区曾是中国的领土，俄罗斯对中国人踏入这些区域有强烈的提防心态。这两地的政客认为，在中国当前人口膨胀与资源减少矛盾激化的情况下，中国实施农业"走出去"战略实际上是变相的人口扩张，通过人口扩张用和平的方式重新收回历史上属于中国的领土。正是因为在这样的社会心理情况下，远东及西伯利亚两地对中国人的排外心理比较严重，给中国的农业劳务输出设置了各种障碍，比如签证手续复杂、签证费用高等。

此外，俄方对中国中低端农业劳动力进入其劳务市场设置了法律限制。从2006年开始，俄国颁布了《外国公民法律地位法》及《外国劳务人员管理法》，这两部法律确定了通过发放许可证及签证配额的方式引进普通的外国劳动力，当然也包括农业劳动力，但对高技术人才不加以限制。为了吸引高技术人才，上述法律还规定了在合同期限、薪水待遇上的优惠措施。虽然这些法律为农业人力资源提供了一种"分水岭"式的输出输入方式，但从双方合作实际看，中国自身高级农业技术人才比较匮乏，因此是以输出低端农业人力资源为主。比如黑龙江省，全省的农业高级技工只占农业技工的20%，自身高级农业技术人才缺口就很大，因此很难向俄方输入这些人才。俄方法律"一刀切"的做法，对两国的农业劳务合作将会产生消极影响。

2. 远东及西伯利亚地区的农业投资环境不佳

近年来，随着日本、新加坡等国开始进入俄罗斯远东、西伯利亚进行农业开发，由此导致了这两地的农业开发成本不断上涨。2005年至今，土地租赁成本已经上涨了5.5倍，劳动力成本上涨了3倍，各种手续费、税费等上涨了近2倍[①]。此外，自2009年以来，俄罗斯粮食流通体制改革，所有的粮食出口必须经过俄罗斯联合粮食公司，这就意味着中国企业在这两地开发所生产的粮食必须经过该公司才能出口，这种垄断性的强制无疑扩大了中国开发的成本。

由于俄罗斯是联邦制国家，各州、自治州、加盟共和国、边疆区均有立法权，由此导致了各地在贸易、投资上的法律不一致，甚至相冲突。在远东及西伯利亚地区，既有边疆区，又有自治州，还有阿尔泰共和国，贸易、投资法律冲突严重，给双方的农业贸易与合作带来了不便。比如犹太自治州规定，农业贷款的年利率为17%，且不能提现，而滨海边疆区的法律规定，农业交易必须以现金形式支付，如不能支付现金，通过银行转账将加收2%的手续费。可见，法律冲突之严重，给中国的农业投资带来了诸多不便，至今俄罗斯联邦仍没有一个统一的法律来规范外国人的投资。再加上俄罗斯的资本市场，尤其是期货、股票市场比较混乱，各种套空卖空现象突出，严重阻碍了中俄农业贸易与合作的发展。

---

① 成榕. 贸易风险防控新机制——中俄边境地区农业合作战略对策研究［J］. 世界农业，2014（11）：69－72.

三、推进中俄毗邻区农业深度合作的路径选择

中俄毗邻区域当前的农业合作取得了较大的成绩，无论是合作方式还是合作渠道相比以前都有了较大的提升，但是在合作过程中，还存在着种种问题。因此，未来的农业合作还需要克服困难，选择合适的路径强化双方的深度合作，带动两国农业经济的发展。

（一）选择合适的合作区域

自普京第三次当选总统以来，确立了远东开发战略，希望通过远东开发，带动俄罗斯的能源、交通及农业的东进，随着 2012 年俄国加入 WTO 以来，为俄罗斯远东开发提供了良好的契机。因此，中俄农业合作应该以俄远东、西伯利亚为主导区域，然后逐步拓展俄罗斯的中心区域。远东及西伯利亚资源丰富，但农业比较落后，且农业劳动力不足，大量耕地处于闲置状态。其中远东及西伯利亚与中国接壤的五个地区是俄罗斯东部农业生产条件最好的地区。长期以来，俄罗斯将其经济发展重心放在其国土的欧洲区域，远东地区的农业、食品加工业比较落后，农产品自给率不足，需要大量进口，这为双方合作提供了巨大的潜力。与中国接壤的五个地区其粮食种植条件与中国东北、内蒙古地区极为相似，这些区域适合小麦、水稻、土豆、大豆等作物种植，而这些作物当前也是黑龙江、吉林、内蒙古的主要农作物。只有通过合理的产业布局安排，中国的黑龙江、吉林、内蒙古与俄罗斯的远东地区将可以连片种植，易于实现农业产业化种植，具有明显的集聚扩散效应。在农业产业化的基础上，继续发展农产品深加工业，借助毗邻区域交通优势，能够大大降低物流成本，双方的合作前景良好。

（二）以投资开发的形式带动双方合作方式的升级

1. 用对俄农业投资带动中国农业人力资源及生产要素的转移

到俄罗斯远东及西伯利亚地区进行农业投资，不仅仅是资本的直接投入，在资本直接投入的同时也能够带动农业劳动力及生产要素的转移。农业是劳动密集型产业，中国到远东、西伯利亚进行农业投资，可以通过投资带动中国农业劳动力走出去，这是解决东北及内蒙古等地农业劳动力过剩的重要途径。当前，东北及内蒙古地区的农村剩余劳动力主要流向中国南方城市，对城市来说是个重荷。跨国的农业劳务输出不仅可以转移农村剩余劳动力，而且可以发挥农民在种植业中的优势，获取比进城务工更高的收益。虽然，当前赴俄劳务输出手续复杂、费用高昂，但 2013 年中俄两国签订《中俄短期劳务协定》，规范了两国劳务合作的程序，为中国农民进入俄罗斯务工提供了一些便利①。上述协定规定，为了改变以前农业劳动力输出的个人行为，应该由地方政府出面，组织劳务输出公司，与中国农业投资企业同步，这样不仅保障了农民的利益，还能够为农民在技术、语言上提供支持，提升了农民的综合素质，还可以带动中国农业生产要素的转移。中国在农机生产及技

---

① 张金萍，高子清. 中俄农业深度合作的基础与路径选择［J］. 求是学刊，2014（11）：1 - 9.

术上具有优势，而远东地区平坦的耕地为农机的大规模使用提供了条件，借助于对俄投资的机会，可以将中国的农机大规模出口俄罗斯。除此之外，俄罗斯种子、农药、农膜等生产资料供应不足，对俄投资也为这些生产资料的出口开拓了市场。对俄农业投资开发也可以带动两国的化肥进出口互补，俄罗斯在钾肥、磷肥上具有明显优势，不但技术成熟，而且肥料质量较高，但氮肥不足，而中国是氮肥生产大国，因此，中国可以从俄方进口磷钾肥，向俄方出口氮肥。

2. 以对俄农业投资开发带动双方农业技术深度合作与交流

东北、内蒙古地区是中国的商品粮生产基地，也是中国农业产业化开展最早的地区，形成了较为完备的农业科技支撑体系，但目前还属于资源依赖型农业。在对俄农业投资开发的过程中，中国要大力推进这些毗邻区域的农业转型，减少农业对资源的依赖，大力推进高科技现代化农业建设。中俄两国的农业科技实力都比较强，各自具有优势，可以形成良性的互补。俄方在粮食作物种子培育、农作物杂交技术等方面具有优势，尤其是其种子活性处理及生物活化成本要比中国低很多，目前已被农业部列为重点引进技术。而中国在大棚果蔬种植、多熟种植、农作物病虫害防治方面具有明显优势，可以通过开发投资向俄罗斯输出这些技术，为提高双方农产品的质量与产量提供技术支持。

3. 以发展种植业带动农业其他领域的深度合作

首先，通过发展种植业推进两国毗邻区域的农业现代化及产业化进程。中国在农业机械化及水利设施建设上具有优势，以此优势来带动俄国远东的农业机械化与现代化，提高远东的粮食产量，进而从这些区域进口粮食，保障中国的粮食安全。其次，由建设对俄方果蔬出口基地发展为替代俄方进口的果蔬种植业基地。俄罗斯是世界上第二大果蔬进口国家，中国毗邻区每年向其出口了大量的新鲜果蔬。但俄罗斯为了保证食品安全，在进口过程中设置了诸多的绿色壁垒及技术壁垒，这给中国的新鲜果蔬出口增加了障碍。因此，中国应借助于在俄农业投资开发的机会，直接利用远东、西伯利亚丰富的耕地资源，大力发展果蔬种植业，并在当地销售。这样不仅能够避免技术贸易壁垒，还能够带动中国果蔬方面的农业生产资料出口。最后，可以到俄罗斯投资发展食品深加工行业。一直以来，俄罗斯的轻工业比较落后，食品加工业基本上还是苏联时代的水平，而中国的食品加工业比较发达，中国企业可以通过与俄方合作，在远东地区建立食品加工基地，延长农业的产业链，既能带动中国的劳务输出，也能带动东北地区食品加工生产资料的出口。

论中印文化交往中的冈底斯圣山崇拜

更尕易西

西藏大学中央民族大学藏学院

中印文化交流历史源远流长，至今已有两千多年的历史。冈底斯崇拜作为中印文化交流中的独特的象征物，在我国藏传佛教文化中具有独树一帜的地位之外，在印度文化的一些重要宗教派别均有不同程度的联系。对此，本文从冈底斯圣山与古代象雄文明，以及与佛教、印度教中的大自在神派、梵天派、遍入派和耆那教等关系分析认为，中印香客在冈底斯朝圣及地域文化的交流，进一步促进两国文化交往及其他交流，可加强两国在边境地区的合作，是增进互信的有效办法。

一、引言

中国和印度同为文明古国、世界大国、亚洲大国，是引领世界文化发展的新兴文明体。国家主席习近平主席访问印度后，战略共识明显大于两国悬而未决的历史遗留问题上的分歧。对于文化交流的层面，中印携手合作的愿望更加迫切，在地区和全球层面开展文化交流的需求更加强烈。因此，双方需要彼此摒弃前嫌共谋发展。

位于中国西藏自治区阿里地区普兰县境内的冈底斯是被世界公认的著名圣山，作为中国藏传佛教领域的信徒和印度、尼泊尔诸多教派信众崇拜的圣山，其在中印文化交往中的独特作用是任何东西不可替代的。由于历史发展进程中的各种原因，这个圣山崇拜与其周边地区的其他文明有过密切的联系。在喜马拉雅山区古代文化里，由于各种种族与地域文化的融合，形成了一个以三界宇宙观为载体、以冈底斯山为崇拜对象、以各种古老文明作为具体内容的强烈的地域文化氛围，这个文化圈可称之为"冈底斯文化"。对此，本文试图从以下几个方面进行探讨。

二、冈底斯圣山的地理位置

在藏文文献被称为"冈底斯"的圣山，在藏语口语中被称为"冈仁波切"，"冈"是藏语即雪山之义，"底斯"是梵语，清凉之义，合成后就是清凉或清净的雪山之义。口语中的"冈仁波切"是个敬语，是尊称，"仁波切"及珍宝之义，则表现了藏人对它的敬仰之情。藏人皆认为冈仁波切是众山之主，是世界之轴。

冈仁波切也是冈底斯山脉（Kailasa）的主峰，它横贯西藏西南部，与喜马拉雅山脉①平行，呈西北—东南走向，属褶皱山。为内陆水系和印度洋水系分水岭。北为高寒的藏北高原，南为温凉的藏南地区②谷地。冈底斯山脉东接念青唐古拉山脉③。长1100千米，海拔约6000米，主峰冈仁波齐峰在玛旁雍错④湖以北，海拔6656公尺。最高峰为冷布岗日，海拔7095米。山顶有28条冰川，面积只有88.8平方千米，以冰斗冰川和悬冰川为主。南坡冰川多于北坡。冈底斯山脉是青藏高原南北重要的地理界线，西藏印度洋外流水系与藏北内流水系的主要分水岭。冈底斯山脉西起喀拉昆仑山脉东南部的萨色尔山脊，东延伸至纳木错西南，与念青唐古拉山脉衔接。海拔一般5500～

---

① 喜马拉雅山脉（梵语：hima alaya，意为雪域），藏语意为"雪的故乡"。位于青藏高原南巅边缘，是世界海拔最高的山脉，其中有110多座山峰海拔高达或超过7350米。是东亚大陆与南亚次大陆的天然界山，也是中国与印度、尼泊尔、不丹、巴基斯坦等国的天然国界，西起克什米尔的南迦—帕尔巴特峰（海拔8125米），东至雅鲁藏布江大拐弯处的南迦巴瓦峰（海拔7782米），全长2450千米，宽200～350千米。主峰是世界最高峰珠穆朗玛峰（藏语名：Qomolangma），是藏语第三女神的意思，海拔高达8844.43米。

② 藏南地区位于喜马拉雅山脉南侧、中华人民共和国西藏自治区东南部的山南地区、林芝地区，包括了西藏自治区的错那、隆子、墨脱、察隅四县的大部分及郎县、米林两县少许国土。藏南地区在夏季，由于迎着从印度洋上吹送来带着大量水分和热量的西南季风，这里温暖而多雨，年平均降水在9000毫米以上，是世界上降水量最大的地区之一，可种植许多亚热带作物，肥沃得有西藏的"江南"之称。

③ 念青唐古拉山脉属于断块山，位于中国西藏自治区。横贯西藏中东部，为冈底斯山向东的延续，东南延伸与横断山脉西南部的伯舒拉岭相接，中部略为向北凸出，同时将西藏划分成藏北、藏南、藏东南三大区域。据雍仲本教资料所言：念青唐拉是藏地三大雪山（冈底斯、念青唐拉、玛积雪山）之一，也是九大圣山之一，更是十三大圣山之首。传说纳木错与念青唐拉曾经是一对恩爱夫妻。而根据雍仲本教护法经、家族史以及圣山祭祀文等本教典籍记载：唐拉是雍仲本教的圣山之一，是母子护法的四大眷属之龙度唐拉，也是古藏文化史记中较有影响力的著名雪山。而纳木错为雍仲本教五骑羊护法母子的圣地，也是唐拉圣山的明妃。它与纳木错是修行之人的主要修行圣地。念青唐古拉山地区受东西向的怒江断裂带和雅鲁藏布江断裂带的控制，挤压断裂褶皱是形成了海拔平均6000米以上的高大山系，它的山脊线位于当雄—羊八井以西，全长1400千米，平均宽80千米，海拔5000～6000米，主峰念青唐古拉峰海拔7111米，终年白雪皑皑。念青唐古拉山脉同时也是青藏高原东南部最大的冰川区。西段为内流区和外流区分界，东段为雅鲁藏布江和怒江分水岭。西北侧为藏北大湖区，其中最大的是纳木错湖。相传念青唐古拉山里面有一座神秘的水晶宫，宫门上镶有各种宝石，光芒四射，宫底是甘露之海，中部缭绕着虹光彩雾，宫顶有白云，雨露时停时落，鲜花盛开在它的四周。

④ 玛旁雍错在西藏阿里地区普兰县城东35千米、岗仁波齐峰之南。其周围自然风景非常美丽，自古以来佛教信徒都把它看作是圣地"世界中心"，是中国湖水透明度最大的淡水湖，藏地所称三大"神湖"之一。它也是亚洲四大河流的发源地。古象雄佛法雍仲苯教《象雄大藏经·俱舍论》中所记载的"四大江水之源"指的就是圣湖之母玛旁雍错。据说玛旁雍错是最圣洁的湖，是胜乐大尊赐予人间的甘露，圣水可以清洗人心灵中的烦恼和孽障。它是雍仲本教，印度佛教，印度教所有圣地中最古老、最神圣的地方，它是心灵中尽善尽美的湖，它是这个宇宙中真正的天堂，是众神的香格里拉，万物之极乐世界。

6000 米。西段呈东南走向，主要支脉阿隆干累山以同一走向并列于主脉北侧，山体宽约 60~70 千米。位于该段的主峰——冈仁波齐峰（梵文又称开拉斯峰），乃藏传佛教历史上的著名圣山，在佛经中称为"底斯"，为信徒朝拜巡礼之地。该峰底部为燕山期花岗岩，其上为厚达 2000 米的始新世砾岩和砂岩层；峰体呈锥状。在东经 84°左右，山脉转为东西走向，山体渐宽，至东段宽达 100 千米。山脉中段因北西、北东两组构造断裂活动形成许多纵向块断山地和陷落湖盆或谷地，山形零乱、脉络不清。东段海拔 7095 米的冷布岗日为冈底斯山脉最高峰。

在东西方文化交流史上，冈底斯山又占据着独特的地位。冈底斯山地势高耸，为雅鲁藏布江与印度河流域的分水岭。印度河流域上源森格卡宝布（狮泉河）发源于冈底斯山北侧，朗钦藏布（象泉河）发源于南侧，进入印度境内称萨特莱杰河。古时，这里有一条商道通往中亚和欧洲，成为连接欧亚大陆的第二条古道，有人称为"麝香之路"。这条商道不仅使东西方经济在这里得以接轨，而且东西方文化也得到交流、融合。藏民族乐于把自己的土著文化象雄文明之根追寻到西部的大食地方，有人认为这个西部的大食地方就在冈底斯圣山周边，这说明了藏族文化和西部文化特别是同中亚地区的诸文化之间自古就有交流融合的历史。

三、冈底斯圣山崇拜与青藏高原诸文化的关系

在藏族文化发展的历史进程中，冈底斯圣山文化的起源可以追溯到原始苯教文化时期，也就是吐蕃王朝形成之前的象雄文明时期。众所周知，象雄文明中谈论冈底斯圣山崇拜时，与苯教的宇宙观连接在一起探讨。苯教宇宙观认为，整个宇宙分三层，即上中下三层，上界为神界，中界为年界，下界为鲁界。"神界"又分了十三层，每层处居住着各种不同的神祇；"年界"就指的是人间；"鲁界"是大地底下的充满着各种水栖生灵的世界，冈底斯山位于人间的中心，也就是"年"所居住的中心。这种观念在青藏高原上的古代文明中比较典型，是高原上的祖先们最基本的宇宙结构。到苯教文化发展迅速的吐蕃前历史时期，外形如水晶石似的冈底斯山被确认为十字形金刚杵，它下伸到鲁界，其山峰直刺神界之域，是贯通宇宙三界的圣山。苯教历史文献记载的很多神祇与冈底斯圣山崇拜有直接的关系，其中鼓基芒盖、南启贡杰、辛拉俄噶、麦日等均与冈底斯山有很深的联系，尤其是鼓基芒盖就更具有代表性。鼓基芒盖是一个古老的苯教神祇。根据丹增仁青坚赞的描述："这个神的真正的含义即他代表的最本质的东西是混沌初开时的空间，他下凡时一束光芒射下并消失在冈底斯山上，然后以一个白色的野牦牛的形象出现在冈底斯山背面的贝钦山下。"[1] 这个白色的野牦牛被记载为"贝钟钦波"，显然是古代青藏高原本土文明中的牦牛图腾，虽然已无法考证原始苯教神祇鼓基芒盖和这个牦牛图腾之间产生的先后历史，但这二者的完美结合将某个青藏高原本土的原始信仰及其神祇与牦牛图腾连在了一起。牦牛在整个喜马拉雅文化区

---

① 才让太：《冈底斯圣山崇拜及其周边的古代文化》，《中国藏学》，1996 年第 1 期。

域先民的日常生活中的重要地位及其在这个文明整体记忆中引发的思索和对其信仰的萌动，产生了青藏高原本土性的牦牛崇拜图腾，也同时神化了地域概念上的冈底斯山，从此，圣山崇拜及山神文化体就有了新的概念。我们知道，牦牛是青藏高原特有的一种耐高寒的动物，驯化野牦牛的历史同样是青藏高原上的先民与大自然的斗争史，因此，牦牛图腾在青藏高原上流传的历史也会很长远。除鼓基芒盖，苯教神祇辛拉俄噶、南启贡杰等也与冈底斯山有不同程度的联系，尤其是麦日神崇拜和象雄文明与吐蕃文明融合进程中的冈底斯圣山崇拜更加值得一提。

公元 7 世纪左右，吐蕃真正引进了印度的佛教并开始佛苯二教实质性的接触。此后的漫长岁月里，苯教的传统内容产生了许多变化。佛教的引进为在青藏高原上的苯教文化的单一发展增添了新鲜血液，不仅给本土先民提供了一个文化比较和文化选择的机会，也开始了佛教文化和苯教文化这两个完全不同的古老文化开始接触、冲突和融合的漫长历史，这种历史不仅导致了这两大文化吸引对方的内容后变得更加丰富和适应，也从根本上改变了这两大文化尤其是苯教的本来面貌。起源于印度的佛教，内容丰富、义理深奥、文献量庞杂等都远远胜过了高原本土的苯教，故在吐蕃王室中很快得到强有力的扶持，经几个世纪与苯教文化的融合和整合后逐渐占了上风，吐蕃先民选择了佛教这个从印度北传的外来宗教及其文化，而放弃了自己原有的苯教。在这种痛苦的优胜劣汰的文化选择中败北的苯教徒并未因此从藏族社会上消失，他们变换手法，不仅继承自己原有的传统，也在许多方面模仿佛教以适应藏民族接受佛教后的宗教文化心态。这样的做法，在冈底斯圣山崇拜及文化体现象中更加明显。

经过漫长的历史时间，藏传佛教也接受了不少苯教的历史传说，冈底斯圣山崇拜被作为胜乐佛的圣地，同时还跟许多其他佛、菩萨也和冈底斯圣山连接在一起解说，相传冈底斯山上至今犹存的许多圣迹就是他们留下的。到公元 8 世纪初，三十六代吐蕃王赤德祖丹赞普时，著名的印度佛教大师桑杰桑巴曾到冈底斯山苦修得道。后来印度佛教大师达尔玛巴拉因患疾病前往冈底斯山修炼，结果病愈返回。再后还有阿底峡大师和第四世班禅在冈底斯山亲眼目睹许多奇异景观的记载。晚期藏文文献中，从莲花生大师的《预言秘要》和《五部遗教》到许多经释、山志文献均不厌其烦地描述了冈底斯山崇拜的历史沿革和相关神话传说。

公元 12 世纪后的藏传佛教传统中，跟冈底斯山关系最密切的还是噶举派。出生于噶举派系的米拉日巴大师、聂拉囊巴和止贡·西绕峻乃等均为在冈底斯山弘扬噶举派做出了各自的贡献。冈底斯山周围的噶举派的发展不仅使遣修者增多，而且使寺院增多，并且各寺院争相派遣僧人上冈底斯圣山苦修，还受到当时的地方政府势力的大力扶持。如古格王和拉达克王均曾为噶举派在冈底斯山周围地区的发展做出了极大的努力。后来，寺院派遣僧人上山修行的做法虽然中断，但去冈底斯山修行者仍络绎不绝，并且不局限于噶举派，僧源也不局限于卫藏地区。至今，冈底斯山周围的山中仍有藏传佛教的修行者。

四、冈底斯圣山崇拜与印度文化的关系

在印度的古代文化中，吠陀①文化占有非常重要的地位。它包括很多具体的经典，通常的说法包括"四吠陀"，分别是：①《梨俱吠陀》（Rgveda）即"赞诵明论"；②《娑摩吠陀》（Sāmaveda）即"歌咏明论"；③《夜柔吠陀》（Yajurveda）即"祭祀明论"；④《阿达婆吠陀》（Atharvaveda）即"禳灾明论"。更广义的说法，还包括其他经典。如"奥义书"（Upanishad）、"薄伽梵歌"（Bhagavad Gītā）等。吠陀文化对佛教的产生及其理论的形成也产生了深远的影响。现存大量的吠陀文献和保存在佛教文献中的吠陀文化内容中，有一个突出的文化现象，就是印度古代文化与冈底斯圣山之间的亲密联系，这个联系主要以湿婆神（又译大自在神）②的崇拜为主线。

在印度古代文化中，湿婆神、梵天和遍入是佛教产生以前的三个主要古代神祇，他们三者之间的关系具有不同的说法，相关历史记载也是五花八门，但大多数文献中的基本线索是一致的，湿婆神确定是来自印度北边的冈底斯山，而梵天和遍入在冈底斯山苦修后成道。除了《吠陀本集》及其续集等吠陀文献以外，后来的佛教文献中仍然保存了大量的有关湿婆神崇拜的资料，两者不同的是，后者更多地将湿婆神崇拜作为佛教对立面的一支外道宗派来进行批判的。从大的方面讲，佛教文献中的湿婆神派、胜论派和正理派三者均以湿婆神为其导师，奉为主神，但胜论派和正理派同时也供奉梵天和遍入，故也被称为梵天派和遍入派。但是作为世界的创始者，湿婆神的崇拜更具有代表性和普遍性，有人甚至认为，古印度似乎崇拜一个伟大的上帝，系湿婆神的原型。藏族学者撰写的教派源流普遍提到两本目前无法看到的古文献即《宏传自在续》和《麦瓦杂巴》，说湿婆、梵天和遍入三神为同一自性之神祇，这三神祇信众皆供奉，因能自由驾驭世间阴阳诸气，自在于宇宙空间，故称大自在神。而这个古印度文化中曾被奉为至尊，无所不能的三位一体的湿婆神的栖身之地不在印度，而是北方的冈底斯山，这就是问题所在。湿婆是苦行之神，终年在冈底斯山上的吉婆娑山修炼苦行，通过最严格的苦行和最彻底的沉思，获得最深奥的知识和神奇力量。他还是舞蹈之神，创造了刚柔两种舞蹈，被誉为舞王。他是妖魔鬼怪的统帅，

---

① 吠陀，又译为韦达经、韦陀经、围陀经等，是婆罗门教和现代的印度教最重要和最根本的经典。它是印度最古老的文献材料，主要文体是赞美诗、祈祷文和咒语，是印度人世代口口相传、长年累月结集而成的。"吠陀"的意思是"知识"、"启示"。"吠陀"用古梵文写成，是印度宗教、哲学及文学之基础。四吠陀中《梨俱吠陀》最古老、最原始，产生于公元前 2000 年左右，雅利安人从西北入侵印度，移居印度河吠陀两岸时期；后三吠陀是它的派生作品，相继成书较后。后三吠陀的神曲，不是《梨俱吠陀》部分神曲的复述，便是在它基础上的发展。吠陀神曲有长有短，长曲是一曲多颂。短曲是一曲数颂或仅有一颂。多数颂由四句构成，少数由三句构成。《梨俱吠陀》10 卷，1028 首神曲，共有 10552 颂。《娑摩吠陀》2 卷，基本上集《梨俱吠陀》的颂而成，它的 1549 颂中，除 75 颂外，余皆见于《梨俱吠陀》。《夜柔吠陀》分《黑夜柔吠陀》与《白夜柔吠陀》2 集，"黑"谓本文与释文（梵书）分辨不清，"白"谓本文与释文区分清楚，此书韵文和散文混合，其散文部分开梵语散文体裁之先河。《阿闼婆吠陀》20 卷，730 首神曲，共 6000 颂。前三吠陀的神曲，绝大部分是祈神祭天的颂诗和赞歌；《阿闼婆吠陀》神曲，是《梨俱吠陀》咒语部分的发展，多是神秘巫术，吉凶咒语，间有科学思想，古印度医学，即起源于此。

② 湿婆（Shiva）与梵天（Brahma）和毗湿奴（Vishnu）舞蹈之神湿婆为印度教三大主神。湿婆的地位是毁灭者，兼具生殖与毁灭、创造与破坏双重性格。

妖魔鬼怪都受制于他。

这个神祇的妻子是雪山神女，有两个儿子是塞犍陀和伽内什。前者是天兵天将的统帅，后者是侍候湿婆的诸小神之首。在佛教文献中，湿婆的形象被描绘成三眼四手，手中分执三股叉、神螺、水罐、鼓等；身着兽皮衣，浑身涂灰，头上有一弯新月作为装饰，头发盘成犄角形，上有恒河的象征物。他的故事散见于各种文献中，他的教派信徒奉其为最高的神，有地、水、火、风、空、日、月、祭祀八种化身，除毁灭外还可创造。佛教文献称他为大自在天，住色界之顶，为三千界之主。很多文献记载，佛教中的护法神金刚杵成为湿婆神的化身并仍栖身冈底斯山，说明了冈底斯山崇拜在印度吠陀文化和佛教文化这两个不同文化传统中的连续性。冈底斯山作为湿婆神崇拜的发源地，在时间和空间以及文化传统的变异中表现出更加深层的文化内涵。换句话说，湿婆神崇拜作为古代吐蕃本土文化的一个重要组成部分，在其南传印度的时间和空间里所表现出顽强的生命力。

在古代印度社会，湿婆神崇拜在诸多被佛教徒称为外道的信仰中占有更突出的重要位置。印度的信民们不远万里，长途跋涉，北上带西藏阿里来朝拜冈底斯山，在那里转山诵经，他们坚信和祈祷湿婆神的护佑和宽容。星移斗转，印度社会从亚利安人到穆斯林人，几易其主，但古老的湿婆神崇拜及冈底斯山的信仰一直顽强地存在到今天，尤其是藏历马年仍有许多印度人来西藏阿里的冈底斯转山朝拜，虔诚地祈求湿婆神及诸神的护佑。"在佛教产生以前的印度社会，湿婆神不仅被众多的民众信奉，而且已经形成了一个具有庞大理论体系的宗教。"[①] 人们不仅坚信湿婆神的存在及其无所不能的神力，相信这个神从他产生之日起就居住在北方的冈底斯山，而且现在仍然居住在那里。只是到了佛教产生之后，佛教以其博大精深的理论体系及其兼收并蓄的包容能力在印度获得了更多的信众，湿婆神派等原来的信仰才开始走向衰落。但是，直到公元8世纪，印度的有些家庭甚至知识分子家庭仍在湿婆神派和佛教之间选择他们自己的信仰，甚至仍有一些个人和家庭拒绝信仰佛教而继续保持对湿婆神派的信仰，足见湿婆神崇拜的影响。

除了湿婆神派以外，另一个引人注目的与冈底斯山有密切联系的印度宗教派别是耆那教[②]主耆那，因其教主行裸修，藏文文献更多地将其称为裸修派。关于这个宗教产生的年代，佛教文献明确无误地认为远在释迦牟尼之前。从其创始人至第二十五位教主玛哈吾时，释迦牟尼才降生人间，并且认为玛哈吾和释迦牟尼产生过某种接触和联系。此派主苦修、裸修，虽然在晚期派生出着白衣的支派，但其主张、观点，尤其是苦修程度依然如故。居耆那教历史上著名的二十五个教主之首的耆那本人，就因曾长年在冈底斯山苦修得道而创立此教。他苦修的具体地点在今天冈底斯山上绛扎寺附近的佛座岩。梵文中将其称为八层岩，因此岩中之佛座有八层而得名。耆那之长子巴热达，前半生曾是个威震四方的小国王，但后半生带领其十九个弟兄一起出家，在冈底斯山苦修度过了余生。耆那教第二十位教主穆尼索热那塔，带领他的万余信徒，在冈底斯山苦修至得道。

① 金克木：《梵语文学史》，人民文学出版社，1964年8月第1版，第73页。
② 耆那教，又称耆教（英文写法：Jainia，意为圣人）是印度传统宗教之一，创始人称作大雄，其教徒的总数约400万人。耆那教在汉译佛典中称为尼乾外道、无系外道、裸形外道、无惭外道或宿作因论等。印度有0.4%的居民信奉耆那教，该教徒的信仰是理性高于宗教，认为正确的信仰、知识、操行会导致解脱之路，进而达到灵魂的理想境界。同时该教是一种禁欲宗教，其教徒主要集中在西印度。耆那教徒不从事以屠宰为生的职业，也不从事农业。主要从事商业、贸易或工业。耆那教不讲究信神，但崇拜二十四祖。

耆那教的一些主要教义更引人注目。主张灵魂不灭、轮回转世的学说，笃信因果报应等。这些教义同样是佛教里的基础和核心部分，显而易见，佛教受到了它的影响。一个无法回避的问题是，"耆那教许多教主修习和成就于冈底斯山，尤其是耆那本人终生苦修冈底斯山而得道，几乎可以说耆那教就起源于冈底斯山。也许，佛教中灵魂不灭、轮回转世和因果报应等主要教义就成为冈底斯山文化的重要组成部分，南传印度直至影响了佛教，也就是说，灵魂不灭、轮回转世和因果报应等著名的观念在吐蕃的存在不仅早于佛教的传入，而且早于佛教的产生。极有可能的是，这些观念属于冈底斯文化独有的内容，是吐蕃先民对人类历史的一大贡献。"① 此外，耆那教也从不杀生，无论僧俗绝不食肉，过着非常严格的苦行僧生活。至今，耆那教信徒们仍将冈底斯山和玛旁雍湖作为他们最神圣的圣山和神湖来朝拜，他们坚定地认为朝拜圣山和神湖不仅可以使今生平安如意，而且可以为来世的解脱广结善缘。

五、结论

在众多的山和山神中，对冈底斯山的信仰和崇拜则是亘古及今的，冈底斯山不仅是古代文化中三界宇宙观的中心，而且同样耸立在喜马拉雅山区诸古老民族心理宇宙的中心。从现有资料看来，在产生"国家"这个概念之前，冈底斯文化是作为冈底斯周边地区先民的主要文化而存在和传播的，甚至在产生国家之后，地缘政治的发展并未能完全割断这一文化圈内各族先民之间的文化联系，至今犹存的冈底斯圣山崇拜就是这个古老的地域文化的深层积淀的表现。湿婆神崇拜作为冈底斯文化的重要内容，在其南部地区即后来的印度得到发展。"② 高度发达的古印度文明极大地丰富和发展了它的内容，归根结底，它起源于冈底斯山，它是古代吐蕃先民的聪明才智孕育的结果。

不管是苯教、印度宗教还是藏传佛教，都以不同的方式将冈底斯山神崇拜归到自己的文化氛围之中，在冈底斯山及周边民族文化的整体记忆中，冈底斯山从来没有被遗忘过。如今，不仅冈底斯山周围的民族，而且世界各国的印度教信徒、苯教信徒、藏传佛教信徒均前往朝拜。不同的种族、不同的国度、不同的宗教信仰，并没有阻绝他们对冈底斯山的崇拜，他们用早期的礼顶、晚期的转山、贯穿始终的苦修等方式，表达着他们的敬仰之情。冈底斯山这座古老的圣山，仍以它博大的情怀拥抱着芸芸众生，俯视着那些善男信女们。

因此，冈底斯圣山作为中印文化交流中的重要标志，通过印度、尼泊尔等地来的香客朝圣及地域文化的交流，进一步促进中印两国文化交往及其他交流，加强两国在边境地区的合作，是两国增进互信的有效办法。

参考文献

[1][印]D. P. 辛加尔：《印度与世界文明》，庄万友译，商务印书馆，2015 年。

---

① ② 才让太：《冈底斯圣山崇拜及其周边的古代文化》，《中国藏学》，1996 年第 1 期。

［2］［德］赫尔曼·库尔克、迪特玛尔·罗特蒙特：《印度史》，王立新、周红江译，中国青年出版社，2013 年。

［3］《中华人民共和国和印度共和国联合声明》（全文），新华网，http：//news. xin-huanet. com。

［4］《李克强在印度世界事务委员会的演讲》（全文），新华网，http：//news. xin-huanet. com。

［5］杜钧·益西多吉：《杜钧教史》（藏文），西藏人民出版社，2001 年。

［6］图官·洛桑却吉尼玛：《宗教源流史》（藏文），甘肃省新华，1984 年。

［7］郭·循努白吉：《青史》（上下册、藏文）四川民族出版社，1985 年。

中亚地缘政治及其对中国的战略影响

王 蕊

沈阳师范大学国际教育学院

中亚是中国的重要邻邦，也是中国周边合作的重点地区，更是中国提升安全与能源保障的地缘依托。基于地缘政治视角，从梳理中亚各国政治特点及潜在危险入手，分析美、俄等大国的政治"博弈"以及多种政治行为体竞相介入中亚，中亚地缘政治重新洗牌，形成复杂的地缘政治关系，并归纳总结出中亚地区复杂的政治格局对中国产生新的和复杂的战略影响。

本文所提中亚是指哈萨克斯坦、吉尔吉斯斯坦、乌兹别克斯坦、土库曼斯坦、塔吉克斯坦五国范围。自苏联解体、中亚国家相继独立以后，地缘政治形势变得越来越复杂，伊斯兰极端主义的活跃与膨胀使这一地区开始受到广泛关注。与此同时，继里海及其附近区域油气资源的探明，哈萨克斯坦、土库曼斯坦和乌兹别克斯坦之间的利益纷争加剧。美国政府抓住这一历史性的战略时机，将战略触角伸向中亚，目的是趁势压缩俄罗斯的势力范围，使该地区成为美国 21 世纪战略能源基地，将中亚地区作为美国两洋战略的陆地战略支点，进一步加剧了该地区的能源资源争夺和政治风险。中国与中亚国家是陆地邻国，古老的丝绸之路成为连接中国和中亚国家的历史纽带，双方有着传统的友好关系，经过 20 余年的稳步发展，加强了能源、经贸和安全合作阶段，全方位的发展合作关系，目前中国与中亚各国的关系已上升到战略伙伴关系阶段，折射出中国对中亚地缘战略的逐渐强化。然而，在当前中亚政局变幻莫测、"三股势力"（极端宗教主义、恐怖主义和分裂主义）还在危害地区安全和稳定之际，如何保持中国和中亚国家关系稳定向前发展，这是中国和中亚国家共同需要关注的问题，也是中国学者亟须思考研究的问题。

一、中亚国家政治领域的主要特点及政治风险

中亚五国国内政局的不稳定因素最有可能成为地区性动荡的直接诱因。这些不稳定因素自苏联解体后就开始形成和强化，包括统一而稳定的国家意识形态消失；越来越多的外国势力干涉加速了国内政治分化；盲目照搬西方思想和超越国情的经济改革恶化了国内局势；不断增长的贪污腐败、任人唯亲现象，以及社会阶层互动停滞等。它们曾被错误地认为是实现政治民主化、经济自由化的正常现象。目前，这些不稳定因素已经积聚到一定程

度，但在五国存在程度不同的差异，因此各国政局走势不尽相同。

（一）哈萨克斯坦的政治结构：总统制、强人政治

哈萨克斯坦是一个位于中亚的内陆国家，也是世界上最大的内陆国。哈萨克斯坦近年来加强了与俄罗斯等东欧各国的经济、政治、军事等方面的一体化，2015 年 1 月 1 日与俄罗斯、白俄罗斯、亚美尼亚等国家成立欧亚经济联盟。哈萨克斯坦为总统制共和国，政治保持稳定，2006 年建立新的政权党"祖国之光"党，总统纳扎尔巴耶夫亲任该党主席。总统纳扎尔巴耶夫为开国总统，总统的任期为 7 年。2007 年 5 月 18 日，哈萨克斯坦议会通过宪法修正案，授权努尔苏丹·纳扎尔巴耶夫可不受次数限制地连任总统职务。

哈萨克斯坦 2011 年 4 月提前举行总统大选，纳扎尔巴耶夫以明显优势再度获胜；2012 年 1 月 15 日哈萨克斯坦提前举行议会选举，纳扎尔巴耶夫领导的"祖国之光"党再次占据议会绝大多数席位，尽管议会选举后发生了反对派示威抗议选举不公、欧安组织和美国派出的选举观察团表示"选举不符合国际标准，哈萨克斯坦政府没有真正实行政治多元化"，但这对哈萨克斯坦政局丝毫没有影响，事实上，选举后哈萨克斯坦形成了具有象征意义的多党制议会，政权基础进一步巩固。

但哈萨克斯坦仍然存在一定的政治风险，主要表现为：

（1）哈萨克斯坦存在比较严重的"接班人"问题。老强人纳扎尔巴耶夫已经 76 岁，接班问题已经成为哈政局最大的不稳定因素。

（2）哈萨克斯坦在民族问题上存在隐患。哈萨克斯坦国内目前有 125 个民族，其中主体民族哈萨克族占 64.6%，俄罗斯族占 22.3%，哈萨克族多信仰伊斯兰教（逊尼派），俄罗斯族多信仰东正教。一旦处理不好与美、俄的关系，哈萨克斯坦很有可能面临乌克兰式的命运。

（3）哈萨克斯坦处于欧亚的"中心地带"，其地缘政治环境长期缺乏稳定。乌克兰危机对于哈萨克斯坦的稳定构成一定的影响。

（4）哈萨克斯坦仍然面临"颜色革命"的危险。尽管凭借纳扎尔巴耶夫的铁腕统治与高超的外交技巧，哈萨克斯坦挺过了美国的民主化改造，但美国并未放弃对中亚地区进行民主化改造的战略。一旦纳扎尔巴耶夫身体出现问题，哈萨克斯坦很可能会出现类似乌克兰的广场运动，而这也很可能会带来俄罗斯的强力干涉，甚至会导致在哈萨克斯坦的俄罗斯族聚集区出现一个新的克里米亚。

（二）乌兹别克斯坦的政治结构：集权总统制、两院制、强人政治

乌兹别克斯坦是著名的"丝绸之路"古国，历史上与中国通过"丝绸之路"有着悠久的联系，是远离海洋的"双内陆国"。乌兹别克斯坦自然资源丰富，是独联体中经济实力较强的国家，经济实力次于俄罗斯、乌克兰、哈萨克斯坦。在政治上，一直延续独立以来的政治体制。2016 年前一直执政的乌兹别克斯坦前总统卡里莫夫为开国总统。2010 年 11 月，前总统卡里莫夫在两院联席会议上发表重要讲话，表示要修改宪法，加强议会的作用、缩短总统任期，提高政党在社会政治生活中的意义，以及开放大众传媒的自由度。2011 年 12 月 5 日，乌兹别克斯坦议会参议院（上院）举行全体会议，并表决通过宪法修正案，将总统任期从目前的 7 年缩短到 5 年。虽然遇到了许多困难和挑战，全面来看还是取得了很大成就，证明乌兹别克斯坦式的发展模式是正确的。不过乌兹别克斯坦的低限度政治变革十分有限，政治体制没有发生大的变化。

就目前而言，乌兹别克斯坦将成为未来中亚局势最为关键的因素。概括而言，其政治风险主要表现为：

（1）乌兹别克斯坦的国内政治，表现出强烈的地域集团博弈的特征。国家的各个重要部门基本由 7 个地域集团所分别把持。这些地域集团之间存在着巨大的敌意与激烈的竞争，并经常引发乌国内政局动荡，甚至局部地区的流血事件。

（2）极端宗教势力问题。乌兹别克斯坦国内人口总数 90% 以上为穆斯林，且多属正统和保守的逊尼派。其费尔干纳地区、撒马尔罕和布哈拉一直认为是中亚的伊斯兰教中心。正因如此，乌兹别克斯坦长期受困于乌伊运、伊扎布特等极端宗教势力。

（3）乌俄关系问题。作为中亚地区第一人口大国、第一军事大国，乌兹别克斯坦具有强烈的大国雄心。一方面，它以帖木儿帝国的正统继承者自诩，对周边国家意图发挥大国影响。自建国以来，乌兹别克斯坦因跨境民族问题、水资源问题、恐怖主义问题与周边国家冲突不断，且立场颇为强硬。另一方面，乌兹别克斯坦对于地区外大国对中亚的介入，始终保持着高度的警惕。随着近几年来俄罗斯对中亚整合力度的加大，乌俄两国关系波动不断。在近几年中，乌兹别克斯坦在北约军事基地、集体安全组织、吉尔吉斯斯坦、塔吉克斯坦等诸多问题上都给足了俄罗斯难堪，而俄罗斯只能通过支持哈萨克斯坦、塔吉克斯坦，刁难乌赴俄务工人员等间接手段来对乌进行制约。从长远来看，具有地区霸权倾向的乌兹别克斯坦与力图增强对中亚的控制力度的俄罗斯，必然会发生激烈的竞争。

（三）土库曼斯坦的政治结构：总统制、强人政治

土库曼斯坦是世界上最干旱的地区之一，面积仅次于哈萨克斯坦的第二大中亚国家，石油天然气资源丰富，石油天然气工业为该国的支柱产业。在外交方面，联合国在 1995 年 12 月 12 日承认土库曼斯坦为一个永久中立国。强人政治以及对强人的个人崇拜已经成为了土库曼斯坦政治实践的主要方式，这一点在前总统尼亚佐夫逝世之后也没有大的改变。继任总统别尔德穆哈梅多夫在清洗了尼亚佐夫的一些旧部之后，已经建立起自己对国家的严密控制，并在默许消除尼亚佐夫的个人影响之余，开始推动自己的个人崇拜。相比于极为保守的尼亚佐夫，别尔德穆哈梅多夫更为现代与开放，也更加注重通过制度化的政治安排来获得统治的合法性。别尔德穆哈梅多夫希望通过一定程度上的民主化改革来获得外界支持。为了推动多党制改革，他甚至在 2013 年与执政党民主党脱离了关系，但在改革的过程中，别尔德穆哈梅多夫始终保持着对国家的控制。目前，土库曼斯坦的议会为一院制，又称为国民会议，是国家立法机构。

土库曼的政治风险主要有以下三个方面：

（1）民主化改革带来的国内政治稳定问题。尽管别尔德穆哈梅多夫的改革更侧重于经济方面，而在政治方面相当谨慎。土库曼斯坦的腐败与执法部门侵犯人权的现象相当严重，经济的快速发展并不一定能够增强别尔德穆哈梅多夫政府的合法性。

（2）管线问题带来的不确定风险。土库曼斯坦在天然气输出路线上采取"实用主义政策"，即与各方打交道，提出多种方案，从中选择最有利的为己所用。土方对俄方提出的建设里海沿岸管道方案和美欧提出的建设跨里海管道方案至今也没有拿定主意。管道之

争的背后是西方与俄罗斯在土库曼斯坦的激烈争夺，在一定条件下，这种争夺将构成对土库曼斯坦的巨大风险。

（3）宗教与民族问题。相比于其他中亚国家，土库曼斯坦的主体民族所占人口比例较高，其面临的民族分裂风险相对较小。在中亚地区整体上深受泛伊斯兰运动困扰的大背景下，土库曼斯坦的宗教与民族问题将始终存在一定隐患。

（四）吉尔吉斯斯坦的政治结构：议会制国家，执政联盟屡经变化

吉尔吉斯斯坦建国之后，在政治转型与国家建设上遇到了一些困难和问题。特别是在2005年爆发的所谓"郁金香革命"之后，吉尔吉斯斯坦成为中亚地区相对不稳定的国家，内部政治斗争激烈，政权更迭，经济发展困难。2010年"4·7"事件后，吉尔吉斯斯坦实行了议会制，建立了平衡各派利益的执政联盟，政局出现回稳迹象。

吉尔吉斯斯坦是中亚五国唯一的议会制国家，总统任期5年，不能连任，议会是国家管理体系的主导，行使权由总理负责。吉尔吉斯斯坦议会中执政联盟屡经变化，到2014年3月31日，社会民主党、尊严党和祖国党宣布组成新的执政联盟，共和国党和故乡党成为议会反对党。吉尔吉斯斯坦议会制对中亚其他国家政体带来了一定冲击。中亚政治体制分化，由过去的单一总统制发展成了总统制和议会制两种政体并存的局面。吉尔吉斯斯坦议会制给中亚其他国家高度集权的总统制带来了极大的挑战。

吉尔吉斯斯坦的政治风险大致上可以分为以下两个方面：

（1）大国干预带来的政治风险。吉尔吉斯斯坦战略位置极为重要，长期以来是美俄等大国争夺的目标。吉尔吉斯斯坦建国以来的两次大的政局震荡都与美俄角力密切相关。美国人策划了搞掉阿卡耶夫政权的郁金香革命，俄国人则搞掉了阿卡耶夫的继任者巴基耶夫。从目前来看，相比于通过非政府组织（NGO）进行软实力渗透的美国，俄罗斯在吉尔吉斯斯坦一家独大的迹象十分明显。一方面，俄罗斯为吉尔吉斯斯坦提供军事保护，成为其保持国内局势稳定的关键性外部力量。另一方面，俄罗斯还可以通过在俄务工的吉尔吉斯斯坦人对国内政局施加影响。除此之外，吉尔吉斯斯坦北部政经发达地区亦深受俄罗斯电视、报纸的影响。吉尔吉斯斯坦既有可能成为中国进入中亚的门户，也有可能成为俄罗斯遏制中国西进的桥头堡。

（2）内部政局动荡带来的政治风险。吉尔吉斯斯坦是多民族国家，全国有84个民族。其中吉尔吉斯族占71%，乌兹别克族占14.3%，俄罗斯族占7.8%。吉尔吉斯斯坦各地区与民族之间，在国家的发展思路上存在重大差异。南北部族矛盾与吉尔吉斯斯坦—乌兹别克斯坦族裔冲突，是吉尔吉斯斯坦难以消除的两大内部隐患。在2010年南部骚乱之后，乌兹别克人与吉尔吉斯斯坦人关系空前紧张，其分裂倾向也越发明显。

近年来，由于吉尔吉斯斯坦人大量去哈萨克斯坦、俄罗斯打工，其本地的工作机会多由来自乌兹别克的劳动者填补。随着俄罗斯因遭受欧美制裁而经济下滑，大量的吉尔吉斯斯坦劳工可能会向吉尔吉斯斯坦回流，从而激化与乌兹别克劳工的矛盾，而乌兹别克斯坦作为中亚人口最多、军力最强的国家，对于吉尔吉斯斯坦乌兹别克族人已经表示出了高度的关注。两国很有可能在未来的一段时间里会有所摩擦。

（五）塔吉克斯坦的政治结构：总统制、多党制民主、两院制

塔吉克斯坦实行总统制，总统由全民直接选举产生，每届任期7年，可连任一届。塔吉克斯坦实行两院制。总统拉赫蒙自1994年上台执政至今，1999年11月6日、2006年11月6日、2013年11月6日三次连任。塔吉克斯坦实行两院制。

塔吉克斯坦是中亚五国唯一爆发过内战的国家，在民族和解的民主政治表象之下，仍然是一个地方势力高度割据，各民族、宗教之间高度紧张的国家。国家权力主要集中于以总统拉赫蒙为代表的北部地方势力手中，在北部地区与南部、东部高山地区之间仍然存在着明显的政治权力不平等。塔吉克斯坦的地域往往与部族、宗教等多种因素结合在一起，公民的政治生活区域界限明显，即便移居到首都杜尚别的居民，也通常会居住到以自己部族为中心的社区，并且只允许其子女与同部族的人通婚。尽管塔吉克斯坦已经结束内战实现了民族和解，但是政治生活中根深蒂固的地区矛盾并没有结束。

相比于中亚其他国家，塔吉克斯坦是相对而言的穷国、弱国，然而其地理位置极为重要，故而常成为大国觊觎的对象。当前塔吉克斯坦的政治风险主要表现在以下几个方面：

（1）阿富汗局势恶化带来的国内安全局势恶化。塔吉克斯坦与阿富汗有着漫长的边境线，由于国力的原因，塔吉克斯坦始终无法有效地保障其边境的安全。塔阿边境已经成为毒品、恐怖主义的自由走廊，俄罗斯、乌兹别克斯坦对此极为头疼，也曾经多次对塔吉克斯坦提供援助，但收效非常有限。在美军撤出阿富汗之后，中亚重新面临阿富汗问题的困扰，一旦极端势力卷土重来，塔吉克斯坦就会首当其冲地面临恐怖主义的困扰。

（2）境外大国博弈带来的政治风险。对于俄罗斯而言，塔吉克斯坦是其抵御美国、印度影响力进入中亚的桥头堡，也是牵制中国的重要军事基地。在普京上台以来，随着俄罗斯对中亚整合力度的加强，塔吉克斯坦实际已经在一定程度上处于俄罗斯的军事保护之下。

（3）乌兹别克斯坦对俄罗斯在中亚的一体化态度冷淡、警惕。对于乌兹别克斯坦而言，在历史上，塔吉克斯坦这个非突厥国家的出现，本就是当年苏联反制泛突厥主义刻意为之的结果，而在现实中，塔吉克斯坦对于乌兹别克斯坦更具有极为重要的战略意义。乌塔两国不仅存在乌兹别克反对派问题、跨境民族问题、领土争议问题，还存在严重的水资源冲突问题，乌兹别克斯坦的主要农耕区都在阿姆河的下游。地处阿姆河上游的塔吉克斯坦对于乌兹别克斯坦的水资源具有直接的决定权。

（4）乌、塔两国围绕阿姆河的激烈冲突。自建国以来，乌塔两国就围绕阿姆河多次发生激烈的冲突。当2008年塔吉克斯坦正式宣布恢复罗贡水电站建设后，两国关系进入历史性低谷。乌兹别克斯坦通过外交谴责、封锁跨境铁路、中断天然气供应甚至武力威胁等多重方式对塔吉克斯坦施加压力。

（5）乌、俄围绕塔吉克斯坦的博弈。在乌、俄两国围绕塔吉克斯坦博弈的过程中，俄罗斯如过江强龙，但是乌兹别克斯坦拥有地利，亦不可小觑。由于塔吉克斯坦与中国的通道地处高山，一年只有几个月可以通行。乌兹别克斯坦事实上控制了塔吉克斯坦与外界联系的通道。不仅如此，乌兹别克斯坦是中亚油气管道的枢纽，塔吉克斯坦的能源管线亦受制于乌。

（6）地域利益集团冲突带来的政治风险。尽管内战已经结束，但是塔吉克斯坦的地

域政治集团冲突问题并未得到解决。从某种意义上来说，塔吉克斯坦是一个天然有利于地方割据不利于中央集权的国家，它更适合以松散的区域组合来维持国内和平。在这种国家推行强力的总统制以促进中央集权，很可能引发地方势力的强烈反弹。从目前的情况来看，得到俄罗斯支持的塔总统拉赫蒙，为了权力交接，已经开始着手清洗根据民族和解协议分享权力的反对派，塔吉克斯坦在未来存在较大的变数。

二、美俄在中亚的政治博弈

美国与俄罗斯是中亚地区最具影响力的两个行为体。在短短 20 余年的时间里，美国已成为该地区仅次于俄罗斯或与之并驾齐驱的一股政治力量，在介入中亚事务的过程中，美国针对中亚地区的地缘政治想象大体保持了稳定。

（一）美国的"新丝绸之路"计划，争夺亚欧大陆地缘政治主导权

美国的"新丝绸之路"计划主要内容是，建设 TAPI（土库曼斯坦—阿富汗—巴基斯坦—印度）天然气管道、CASA—1000 输变电项目（塔吉克斯坦、吉尔吉斯斯坦、阿富汗、巴基斯坦）等。目的是，在阿富汗和巴基斯坦建立一个平台，以便进一步向中亚地区渗透，并控制丰富的油气资源，最终阻断俄罗斯和中国染指中亚。美国的"大中亚"战略就是要使中亚国家脱离独联体、集体安全条约组织以及上海合作组织。

该计划实际上体现了美国的长远地缘战略考虑。首先，确保"后美军时代"阿富汗局势稳定，防止阿富汗重新沦为恐怖主义活动策源地。加强基础设施建设，为阿富汗政府的反恐和重建提供坚实的经济基础，确保过渡期内阿富汗及周边局势的稳定。其次，以阿富汗为枢纽整合中亚和南亚，维持美国在该地区的影响力。阿富汗地处中亚，位居南亚、东亚和中东连接处，地缘战略意义十分重要。近来，俄罗斯推动欧亚经济联盟建设，在中亚影响力上升；中国近来又推行"一带一路"战略，对中亚、南亚的关注度明显上升；伊朗也积极推动连接阿富汗、塔吉克斯坦的铁路建设。这些变化引起美国的高度警惕，因此试图通过领导阿富汗经济重建，并通过阿富汗将中亚资源引向南亚，远离俄罗斯和中国势力，巩固美国在欧亚大陆中心地带的影响力。最后，以反腐、人权、妇女权益等为名输出美式价值观，促使阿富汗和周边国家"西化"。近年来，美国在中亚各国鼓动的"颜色革命"屡屡受挫，借"新丝绸之路计划"提人权问题是其"以经济支持换政治变革"以及输出美式民主的伎俩。

基于中亚地区危险重重的地缘政治想象，美国一方面认为自身是一个"仁慈的霸权"与中亚国家应该"效仿的榜样"，是一种能将中亚国家从各种危险中拯救出来的力量；另一方面因为中亚地区的危险并不构成对其核心利益的根本威胁，美国又试图做一个各国的"独立与国家主权的保障者"、"中立的介入者"，同时通过土耳其、阿富汗等地区力量来影响该地区的局势，以避免过多地介入该地区事务。美国主要通过双边互动、偶尔借助盟友的力量影响中亚事务的方式对地区局势产生了复杂的影响。总之，在介入中亚的过程中，美国建构了一种"美国是拯救者"，而中亚国家"内外部面临重重危险有待被拯救"

的地缘政治局面，并基于此开展外交活动。大体而言，美国虽然在追求自身战略目标方面取得了部分进展，但对于改变中亚地区的"边缘地带"地位、改变中亚地区作为大国竞争之地并未发挥多少积极作用。

（二）俄罗斯的"欧亚联盟"计划，力求推进独联体地区的一体化进程

苏联的解体以及20世纪90年代初的经济衰退，严重削弱了俄罗斯的政治和经济实力，俄罗斯一度对中亚采取了"甩包袱"政策。

随着亲西方政策的失败和北约东扩计划逐步明朗，俄罗斯开始重新重视发展同独联体成员国的关系。1995年1月，俄罗斯与白俄罗斯、哈萨克斯坦签署了关税同盟条约，吉尔吉斯斯坦、塔吉克斯坦于1996年、1997年先后加入该条约。2000年10月，欧亚经济共同体（EEC）成立，地区一体化进程开始加速。2007年10月，俄、白、哈三国签署了新的《关税同盟条约》，实行统一关税税率、关税限额使用机制、优惠和特惠体系以及对第三国禁止或限制进出口的统一的商品清单。2013年建立了欧亚经济联盟，在关税同盟和统一经济空间基础上进行更紧密的经济和货币政策协调，创建真正意义上的经济联盟。

俄罗斯建立"欧亚联盟"的核心目标则是推进独联体地区的一体化进程。中亚稳定是俄罗斯实现地缘安全的关键，也是其重建联盟的节点。在普京看来，欧亚地区这些"邻近国"是保障俄免受外来侵略的天然屏障。同时，"欧亚联盟"也是俄提升国际地位的战略依托及应对大国和国家集团挑战的重要工具。

尽管对建立"欧亚联盟"信心满满，然而普京的"欧亚联盟"计划也还存在很多问题，并不被广泛看好。首先，俄白联盟没有多大进展。早在1997年，俄白两国就确定了创建俄白联盟国家的基本方向，但多年来，俄白联盟国家建设并不顺利，在双边经贸关系、能源合作、独联体框架下合作等领域，两国矛盾不断。相反，面对萨克斯坦欧盟抛出的所谓"东方伙伴关系"计划，白俄罗斯表现积极。哈萨克斯坦立场有所退缩。哈萨克斯坦认为，俄罗斯要求将能源贸易置于关税同盟之外，这将导致哈萨克斯坦丧失比较优势。过去，所有人都坚信，哈萨克斯坦能凭借较低的税率从项目中获益，但现在看来，好处却并不那么明显。

随着俄罗斯的重新崛起，即使不能重建一个"苏联"或"俄罗斯帝国"，但中亚各国还是视俄罗斯为它们的"老大哥"。所以，在俄罗斯介入中亚事务时，经常对各国持一种居高临下的态度，这是导致俄罗斯在该地区失去部分影响力。

针对中亚这一被传统地缘政治学视为"心脏地带"、"边缘地带"和密切涉及大国陆权竞争的地区，美国、俄罗斯等大国都建构了相应的地缘政治战略。虽然俄罗斯并未像美国一样，在俄罗斯与中亚国家之间区分出不可通约的边界，但依旧建构了一种等级制的关系，并将中亚国家视为需要自身帮助或加以整合的对象。俄罗斯的中亚地缘政治战略与美国在中亚的地缘政治战略另一个差异在于对地区合作的考虑。基于其地缘政治想象，俄罗斯不遗余力地建构和推进各种地区一体化机制，即使在此框架内中亚国家在一定程度上依旧处于边缘地位。相对于美国主要通过双边方式影响中亚事务，俄罗斯的多边主义合作方式在一定程度上维系了苏联时期各国形成的密切经济联系和历史纽带，客观上为中亚国家维持转型时期的经济稳定做出了贡献。

美俄关于中亚地区的地缘政治战略虽有不少差异，但也有一些共同点。这些共同点包

括：建构了一种等级制的空间想象、突出中亚地区对于加强或巩固自身大国地位的战略意义、坚持以零和博弈的思维看待对方及其他大国在该地区的参与等。

三、中亚地缘政治格局对中国的战略影响

（一）中国与中亚地区经济合作前景广阔

中亚国家与中国西北地区毗邻，面积 400 万平方千米，人口约 6000 万。中亚地区不仅自然资源丰富，同时拥有广阔的市场，对中国具有重要的经济战略意义。中亚国家与中国经济互补性强，合作潜力巨大，前景广阔。中国与中亚国家双边经贸关系，以及在上海合作组织框架内区域经济合作不断深入，贸易规模逐年扩大，能源、交通、电信、矿产等领域的合作水平不断提高。

中国已成为中亚国家的重要贸易伙伴和主要出口市场，在双边贸易额不断增长的同时，中国向中亚国家的投资快速增长，成为中国与中亚经济合作的新亮点，中国目前是乌兹别克斯坦和吉尔吉斯斯坦的第一大投资国。经过 20 多年的发展，中国与中亚国家的经贸合作关系得到了全面加强和提升，在目前全球金融危机影响尚未消除的情况下，中亚国家更加需要与中国的经济合作，争取中国的援助和投资。

近年来中国与中亚国家领导人互访，对于全面规划未来 10 年乃至更长时期中国与中亚国家关系发展方向，进一步深化各领域务实合作，维护地区和平稳定发展都具有重大战略与现实意义，为中亚国家与中国经济合作带来新的机遇，进一步推动了中国与中亚国家经济合作深入发展。

（二）中俄联合抗衡美国势力对中亚的影响，同时暗防中国

俄罗斯以强大的科技、军事实力和潜力，富集的各种资源，特殊的地缘政治和国际地位，它在平衡大国关系，稳定世界和地区政局，解决重大国际争端，推进我国经济发展等方面都具有举足轻重的作用。

由于历史和现实的种种原因，中俄被美国推聚在一起，形成在一定情况下相互不可或缺的战略联手伙伴，对中俄来说，这恰恰也是应对美国霸权主义的良好机遇。尤其是普京执政后，"俄罗斯现代化"战略正在加快付诸实施，尽管中俄两国同时为美国所逼迫，无论是在发展进程中或是在平衡国际政局等方面，双方互有需求已是客观事实，因此中俄相互借重、相互联手支持应是最佳选择。普京提出建立"欧亚联盟"，既有重现苏联框架抗衡美欧扩张的一面，也有防范中国进入自己"后院"、警惕中国强势的另一面。

（三）上海合作组织对中亚的影响力

上海合作组织的形成是以地缘政治模式为依据的。成立 15 年来成绩不菲，给人以深刻印象的是上海合作组织在"9·11"事件发生之前便率先提出反恐任务。"互信、互利、平等、协作"体现了一种新安全观，"尊重多样文明、谋求共同发展"体现了一种新发展

观。成员国间已经有了牢固的合作基础，完善了打击"三股势力"和跨国贩毒的有效合作机制，多次成功地举行了上海合作组织联合反恐军事演习，在安全、能源、交通等领域的双边及多边合作不断深化。上海合作组织的存在是对美国在中亚渗透的一种牵制。

（四）中亚地缘政治格局对中国的"一带一路"战略的影响

2013 年 9 月 7 日习近平总书记是在哈萨克斯坦的纳扎尔巴耶夫大学演讲时提出"一带"构想的，同时指出，为了使欧亚各国经济联系更加紧密，相互合作更加深入，发展空间更加广阔，我们可以用创新的合作模式，共同建设"丝绸之路经济带"，以点带面、从线到片，逐步形成区域大合作，加强政策沟通、道路联通、贸易畅通、货币流通、民心相通。此次演讲构成中国提出"一带一路"倡议的先声。此外，在访问中亚期间提出"一带"构想，意味着中国国家领导人对中亚各国参与"一带"建设寄予了期待。

按照传统地缘政治的思维，美国、俄罗斯、中国、欧盟、印度、日本、伊朗、土耳其等众多国际行为体均试图扩大在中亚的影响。中亚国家独立 20 多年来，虽然国家建设取得了一定的成就，但由于长期与世界市场隔绝、远离出海口以及苏联时期遗留的以农业生产和原材料出口为主的产业分工历史，使部分国家形成了资源依附型经济结构等因素，导致中亚国家的经济发展水平有待提高。同时，中亚地区在地缘政治上是大国发展和竞争陆权的重要对象。

同时在中亚地区，历史上就存在由于种族和宗教关系而引起的矛盾和冲突，20 世纪中期构建起民族国家以后又由于许多现实的原因，如民族主义、极端主义和恐怖主义、"东伊运"为首的"东突"恐怖势力、宗教极端势力的泛滥，发展的滞后和严重贫困，以及移植西方民主后的"水土不服"、大国在争夺中亚能源的博弈和新旧体制的冲突等，形成了十分复杂的矛盾和冲突的连锁，武装冲突频繁发生。

中国在这样一种复杂的地缘政治形势下推行的"一带一路"战略，自然蕴含着深刻的地缘政治意义。中国的崛起，是今天我们在全球范围内规划自己国家发展的基本立足点，也是世界上主要国家的自身发展战略和全球战略考量的关切点。然而，"一带一路"战略在巨大的地理空间范围内持续推进的过程中，会触动和引起的地缘政治形势变化，并不一定会按照我们的愿望去展开，同时将会遇到许多挑战和风险。

当涉及中亚国家时，中国首先确保在合作过程中将中亚国家视为中心，并且对该地区的"区情"与各国的国情有充分、深入、细致的了解。只有将"一带一路"构想与世界主要的大陆桥与连接线结合起来，"一带一路"构想所设想的地缘政治想象才有实现的可能。在推介和宣传"一带一路"的过程中，强调"共商、共建、共享"的原则至关重要。不仅有助于缓解沿线国家对中国主导相关合作项目的担忧，从而激发它们的参与积极性，而且只有当与更多的世界大陆桥与连接线实现了对接，"一带一路"才能更为充分地发挥其促进各国较为均衡的发展这一预期目标。

（五）中亚能源地位显著，中国在中亚的能源合作

与中国能源形势相对严峻形成强烈对比的是，中亚国家，特别是哈萨克斯坦、乌兹别克斯坦和土库曼斯坦三国，能源资源非常丰富。

1. 哈萨克斯坦的能源地位以及中哈的能源合作

哈萨克斯坦国内资源丰富，有 90 多种矿藏，钨储量达到 200 万吨以上，占到全球总储量的一半以上，铀矿储量超过 150 万吨，占全球总储量的 1/4，铬、锰、铜、锌的储量均在世界前五。哈萨克斯坦还是世界上第八大黄金产区，已探明储量约 1900 吨。除了矿藏之外，哈萨克斯坦也有非常丰富的能源资源，是世界上重要的能源生产国和出口国，其能源产业的发展也越来越成为国家经济发展的主要动力，石油与天然气产量和出口量节节攀升，石油和天然气是哈萨克斯坦主要的出口商品之一。尤为值得注意的是，哈萨克斯坦毗邻有着"下一个中东"之称的里海，所属里海地区石油探明储量约为 80 亿吨，按照美国能源信息署的估算，若里海五国完成对于里海地区能源划分的协议，哈萨克斯坦有望获得近三成里海水域，近一半的里海石油储备和 1/3 的天然气储备。

中石油、中石化公司先后在竞争中成功获取了哈萨克斯坦油气的开采权，并进入油气勘探市场，利用中方的技术和设备向哈萨克斯坦方面提供工程技术服务。同时在石油天然气资源的运输系统方面，中哈两国的合作也取得了卓有成效的成果。跨越哈国和中国直到里海的油气管线竣工后，构成了中国与中亚之间的重要纽带，加强了中亚地区油气资源北输过境俄罗斯的传统格局，也使中国获得了新的油气进口来源，中亚油气资源长期稳定供应对中国能源安全意义重大。

2. 乌兹别克斯坦的能源地位以及中乌的能源合作

乌兹别克斯坦矿产资源较为丰富，主要有天然气、石油、煤炭、有色金属等。其中黄金已探明储量 2100 吨，前景储量 3350 吨，居世界第四位，铀探明储量为 5.5 万吨，占世界第七位。乌兹别克斯坦是油气大国，其石油年开采量 720 多万吨，占世界总开采量的 0.1%，天然气年开采量为 580 亿立方米，占世界总开采量的 2.2%，排行世界第八。乌兹别克斯坦的石油和天然气具有相当大的出口潜力。

乌兹别克斯坦在天然气资源方面具有相当潜力，同时，乌兹别克斯坦的地理位置比较特殊，正好处于所有中亚国家的中间，因此很多跨国油气运输管道都必须经过乌兹别克斯坦领土，而这些正是中国和乌兹别克斯坦开展能源合作的重要领域。2005 年，中国能源企业进入乌兹别克斯坦，开始两国能源合作的多项目。按照中国与中亚有关国家的能源合作协议，今后，中国将从乌兹别克斯坦、土库曼斯坦和哈萨克斯坦进口大量的天然气，因此投资兴建通过这三国领土的天然气运输管道。该中亚天然气管道西起土库曼斯坦与乌兹别克斯坦边境，穿越乌兹别克斯坦中部和哈萨克斯坦南部地区，在中国新疆霍尔果斯入境，管道全长 1801 千米。于 2010 年实现双线通气。在此后的 30 年运营期内，每年将从中亚地区向中国稳定输送至少约 300 亿立方米的天然气。该管道进入中国境内后将与中国的西气东输工程相衔接，把来自中亚的天然气输往中国经济发达、对能源需求巨大的长三角和珠三角地区。因此可以说是中乌两国具有战略意义的能源合作项目。

3. 土库曼斯坦的能源地位以及中乌的能源合作

土库曼斯坦资源丰富，在其 80% 的领土上蕴藏着丰富的石油、天然气等重要能源，其支柱产业是油气工业。土库曼斯坦的天然气资源远景储量为 24.6 万亿立方米，居世界第四位。土库曼斯坦 2015 年产天然气量约 741.6 亿立方米，居世界第十一位。2015 年石油产量为 216.27 万吨。土库曼斯坦的天然气资源主要出口到中国、俄罗斯和伊朗等国。

根据协议，中土天然气管道西起中亚最大河流之一的阿姆河之滨，穿过乌兹别克斯坦和哈萨克斯坦，通向中国的华中、华东和华南地区，包括中国境内的管道管线总长度约 1 万千米。该管道已于 2009 年底前开始输气。土库曼斯坦将在 30 年内每年向中国提供 300 亿立方米天然气。10 多年来，中国与中亚国家在能源合作方面已经取得了相当的进展，在未来，这种合作在彼此间有着良好客观基础和主观愿望的背景下前景十分广阔。

（六）国际非政府组织在中亚的泛滥，冲击我国周边战略环境的稳定

目前，俄罗斯大约有 45 万个非政府组织，其中 63% 的资金来自国外。在美国等西方国家非政府组织的推动下，从 20 世纪 90 年代至今，中亚国家的非政府组织（NGO）已经超过了 13 万个。传播西方价值理念，充当本国政府"民主化运动"的"助推器"。一是在目标国设立分支组织，直接进行民主宣传。二是以社会精英为重点，通过提供培训、出国访问和资金支持等多种方式，培养亲西方的精英群体。据统计，从 1993 年到 2005 年，共有 9 万多名独联体各国官员、学生得到资助去美国访问。格鲁吉亚的萨卡什维利，乌克兰的季莫申科、尤先科及吉尔吉斯斯坦的巴基耶夫及蒙古前总理额勒贝格道尔吉和前任议员恩赫宝勒道等人，都曾在索罗斯基金会的资助下去美国学习。三是与有关国家的政府、政党合作，进行民主渗透。在吉尔吉斯斯坦、越南等国，西方非政府组织尤其是美国的非政府组织已经渗透到政府的各个部门，其影响力甚至可控制这些国家的政局走向。四是利用维权和腐败等问题攻击甚至妖魔化现政府，为反政府力量上台铺平道路。西方非政府组织通过揭露黑幕等办法，美化西方制度优势，丑化当权者形象。中亚和俄罗斯等许多国家执政者均曾被美国塑造为民主障碍乃至全民公敌。

西方国家的间谍组织经常与非政府组织合作，进行情报搜集工作，为西方国家的全球战略提供信息来源和决策依据。美国"和平队"在乌兹别克斯坦和吉尔吉斯斯坦积极收取情报，并按照美国使馆的意图，在冲突地区做出"紧急预案"。美国"公民权利"组织在吉尔吉斯斯坦政局发生变化时为美国国务院收集了大量有关反对派的情报。美国蒙特雷研究所核不扩散中心驻哈萨克斯坦代表处为美国陆军收集并提供中亚国家的军事、经济、政治情报。

西方非政府组织及其控制下的媒体，向我周边国家进行文化渗透，直接影响社会公众的心理和行为，或者以国际学术交流等形式向周边国家的知识界渗透，培养崇拜西方政治制度和西方文化的群众基础，使他们对本国的社会制度、本民族的优秀传统文化产生怀疑，弱化其民族认同感、民族自信心、自豪感和民族凝聚力，从根本上摧毁这些国家的立国基础。

（七）三股势力盘踞中亚，长期威胁我国安全与稳定

所谓"三股势力"，就是指宗教极端势力、民族分裂势力和国际恐怖势力，它们企图推翻中亚各国的世俗政权，并按照所谓"纯粹民族教义"建立"纯粹伊斯兰政权"。近几年，以塔吉克斯坦受到"三股势力"冲击为标志，极端势力在中亚地区的活动日趋活跃，不仅威胁到中亚国家，也威胁到周边地区的局势稳定。

吉尔吉斯斯坦和乌兹别克斯坦也面临极端势力的威胁。吉南部骚乱中，就有极端势力参与，他们挑拨吉南部奥什地区的乌兹别克族和吉尔吉斯族的矛盾，制造了大规模骚乱以浑水摸鱼，并扩大它们的活动范围。吉国家安全局负责人说，"乌兹别克斯坦伊斯兰运

动"和"伊斯兰圣战联盟"恐怖组织直接参与策划了吉南部的骚乱。

"乌伊运"是中亚地区最具威胁的恐怖组织。受美国及联军在阿富汗反恐行动的打击，该组织遭遇暂时挫折，但一直伺机再起。尽管塔吉克斯坦总统拉赫蒙与伊斯兰反对派1997年达成全面停火并开始了和平进程，但塔吉克斯坦局势依然脆弱。美国中央情报局指出，"乌伊运"分支"伊斯兰圣战集团"已经对美国利益和中亚当地政府形成重大威胁，联合国安理会将该组织加入恐怖主义名单。

中亚地区安全局势的恶化与阿富汗和巴基斯坦的极端势力存在密切关系，一些武装分子很可能就是从阿富汗潜入塔吉克斯坦的，因为阿富汗与塔吉克斯坦的边界地区多山、防务薄弱。特别是塔、吉、乌三国交界的费尔干纳盆地长期以来一直受到"三股势力"的干扰。

包括中亚五国以及阿富汗、巴基斯坦毗邻地区在内的泛中亚地区不仅是宗教极端势力的主要活动区域，也是以阿富汗为中心的毒品网络及跨国犯罪活动的"重灾区"。每年由阿富汗流出、经过塔吉克斯坦、乌兹别克斯坦、土库曼斯坦等地被查获的毒品数以吨计，阿富汗毒品产量据称已经占全球产量的90%。

总体上看，中亚反恐形势虽然严峻但仍在可控范围之内。中亚各国的世俗政权大体上还能控制局面。上海合作组织、独联体集体安全条约组织等定期举行反恐合作演练。美国与俄罗斯以及中亚周边国家在打击"三股势力"方面存在诸多共同利益。中亚局势与阿富汗局势密切相关，而美国奥巴马政府目前在阿富汗恩威并用，开始承认并推动阿富汗卡尔扎伊政府与塔利班势力进行和谈，这一战略转变有助于阿富汗和巴基斯坦局势的改善，也有助于中亚局势保持可控。此外，中国在打击"三股势力"方面立场明确而坚定，并在上海合作组织等框架内与有关各国保持密切合作，严密防范，以确保中国西部的安全。

但是鉴于中亚局势的复杂性，特别是种族和宗教等因素，不论是采用武力还是其他手段都无法根除在中亚及其周边地区的"三股势力"，并对其进行标本兼治以及防范打击，这将是长期、不能掉以轻心的任务。

参考文献

［1］周民良．丝绸之路经济带：从构想到实现［J］．中国经济报告，2014（9）．

［2］赵华胜．"丝绸之路经济带"的关注点及切入点［J］．新疆师范大学学报（哲学社会科学版），2014（3）．

［3］余潇枫，潘一禾，王江丽．非传统安全概论［M］．杭州：浙江人民出版社，2006：53－55.

［4］赵常庆．哈萨克斯坦的2030/2050战略——兼论哈萨克斯坦的跨越发展［J］．新疆师范大学学报，2013（3）．

［5］王桂芳．美俄中亚战略及其对中亚安全的影响［J］．国际论坛，2002（5）．

［6］张晔．中亚地区的大国角逐及对中国与中亚区域经济合作的影响［J］．新疆社会科学，2009（3）．

［7］赵华胜．中国的中亚外交［M］．北京：时事出版社，2008.

［8］张煦．"颜色革命"后中亚伊扎布特活动新趋向［J］．国际资料信息，2012（9）．

中巴经济走廊与中巴命运共同体的构建[*]

陈昌会

江苏师范大学巴基斯坦研究中心

自从中巴经济走廊与"一带一路"战略倡议提出以来，打造地区和人类命运共同体成为新时期中国外交的理论出发点和宏伟目标。有人说"一带一路"是为了再平衡美国的"亚太再平衡"战略，或是为了中国过剩的产能输出，或是中国版的"马歇尔计划"，或是中国改革开放的 3.0 版，这些看法要么是错误的，要么不够准确和全面。"一带一路"战略倡议既是中国进一步改革开放的指导思想，更是中国新时期发展同外部世界关系的全新理念，其核心就是打造人类命运共同体。笔者认为，从某种意义上说，这是比广为国际社会接受的"和平共处"五项原则更为积极地处理当代国际关系的崭新构想，以前的"和平共处"五项原则只是一些原则，而"一带一路"则有实现原则的具体途径和手段，即通过"政策沟通，设施联通，贸易畅通，资金融通，民心相通"五个方面把沿线国家各族人民的命运紧密相连。无论是"丝绸之路经济带"还是"21 世纪海上丝绸之路"，其实都不仅仅是地区国家之间经济意义上的关系，而是通过强化经济关系达到"大同世界"的政治目的。半个世纪以前，中国人民的伟大领袖毛泽东主席曾在一首描述横亘在中国西部的昆仑山的诗词中说过："而今我谓昆仑，不要这高，不要这多雪，安得倚天抽宝剑，把汝裁为三截：一截遗欧，一截赠美，一截还中国。太平世界，环球同此凉热。"而今，我们的"一带一路"实际是在实现毛泽东的理想，即要沿线国家和人民分享中国改革开放的成果，走上共同繁荣之路，走上和平发展之路，形成你中有我，我中有你，同舟共济，休戚相关的新型国际关系。

本人认为，"一带一路"战略倡议要打造人类命运共同体，主要包括三个层面或通过三个方面来体现和达成，即经济、文化和政治。通过中巴经济走廊推进命运共同体建设进程，也主要应在这三个方面有所作为。

中巴经济走廊是"一带一路"战略倡议的重要组成部分，是"一带一路"战略倡议与巴基斯坦"2025 远景规划"的完美结合，也是"一带一路"的旗舰项目和工程，是"一带一路"的先行先导之作。中巴经济走廊建设得如何，昭示着"一带一路"的未来。可以说，只能成功，不许失败。中巴经济走廊和"一带一路"要打造的人类命运共同体，既是利益共同体，也是责任共同体，更是义务共同体，中巴双方都有责任和义务为实现命

---

[*] 本文为江苏省高校哲学社会科学重大项目（项目号：2011ZDAXM002）阶段性成果。

作者简介：陈昌会，江苏师范大学巴基斯坦研究中心主任助理。

运共同体的目标而努力，为"一带一路"建设做出表率。

一、走廊打造的区域经济共同体是命运共同体的基础

前面提到，中巴经济走廊和"一带一路"不仅仅是经济意义上的概念，但首先必须是经济意义上的概念，因为这是实现命运共同体的物质基础和前提条件。40 多年前，中国改革开放之初，改革开放的总设计师邓小平先生说过，贫穷不是社会主义。建设中巴经济走廊的目的，就是要改善中国西部地区和巴基斯坦一些地区的经济落后状况，使中巴两国人民都过上富裕的生活，并享受物质文明的成果。中巴经济走廊不是中国版的"马歇尔计划"，不是纯粹的经济援助，而是为了实现区域经济一体化，建立一个经济共同体，体现更为紧密、平等、均衡、互惠的经济关系。从地缘经济的角度来看，我们可以把巴基斯坦视为中国的"远西"，把中巴经济走廊建设当成西部大开发的进一步延伸。如果说"一带一路"是沿线国家的经济大合唱，中巴经济走廊则是中国和巴基斯坦人民的二重唱。中巴两国政府和人民应源源不断地为走廊建设注入财力、物力、人力和动力。目前中巴经贸额虽然已经达到了 190 多亿美元，但远远没有达到应有的水平，中巴贸易不平衡的问题依然没有太大的改观。460 亿美元的丝路基金投入必将改变巴基斯坦的电力供应和基础设施状况，为未来的经济发展打下坚实的根基。亚投行也应该把中巴经济走廊作为重点帮扶对象，加大对走廊建设的投入力度。目前中国的国有企业是中巴经济走廊建设的主力军，紧接着中国的民营企业和社会资本也应该成为走廊建设的生力军。中国的东部发达地区应该也完全可以为巴基斯坦的经济复兴助一臂之力。此前人们常常说中巴经济走廊的起点是中国新疆的喀什，终点是巴基斯坦俾路支省的瓜达尔港，现在应该说，而且事实上也是，中国国内到处都是起点，甚至争相作为起点，因为这样可以获得相应的财力支持。中国最发达的长三角、珠三角地区，广东、上海、南京、杭州都是起点。江苏省徐州市正在和广东省物流协会筹划建设一个连接惠州、徐州、喀什至瓜达尔港的智慧物流网，目前中国境内相关物流园网点的建设已经启动。2015 年在徐州"中巴经济走廊"与"一带一路"国际学术研讨会期间，江苏师范大学巴基斯坦研究中心一位学者关于通过连云港与瓜达尔港建立对口关联的建议也受到了江苏省政府的高度重视。江苏苏州在工业园区建设方面有着丰富而又成功的经验，完全可以在巴基斯坦经济特区建设方面大显身手。与连云港毗邻的山东临沂市发挥物流优势，开通了多条货运班列，其中有一列货物到达喀什后经中巴友谊公路转运到瓜达尔港，并且已经拟定了在瓜达尔港建立物流园的蓝图。

通过"中巴经济走廊"推进命运共同体进程，还要注意从政治经济学的本源意义上理解中巴经济走廊。特别是对中国的公司来说，在走廊建设的初期阶段，利润要考虑，但利润不是唯一，更不是第一。经济行为本身还应有社会责任，要考虑当地人民的民生福祉。在"一带一路"沿线国家，中国公司已经做出了许多表率。在非洲，近期刚开通的亚吉铁路就是一个典型，中国公司不仅与当地人民一起修筑了这条和中国国内标准一样的铁路，还把管理运营权完全移交给非洲国家的公司，为他们培训了 2000 多名列车员，带动了当地成千上万的居民就业。在"中巴经济走廊"建设过程中，我们也见到了这样的

事例。例如在卡西姆火电站建设期间，中国公司在积极实施项目的同时，秉承互利共赢理念，加强与当地政府和民众的互动，预计将为当地直接创造 3000 多个就业岗位。在运营期间，电站还将为当地每年创造 500 个就业和培训岗位，受到了巴基斯坦政府和舆论的好评。一名名叫法扎勒的巴方员工认为，中国企业为巴中两国员工创造了平等、融洽、互相尊重的良好工作氛围，大家亲如一家。能够参与电站建设，在实现自身价值、改善家庭生活状况的同时，还能为本国的经济发展贡献自己的力量，体现出自己的社会价值。在 2016 年 8 月召开的中巴经济走廊峰会上，笔者很高兴地得知，在瓜达尔港区，中国管理层和企业积极援助建设瓜达尔港小学、瓜达尔医院、瓜达尔职业技术学院，在自贸区建立职业培训中心，开展太阳能发电项目，为贫困家庭提供太阳能发电系统和 LED 灯等，主动而又充分地履行自己的社会责任，这就是我们中国人常说的"同呼吸，共命运"。笔者认为，在走廊建设过程中，当这些同甘共苦、水乳交融的事例成为普遍现象的时候，中巴命运共同体就有了广泛而牢固的社会基础。

二、走廊打造的文化共同体是命运共同体的纽带

中巴经济走廊不仅仅是经济走廊，还是人文交流的桥梁，是文明交融的纽带。文化的核心内容是价值观，是生产和生活中的审美定位和审美情趣。中巴两国虽然宗教信仰不同，从语言到风俗也有很大差异，但基本或核心价值观是一样的，都主张平等、和谐、求同存异和分担共享。中巴完全可以在文学、艺术、教育、新闻、体育、文物、出版等诸多领域开展丰富多彩的人文交流活动，如在音乐、书法、美术等传统艺术表现方式上，中巴之间就有许多共同之处。长期以来中巴之间人文交流和文化合作的规模和频率相对滞后，没有跟上经济发展的进度，随着走廊建设的全面展开，人文交流和文化合作必将得到进一步的加强。我们很高兴地看到巴基斯坦已经有四所孔子学院，中文教学供不应求，许多青年学生希望到中国留学，而中国各级政府和教育机构也扩大了对巴基斯坦和"一带一路"沿线国家的留学生招收名额，有些高校正在考虑开设乌尔都语课程教学。语言本身就是文化，熟悉对方的语言本身的过程就是人文交流的过程。中巴之间已经有十几对省份和城市结为姐妹关系，例如北京与伊斯兰堡，上海与卡拉奇，乌鲁木齐与白沙瓦，喀什与阿伯塔巴德，西安、南京、成都分别与拉合尔，江苏、宁夏分别与旁遮普，新疆与西北边境省等。在旁遮普省首府拉合尔，还有一所江苏文化中心，在传播中国文化方面发挥了独特的作用。这些都是打造中巴文化共同体的有效方式和途径。中巴之间应进一步加强交流，互学互鉴，取长补短；求同存异，和而不同；各美其美，美美与共。

三、走廊打造的政治共同体是命运共同体的关键

中国和巴基斯坦之间有着非常牢固的政治基础。巴基斯坦是第一个承认新中国的非社

会主义国家。尽管两国的社会制度不同，但长期以来中巴两国对国际事务有许多共同看法，互相支持，互相帮助，形成了"四好"（两国是好邻居、好朋友、好兄弟、好伙伴），"四比"（两国之间的友谊比山高、比海深、比蜜甜、比钢硬），"两全"（全天候、全方位）的亲密关系。习近平主席访问巴基斯坦期间，更把两国关系提升到了前所未有的高度，两国的政治关系堪称国际关系的典范，甚至是独一无二的"铁哥们"关系。这种政治共同体是推动命运共同体进程的关键。"中巴经济走廊"建设是中巴两国"同心同向同行"的综合性工程，只有建立在政治互信的基础上才能共渡难关，共享成果。随着走廊建设的向前推进，面临的困难和挑战肯定还会很多。"中巴经济走廊"既是经济走廊，也是安全走廊，三股势力是对两国共同的挑战，只有高度的政治一致性才能带来集体安全。笔者认为目前尤其要加强的是首先要推进巴基斯坦自身的现代民族国家构建进程，把巴基斯坦打造成一个摒弃党派争斗、地方和中央抗衡、宗教和世俗对立、文官和军队不和的命运共同体。中国人民的伟大领袖毛泽东曾总结说：什么是政治？政治就是让支持我们的人越来越多，反对我们的人越来越少。一个高度团结的巴基斯坦，是中巴构建命运共同体的必不可少的前提。

结语

综上所述，通过"中巴经济走廊"建设推进两国命运共同体进程，不仅对中巴两国意义重大，更可为"一带一路"树立榜样。只要中巴两国政府和人民下定决心，坚定信心，保持恒心和耐心，不断凝聚人心，加快推进"中巴经济走廊"建设，就一定能够实现"政策沟通，设施联通，贸易畅通，资金融通，民心相通"，以中巴命运共同体促进人类命运共同体的形成。

西部多民族宗教聚居城镇社区治理

——以包头市北梁新区为目标的调研报告

丁瑞雪

包头师范学院

"包头文化，根在东河，魂在北梁"。北梁地区由于地处博托河（今东河槽）沿岸，为清朝塞外重要的水旱码头，因此包头商业文明发展于此，移民聚居亦发展于此。但是，新中国成立后特别是改革开放以来，受历史和地理条件的制约，北梁地区无法跟上包头市城镇化的脚步，逐步成为内蒙古乃至全国范围内最大的连片棚户区。自 2013 年包头市举全市之力进行北梁棚户区改造，在此过程中，民族、宗教因素成为北梁地区改造所面临的关键问题。本文系统研究北梁棚户区改造过程中民族、宗教因素在棚改过程中及目前新社区建设过程中发挥的作用，总结多民族、宗教杂居的棚户区在新城镇、新社区建设过程中的主要经验，并就当前北梁新社区建设过程中存在的困难和群众期待提出建议。

一、现状分析：北梁棚改及新社区建设过程中的民族、宗教因素

在北梁乃至东河区近 20 年的城镇化进程中，重构的不仅仅是房屋建设、道路交通等硬件配套设施，更为重要的则是新社区管理理念的建设。这一点在北梁棚改以及棚改后新社区建设过程中得到了更好的凸显。有特色的是在棚改及新社区建设过程中，民族、宗教因素始终是北梁基层社区治理的关键因素。

（一）北梁棚改过程中对于少数民族、信教群众的政策扶助

少数民族出于心理认同、生活习惯、居住传统、邻里关系特别是宗教信仰等原因，其生活和居住模式往往会产生集聚效应。据财神庙办事处负责人提供的资料，由于长期受辖区内各宗教场所的影响，当地信教群众达到 60% 之多。这种宗教集聚效应体现在所有信教群众身上，信仰伊斯兰教、基督教、天主教、佛教的信徒都有自身的宗教生活需求。回族在其中则比较特殊。回族出于对伊斯兰教的信仰和宗教生活的便利，在其民族发展的过程中逐步形成了围寺而居的传统，即所谓"先有清真寺，后有回民区"。宗教场所对于回族群众的集聚效应是显著的，而宗教信仰的集聚又辐射出生活圈的聚集，以回族特色餐饮

中的生肉买卖来统计，回民办事处下辖大清真寺周边从事清真牛羊生肉买卖的商户就有20余家。这在其他社区是无法实现的，也给回族群众的特殊生活习惯带来了便利。因此，在此次北梁棚改方案制定初期征求意见的过程中，基层反映的160多条意见中很大比重是腾空安置后保障信教群众的宗教生活的问题。出于切实解决信教群众切身问题，同时彰显棚改政策公平性的双重考虑，市委市政府变更了原有的全部异地搬迁的方案，实行"以异地搬迁为主，局部原地改造为辅"的棚改方针。在包三中原址周边建立回族群众的回迁安置房，可以满足1500~1600户回族群众围寺而居的期望。另外，在过渡保障房的选址上，选取原回民中学校址及购买回中对面新月家园为过渡安置房，并优先供给回族群众居住，以便利其宗教生活。与此同时，为在各民族群众中实现政策公平，享受优先回迁保障的回族群众则不再享受《北梁棚户区国有土地上房屋征收补偿方案》中"以原住房产权面积为基数，按照每平方米3000元上浮10%给予奖励；按照原住房产权面积给予每平方米100元奖励；提前搬迁并将被征收房屋移交征收部门的，再奖励每平方米50元"的两项奖励。通过以上举措，在棚改相关政策方案出台的过程中，群众满意率达到90%，得到了广大少数民族和信教群众的认可。

（二）新社区建设过程中的民族宗教关照

1. 以"三级网络"为基础，创新区直管社区治理模式

在北梁棚改前及棚改过程中，财神庙办事处成为内蒙古自治区统战部民族宗教工作"三级网络"建设试点。"三级网络"在基层切实补充了办事处的行政权限，使其可以直接面对群众，更加快速地向上级部门反馈信息，同时针对辖区内一定范围内的民族宗教问题予以处理。在棚改前财神庙社区已形成120个网格片区，通过责任细化对辖区的少数民族和信教群众进行管理，取得了成效。

在北梁新社区的制度建设过程中，进一步将"三级网络"和片区网格化治理从民族宗教工作推广到整个社区治理结构层面，并进一步减少行政层级，推行区直管社区的制度创新。

目前在建的北梁新区，面积约为3.8平方千米，已建小区11226户，已入住7872户，拟建、在建小区22162户。在此范围内，东河区拟创新性地打造区直管社区的治理模式。新社区治理模式的核心优势体现在两方面：其一，减少了管理层级，将管理重心下沉到社区。按照每个社区8000户左右，划分为5个社区，不设立街道办事处这一层级，全面推行"直管社区"管理模式。即新建社区由东河区委、区政府直接管理，重建"1+2+1"的社区组织框架，具体是指以社区党委为组织领导核心，以社区公共服务站、社区居委会为主要力量，以各类社会组织建设为辅助，全方位开展社区服务工作。其二，社区管理逐步向多元共治的方向迈进。一方面社区以300~500户为单位，进一步推行网格化管理；另一方面在新社区中推选楼栋长并进行考核，实现社区居民的自我管理，同时联合红十字会、共青团等单位的资源成立志愿者队伍服务社区。

2. 推进"菜单式"服务模式，解决群众服务最后一公里问题

在北梁新区建设过程中，依托区直管社区中的社区服务中心，通过"菜单式"的服务模式，减少群众与政府间的中间环节，使群众在1.5千米的便利生活区中就可以解决以往反复奔忙的诸多事项。首先，通过"两委一站"的网格化管理，先期了解群众的需求，

北梁新区社区服务建设以需求为导向，依据居民的需求、服务时段等，建立菜单，通过"你点我供"的方式，为居民提供定向的服务。为社区居民量身打造快捷、周到的帮助。其次，通过送政策、送服务的方式，在最短的时间内将政策与服务落实到群众中，如针对社区中老年人多、困难群众多的实际情况，社区通过服务中心发起为老年人全程代办老年证的服务，体现了社区服务的自我涵化能力。最后，在建立"菜单式"服务的过程中，社区自身加强了服务评价机制，通过内部自评、走访、问卷、网络平台等多种方式在社区内部和群众之间开展服务的考评机制，并纳入对社区工作人员的考核，以此保障服务的到位。

3. 立足特色社区建设，提高社区居民整体素质

北梁新区拟建成五个社区，现北一社区与南一社区基本建成并入住。在打造新型社区的过程中，新区拟将五个社区依据自身特色建成不同的文化特色社区。以北一社区为例，该社区是北梁新区最早建成入住的社区，居民结构主要为财神庙办事处、回民办事处下辖范围，其居民构成主要以少数民族群众、困难群众、老年群体为主。北一新社区在建立的过程中以打造"民族文化特色社区"为目标，做了以下工作：第一，以社区文化站建立4支文化队伍和7支广场舞队伍，动员吸引社区中的中老年群众积极参加社区文化生活，以此带动社区居民整体文化素质的提高。第二，通过向新社区建设规划部门提出建议，打通新一区至北梁各宗教场所的交通服务，方便社区内信教群众过宗教生活。第三，针对社区中老年群众多、少数民族群众多等问题，社区建立针对65岁以上群众的日间照料中心，其中的服务与餐饮都严格依据伊斯兰教的教义教规进行，方便回族群众享受服务。第四，在推进再就业方面，新一区一方面通过建立再就业服务中心为社区居民提供免费的再就业培训；另一方面社区针对辖区内有困难群众但无法外出工作的，创建了"北梁巧娘"品牌，通过聘请企业培训、社区开拓销路等方式为该社区无法外出工作的妇女群众提供了居家的自由职业。通过以上四项措施，北梁新一区依据自身特色逐步建成了"民族文化特色社区"，并得到了广大居民的认可。

（三）民族干部、宗教团体在新社区建设中的作用

民族干部、宗教团体一直以来是北梁地区社区治理的重要主体，他们不仅是政府与少数民族、信教群众之间的桥梁，也是少数民族、信教群众参与社区治理的代言者，同时也承担着维护社区稳定、营造多民族、多宗教和谐共处局面的重要责任。在棚户区改造及新社区建设过程中，少数民族干部、宗教团体和教职人员在民族宗教部门与街道办事处的领导下，为推进北梁社区的腾空安置工作做出了巨大的贡献。其发挥的主要作用可以归纳为以下几个方面：

第一，发挥自身优势，加强政府与群众间的纽带。少数民族干部和宗教团体相对于普通干部的优势在于：一方面，他们作为民族和信仰中的一员，本身容易得到本民族、本宗教群众的认同，也熟悉民族宗教习惯，因此与群众的沟通则更为便捷；另一方面，相对于政府单纯的政策推广和说服，民族干部与教职人员则可以从教理教义的方向解释政策，针对有宗教信仰的群众，基于宗教理念的说服作用往往较政府的政策推行效果明显。因此，无论在棚改过程中还是在新社区建设管理过程中，少数民族干部、教职人员在社区工作队伍中的比例都是较大的。

第二，进行宗教间交流，以身作则维护多宗教和谐局面。北梁地区是一个特殊的宗教共处区，财神庙辖区，居士林、妙法禅寺、天主教堂、榆树沟清真寺、瓦窑沟清真寺等宗教场所紧邻，东河办事处辖区大清真寺、福徽寺、基督教堂毗邻，宗教场所聚集，信教群众众多，不同的宗教信仰和谐共处在全国范围内都是较为特殊的。究其原因，一方面是由于在历史发展过程中，北梁院落式社区文化导致邻里关系日趋紧密，不同宗教信仰的群众和谐共处在一个大杂院中，长期的邻里友情使不同的宗教信仰得以相互尊重；另一方面则是不同宗教团体在民族宗教部门的领导下，以身作则，加强不同宗教间的相互交流，并在向广大教众传教的过程中阐发多宗教共荣的思想。历年每个宗教的重大节日，各宗教团体间都会相互邀请列席观礼。在宗教团体和教职人员的引领下，北梁这一特殊的多宗教聚居区才会发展得如此和谐。

　　第三，践行爱国爱教理念，主动承担社会责任。民族干部，尤其是宗教团体不仅承担着宗教责任，在多民族国家中更承担着推进公民教育，宣扬爱国爱教理念的义务。在东河区民族宗教部门的领导下，民族干部与宗教团体在信教群众的宗教生活中发挥的首要作用即是"爱国爱教"教育。在我国，信仰宗教、从事宗教活动必须在法律法规的范围内进行，而其前提就是热爱祖国的公民教育。今年，东河区民族宗教部门率先推行重大宗教节日升国旗唱国歌行动，使信教群众切实接受爱国主义教育，在增加广大人民群众的国家认同感方面取得了成效。同时，在承担社会责任方面，一方面，民族宗教局在各宗教团体实行两年一度的财务审计，以透明的财务制度接受信教群众的监督；另一方面，在民族宗教部门的支持下，各宗教团体在老年人扶助、社会救助、青年爱国爱教教育等方面都承担了相应的社会责任，如天主堂开办的养老院、基督教堂开设的神学思想教育班等。在社会救助方面，仅2015年度民族宗教部门动员宗教团体向少数民族、信教群众困难人员捐款40.27万元，很好地承担了其应有的社会责任。

　　此次在课题调查和访谈过程中，课题组成员深刻感受到北梁棚改和新社区建设给当地带来的巨大变化，希望、便利、和谐、感恩成为北梁群众生活的主旨。无论从新社区的硬件基础设施建设还是软件服务、文化提升、社会保障都呈现良性发展态势。而在深入调查的过程中，我们也就北梁新社区建设过程中所面临的困难和发展走向做出了评估，并提出发展建议。

二、历史问题与现实困难：北梁民族社区历史遗存问题与新区建设面临困难

　　棚改前，北梁地区占地面积0.53平方千米，该地区社区发展的最大特征为多民族、多宗教杂居。在不到1平方公里的狭小地域内聚集了7个少数民族、5种宗教信仰，宗教场所11座，是全国范围内都比较特殊的多民族混居社区。其中有着较为特殊民族习俗的回族群众有3000余户计8560余人，占全包头市回族总人口的1/4强。从历史发展的角度看，北梁地区是包头市这一塞外商业城市的发端。自清朝中期中央政府逐步开放蒙古境后，山东、河北、山西、甘青宁地区的大量移民进驻包头北梁，与蒙古民族通商逐步形成

了塞外商业文明圈。大量移民也带来了伊斯兰教、基督教、藏传佛教、天主教等宗教信仰。

新中国成立后，特别是改革开放后包头市经济发展的中心向青昆两区偏移，依靠传统手工业、小商业进行运作的东河北梁地区逐步退出了包头市经济发展的舞台。同时由于传统社区发展的局限性，使北梁地区的社区状况呈现诸多问题。这些问题一方面成为北梁棚改以及新社区建设过程中的难点，另一方面在北梁新社区治理过程中也衍生出了新的困难。

具体来讲，北梁传统社区治理中面临的历史问题有以下几种：

第一，社区治理的整体落后性。调查发现北梁地区作为民族城市社区建设起步晚，水平低，社区建设的体制、模式、组织结构等内容不成熟。因经济落后，辖区居民居住结构呈现"六多三少"的状态。"六多"即弱势群体多（东河区登记在册失业人员 11885 人，占全市失业人员总数的 25%，其中有 70% 以上居住在北梁地区；北梁低保、低收入户、残疾人 4757 户，占比 18.36%）、流动人口多（北梁共有流动户 4056 户，占比 15.66%）、特殊人口多（吸毒人员、两劳释解人员多，仅财神庙办事处涉毒人员达到 350 多人）、老年人多（北梁地区 60 岁以上的老人比达到 24%，由于北梁地区固定就业人群少，"啃老族"情况严重，很多老人退休以上还要负担子女生活）、少数民族居住集中（北梁地区居住着蒙古族、满族、回族等 7 个少数民族的群众，其中回族居民 3173 户、8650 人，占比 12.25%）、信教群众多（信教群众占比达到 12%），其中较为突出的财神庙、回民两个街道办事处下辖社区信教群众达到近 60%；"三少"即配套基础设施落后，固定就业人员少、大型企业、商业少。在社区经济发展落后，无法摆脱贫困的情况下，无论是人民群众还是政府都把主要精力集中在发展经济、进行城镇化硬件配套上，对社区的功能的建设即无从谈起。新型的社区管理模式尚未形成，居民、企事业单位的参与意识不高，社区自治组织的自治能力不强，因而在城市社区建设上主要依赖于政府的强力推动。

第二，文化上的多样性、复杂性。7 个少数民族，5 种宗教信仰的聚集使北梁地区成为包头市特殊的多民族聚居区。在不同民族的交往中，不同传统、不同信仰等文化价值观相互碰撞不可避免地产生一些矛盾。特别是北梁地区的回族，不仅绝大多数信仰伊斯兰教，有自己的宗教生活，同时生活习惯也与其他民族有着巨大的差异，从东河区整体的民族结构来看，蒙古族、回族等民族人口比例小，其正当合法权益在社区生活中易被忽视。而在北梁地区，由于民族和宗教的聚集又可能造成少数民族优势明显甚至可能发生对于汉族的"逆向歧视"。多民族水乳交融是北梁地区的宝贵文化资源和稳定根本，在新社区建设过程中，如何在保障少数民族权益的同时彰显社会公平，成为北梁民族社区改造建设过程中的难点。

第三，行政资源上的依赖性。受发展程度的影响，传统北梁社区建设在很大程度上难以实现社区"自治"。究其原因有两方面：其一，用于社区建设的许多资源特别是行政资源都依赖政府，社区自身无力提供。这些资源不仅包括北梁社区建设自身无法解决的资金问题，更包括政策法规、机构设置、人员选调、社区划分等行政资源的调配。在以往的社区管理中，以上诸多资源都需要政府自上而下的分配，因此资源向哪里调配，怎样做到公平分配，社区建设中面临的困难都由政府自上而下单向推进。其二，北梁地区在人居条件差、经济发展水平低的同时，也存在人口文化素质不高的问题。民众由于忙于生计，无暇顾及本社区整体的治理水平，老年人扶助、社会救济、增加就业等社区功能的实现一方面被动地依靠政府，另一方面则依靠传统四合院式的邻里互助，民众参与度很低，也造成北梁地区社区治理远远达不到社区"自治"的程度。

在北梁新社区建设过程中，东河区民族宗教部门与新社区管理部门协力，通过推行"区直管社区"的方式在一定程度上解决了老北梁社区面临的上述历史问题。但在调查中我们发现，这些历史问题诸如当地群众生活水平低，社区整体造血能力差；社区治理政策落实不到位，"自治程度"低；社区基础人文素养不高等历史问题在新社区发展的过程中以新的形式表现出来，具体可以梳理为以下几个问题：

第一，新社区建成后的发展后劲问题。根据对北梁传统社区经济发展模式的考察，传统手工业、小商业的发展模式无法解决当地群众的经济来源问题，而由于传统因素和生活习惯等诸多因素的限制，当地少数民族群众和信教群众获得生活来源的途径很少。因此腾空区新建完成后，旧有的小商业发展模式已经不适合新社区的治理模式了。在新社区建设过程中，发现新的经济增长点是提升社区造血功能的重中之重。

第二，从机构配置来看，"区直管社区"模式机构人员到位和身份认定的问题仍没有解决。目前社区内虽然以"1＋2＋1"为体系建立了以社区党委会为治理核心的新社区机构，但是真正从事基层社区治理工作的相关工作人员其身份及权限还没有落实到位。

第三，新社区建成后社区文化体系的建设仍然是工作中的重心和难点，受信教群众较多、居民原有生活习惯延续、社区内整体人文素养不高等条件的制约，社区在信教群众的爱国主义教育、解决群众在新社区中与物业间的矛盾，提高社区居民的整体文化素质等方面的工作仍需要探索新的道路和进行长期规划。

第四，目前社区已下大力气通过进行再就业培训和开拓渠道解决就业问题等方式提升居民的再就业率。但目前的问题是：首先，再就业培训的效果并不明显，就一位培训师反映，社区的再就业培训对于居民来说往往成为过场，效果并不明显；其次，再就业岗位对于一些有特殊生活习惯的少数民族群众并不适合，虽然社区优先给予这些群众就业岗位信息，但其就业渠道仍然很窄；最后，社区给广大群众寻找创业途径后，其产品的销售渠道不好打通，仍然难以解决群众的生计问题。

三、对策建议：以经济开源创造民族社区发展核心动力

新社区建成后的发展后劲问题是核心。针对以上问题，课题组拟提出以下政策参考：

第一，立足本地文化资源，开拓北梁经济发展源头。北梁乃至整个东河区作为包头市经济的欠发展地区，在缺乏大企业和第三产业产值不高的情况下，唯有利用本地悠久的历史文化资源和宗教资源，开创以旅游业为主体的新经济增长点。根据东河区委区政府的前期规划，东河区的旅游业发展拟形成南海湿地旅游、中部红色旅游和北梁民族文化旅游三个片区。其中北梁民族文化旅游的建设需要开展以下工作：首先，深挖历史，加大宣传。发掘北梁地区多民族宗教共同繁荣的历史因素，同时以此为特色加大宣传力度。其次，在腾空区建设的过程中按照文化旅游社区对该地的交通、商业、景点等硬件配套进行合理设

计。最后，以社区管理人员为核心，带动社区群众了解北梁地区的历史文化，提高群众文化素养和旅游接待服务意识。

第二，落实政策，明确社区基层治理权责利关系。进一步落实"区直管社区"政策，关键在于认定基层治理服务人员及相关治理主体的身份问题，同时明确其责任，进一步建立基层治理人员与社区群众的权利责任网络，使网格化管理从单向"管理"逐步向双向"治理"转变，使社区群众真正参与到自身家园的建设中。

第三，加大财政投入力度，完善北梁腾空区生活圈功能，提升社区文化素养。硬件配置方面，目前北梁腾空区的基础设施建设主要包括在建回迁安置房，传统民居保护性建设和文化民族群落的重建、社区公园建设几部分。而体现社区3千米生活便利区功能的医疗场所、学校、社区活动场所以及与其配套的交通枢纽建设仍需要进一步的财政投入和合理规划。在软件配套方面，社区应与民族宗教部门加强互动，以"爱国爱教，多族和顺"为主题，一方面，从社区文化层面宣扬感恩思想，同时组织各种文娱活动，提升社区文化水平；另一方面，进一步发挥宗教干部和教职人员的作用，从教规教义出发宣传爱国爱教思想，加强不同民族间、宗教间的交流，进一步打造民族和顺的文化社区。

第四，结合创业孵化渠道，打通居民再就业最后一关。在课题组调研过程中，听取社区负责人反映，北梁新社区虽然采取多种方式拓宽居民就业渠道，但由于待就业人口数量大、少数民族和信教群众多、生活习惯限制就业等诸多因素，居民就业和创业的最后一关对接仅依靠社区自身的力量是很难完成的。因此需要创业孵化单位、网络电商等团体与社区就业服务部门实现对接和信息共享，以解决目前新社区建设中的群众就业创业问题。

北梁棚改及新社区建设是内蒙古自治区在党中央、国务院高度重视和宏观决策下举全自治区之力打造的全国棚户区改造和新型城镇社区建设典范。在此过程中我们必须立足北梁地区多民族、多宗教的历史文化传统，不仅在改建过程中重视少数民族、信教群众的需求，更要发挥多民族宗教在基层治理中的主体作用，进而以民族文化旅游为该地区的经济核心增长点，实现北梁新社区的长期和顺和共同繁荣。

花山岩画申遗意义及跨国民族
文化申遗模式探析

黄小芬　曹　芳

广西民族师范学院　内蒙古自治区党校

　　世界非物质文化遗产是一个民族集体智慧的结晶，是人类文明的成果。地处边疆地区的广西花山岩画是广西唯一的世界非物质文化遗产，它促进了广西边疆地区旅游业的发展，增强民族文化自信心和国家自豪感，它对世界岩画的研究和古人思维方式的研究具有重要的学术价值。中国跨国民族众多，花山岩画是跨国民族文化申遗的典范。跨国民族文化因特殊的历史、政治原因使它申遗不仅涉及文化主权问题，甚至涉及国家领土主权问题。本文在调查研究的基础上，对花山岩画申遗意义及跨国民族文化申遗模式进行探析，并提出优先申遗和联合申遗两种模式。

　　非物质文化遗产是一个民族物质生活条件，精神价值和思维方式的表达也是人类文明的体现，它承载着人类社会发展的重要信息，是历史的真实见证。它蕴含着一个民族的文化基因和历史记忆，是维系一个民族情感和认同的重要纽带。中国有壮族、瑶族、苗族、傣族等众多的跨国民族，在历史上，这些民族共同缔造了辉煌的文化。在现代国家框架下，这些民族分别居于不同的国家，属于不同的国民，因此跨国民族非物质文化遗产不仅关系到国家文化的多样性，还关系到国家的文化资源安全和文化主权安全，它更是跨国民族身份认同和国家认同的重要依据。

　　非物质文化遗产无论是对一个地区知名度的提高，还是对民族文化的保护与传承均具有十分重要的意义。近年来，随着旅游业的兴起，非物质文化遗产的研究已成为学界关注的焦点。从国外研究来看，主要探讨其理论建构，研究其保护体系，总结其保护与管理经验等。从国内研究来看，主要研究非物质文化遗产的保护与开发问题。从现有的研究成果来看，国外关于非物质文化遗产的研究主要是从学理上探讨其概念、理论构建和保护体系，或者分析微观个案，总结其保护经验。国内主要从旅游的视角探讨非物质文化遗产无论是重在保护，还是开发与保护并重的问题。而较少研究跨国民族非物质文化遗产的申遗模式，也少从微观的角度，具体分析跨国民族非物质文化遗产的意义。基于此，本文在调查研究的基础上，分析跨国民族文化、花山岩画申遗成功的意义，并探讨跨国民族文化申遗的模式。

　　花山岩画作为跨国民族文化申遗的典范，它的成功申遗对广西边疆地区经济社会发展具有深远的影响。

一、花山岩画申遗意义

壮族作为跨国民族，其先民骆越民族创造了光辉灿烂的文化，其中花山岩画于2016年7月成功列入世界非物质文化遗产名录。花山岩画成功申遗，对于提升广西边疆地区旅游知名度，增强壮民族自信心和国家自豪感具有十分重要的意义。同时，花山岩画作为中国唯一的岩画类世界非物质文化遗产，它对于中国岩画研究，乃至世界岩画研究和古人思维方式研究也具有重要的学术价值。

（一）促进了当地旅游业的发展

花山岩画申遗成功成为广西唯一的世界非物质文化遗产景观，极大地提升了广西边疆的知名度，成为广西边疆地区旅游发展一张独特的世界名片。同时，申遗成功后，政府积极改善当地设施，旅游企业的进入带动了当地相关文化产业的发展。

1. 提升边疆旅游知名度

广西边疆地区属于亚热带季风气候，山泉、瀑布、岩洞、湖泊，典型的喀斯特地形地貌形塑了奇峰异石、蓝泉白瀑、碧江黑河的自然景观。边疆地区的山连绵而俊秀，水多彩而灵动，自然风景秀丽迷人，人文历史厚重。边疆地区特殊的地理位置留下了大量的古遗址，既有抗法援越战争留下的古炮台，也有南国长城之称的"小连城"；既有代表中越友谊的胡志明纪念馆，也有反映中国工农红军革命历史的红八军旧址。边疆地区由于受到外来文化冲击较少，依然保持神秘古朴的少数民族文化和异域风情。

然而，旅游资源如此丰富的边疆地区其知名度远不及桂林、北海和巴马。主要原因是宣传力度不够，缺乏自身独特的名片，从而影响到边疆地区的知名度和美誉度。长期以来，广西旅游对外宣传主要是以山水为主，"桂林山水甲天下"闻名海内外。桂林便利的交通、较为完善的旅游设施、较高质量的旅游服务、加之享誉世界的山水名片，使它在广西旅游发展中具有得天独厚的优势，处于旅游发展的中心。游客通常认为，既然桂林山水甲天下，到了桂林，也就无须去广西其他地区。故而，广西其他地区被桂林的名气给屏蔽而处于生不逢地的状态，其他地区旅游发展逐渐被边缘化。如何摆脱桂林的屏蔽效应，使自己成旅游发展的中心，这就需要打造独特的旅游名片。同样地处偏远山区的广西巴马，打造世界长寿之乡文化，使它成为广西旅游发展的国际旅游区，一跃成为旅游市场的一匹黑马。花山岩画申遗过程及申遗成功后，大量的新闻媒体在国内和国际轮番报道，报纸、杂志、电视、电台、微信、微博、QQ等多种新闻媒介从不同角度进行了宣传，极大地提升了花山岩画的知名度。若不申遗，地方政府将难以支撑如此巨大的宣传费用。花山岩画申遗成功使其成为广西唯一的世界非物质文化遗产景观，国内外游客慕名而来，带动了花山岩画周边地区旅游业的发展。花山岩画成为广西边疆旅游乃至广西旅游一张享誉世界的名片，这张名片是独一无二的，具有垄断性和难以复制的特征。在这张名片带动下，广西边疆旅游知名度得到了极大提升。

2. 改善边疆基础设施

广西边疆地区旅游发展滞后的原因除了宣传不到位，落后的基础设施也成为制约边疆旅游发展的障碍。基础设施尤其是道路交通对一个地区旅游业的发展至关重要，南宁至北海高铁通车后，游客源源不断地进入北海，带动了当地旅游业和其他产业的发展。长期以来，广西边疆地区，尤其是崇左市，因为各种原因，基础设施发展与其他地区相比，较为落后。花山岩画集中地，龙州、宁明有着秀美的山村，拥有宛若人间仙境的丽江山水田园，闻名区内外的天琴美女村。但是由于交通不便，缺乏旅游标识或者旅游标识不清晰、景区可进入性差等，许多游客对美景望而却步，极大地阻碍了当地旅游业的发展。花山岩画申遗成功后，政府投入 20 亿元改善当地的基础设施，拓宽道路，修建码头，当地基础设施得到了很大改善，从而促进了边疆旅游业的发展。

3. 带动文化旅游产业的发展

花山岩画申遗成功的直接效果不仅是政府的投入，还吸引了一批旅游企业前来投资。旅游商品同质化是旅游发展过程中普遍存在的问题。过去，在边疆地区旅游商品同质化较为严重，大多旅游商品主要从越南进口，而具有边疆民族特色的旅游商品甚少。一方面，外来游客希望购买具有当地特色的旅游商品而无法满足；另一方面，大量同质化的越南旅游商品难以销售。要解决这一问题，需要对民族文化进行挖掘。民族文化是在特定的历史、地理条件下产生，民族文化具有独特性与垄断性特征，一旦与商品结合，则可使商品增值。民族的便是世界的，这是人们的共识。为了更好地挖掘花山文化，崇左市成立了花山旅游投资公司，此外，还有其他旅游企业前来投资。这些企业建立了花山文化博物馆，打造花山实景演出，创意各种以花山为主要元素的旅游商品，例如，包包、围巾、服饰、杯子、坐垫等，打造花山沿岸乡村旅游区，花山岩画已成为当地文化旅游产业的品牌。以花山为基本元素，每个人可以创造出不同的旅游商品，不同时代的人可以创造出富于时代特征的旅游商品，民族文化是旅游商品创新的源泉与动力。花山岩画申遗成功后，极大地激发了人们的创造热情，旅游企业、民间艺人，以花山为素材，开发和打造具有花山特色的旅游项目，创造具有花山岩画特色的旅游商品，从而促进花山文化产业的发展，带动当地群众创业就业。

总之，在保护的前提下，合理开发利用花山岩画，对当地经济发展，尤其是旅游业发展具有十分重要的意义。近年来，关于非物质文化遗产开发和保护的问题一直存在争论，有学者提出，非物质文化遗产应重在保护；亦有学者指出，非物质文化遗产在保护的前提下，应该合理开发。

从本质上说，非物质文化遗产的适应力、竞争力是其生存与发展的基础，合理开发利用非物质文化遗产来促进当地经济社会的发展，改善人民生活，才能彰显出文化的活力。马林诺斯基指出，文化是满足人类生存需要的手段，当非物质文化遗产满足人们的生存需要，在一定程度上，成为人们创造财富的手段和工具时，文化遗产才能具有持久的生命力，才能被一代又一代的人自觉传承。今天，非物质文化遗产的合理开发也是为了更好地传承与保护。只有合理开发非物质文化遗产，并使保护得以延续，否则，保护失去财力支持，便成无源之水，无本之木，保护无从谈起。通过合理开发，人们透过旅游的窗口，看到了自身文化的价值，才能增加民族自豪感和文化自信心，从而更加爱护自身的文化，使保护自觉外化于行为，内化于心，非物质文化遗产保护有了持久的内在动力。以非物质文化遗产为元素而开发的相关旅游项目和系列旅游产品，承载着非遗的文化内涵，商家通过文字介绍、导游解说等方式，向广大游客传播非物质文化遗产相关知识。游客购买相关旅游商品，带到世界各地，使得非物质文化遗产相关知识传播的范围更加广泛，使非物质文化遗产成为了全人类共享的文化资源。因此，开发与保护相互促进。

（二）增强民族自信心和国家自豪感，实现了民族认同与国家认同的和谐建构

非物质文化是一个民族集体智慧的结晶，花山岩画作为壮族第一个，也是广西第一个世界非物质文化遗产，花山岩画成功申遗，壮族先民骆越民族文化得以在世人面前展现，极大地增强了边疆壮族的民族自信心。同时，花山岩画作为中华民族文化的重要组成部分，花山岩画沉睡几千年终于出现在世人面前，揭开其神秘面纱。其之所以成功申遗，与国家投入大量的人力、物力和财力密不可分。因此，人们的国家自豪感油然而生。

非物质文化遗产承载一个民族的历史记忆，凝聚着一个民族的精神力量，是民族内部认同的重要维系，花山岩画成为壮族认同的标志和象征符号，承载着壮族的集体记忆，是壮族文化认同的根基。花山岩画申遗成功后，增强了壮民族内部的族群认同和国家认同。

民族认同包含人们对民族的认知、情感和意识，民族认同通过民族个体表现出来，它具有群体性特征；国家认同包含人们对国家的政治意识、感情及文化归属感，二者的核心是身份自觉意识。民族认同与国家认同既有对抗性特点，又有协调性特征。当边疆地区与内地的发展差距逐渐拉大，边疆地区经济落后，文化发展得不到应有重视，宗教信仰不自由，正当合理诉求得不到及时有效解决时，民族意识将逐步增强，国家意识逐渐弱化，甚至出现对抗性。当边疆地区经济逐步改善，发展差距逐步缩小，文化得到应有的重视，宗教信仰自由，人们的民族自信心和国家自豪感增强，民族认同与国家认同相互协调、和谐建构。

地处边疆的壮族人民，从小接受汉语教育和爱国主义教育，有着较强的民族认同感和国家认同感。然而，随着东西部地区发展差距逐渐拉大，长期落后的基础设施未得到改善，人们的发展受限，许多外出务工的年轻人强烈感受到边疆地区与发达地区发展的差距，这在一定程度上影响到人们对国家的认同。同时，随着国际形势的发展变化，一些境外敌对分子对广西边疆壮族地区进行意识形态渗透，法轮功分子、外国传教士深入农村、社区、学校发放宣传册。在广西百色地区就出现这样的例子，孩子在外国传教士的引导下信仰天主教，父亲信仰祖先神，孩子把家里祖先牌位砸烂，家庭内部因宗教信仰不同而产生矛盾和分歧。在边疆大中专院校，亦出现传教人员不断说服学生信教的现象。当前，国际形势复杂多变，香港"占中"事件等凸显了青年学生意识形态的复杂性和多变性。壮族跨国而居，随着人们与外界交往增多，信息来源渠道日益多样化，外来文化的影响也在增强等，这些因素的存在直接影响到人们对国家的认同。

在这样的情况下，花山岩画申遗成功，政府投入资金改善了当地的基础设施，旅游企业进来投资，带动当地经济发展，也带来了就业、创业机会，人们对国家的认同增强。另外，花山岩画申遗成功，提振了民族自信心，人人以花山为豪，以成为骆越后裔为荣。在申遗成功后，村落、街道、学校以各种方式表达对花山申遗成功的喜悦之情。边疆壮族通过亲身体验各种庆祝活动，民族自信心、自豪感倍增，民族认同增强，但并没有发展成为民族主义，民族认同与国家认同相互交织，协调一致。地处边疆的壮族意识到，沉睡了几

千年的花山岩画之所以成功列入世界非物质文化遗产名录，得以在世人面前展示，与国家的重视分不开，因此，国家自豪感油然而生。人们通过花山岩画，重新认识了其作画者壮族先民——骆越民族早在商代就已经征服南海，骆越民族不仅是稻作民族，也是善于舟楫、驾驭海洋的民族，骆越民族为祖国开疆辟土、开发南海作了很大贡献。也让人们重新发现了中华人民共和国的国土边界不仅是在大新、凭祥陆地边界，而是拥有广阔浩瀚的海洋、绚丽多姿的南海岛礁，教育、激励一代又一代的壮族儿女去保卫、开发南海诸岛。这种亲身体验的爱国教育比简单的爱国教育要有效得多。花山岩画申遗成功巧妙地把民族文化教育与爱国教育相结合，使得民族认同与国家认同高度一致。

长期以来，民族与国家之间认同的和谐关系是一个客观存在、难以解决的问题。民族认同强化，国家认同弱化，便会出现民族主义倾向，从而影响到国家的稳定与和谐。民族认同弱化，国家认同强化，亦使国家认同失去根基。地处边疆，尤其是跨国而居的民族，如果没有自身文化作为精神支撑，较容易被其他思想所侵蚀。只有认同自己民族的文化，才能抵制境外其他思想的影响。针对近年来国家出现的民族问题，有学者提出要不断弱化民族意识，强化国家认同，建立公民社会的民族问题解决方式。然而，弱化民族认同是一个艰难、长期、漫长的过程。

随着城镇化进程的加快，表面上看，各民族的建筑、服饰、饮食等外在文化逐渐趋同，但是维系着民族认同的节日、习俗、艺术、宗教是在长期的历史、特定的地域形成的，是每个民族从小习得的文化，它已经流淌在每个民族的血液中。民族文化的价值观念、审美意识、宗教信仰深深地印在每个民族的心中。随着人们物质生活条件和享受教育水平的提高，人们更加注重精神的追求，重新审视自身文化的价值。开始追寻我是谁，我从哪里来等人类本源的问题，部分知识分子着手编写族谱，追溯自己的历史，一些民族企业家通过赞助等方式，恢复自身的民族文化。每个民族无论大小、强弱、贫富都渴望得到应有的尊重。今天，我们需要做的是尊重各民族文化、宗教发展自由，承认每个民族为祖国开疆拓土所做的贡献，承认各民族为缔造光辉灿烂的华夏文明所提供的智慧。互相尊重，彼此了解，加强沟通、消除隔阂，才能增强少数民族对国家的认同。

长期的实践表明，只有边疆地区经济不断发展，文化受到重视，宗教信仰自由，社会和谐稳定，才能增强少数民族的国家认同；相反，则减弱人们对国家的认同。当然，民族认同不会自然而然地与国家认同联系在一起，而是需要正确引导，把爱国主义教育与民族文化教育有机地结合起来，才能使民族认同与国家认同相互协调，和谐建构。

（三）有利于壮族文化的传承和岩画的进一步研究

非物质文化遗产既是一个民族智慧的结晶，也是人类的精神财富。非物质文化遗产是在特定的历史条件和自然环境中，人们为了生产生活需要而形成的，它承载着人类发展过程的重要信息，是真实历史的见证。作为根植于民族心灵深处的非物质文化遗产，积淀了一个民族特定的生活方式、价值观念、思维方式和宗教信仰，具有厚重的文化传统与悠久的历史底蕴。无论是生产生活用具、手工艺品还是绘画、舞蹈，无论是节庆活动还是宗教信仰，都是特定民族在特定的自然、历史条件下集体创造的，是一个民族情感表达与集体智慧的结晶，积淀着厚重的民族历史，承载着悠久的民族记忆。

"有些非物质文化同人类社会一样久远，有些非物质文化是对本民族历史和英雄人物事迹的记载，有些非物质文化是对人民理想和追求的表达。"花山岩画具有几千年的历史，它是民族生活的反映、民族历史事件的记录或者英雄人物身份的表达，目前尚未定论。花山岩画的作画者，骆越民族是如何在悬崖峭壁上作画的，为何这些画经过了几千年的风吹雨打不褪色，岩画的颜料是什么？等等。花山岩画凝聚了壮族先民集体的智慧，这些谜团的破解将对认知古人思维及建筑颜料成分构成具有十分重要的现实意义和学术价值。花山岩画承载着壮族厚重的历史，维系着壮族情感。花山岩画申遗成功后，人们由衷地热爱自身的文化，树立文化自信，形成文化自觉。壮族重新梳理自己民族的演变史，重新认识自己民族的文化。各单位开展多种活动，学习自己民族的历史和文化。学者们通过举行论坛，编写书籍来传播壮族文化，使民族文化进入学校、社区、村落，教育着一代又一代的年轻人。因此，花山岩画申遗成功有利于壮族文化的传承。

同时，花山岩画申遗成功，成为目前中国唯一的岩画类世界非物质文化遗产。花山岩画不仅仅是壮族先民骆越民族集体智慧的结晶，也反映了人类用岩画记事时代的思维方式与价值观念。花山岩画申遗成功引起了人们对岩画研究的热潮。学者们试图从不同学科、不同角度进行研究。从世界范围来看，岩画主要分布于澳大利亚、欧洲北部、非洲南部、印度和东南亚国家的印度尼西亚、柬埔寨、马来西亚、越南和中国西南部。其中，在中国的广西崇左市分布规模最大，最为密集。欧洲岩画主要分布在深幽洞穴里，画像主要是动物、几何图形和喷绘手印。非洲岩画图像比欧洲要复杂得多，主要反映古人采集、狩猎场景。而东南亚国家的岩画主要分布在敞开的悬崖峭壁上，画像图案也更加生动形象。图像内容不仅包括动物、喷绘手印，还包括人们的生产生活场景。以花山岩画为代表的中国西南地区岩画，其图像包括短剑、船只、狗、羊角钮钟和人物，动物常以跳跃、奔跑、站立等形态出现，人物有大有小，有男性、女性，呈现奔跑、跳跃姿势，形如一幅采集、渔猎图。东南亚国家岩画的形成和演变经历了漫长的历史过程，科学家通过碳十四断代及岩画颜料上钙板进行的铀系断代检测，推断岩画是在1万多年前到2000多年前之间。

岩画作为人类的一种精神文化，它既是某一地区某一群体思维方式的反映，具有地域、族群特征。同时，纵观世界上的其他岩画，各地的岩画又不是孤立存在的，它是人类在全球活动的历史见证，主要是反映人类采集、渔猎的场景。我们是否可以推断，在人类采集、渔猎时期，是否存在岩画时代，岩画曾经像文字一样，记载着古人的人物故事、历史事件和生活场景，它反映人类的原始思维是什么。这一问题仍然激励着众多的学者进行深入研究。从全国范围来看，岩画主要分布在广西、云南、宁夏、新疆等边疆地区，这是纯属巧合还是有着必然的联系？为什么岩画主要集中在边疆地区？这些问题亦有待进一步研究。

地处边疆的花山岩画，其申遗成功不仅为边疆地区添加了一处世界级的遗产景观，促进边疆地区旅游业的发展，也对边疆地区基础设施改善，壮民族族群认同与国家认同产生深远的影响。同时，花山岩画规模之大，图像之丰富，其对整个东南亚岩画的研究乃至整个世界岩画的研究具有重要的学术价值。

二、跨国民族文化申遗模式探析

花山岩画申遗成功，其意义是十分深远的。因此，各国、各民族均意识到世界非物文化遗产的重要性。在国内，人们为了争夺曹操墓所在地，不惜验证 DNA。国内尚且如此，在国外，竞争更为激烈。汉唐时期，中国文化对周边国家文化产生重要的影响，中国文化辐射到日本、朝鲜、韩国、越南等国家。中国有壮族、傣族、苗族、瑶族、蒙古族、朝鲜族等跨国而居的民族，同时也有许多汉族移民海外，成为跨国民族，中国跨国民族文化众多。跨国民族文化申遗涉及一个国家的文化资源安全、文化主权安全和边疆地区跨国民族的国家认同问题，甚至是国家领土主权安全问题，特殊的历史和国际政治关系使得它的申遗变得错综复杂。如果处理不好，将会影响到中国与周边国家的关系。面对复杂的局势和激烈的竞争，应该采用怎样的方式进行申遗？

（一）优先申报

花山岩画、端午节同样是跨国民族世界非物质文化遗产。花山岩画申遗成功受世界广泛关注，促进了当地经济社会的发展，增强了边疆民族自信心和国家自豪感。同时，花山岩画申遗成功后，引起了一股岩画研究和花山作画主人骆越民族研究的热潮。然而，中国端午节申遗成功后，尽管国家采用放假等形式，增加节日氛围，恢复传统文化，但是人们对端午节的关注度远不及花山岩画。而在韩国端午节，备受世界高度关注，每年来自世界各地上百万的游客汇集江陵参与体验端午祭，民众参与积极性高。其主要原因是中国花山岩画和韩国端午节均采取了优先申遗的方式。人们对第一个的印象总是持久而深刻的。

2006 年，韩国"江陵端午节祭"被列入世界非物质文化遗产名录，这一事件在国内引起了轩然大波，引发了中国网民的"端午节保卫战"。韩国是一个十分重视挖掘文化传统，发展文化产业的国家，韩国端午节申遗关系到中韩两国的文化主权问题，许多学者撰文声讨，认为端午节是中国的。也有学者认为，韩国也叫端午节，但是文化习俗与中国大相径庭。无论是韩国端午节还是中国端午节，他们都存在共性也有自己的个性。

大多数节庆文化的发展史，是由满足人的物质需求到精神需求的演化，文化的初衷是满足人类生存的需要，端午节也是如此。早在先秦时期，我国已经有关于端午节的记载。在战国时期成书的《夏小正》载"五月五，此日蓄采众药以除毒气"。

古人认为五月夏天来临，蚊子、蚂蚁等各种害虫滋生，端午节这一天草药生长旺盛、药效极强。因此，人们上山采药，以备一年之用，直到今天，这一习俗在广西边疆的靖西、大新一带仍在传承。《荆楚岁时记》云："五月五日，谓之浴兰节"。《大戴礼记》说："五月五日蓄兰为沐浴"，认为沐浴兰汤可以驱邪、驱瘟。屈原《楚辞》有"浴兰汤兮沐芳华"的记载。古时的兰不是指兰花，而是菊科的佩兰，佩兰香气四溢，可煎水沐浴。后来逐渐演变为用菖蒲、艾草洗浴。在广东用白玉兰、艾草、菖蒲、凤仙等；在湖南、广西则用桃叶、菖蒲、艾叶，在端午节这一天，全家老幼用草药洗浴，以去除皮肤病和驱除邪气。端午节是盛夏的开始，天气炎热，各种蚊虫滋生，易引发各种皮肤病。此外，人们还用艾叶、菖蒲焚烧熏房，以驱蚊子。人们经过医学实验发现，过去的疟疾主要是由蚊子叮咬、传播引起的。因此，端午节最初是人们防病驱虫、普及医药知识的节日。由于防病驱虫是东亚国家一个共同的需求，因此，沐浴兰汤、艾叶、菖蒲防蚊的习俗在中国、日本、韩国、越南等国家沿袭至今。

随着社会的发展，端午节由驱虫防蚊、普及医药知识慢慢演变为祭祀各种神灵的节日，由满足人的物质需要向满足人的精神需要转变。端午节逐渐与各国的宗教信仰、历史事件、价值观念相结合，因此，端午节具有各个国家的特色。在中国，端午节主要是祭祀屈原，屈原悲壮的爱国情怀广为传颂，优美凄凉的诗句广为传唱。在国内，多数人只知晓端午节是祭祀屈原，而忽略端午节原初的功能。在韩国，人们把端午节作为祭祀大关岭神的节日，祈求风调雨顺、五谷丰登。在日本，端午节与尚武文化结合在一起，演变为男孩节，祭祀武士。在越南，端午节主要是祈求无灾无难。

在韩国、日本、中国、越南构成的端午节文化圈里，每个国家都认为自己是该文化的中心。韩国为了申遗成功，突出自己的民族特性，有意忽略文化的共性。他们强调韩国端午节主要是祭祀大关岭，与中国端午节祭祀屈原没有必然联系。部分学者在尚未充分了解中国端午节文化的情况下，亦认为韩国端午节与中国端午节相去甚远。若是日本申遗或者越南申遗，均有自己的理由。

人类口头和非物质文化遗产作为各国、各民族在历史长河中反映人们生产生活方式、思维方式与价值情感的载体，是一种可能多个民族、国家共同分享的文化遗产，不同于自然遗产的独有性，亦不同于专利、商标的独占性。它具有共享性特征，因此，即使是一个国家已经申报，联合国已经批准，其他国家依然可以再申报。

因此，在这样的情况下，韩国采用了优先申报原则，在 2006 年申遗成功，把江陵端午节文化展现在世人面前，江陵端午祭成为韩国旅游一张享誉世界的名片，韩国江陵成为万众瞩目的焦点。每年端午节，来自全世界上百万的游客到江陵参加韩国端午节活动，促进了当地旅游业的发展，增强了韩国江陵人的民族自信心和自豪感。

韩国申遗成功，中国端午节也积极申遗，在 2009 年宣布中国端午节列入世界非物质文化遗产名录。然而，在世界上，中国端午节的知名度远不及韩国，中国端午节的节日氛围、对外吸引力与韩国江陵端午祭相比，相去甚远。人们的第一印象总是深刻，当人们认可了第一个，便在脑海里留下深刻烙印。对于跨国民族共同文化的申遗，采用优先申遗的方式，使自身文化更具有影响力。近年来，韩国家抓紧中医、泡菜、拔河等传统文化的申遗。也许，我们会认为泡菜不是中国四川或者是中国东北的吗？泡菜有什么可申遗的价值？文化传播理论认为，文化可以从一个地区传播到另一个地区，因而形成了某个文化圈。文化相对论认为，每一个民族无论大小、强弱都有创造文化的能力。文化既有借鉴也有独创，人类具有传播文化的才能，也有创造文化的智慧。我们很难证明泡菜原产地是中国还是韩国的。韩国之所以要把泡菜申遗，是要向世人展示韩国人在制作泡菜时，几千人同在一个广场互相协作、团结互助的精神，当贫困家庭的泡菜吃尽，富裕人家扶困救助的精神。同时，也要把韩国泡菜作为产业向全世界推广。诚然，我们对自身文化价值的认识是不足的，对于文化产业的重视是不够的，不要等到别人申报成功，才急于申报，如此申报方式收效甚微。而是要挖掘我们优秀的文化，充分认识自身文化的价值，优先申遗。

（二）联合申报

优先申报的优势是显而易见的，但是，对于跨国民族而言，历史上曾经共同创造某一文化，但是在现代国家的政治框架下，原本是同一民族的人们已经分属不同的国家，因而，跨国民族非物质文化申遗常常出现文化主权的纠纷，甚至由文化主权的纠纷上升为国家领土主权的纷争。如果处理不好，将影响到中国与周边国家的关系。

发生在中韩端午节之争，直接导致中国人的"厌韩"情绪。在争论过程中，也导致韩国人的"厌华"情绪，因而影响了两国之间的关系。韩国端午节文化在中国难以推行，世界文化遗产难以被世界共享。同样，作为跨国民族文化的花山岩画，在申遗过程中也曾遇到与邻国之间的文化主权纷争，甚至由文化主权上升到领土主权的纠纷。就跨国民族来说，他们的文化遗产如何分割，这一难题摆在我们的面前。在通常情况下，文化中心在哪个国家，哪个国家就拥有文化的主权。因此，各个国家都在力证自己所在地是文化的中心，自己祖先才是文化的创造者。

跨国民族尽管历史上同属一个民族，但其文化受到所在国其他民族文化的影响，也会发生变迁。各国为了申遗成功，总是有意突出自己文化的个性，以证明文化是独创的，而忽略文化原初的共性。因此，各国主张具有自身的理由。在东北亚，中韩除了节日之争，还有饮食、医学之争。在东南亚，中越之间存在花山岩画、铜鼓文化、天琴文化之争等。还有其他跨国而居的文化，例如京族、瑶族、傣族等众多的跨国民族，这些民族文化的申遗是不是均要陷入争论。如果这一问题处理不好，一方面跨国民族文化申遗受到阻碍，影响到跨国民族文化申遗的进程，许多优秀的文化没有得到开发与保护，面临着消失的危险。另一方面会影响到中国与周边国家的关系，也影响到"一带一路"建设。在"一带一路"建设背景下，我国倡导各国文化的平等与共享。

如何突破民族国家的国际政治框架，合理应用联合国的世界非物质文化遗产制度，促进跨国民族文化的联合申遗，使制度力量成为区域统合的促进因素，是摆在我们面前的重大问题。与达尔文的优胜劣汰理论不同，源自生物学的共生理论强调，在一个系统内部的各个单元依靠某一共生介质，相互协调，相互合作，共同创造良好的生存环境。共生理论应用在跨国民族文化申遗上，便是改变以往的优先申报原则，而采用平等协商、联合申报的模式。

长期以来，广西与东盟各国注重旅游人才的合作培养，也初见成效。但是在旅游营销合作、客源共享方面尚未深入，尤其是中越国际旅游合作，由于文化、领土争端等原因，合作进展缓慢。新马泰作为比较成熟的国际旅游区，但是中国尚未真正融入新马泰国际旅游市场。中国与东盟国家旅游合作主要是出境游，而入境游的较少，未能共享新马泰的国际客源。广西与越南、泰国有着共同的稻作文化、铜鼓文化等，若是这些文化联合申遗，将进一步提升该地区的国际知名度。同时，基于共同的文化、相近的语言，将进一步加深这些国家之间的感情。广西与东南亚国家既有共性又有不同，使合作成为了可能。广西边疆的瀑布景观、世界非物质遗产花山岩画、长寿养生文化，这些在东南亚诸国少有，而越南、泰国美丽的滨海风光、浓厚的佛教文化亦是广西无法比拟的。因此，以跨国民族文化联合申遗为纽带，建立东南亚国际旅游合作区，在合作的基础上，充分展现自己的特色，互相推介客源，将达到协同发展、合作共赢的目的。

三、结语

总之,世界非物质文化遗产是特定的历史、地理条件下产生的,它是一个族群的历史记忆,维系着一个族群的认同,它是一个族群文化的创造,是该族群智慧的结晶,也是人类特定历史时期文明的体现。以花山岩画为代表的边疆跨国民族文化,其申遗成功对于促进边疆地区经济社会发展,增强民族自信,加强国家认同具有十分重要的意义。正是意义重大,各国均在积极申报自己优秀的民族文化,使得世界非物质文化遗产申报竞争异常激烈。对于跨国而居的民族,历史上曾经共同缔造某一文化,在现代国家框架下,文化的主权争夺成为跨国民族文化申遗难以解决的问题。各国均在力争自己是文化的中心,力证自己是文化的主体。在争论不休的情况下,采用优先申报的方式占领了文化的主导权。中国跨国民族众多,跨国民族优秀文化需要积极申遗,合理开发利用,才能散发它的生机和活力,文化保护与传承才有持久的内动力;否则,将面临消失的危险。然而,跨国民族文化主权纷争如果解决不好,将会影响到我国与周边国家的关系,甚至由文化主权的纷争上升到国家领土主权的纷争。在"一带一路"建设背景下,我国倡导各国文化平等与共享,若是各国能够基于共同的利益,平等协商,利用联合国的非物质文化遗产制度,突破国际政治框架,联合申遗,形成某个文化合作区。同时以共同的文化为纽带,共同的民族情感为基础,加深彼此的友谊,进而加强经济、政治等方面的合作,将实现合作共赢,协同发展的目标。联合申报是跨国民族文化申遗美好的追求与愿景。然而,在经济全球化的今天,各国贸易保护主义依然存在,文化亦是如此,各国均希望利用申遗的契机,不断强化本国国民,尤其是地处边疆地区跨国民族的国家认同。因此,联合申报、文化共享的美好愿景将会受阻。当我们试图与其他国家联合申遗受阻时,应该采用优先申遗的原则,占领文化主权的制高点,使跨国民族文化遗产成为边疆地区经济社会发展的动力。

参考文献

[1] Barbara Kirshenblatt – Gimblett. Theorizing Heritage [J]. Ethnomusicology, 1995 (139): 367 – 380.

[2] Lourdes Arizpe. Intangible Cultural Heritage, Diversity and Coherence [J]. Museum International, 2004 (156): 130 – 136.

[3] Yang Jongsung, Korean Cultural Protection Law [J]. Museum International, 2004 (56): 180 – 188.

[4] 邓小艳. 基于建构主义原真性理论对非物质文化遗产旅游开发的解读 [J]. 贵州民族研究, 2010 (2).

[5] 刘魁立. 论全球化背景下的中国非物质文化遗产保护 [J]. 河南社会科学, 2017 (1).

[6] 雷蓉, 胡北明. 非物质文化遗产旅游开发的必要性分析——基于保护与传承的视角 [J]. 贵州民族研究, 2012 (4).

［7］郑晓云．文化认同论［M］．北京：中国社会科学出版社，2008.

［8］郑晓云．当代边疆地区的民族认同与国家认同——从云南谈起［J］．中南民族大学学报，2011（4）．

［9］马戎．理解民族关系的新思路——少数族群问题的"去政治化"［J］．北京大学学报，2004（6）．

［10］刘晓峰．端午节与东亚地域文化整合——以端午节获批世界非物质文化遗产为中心［J］．华中师范大学学报，2011（3）．

观察中国边疆的视域

朱美姝

中央民族大学民族学与社会学学院

本尼迪克特·安德森在《想象的共同体——民族主义的起源与散布》中为我们展示了西方民族国家共同体的形成，并形成了明确的边界划分。而古老的中国又是如何想象自己的边界的呢？中西方的想象逻辑有何不同？天下主义是否能成为指导世界秩序的普世价值？

本尼迪克特·安德森在其书《想象的共同体——民族主义的起源与散布》当中，提出了一种想象政治共同体的经验，"想象的共同体"这个名称指的不是什么"虚假意识"的产物，而是一种社会心理学上的"社会事实"[1]。这个社会心理学上的"社会事实"应该是普遍存在的——并且不一定局限在特定的时期，例如在中国内陆，在这里，这个群体的"不可或缺的认知过程"可以追溯到西周时期对"华夏"的想象。

既然任何群体都会通过"想象"来认知自身，那么想象中国的方式与想象西方现代民族国家的方式有何不同呢？对于这个政治共同体——"民族"，安德森认为其本质是一种现代的想象形式。由于"世界性宗教共同体、王朝以及神谕式的时间观念的没落"、"资本主义、印刷科技与人类语言宿命的多样性这三者的重合"这两个先决条件，人们才有可能开始想象"民族"这种"世俗的、水平的、横向的"共同体[2]。安德森所谓"现代的"开端应是指欧洲启蒙运动和新航路开辟以后，新大陆的发现"急遽扩大了文化和地理的视野，也因而扩充了人们关于人类可能的生活形式的概念"[3]。遗憾的是，这种壮士般的探险经历在同时代的"中国"及其后几百年时间都不曾有过，相反，在欧洲王朝观念因为新世界的发现而逐渐丧失霸权地位时，中国亚洲内陆的王朝正值兴盛的顶峰——中央集权越来越加强。开辟新航路的动力之一是扩展贸易，这种来自资本主义的动力不会出现在长期重农抑商的中国亚洲内陆，中国历史上最有名的一次远航是明成祖派郑和下西洋，"其目的在于将和东南亚以及更西部地域的外贸强制收归朝廷垄断，以对抗民间中国商人的掠夺。到了15世纪中叶，这个政策的失败就很明显了，因此明朝放弃了海外探险

---

①② 本尼迪克特·安德森：《想象的共同体——民族主义的起源与散布》，上海世纪出版社集团，2006年，导读第8页。

③ 本尼迪克特·安德森：《想象的共同体——民族主义的起源与散布》，上海世纪出版社集团，2006年，第15页。

事业，并且尽可能防止从中国向外移民……其后清朝的政策和晚明并没有很大不同"。①与欧洲的另一个不同是，中国内陆（中原地区）并不存在语言宿命的多样性——特别是书写上的，自秦始皇推行"车同轨、书同文"的政策后，就奠定了汉字作为书写文字的独一地位，后来的科举制更使"书同文"制度化为一种统一的全国性思想意识市场②。我们到现在依然能读懂历朝历代的诏书、史书、诗歌等，可以说汉字的古老性、持久性、普遍性要优于欧洲的任何一种语言。于是，当种种"现代"特点的先决条件——资本主义扩张、印刷科技、语言宿命的多样性——都没有出现时，当时的中国内陆就没有展开如西方"民族"般的这种现代想象形式。

那么，在这漫漫的旧王朝体制的长夜里，生活在中国内陆的以农耕为主要生计方式的华人是如何对自己的群体进行认知、如何想象自己的共同体的呢？古代中国人是否具有"民族意识"？首先，在这片古老的国度里，生长出了一种与众不同的观念——天下，这一观念自一出生就融入了中国人的骨髓，并成为认知自己的一种方式和角度。罗志田教授在《夷夏之辨的开放与封闭》一文中说："古代中国人的天下观念，基本以中央和四方构成。如蒙文通先生所说，上古各文化族群，皆视其本族所居之地为中央。中央既然不同，四方也自然各异……一旦各族群的聚居地大致确定，即如柳诒徵先生所言，'必并举东西南朔所届，以示政权之早归于一。'……所以，这种详近略远、并举半出想象的四方以定中央的天下观，固然是为地理上的认知所限制，但恐怕更多还是处于要早定一统以肯定既存秩序这样一种实际的政治需要。"与这种天下观紧密相关的是"中央"或者"中心"。"举出四方，中央自在"的天下观念不仅满足了统治者的政治需要，也成为古代中国人围绕"中心"、"中央"来认知自身和他者的方式，进而发展出"华夷之限、夷夏之防"为表征的族类观念。与欧美早期的民族主义意识不同，中国传统的族类观念并不以语言、地域为分界，而是以文野之分为基础。而"华夏世界"就是人们观念中的中心，生活在华夏世界的人通过习得圣人之道、汉人的风俗政教来把自己变得更像汉人，同时也想象着其他与自己过着相同生活的人，他们感觉到自己所处文明的优越性，并且自己这个文明的群体在不断地壮大，这些被礼教、风俗联结起来的"汉文明同胞们"，形成了想象"华夏共同体"的胚胎。在华夏世界内部，还有一个中心的中心，即皇帝所在的都城，由这个中心向四周散开，就是天下。这种对空间的想象存在于每一个朝代，并深刻地影响着每一个中国人的空间行为心理。

一、何为"中心"——观察视域之一

我们现在的中华人民共和国的地理版图和政治疆域并不是古代意义上的"中国"，可以说历史上每一个朝代的地理疆域都不尽相同，但有一点是不变的，就是每时每刻都存在

---

① 本尼迪克特·安德森：《想象的共同体——民族主义的起源与散布》，上海世纪出版社集团，2006年，第185页。

② 罗志田：《夷夏之辨的开放与封闭》，《中国文化》第14期。

一个"中心"，这个中心在"天之中"，因而中心四周的土地都尽在天之下。最早形成"中心"和"天下"的时期应当追溯到西周。自商灭了夏，周灭了商，原先存在于黄河中下游地区的夏、商、周三大集团变成了一大集团。整个世界都是周人的天下，历史在这个时候出现了一些非常重要的观念，比如，"普天之下，莫非王土"、"禹迹"、"九州"、"中国"、"五服"、"五岳"、"四渎"、"四海"、"华夷之限，夷夏之防"，这些都是随着西周灭了商以后出现的地理观念，这些重要的地理观念组成了一个思想意识形态体系——华夏世界。

"中国"这个词语最早出现在西周铜器何尊铭文中，何尊铭文说的是周武王灭商后营建东都之事。周武王在军事胜利后回他的老家时，走到了今天的嵩山，周武王感觉到此地是天下之中，并发愿要在此地修建都城。他去世后，其子周成王在周公、召公的辅佐下完成了周武王的战略设想。《史记·周本纪》里记载了周公对此地的看法："此天下之中，四方入贡道里均。"自从洛阳出现以后，在中国人的政治生活当中，开始出现一个词——中国。在先秦的文献中随处可见"中国"这个词，而它的含义也渐渐扩大，从这个都城慢慢扩展到这个都城的地区，然后渐渐扩展到中原地区，进而扩展到华夏。

"中国"这个词在古代有一种地理上的功能，即在华夏世界里面强调了一个唯一的核心，"中国"代表一个政治的、经济的、文化的、道德的顶点，它作为一个核心的都城而存在，并影响了每一个人的行为方式。随着这个"中心"的强调，另一个重要的概念"五服"也就出现了。这个概念最能说明古代中国的华夷观念。"他们想象，自己所在的地方是世界的中心，也是文明的中心。大地像一个棋盘一样，或者像一个回字形，四边由中心向外不断延伸，中心是王所在的京城，中心之外是华夏或者诸夏，诸夏之外是夷狄。"①《荀子·正论篇》中亦记五服观："故诸夏之国，同服同仪，蛮夷戎狄之国，同服不同制。封内甸服，封外侯服，侯卫宾服，蛮夷要服，戎狄荒服。"在古代中国的想象，地理空间越靠外缘，就越荒芜，住在那里的民族也就越野蛮，文明的等级也越低。②

大凡人都是从自己的眼里看外界的，把自己想象成中心，把世界当背景，这种思考方式最初可能源于对外界知识的缺乏，例如《三海经》中对异域的构建都来自奇怪想象和传闻，但是，到元、明以后，随着出使者和航海者的远行记录的增多、赴异域取经求法者带回的亲身见闻的增加，加上各朝各代异国使者几乎不间断的朝贡，人们对于异域人物与风俗的知识，其实已经相当多了。③然而，直到利玛窦来中国时，"《三才图会》还在沿用过去的想象，于慎行所撰《穀山笔麈》卷一八中，也还在沿用旧时说法，把中国放在中央"。④自从利玛窦来华绘制了世界地图，"到乾隆时期，经历了一百多年的时间，古代中国对于异域（同样也是对于自我）的知识，已经从'想象的天下'进入'实际的万国'"。⑤虽然对万国的确切知识修正了过去的鬼怪传说，但中国皇帝以自己所在都城为"天之中"的观念依然没有改变，绘制于乾隆时期的《万国来朝图》就充分说

①② 葛兆光：《宅兹中国》，中华书局，2012年，第44页。
③ 葛兆光：《宅兹中国》，中华书局，2012年，第70页。
④ 葛兆光：《宅兹中国》，中华书局，2012年，第86页。
⑤ 葛兆光：《宅兹中国》，中华书局，2012年，第90页。

明了这一点，在图中，虽然荷兰人、英吉利人、法兰西人的面貌已经不再是"非人"的形象了，但他们仍然被放在主动向天朝大国朝贡的位置上。这种"举出四方，中央自在"的天下观念从西周一直延续到清代，尽管当时华夏土地上的主宰者已然流淌着满族的血液。

二、夷夏之辨——观察视域之二

古代中国人以王城所在地为中心，从内到外划分为三个大圈：内圈是甸服，是王畿之地；中圈在内圈之外，包括侯服和绥服，是大小诸侯所在之地，仍属于"中国"的范围，其使命是推广中原文化，保卫中央和诸侯国的安全；外圈在最外边，包括要服和荒服，是"蛮"、"夷"、"戎"、"狄"外族人居住的地方，也是中国流放罪人之处。然而，中圈和外圈之间并没有一条绝对的不可变的边界，因为"夷夏之辨以文野之分为基础，文野一般是后天可变的，故夷夏也应该是可以互变的。"①

夷夏之辨亦即中国古人讲究的"人我之别"，"区分'我们'与'他们'几乎是人类各族群的共性，而产生这样的区分及其发展过程也就是构建'本族'文化认同的进程。"②王明珂先生说："'族群'并不是单独存在的，它存在于其他族群的互动关系中……没有'异族意识'就没有'本族意识'，没有'他们'就没有'我们'。"③ 西方民族国家在构建本族的文化认同时强烈地借助了地域和语言，他们眼中的"他者"就是被束缚在另一个地域内操着另一种语言的人，正因如此，西方资本主义阶层才可以利用印刷科技来普及本民族的语言，从而造就一批带有民族主义情感的"阅读同胞们"；美洲的欧裔移民后代，因其官僚升迁的"朝圣之旅"永远被局限在殖民地内，被欧洲祖先永远排除在认同之外，从而在美洲激发了第一波民族主义。然而，西方关于"民族国家"的理论不能完全套用于中国历史，中国历史有其独到的解读方式。古代中国人心中的"人我之别"更多是"非本质"的，正如孔子"性相近，习相远"之说。罗志田先生的另一个同义的说法就是"有教无类"，即文化重于种族。这里的"习"、"教"、"文化"就是以"衣冠礼乐"为表征的整体华夏教化。

华夏教化最早的确立是在周。自周人代殷，为了"改正异械"，遂"强调自身对夏的认同，并追封夏遗族以针对殷人，更进而发展出'华夏'之名，强调其所代表之夏文化的华美"。④ 虽然这带有政治意味，但华夏教化的正朔地位就此确立。"有周一代直到战国中期，基本是夷夏杂处，相互间既有战争，也有联盟和结盟，各自的文化也在相互转换交流之中。早期为夷为夏，认同自选，高下之别的观念不十分明显，随着各族群文化礼仪差别的扩大，到褒贬亲疏已寓于人我区别之中时，文野之分也就愈来愈多地带有价值判断之

---

①② 罗志田：《有教无类：中古文化与政治的互动——读陈寅恪隋唐两论札记》，《社会科学研究》，2004 年。

③ 罗志田：《有教无类：中古文化与政治的互动——读陈寅恪隋唐两论札记》，《社会科学研究》，2004 年。转引自王明珂：《华夏边缘：历史记忆与族群认同》，台北允晨葛兆光：《宅兹中国》，中华书局，2012 年，第 70 页。

④ 罗志田：《夷夏之辨的开放与封闭》，《中国文化》第 14 期。

意蕴了。"① 而在态度上，以文明自居的华夏族对如禽兽般的夷狄采取"远人不服，则修文德以来之"、"礼闻来学，不闻往教"的处置方式，时而也运用以夷制夷的办法，修其教而不易其俗。这种理想在实践层面上就是"天下共主"，也称"不治夷狄，不臣要荒"，即对于外圈的要服、荒服，在其不公开挑战的情况下，不直接治理，只要求其略表敬意即可，是以远无不听，近无不服。"近者不服，就要动手，或刑或伐或征；而远者不听时，仅仅动口，不过布令陈辞而已，此仍不奏效，又返回去以修德为手段。"② 这种"德以柔中国，刑以威四夷"的战略就是古人想象中国的一个重要方式。虽然没有直接划出一条国境边界线，也没有对隶属天子的臣民进行人口统计，这些都太过"实在"了。"天下共主"的气魄就在于让远方的人心悦诚服，而臣服于华夏教化的人就已属于中国人了，这样既不强迫也不拒绝。

春秋时，夷狄也有自己的礼仪，《左传》正式承认了这一点，那时他们并不认为夷狄就低人一等，比如"北戎之由余，可以笑中夏之礼乐法度为乱源，而自认'戎夷之政'才是'圣人之治'"。③ 可以说，在春秋战国时期，中原地区有多种文化争奇斗艳，各个族群都在多种文化中选择适合自己发展的方式，其时夷夏互变相当快，比如在春秋时，楚还处于一种夷夏之间的地位，到了战国时，六国之一的楚已是名副其实的冠带之国，完全由夷变夏了。④ 然而，春秋战国长期征伐，其结果就是"以前天下夷夏杂居的局面到战国中期以后改变为诸夏独居中原，而曾居中原的夷狄不是被同化便是被逐往边陲。至此，以前的天子居中，和柔四夷为诸夏之术的构想已基本失落……'内其国而外诸夏，内诸夏而外夷狄'的格局倒大致由理论变成地理上的现实"。⑤ 战国晚期，若干文化体系及其载体在中原角逐的局面结束，六国都已完全由夷变夏，成为名副其实的冠带之国。秦统一进一步消除了中原之内的夷夏之分。到了汉朝，中原不得不通过"和亲"和"征伐"与更远的匈奴进行夷夏互变，并且此时的文化认同已经上升到了政治认同。

在夷夏之辨中想象中国的方式还有另一个层面，即在南北朝时期，北方各族仍然杂处，各族为了取得政治上的正统地位并实现政治和文化的整合，争相自居为正朔所在的中夏，反将华夏正宗的江东政权视为夷狄。"可以说，在多文化竞争及多政治实体竞争的差序格局中，'华夏'和'夷狄'一定程度上已成为众皆认可的'正统/主流'和'非正统/边缘者'的代称。"⑥ 而各族把华夏传统观念作为了政治争夺与文化竞争的思想武器，谁继承了华夏传统观念不仅意味着谁是天命所归，谁更能吸引各方人才，更重要的是，以衣冠礼乐为象征的"正朔"是其统治正当性的依据，其间更有一种既不能简单模仿对手又不能失其正朔的苦心。对华夏传统观念的追崇固然是为了巩固政权，虽然这一心理过程可谓婉转曲折，却不失为对想象中国方式的一种执着，而这种执着正因为伴随着政治因素，才持续得更为久远。

①②③④⑤ 罗志田：《夷夏之辨的开放与封闭》，《中国文化》第 14 期。
⑥ 罗志田：《有教无类：中古文化与政治的互动——读陈寅恪隋唐两论札记》，《社会科学研究》，2004 年。

三、地图——中西方不同的视域

本尼迪克特·安德森在《想象的共同体——民族主义的起源与散布》中提到了地图在想象民族共同体时起到的决定性作用，欧洲殖民者在运用现代科技手段绘制殖民地地图时，量化了殖民地的范围，并固化了被殖民者的文化习俗。"整个地球有曲度的表面已经完全被纳入一个将空无一物的海面与人迹未至的地区划成一个个有刻度方格的几何框架之中了。冒险家、测量专家和军队将会完成像是去'填满'这些方格的任务。"① 把空间置于监视之下后，殖民地政府还要把人口、文化等一切运用到国家的真正控制下，"国家想要控制的事物的分类框架：人民、地区、宗教、语言、物产、古迹……这个框架的效用是对任何事物都能够说：它是这样，而不是那样；它属于这里，而不是那里。它是有边界的，有确定数量的，也因此是可以计算数量的。"② 这种拿着尺子去量化、固化地理疆域和文化范围的民族国家观念直到现在还在延续。而这也是与中国的"天下观"最不相同的地方，可以说，"天下观念"影响着天下地图的绘制，"除佛教以外中国从来没有受到过真正的文明挑战……古代的《华裔图》、《禹贡图》总是把中国这个'天下'画得很大，而把很大的世界万国画得很小……小得好像它们真的是依附在中国这个大国身上的'寄生'物。"③ 这种地图画法的传统一直到明代仍然延续，直到利玛窦的《山海舆地图》彻底瓦解了中国人天圆地方、中国居于世界中心的古老观念。

难道中国人的天下观念就这样被"现实"彻底击碎了吗？就此彻底接受西方世界观了吗？从晚清中国人面对日本"亚洲主义"的反应中可知其实不然，"尽管日本成了学习和效仿的对象，可是中国人……不觉得'亚洲'是一个有连带性的空间，中国知识传统中的'天下'观念，使中国知识人有一种世界主义或普遍主义……他们倾向于认同一个中心和一种真理，而且中国很习惯于把自己的视野扩展到整个天下。因此，当西洋以其富强崛起，那么，中国人又很容易就承认西洋的途径就是普遍适用的途径。"④ 这种思想几乎填满了20世纪初的中国，如"中体西用"、"全盘西化"。也有许多学者开始从文化软实力的角度为中国指导世界秩序提供理论依据，如赵汀阳在《天下体系》中利用天下观念来创造一个全新的世界秩序，并对西方以民族国家为基本单位的国际秩序理论提出了深刻的批判，同时也指出只有具有全球观照和包含世界制度的中国哲学思想和天下理念，才能解决全球性问题。然而正如柯岚安在《中国视野下的世界秩序：天下、帝国和世界》中指出的："难道赵汀阳'中华治下的和平'不会引发一个不宽容的世界秩序的种种问题

---

① 本尼迪克特·安德森：《想象的共同体——民族主义的起源与散布》，上海世纪出版社集团，2006年，第169页。

② 本尼迪克特·安德森：《想象的共同体——民族主义的起源与散布》，上海世纪出版社集团，2006年，第178页。

③ 葛兆光：《宅兹中国》，中华书局，2012年，第108页。

④ 葛兆光：《宅兹中国》，中华书局，2012年，第185页。

之危险吗?"① 作为一种历史渊源极深的天下主义,它虽然主导了中国两千多年的政治思想方式,也确实蕴含了优秀的华夏文明,但天下主义也隐含了一个不可或缺的"中心",目前最好的方式,应仍是继续尊重和维持文化的多样性。

四、结论

中世纪的欧洲在资本主义、印刷科技与人类语言宿命的多样性三者重合的条件下想象出了现代民族共同体,同时代的中国不仅不具备以上条件,还在继续延续本土的天下观念。这种天下观念以及由此衍生出来的以"华夷之限、夷夏之防"为表征的族类观念产生于西周,发展于春秋战国,并在秦汉以后成为帝国统治正当性的依据,也成为想象、构建中国的方式。

从绘制地图的方式看,西方绘制地图的方式更重视测量出实际的边界,并且使边界内的人口、文化都固定以便于统治;而古代中国人即使具备很高的地理水平,也没有改变以"天下观念"绘制地图的方式,习惯于把自己画得很大,把世界万国画得很小,这种天下主义并没有被真实的世界地图所消解。

赵汀阳在谈到现代民族国家体系时说道:"各个独立单位之间的冲突是不可避免的,因为其他独立单位,不管是他人还是他国,都被先验地假定为'负面的外在性',而且利益的最大化是一个永远的过程,无休止的过程,所以冲突永远不可能消解。"② 西方民族国家在其形成的历史过程中,就被想象成有限的、有主权的,且以利益为动力的民族单位的确造成了许多国际冲突,甚至也有以牺牲其他世界观为代价而使自己的世界观得以普遍化的做法。相对而言,中国的天下主义强调文野区分,并在多数情况下抱以开放的心态,有着"修文德以来之"的共主气魄,但这其中难免有一种以民族主义的方式解决全球问题的渴望。笔者还是更加钦佩安德森的关切,他希望通过客观理解每一个独特的民族认同形成的历史过程与机制,从而追求共存之道,寻求不同的"想象的共同体"之间的和平共存之道,而想象中国的方式只是若干独特的民族认同形成的历史过程之一。

参考文献

[1] 罗志田:《夷夏之辨的开放与封闭》,《中国文化》第 14 期。

[2] 罗志田:《有教无类:中古文化与政治的互动——读陈寅恪隋唐两论札记》,《社会科学研究》2004 年。

[3] 本尼迪克特·安德森:《想象的共同体——民族主义的起源与散布》,上海世纪出版社集团,2006 年。

[4] 赵汀阳:《天下体系》,中国人民大学出版社,2011 年。

[5] 葛兆光:《宅兹中国》,中华书局,2012 年。

①② 赵汀阳:《天下体系》,中国人民大学出版社,2011 年。

习近平"海上丝绸之路"的战略布局及对外阐释

刘　英　余帆扬

西华大学

习近平总书记所提出的"海上丝绸之路"战略构想是构建中国全方位开放新格局的必然要求，也是促进亚欧国家共同发展繁荣的必然选择。"海上丝绸之路"与陆上"丝绸之路"相辅相成，以更好地推进与有关国家共商、共建、共享的战略目标，寻找其沿线各国与"海上丝绸之路"经济带建设的契合点。从政治传播学角度在国际话语体系中解读习近平"海上丝绸之路"的格局构想有助于世界各国更为全面和正确地理解中国道路，也有利于积极推进世界共荣发展。

一、"海上丝绸之路"理论渊源

狭义的"丝绸之路"是指"中国古代经中亚通往南亚、西亚以及欧洲、北非的陆上贸易通道。因大量中国丝和丝织品多经过此路西运，故称丝绸之路，简称丝路"。[①] 在历史上，中国的丝绸之路包括陆上丝绸之路和海上丝绸之路两部分。陆上丝绸之路起始于古都长安，经河西走廊沿天山南北两路进入中亚，沿黑海南北两岸进入欧洲。海上丝绸之路是指古代中国与世界其他地区进行政治、经济、文化交流的海上通道，其最早的雏形可以追溯到秦汉时期，有东海航线以及南海航线两条航线，其中东海航线从朝鲜半岛及东部沿海进入日本、琉球、台湾诸岛；而南海航线始于何时无从考证。据有关中外海路交流的最早史料——《汉书·地理志》记载，那时，中国就已经与南海诸国有接触，且有实物遗迹证实，中外交流甚至早于汉代。中国南方沿海地区山多，往来不便，各地诸侯需要海外资源以维护自己的统治，特别是东南沿海地区可以借助夏冬季节的海风助航，这也更加提升了海路的便捷性，因此古代中国沿海地区多有海上交流。唐朝中期以前，中国对外交流的主要通道是陆上丝绸之路，直至唐宋时期，由于正值战乱和经济重心的转移，陆上丝绸之路受到严重影响，进而迫使海上丝绸之路进一步繁盛起来，逐步取代了陆上丝绸之路，宋代罗盘的出现又使得航海技术进入了新的天地，催化了海上丝绸之路的发展，元明时期最

[①]　中国大百科全书. 中国历史 [Z]；黄启臣. 海上丝绸之路史 [M]. 广州：广东经济出版社，2003 年。

为鼎盛。明清时期,海上丝绸之路几乎被西方列强垄断,闭关锁国的政策也严重阻碍了东西方国家在政治、经济和文化上的交流。在海上丝绸之路的繁盛时期,我国境内有广州、泉州、宁波三个主要港口,广州作为"历久不衰的海上丝绸之路东方发祥地",在唐宋时期便是中国第一大港,明清时则是唯一的对外贸易港,这在世界海上交通史上也是绝无仅有的,历时 2000 多年长盛不衰。泉州是宋末至元代中国第一大港,也是现如今联合国教科文组织承认的海上丝绸之路的起点。

"海上丝绸之路"的这个概念在日本学者三杉隆敏的《探寻海上丝绸之路——东西陶瓷交流史》中被首次正式提出。① 之后,日本 NHK 协会制作了"海上丝绸之路"系列节目,使得这一名称为人们所熟知。2013 年 10 月 3 日,习近平总书记在应邀访问东盟国家时,创造性地提出了"21 世纪海上丝绸之路"战略,它与"丝绸之路经济带"共同构成了实现中华民族伟大复兴的中国梦的重大战略,这是历史的选择,更是我们着眼全球格局、放眼未来的抉择,是一个承古开新的战略构想。

二、"海上丝绸之路" 的战略意义

(一)"海上丝绸之路"是经济之路

所谓"海上丝绸之路",自其诞生以来就是中国与世界经商贸易的通道,它是拉动经济增长的重要通道,建设"海上丝绸之路"与此前中国提出的"中缅孟印经济走廊"和"中巴经济走廊"等战略是一体的,它所引发和带来的经济效益是巨大的,它试图将自己的经济主导作用向西拓展至伊朗,甚至东欧。中国和东盟作为亚洲新兴的市场国家,是本地区乃至全球经济的希望所在,中国经济在世界经济大环境如此恶劣的情况下,依旧保持着较高的增长率,相信"海上丝绸之路"的建设必将会为亚欧经济的共同发展提供新的机遇,也必然会是拉动亚欧和世界经济增长的中坚力量,给所有涉及的国家带来经济上的收益。中国国际经济交流中心副理事长、国家商务部原副部长魏建国说,它像一条线,把世界 97 个城市和港口,像珍珠一样串起来,共同享受中国和平发展带来的利益,"这条项链包括全球经济总量的 92.5%,贸易总量的 97%"。就目前的情况来看,"海上丝绸之路"首先是依托东盟及其成员国,以此为坚实的经济基础;其次,"海上丝绸之路"不仅与两岸四地合作机制和中国—东盟自贸区高度重叠,而且,在其沿线还会聚了 4000 多万华侨华人,这是海外华商经济最为发达的区域,中国经济目前已经发展到海洋经济,通过建设"海上丝绸之路",实现海上互联互通,将中国和东南亚国家临海港口城市连接起来,促进经贸发展,并辐射南亚和中东,在极大拓展中国经济发展战略空间的同时,也为中国经济持续稳定的发展提供了强有力的战略支撑。"海上丝绸之路"已不仅仅是一个新构想、新提法,而正成为照亮现实的新经济。

---

① 三杉隆敏. 海のシルクロードを求めて———東西やきもの交渉史(探寻海上丝绸之路———东西陶瓷交流史)[M]. 大阪:創元社,1968.

（二）"海上丝绸之路"是政治之路

"海上丝绸之路"是开放的、多元的，它不仅仅是人与人之间、国与国之间经济上的往来，更是各个区域、各个国家政治上的交流，它以开放为前提，开放的不光是经贸领域，也包括政治文化上的开放，是全方位的开放新格局。在传承古代海上丝绸之路和平友好、互利共赢的基础上，"新丝路"更多地体现了时代内涵，当今世界是全球化的世界，建设"海上丝绸之路"与其说是为加强亚欧各国经济联系，深化区域合作，不如说这更是实现区域内各国共同发展、共同繁荣、和谐共处的睦邻友好之举。这是新时期，我国在面对特定的国际国内形势，以国内政治稳定、经济发展、社会和谐为出发点，以构建国际新秩序、维护世界和平为长远目标而提出的具有国家发展战略意义的重要举措。它串起了东盟、南亚、西亚、北非、欧洲等各大板块，发展面向南海、太平洋和印度洋的战略合作经济带，以亚欧非经济贸易一体化为发展的长期目标，沿线国家包括东南亚国家联盟、印度尼西亚、马来西亚、菲律宾、新加坡、泰国、文莱、越南、老挝、缅甸、柬埔寨。在"海上丝绸之路"的串联下，中国与沿线各国之间联系将更为紧密，有利于加强政治互信。

（三）"海上丝绸之路"是文化之路

"海上丝绸之路"虽以带动沿线国家和地区的经济贸易为出发点，但其影响却远不止局限于经贸范畴，与之相伴的广泛而深远的文化交流，这是我国向世界展示中国价值观念，扩大文化软实力，提升国际影响力的有力途径。文化软实力向来都是国家综合国力的重要组成部分，尤其是在当下，文化交流是经济合作的基础，文化部副部长孟晓驷认为，文化外交是："为围绕国家对外关系的工作格局与部署，为达到特定目的，以文化表现形式为载体或手段，在特定时期、针对特定对象开展的国家或国际公关活动。"胡文涛认为："这是政府或者非政府组织通过教育文化项目交流，人员来往，艺术表演与展示以及文化产品贸易等手段为促进国家与国家之间，人民与人民之间相互理解与信任，构建和提升本国国际形象与软实力的一种有效外交形式。"习近平总书记说："文化因交流而丰富，心灵因交流而沟通，友谊因交流而加深。""国与国友好的基础是否扎实，关键在于人民友谊是否深厚。""海上丝绸之路"建设必然包括文化交流和经济发展，通过开放型的区域合作，在行为、制度、价值观层面传播中国文化，让以文化、价值为核心和载体的国家软实力，在确立我国国际地位和影响力方面扮演重要角色。这点在历史上便有悠久的传承，古代丝绸之路是当时世界最长的商路，全长约7000公里，以商贸为主的丝路在发展经济的同时，体现了当时人们友好交流、和平共处的价值观，现在"海上丝绸之路"也更是继承了这和平友好的历史精髓，体现了新时期中国"亲、诚、惠、容"的外交理念，它顺应时代发展潮流，是对文化交流重要性的充分认可。习近平总书记在印度尼西亚国会演讲中也提及了郑和七下西洋途经东南亚以及《红楼梦》中对爪哇珠宝的细致描述，这都是双边人民友好交往的历史片段，体现了"新丝路"是符合双方人民诚挚互信，血脉相亲的共同要求。

总之，"海上丝绸之路"旨在共同打造政治互信、经济融合、文化包容的命运共同体和利益共同体，它已成为我国全方位对外开放格局的重要组成部分，我国作为世界第二大经济体, 以其强大的辐射力和带动力, 不断拓宽和平发展的广袤空间, 对于实现中华民族伟大复兴的 "中国梦" 来说, 具有重大而深远的战略意义。

三、"海上丝绸之路" 的对外阐释

21 世纪海上丝绸之路是具有外交和经济双重含义的, 一方面它是伟大 "中国梦" 的合理延伸, 体现了中国作为主要经济强国的历史渊源, 完全切合习近平提出的民族复兴的主题, 是加强海上互联互通、发展海洋经济和成为海洋强国的重要战略布局, 也将进一步扩大国际合作空间, 描绘出了中国作为一个正在崛起的地区强国的画面, 是我国构建全方位对外开放格局的战略构想。以经济发展互利共赢为主线的 "海上丝绸之路" 在另一个方面也承担着向西方国家、向世界传递中国文化、中国价值的作用。将文化与经济相结合是古代丝绸之路的重要特征, 它不仅是一条横贯亚欧的贸易通道, 更是东西方文明对话的文化之路, 是沿线国家共同的文化记忆和文化符号, 丝绸之路本身就是一个具有悠久历史和深厚文化内涵的空间概念和文化概念, 当下我国对世界经济的贡献日益提升, 对周边地区的影响力不断加大, 全球化背景下各国经济政治利益碰撞不断加剧, 使得我国对外开放面临新的挑战, 风险加大。因此构建友好共处, 互利共赢的周边格局显得迫在眉睫, 丝绸文化源远流长, 作为沿线国家和地区共同的文化记忆, 也是沟通沿线国家的情感纽带。

(一) "海上丝绸之路" ——讲述中国故事

"海上丝绸之路" 作为政治传播的有效路径, 我们可以在这个过程淡化概念传播, 多讲故事, 以 "海上丝绸之路归根结底是共商、共建、共享的文明之路" 为指引, 利用 "海上丝绸之路" 主体的广泛性, 通过不同国家、地区、领域的各个环节, 以 "丝路文化"、"丝路历程" 折射出中国所倡导的 "海上丝绸之路" 平等互利、和谐共处的精神内涵。当前, "海上丝绸之路" 建设仍然处于起步阶段, 但这一倡议已经形成势头, 中国发布了愿景与行动纲领性文件, 60 多个国家和国际组织表达积极参与态度, 中国欢迎周边国家参与合作, 共同推进 "海上丝绸之路" 建设。并且还应该及时应对外界对 "海上丝绸之路" 的错误解读。对于外界而言, "海上丝绸之路" 未来的发展目标尚不形象, 缺乏具体的实现步骤, 加之当前中国综合国力日益提升, 试图称霸世界的说法屡见不鲜, 国外学界、媒体等对中国倡导的 "海上丝绸之路" 有着纷繁复杂的解释, 这在一定程度上也加大了 "海上丝绸之路" 对外阐释的难度。特别是一些固守意识形态和冷战思维的人, 担心 "海上丝绸之路" 的实现会对其构成威胁, 便极力丑化和阻碍 "海上丝绸之路" 的推进, 因此, 我们要及时主动地做好有力回应, 以免 "海上丝绸之路" 成为 "中国威胁论" 新的话柄。

(二) "海上丝绸之路" ——建构中国话语

讲好中国故事, 传播好中国声音, 对外话语体系建设十分重要。中国故事能不能讲好, 中国声音能不能传播好, 关键要看受众是否愿意听、听得懂, 能否与我们形成良性互动，产生更多共鸣。"海上丝绸之路"战略的提出符合习近平同志提出的要着力打造融通中外的新概念、新范畴、新表述，也为我们加强对外话语体系建设指明了方向。当今中国已经与世界更加紧密地联系在一起，世界需要更好地了解中国，中国也需要更好地了解世界。"海上丝绸之路"为中国和世界提供了一条携手共进的途径，更为中国向世界表达中国特色提供了便捷，我们要深入贯彻落实习近平同志的重要讲话精神，勤奋务实，开拓创新，形成全社会共同讲述中国故事、共同传播中国声音的工作格局，用中国自己的话语建构新概念，引领世界话语主导权，在更广阔的领域构建起既有中国特色、中国气派，又能与国际社会开展有效对话的话语体系。

总结

"海上丝绸之路"是古丝绸之路在现代的延续，是伟大"中国梦"的合理延伸，是习近平总书记站在新的历史时期、新的时代高度，对促进我国乃至世界经济未来发展所提出的具有战略眼光的重大策略。在建设"海上丝绸之路"提升经济的同时，我们还要努力推进好与有关国家共商、共建、共享的战略目标，寻找其沿线各国与"海上丝绸之路"建设的契合点，从而在国际话语体系中建立起中国自己的话语体系，让世界各国更加全面和正确地理解中国道路，积极推进世界和谐共同发展。